# KONFUZIUS
## Gespräche

# 宣聖遺像

唐吳道子作

# KONFUZIUS
## (Kungfutse)

# GESPRÄCHE
## (Lun Yü)

Aus dem Chinesischen übersetzt
und erläutert
von Richard Wilhelm

Anaconda

Die Originalausgabe der Übersetzung von Richard Wilhelm
erschien 1910 bei Eugen Diederichs in Jena.
Textgrundlage dieses Bandes ist die Ausgabe Jena 1914 (2. Auflage).

Penguin Random House Verlagsgruppe FSC® N001967

Die Deutsche Nationalbibliothek verzeichnet diese Publikation in der
Deutschen Nationalbibliographie; detaillierte bibliographische Daten
sind im Internet unter http://dnb.d-nb.de abrufbar.

Umschlagmotiv: Watercolor Asian goldfishes,
Tanya Syrytsyna / Adobe Stock
Umschlaggestaltung: Druckfrei. Dagmar Herrmann, Bad Honnef
Satz und Layout: Roland Poferl Print-Design, Köln
Druck und Bindung: CPI books GmbH, Leck
ISBN 978-3-7306-1141-8
www.anacondaverlag.de

# INHALT

Die mit * versehenen Abschnitte enthalten nicht eigne Worte des Meisters. Die Namen der einzelnen Bücher sind, ähnlich wie die Namen in der hebräischen Thora, einfach die ersten Worte des betreffenden Buchs.

Vorrede zur zweiten Auflage . . . . . . . . . . . . . . . . . . . . . . . . . . . . . 23

### EINLEITUNG 25

Über das Alter der Lun Yü . . . . . . . . . . . . . . . . . . . . . . . . . . . . . 63

### BUCH I · HÜO ERL

1. Glück in der Beschränkung . . . . . . . . . . . . . . . . . . . . . . . . . . 67
2. Ehrfurcht als Grundlage der staatlichen Ordnung* . . . . . . . . . . 67
3. Der Schein trügt . . . . . . . . . . . . . . . . . . . . . . . . . . . . . . . . . . 68
4. Tägliche Selbstprüfung* . . . . . . . . . . . . . . . . . . . . . . . . . . . . 68
5. Regentenspiegel . . . . . . . . . . . . . . . . . . . . . . . . . . . . . . . . . . 68
6. Moralische und ästhetische Bildung der Jugend . . . . . . . . . . . . 69
7. Wer ist gebildet?* . . . . . . . . . . . . . . . . . . . . . . . . . . . . . . . . . 69
8. Kultur der Persönlichkeit . . . . . . . . . . . . . . . . . . . . . . . . . . . . 70
9. Pflege der Vergangenheit als Regierungsgrundsatz* . . . . . . . . . 70
10. Die rechte Art, von anderen Aufschluß zu erlangen* . . . . . . . . 71
11. Merkmale echter Pietät . . . . . . . . . . . . . . . . . . . . . . . . . . . . . 71
12. Freiheit und Form* . . . . . . . . . . . . . . . . . . . . . . . . . . . . . . . . 72
13. Vorteil der Zurückhaltung* . . . . . . . . . . . . . . . . . . . . . . . . . . 72
14. Wonach der Philosoph trachtet . . . . . . . . . . . . . . . . . . . . . . . 73

15. Fortschritt im Ertragen von Armut und Reichtum . . . . . . . . . . .73
16. Verkanntsein und Kennen . . . . . . . . . . . . . . . . . . . . . . . . . . . 74

## 2. BUCH II · WE DSCHONG

1. Der Polarstern . . . . . . . . . . . . . . . . . . . . . . . . . . . . . . . . . 75
2. Das Liederbuch (Ein reines Herz) . . . . . . . . . . . . . . . . . . . . . . .75
3. Gesetz und Geist bei der Staatsregierung . . . . . . . . . . . . . . . . . 75
4. Stufen der Entwicklung des Meisters . . . . . . . . . . . . . . . . . . . . 76
5. Über Kindespflicht I: Nicht übertreten . . . . . . . . . . . . . . . . . . . 76
6. Über Kindespflicht II: Krankheit . . . . . . . . . . . . . . . . . . . . . . . 77
7. Über Kindespflicht III: Ehren, nicht bloß Nähren! . . . . . . . . . . . 78
8. Über Kindespflicht IV: Betragen . . . . . . . . . . . . . . . . . . . . . . . 78
9. Merkmal des Verständnisses . . . . . . . . . . . . . . . . . . . . . . . . . . 79
10. Menschenkenntnis: Worauf man sehen muß . . . . . . . . . . . . . . . 79
11. Ein guter Lehrer (Altes und Neues) . . . . . . . . . . . . . . . . . . . . . 80
12. Der Edle I: Selbstzweck . . . . . . . . . . . . . . . . . . . . . . . . . . . . . 80
13. Der Edle II: Worte und Taten . . . . . . . . . . . . . . . . . . . . . . . . . 80
14. Der Edle III: Universalität . . . . . . . . . . . . . . . . . . . . . . . . . . . 80
15. Lernen und Denken (Begriff und Erfahrung) . . . . . . . . . . . . . . . 81
16. Irrlehren . . . . . . . . . . . . . . . . . . . . . . . . . . . . . . . . . . . . . . . 81
17. Das Wissen . . . . . . . . . . . . . . . . . . . . . . . . . . . . . . . . . . . . . 81
18. Wie man eine Lebensstellung erwirbt . . . . . . . . . . . . . . . . . . . . 82
19. Fügsame Untertanen . . . . . . . . . . . . . . . . . . . . . . . . . . . . . . . 83
20. Das Beispiel der Herrschenden . . . . . . . . . . . . . . . . . . . . . . . . 83
21. Abweisung eines lästigen Fragers (Staatsregierung und
    Hausregierung) . . . . . . . . . . . . . . . . . . . . . . . . . . . . . . . . . . 84
22. Unaufrichtigkeit macht unbrauchbar (Der Wagen ohne Deichsel) 84
23. Hundert Generationen zu kennen (Sub specie aeternitatis) . . . . . 85
24. Religion und Moral . . . . . . . . . . . . . . . . . . . . . . . . . . . . . . . . 86

# BUCH III · BA YI

1. Usurpatorenbrauch I: Acht Reihen . . . . . . . . . . . . . . . . . . . . 87
2. Usurpatorenbrauch II: Yung-Ode . . . . . . . . . . . . . . . . . . . . 88
3. Religion und Kunst ohne Sittlichkeit . . . . . . . . . . . . . . . . 88
4. Das Wesen der Formen . . . . . . . . . . . . . . . . . . . . . . . . . . . 88
5. Die Barbaren und das Reich . . . . . . . . . . . . . . . . . . . . . . . 89
6. Man kann die Gottheit nicht betrügen . . . . . . . . . . . . . . . . 89
7. Der Gebildete und die Konkurrenz: Bogenschießen . . . . . . . . 90
8. Die Form das letzte: Über das Liederbuch . . . . . . . . . . . . . . 90
9. Verfall der Kenntnis des Altertums . . . . . . . . . . . . . . . . . . . 91
10. Das große Opfer in Lu . . . . . . . . . . . . . . . . . . . . . . . . . . . 92
11. Die geheiminisvolle Bedeutung des großen Opfers für die
    Regierung . . . . . . . . . . . . . . . . . . . . . . . . . . . . . . . . . . . . 92
12. Ernst im Verkehr mit den Überirdischen . . . . . . . . . . . . . . . 92
13. Der Majordomus . . . . . . . . . . . . . . . . . . . . . . . . . . . . . . . . 93
14. Kulturfortschritt . . . . . . . . . . . . . . . . . . . . . . . . . . . . . . . . 93
15. Gewissenhaftigkeit in der Religion . . . . . . . . . . . . . . . . . . . 94
16. Geschicklichkeit, nicht rohe Kraft: Die Zielscheibe . . . . . . . . 94
17. Das Opferschaf . . . . . . . . . . . . . . . . . . . . . . . . . . . . . . . . . 95
18. Verkannte Gewissenhaftigkeit im Fürstendienst . . . . . . . . . . . 95
19. Fürst und Beamte . . . . . . . . . . . . . . . . . . . . . . . . . . . . . . . 95
20. Maß im Ausdruck der Empfindung . . . . . . . . . . . . . . . . . . . 96
21. Noli tangere . . . . . . . . . . . . . . . . . . . . . . . . . . . . . . . . . . . 96
22. Verschwendung und Anmaßung als Zeichen beschränkten
    Charakters . . . . . . . . . . . . . . . . . . . . . . . . . . . . . . . . . . . . 97
23. Der rechte Vortrag der Musik . . . . . . . . . . . . . . . . . . . . . . . 98
24. Der Grenzwart . . . . . . . . . . . . . . . . . . . . . . . . . . . . . . . . . 98
25. Klangschönheit und Formvollendung in der Musik . . . . . . . . . 98
26. Die rechte Gesinnung das Wichtigste . . . . . . . . . . . . . . . . . . 98

## BUCH IV · LI JEN

1. Gute Nachbarschaft . . . . . . . . . . . . . . . . . . . . . . . . . . . . . . 99
2. Seelenfrieden . . . . . . . . . . . . . . . . . . . . . . . . . . . . . . . . . 100
3. Die Kunst des Liebens und Hassens . . . . . . . . . . . . . . . . . . . 100
4. Ein guter Wille überwindet das Böse . . . . . . . . . . . . . . . . . . 100
5. Das Ideal und das Leben . . . . . . . . . . . . . . . . . . . . . . . . . . 101
6. Pflicht und Neigung . . . . . . . . . . . . . . . . . . . . . . . . . . . . . 101
7. Psychologie der Verfehlungen . . . . . . . . . . . . . . . . . . . . . . . 102
8. Das Beste in der Welt . . . . . . . . . . . . . . . . . . . . . . . . . . . . 103
9. Falsche Scham . . . . . . . . . . . . . . . . . . . . . . . . . . . . . . . . . 103
10. Sine ira et studio . . . . . . . . . . . . . . . . . . . . . . . . . . . . . . . 103
11. Edles und gemeines Streben . . . . . . . . . . . . . . . . . . . . . . . . 103
12. Nachteil der Selbstsucht . . . . . . . . . . . . . . . . . . . . . . . . . . 104
13. Wesen und Schein . . . . . . . . . . . . . . . . . . . . . . . . . . . . . . 104
14. In deiner Brust sind deines Schicksals Sterne . . . . . . . . . . . . . 105
15. Die Summe der Lehre . . . . . . . . . . . . . . . . . . . . . . . . . . . . 105
16. Wes das Herz voll ist . . . . . . . . . . . . . . . . . . . . . . . . . . . . 105
17. Anziehendes und warnendes Beispiel . . . . . . . . . . . . . . . . . . 105
18. Kindespflicht I: Vorhalte . . . . . . . . . . . . . . . . . . . . . . . . . . 106
19. Kindespflicht II: Reisen . . . . . . . . . . . . . . . . . . . . . . . . . . . 106
20. Kindespflicht III: Pietät . . . . . . . . . . . . . . . . . . . . . . . . . . . 106
21. Kindespflicht IV: Alter der Eltern . . . . . . . . . . . . . . . . . . . . 106
22. Vom Schweigen . . . . . . . . . . . . . . . . . . . . . . . . . . . . . . . . 107
23. Segen der Beschränkung . . . . . . . . . . . . . . . . . . . . . . . . . . 107
24. Langsam zum Reden . . . . . . . . . . . . . . . . . . . . . . . . . . . . . 107
25. Geistesgemeinschaft . . . . . . . . . . . . . . . . . . . . . . . . . . . . . 107
26. Wider die Aufdringlichkeit* . . . . . . . . . . . . . . . . . . . . . . . . 108

## BUCH V · GUNG YE TSCHANG

1. Verheiratungen . . . . . . . . . . . . . . . . . . . . . . . . . . . . . . . . 109
2. Bildender Umgang . . . . . . . . . . . . . . . . . . . . . . . . . . . . . . 109
3. Bestrafte Eitelkeit . . . . . . . . . . . . . . . . . . . . . . . . . . . . . . 110

4. Güte und Redegewandtheit . . . . . . . . . . . . . . . . . . . . . . . . 110
5. Vorsicht bei Übernahme eines Amtes . . . . . . . . . . . . . . . . . 111
6. Das Floß der Wahrheit . . . . . . . . . . . . . . . . . . . . . . . . . . . 111
7. Verschiedene Brauchbarkeit . . . . . . . . . . . . . . . . . . . . . . . 111
8. Erziehung zur Bescheidenheit . . . . . . . . . . . . . . . . . . . . . 112
9. Tadel . . . . . . . . . . . . . . . . . . . . . . . . . . . . . . . . . . . . . . 112
10. Stärke und Sinnlichkeit . . . . . . . . . . . . . . . . . . . . . . . . . 113
11. Ideal und Wirklichkeit . . . . . . . . . . . . . . . . . . . . . . . . . . 113
12. Exoterisches und Esoterisches* . . . . . . . . . . . . . . . . . . . . 113
13. Gründlichkeit* . . . . . . . . . . . . . . . . . . . . . . . . . . . . . . . 113
14. Bescheidenheit beim Erwerben von Kenntnissen . . . . . . . . . 113
15. Hervorragende Charakterseiten . . . . . . . . . . . . . . . . . . . . 114
16. Verkehr mit Menschen . . . . . . . . . . . . . . . . . . . . . . . . . . 114
17. Die Schildkröte . . . . . . . . . . . . . . . . . . . . . . . . . . . . . . . 114
18. Die Sittlichkeit ist schwer zu erkennen . . . . . . . . . . . . . . . 115
19. Überlegungen . . . . . . . . . . . . . . . . . . . . . . . . . . . . . . . . 115
20. Torheit noch schwerer als Weisheit . . . . . . . . . . . . . . . . . . 115
21. Sorge für die Nachwelt . . . . . . . . . . . . . . . . . . . . . . . . . . 116
22. Vergeben . . . . . . . . . . . . . . . . . . . . . . . . . . . . . . . . . . . 116
23. Der entlehnte Essig . . . . . . . . . . . . . . . . . . . . . . . . . . . . 116
24. Ohne Falsch sein . . . . . . . . . . . . . . . . . . . . . . . . . . . . . . 116
25. Herzenswünsche . . . . . . . . . . . . . . . . . . . . . . . . . . . . . . 116
26. Selbstanklage ist selten . . . . . . . . . . . . . . . . . . . . . . . . . . 117
27. Bescheidenheit des Meisters . . . . . . . . . . . . . . . . . . . . . . 117

## BUCH VI · YUNG JA

1. Fürstentugend . . . . . . . . . . . . . . . . . . . . . . . . . . . . . . . . 118
2. Zeichen des Bildungsstrebens . . . . . . . . . . . . . . . . . . . . . . 119
3. Besoldungsfragen . . . . . . . . . . . . . . . . . . . . . . . . . . . . . . 119
4. Individueller Wert . . . . . . . . . . . . . . . . . . . . . . . . . . . . . 121
5. Nur der Anfang ist schwer . . . . . . . . . . . . . . . . . . . . . . . . 121
6. Brauchbarkeit im Staatsdienst . . . . . . . . . . . . . . . . . . . . . 121
7. Zurückhaltung von Min Dsï Kiän* . . . . . . . . . . . . . . . . . . . 122

8. Hartes Los (Be Niu) . . . . . . . . . . . . . . . . . . . . . . . . . . . . . . 122
9. Fröhlichkeit in Armut (Yän Hui) . . . . . . . . . . . . . . . . . . . . . 123
10. Vorzeitiger Verzicht (Jan Kiu) . . . . . . . . . . . . . . . . . . . . . . 123
11. Zweck der Wissenschaft (Dsï Hia) . . . . . . . . . . . . . . . . . . . 123
12. Wie ein Beamter seine Leute kennenlernt . . . . . . . . . . . . . 123
13. Stolze Bescheidenheit . . . . . . . . . . . . . . . . . . . . . . . . . . . . 124
14. Was einen Fürsten retten kann . . . . . . . . . . . . . . . . . . . . . . 124
15. Das Tor des Lebens . . . . . . . . . . . . . . . . . . . . . . . . . . . . . . 124
16. Das Gleichgewicht zwischen Gehalt und Form . . . . . . . . . . . 124
17. Aufrichtigkeit als Lebensprinzip . . . . . . . . . . . . . . . . . . . . . 125
18. Stufen der intellektuellen Bildung . . . . . . . . . . . . . . . . . . . 125
19. Esoterik der Wissenschaft . . . . . . . . . . . . . . . . . . . . . . . . . 126
20. Weisheit und Sittlichkeit I . . . . . . . . . . . . . . . . . . . . . . . . . 126
21. Weisheit und Sittlichkeit II . . . . . . . . . . . . . . . . . . . . . . . . 127
22. Stufen des Verfalls . . . . . . . . . . . . . . . . . . . . . . . . . . . . . . . 127
23. Falsche Benennungen . . . . . . . . . . . . . . . . . . . . . . . . . . . . . 127
24. Dumme Gutmütigkeit . . . . . . . . . . . . . . . . . . . . . . . . . . . . 128
25. Selbsterziehung . . . . . . . . . . . . . . . . . . . . . . . . . . . . . . . . . 128
26. Verkehr mit einer verrufenen Fürstin . . . . . . . . . . . . . . . . . 129
27. Maß und Mitte . . . . . . . . . . . . . . . . . . . . . . . . . . . . . . . . . 129
28. Das Wesen der Sittlichkeit . . . . . . . . . . . . . . . . . . . . . . . . . 129

## BUCH VII · SCHU ERL

1. Resignation . . . . . . . . . . . . . . . . . . . . . . . . . . . . . . . . . . . . 131
2. Der Geist der Wissenschaft . . . . . . . . . . . . . . . . . . . . . . . . . 131
3. Betrübnis über die Unvollkommenheit der Menschen . . . . . . . 132
4. Der Meister im Privatleben* . . . . . . . . . . . . . . . . . . . . . . . . 133
5. Der Traum . . . . . . . . . . . . . . . . . . . . . . . . . . . . . . . . . . . . . 133
6. Vierfacher Weg der Bildung . . . . . . . . . . . . . . . . . . . . . . . . 133
7. Pädagogische Grundsätze I: Bezahlung . . . . . . . . . . . . . . . . .133
8. Pädagogische Grundsätze II: Selbsttätigkeit des Schülers . . . . . .134
9. Weine mit den Weinenden* . . . . . . . . . . . . . . . . . . . . . . . . 134
10. Gelassenheit . . . . . . . . . . . . . . . . . . . . . . . . . . . . . . . . . . . 135

11. Die Jagd nach dem Glück .......................... 136
12. Vorsicht* ......................................... 136
13. Die Macht der Musik ............................. 136
14. Indirekte Frage .................................. 137
15. Das Glück eine ziehende Wolke ................... 137
16. Das Buch des Wandels ............................ 138
17. Themen der Lehre* ............................... 138
18. Wer ist Kung? ................................... 138
19. Die Quelle von des Meisters Wissen ............... 138
20. Schweigendes Vorübergehen* ..................... 139
21. Überall Lehrer zu finden ......................... 139
22. Gottvertrauen ................................... 139
23. Offenheit ....................................... 140
24. Unterricht in den Elementen* .................... 140
25. Auf der Suche nach Menschen ....................141
26. Fischfang und Jagd* .............................. 142
27. Erst wägen, dann wagen .......................... 142
28. Weitherzigkeit .................................. 142
29. Die intelligible Macht des Willens zur Sittlichkeit ..........143
30. Versuchung .....................................143
31. Gesang und Begleitung* .......................... 144
32. Theorie und Praxis .............................. 144
33. Genialität und Fleiß ............................. 144
34. Über das Gebet ................................. 145
35. Das kleinere Übel ............................... 145
36. Der Edle und der Gemeine: Seelenruhe und Sorgen ........ 146
37. Des Meisters Charakter* .......................... 146

## BUCH VIII · TAI BE

1. Verborgene Verdienste ............................ 147
2. Unvollkommenheit guter Gesinnung ohne Takt ........... 148
3. Vorsicht im Leibesleben* .......................... 149
4. Das Schwanenlied ................................ 149

5. Yän Huis Demut* . . . . . . . . . . . . . . . . . . . . . . . . . . . . . . . . 149
6. Treue eines fürstlichen Vormunds* . . . . . . . . . . . . . . . . . . . . 150
7. Die schwere Last und der weite Weg* . . . . . . . . . . . . . . . . . . 150
8. Poesie, Formen, Musik . . . . . . . . . . . . . . . . . . . . . . . . . . . . . 150
9. Fides implicita . . . . . . . . . . . . . . . . . . . . . . . . . . . . . . . . . . . 151
10. Gründe des Umsturzes . . . . . . . . . . . . . . . . . . . . . . . . . . . . . 151
11. Talente ohne moralischen Wert . . . . . . . . . . . . . . . . . . . . . . 151
12. Häufigkeit des Brotstudiums . . . . . . . . . . . . . . . . . . . . . . . . 152
13. Charakterbildung und ihr Verhältnis zur Welt . . . . . . . . . . . . 152
14. Gegen Kamarillawirtschaft . . . . . . . . . . . . . . . . . . . . . . . . . . 153
15. Der Kapellmeister Dschï und das Guan-Dsü-Lied . . . . . . . . . 153
16. Schatten ohne Licht . . . . . . . . . . . . . . . . . . . . . . . . . . . . . . . 154
17. Das Geheimnis des Lernens . . . . . . . . . . . . . . . . . . . . . . . . . 154
18. Die heiligen Herrscher des Altertums I: Schun und Yü . . . . . . 154
19. Die heiligen Herrscher des Altertums II: Yau . . . . . . . . . . . . . 155
20. Die heiligen Herrscher des Altertums III: Yau, Schun, Wu, Wen . 155
21. Die heiligen Herrscher des Altertums IV: Yü . . . . . . . . . . . . . 156

## BUCH IX · DSÏ HAN

1. Esoterisches: Lohn, Wille Gottes, Sittlichkeit . . . . . . . . . . . . . 157
2. Genie und Talente I: Der Mann aus Da Hiang . . . . . . . . . . . . . 158
3. Mode und Sinn . . . . . . . . . . . . . . . . . . . . . . . . . . . . . . . . . . . 158
4. Negative Tugenden* . . . . . . . . . . . . . . . . . . . . . . . . . . . . . . . 159
5. Gottvertrauen . . . . . . . . . . . . . . . . . . . . . . . . . . . . . . . . . . . . 159
6. Genie und Talente II: Der Minister . . . . . . . . . . . . . . . . . . . . 160
7. Der Meister und sein Wissen . . . . . . . . . . . . . . . . . . . . . . . . . 160
8. Kein Zeichen . . . . . . . . . . . . . . . . . . . . . . . . . . . . . . . . . . . . 161
9. Ehrfurcht vor Rang und Unglück* . . . . . . . . . . . . . . . . . . . . . 161
10. Das Ideal und der Schüler* . . . . . . . . . . . . . . . . . . . . . . . . . . 161
11. Der Meister im Sterben . . . . . . . . . . . . . . . . . . . . . . . . . . . . . 162
12. Der Edelstein . . . . . . . . . . . . . . . . . . . . . . . . . . . . . . . . . . . . 162
13. Die Barbaren . . . . . . . . . . . . . . . . . . . . . . . . . . . . . . . . . . . . 162
14. Reform der Musik . . . . . . . . . . . . . . . . . . . . . . . . . . . . . . . . . 163

15. Der Geist der Lebenskunst . . . . . . . . . . . . . . . . . . . . . . . . . . . 163
16. Der Fluß . . . . . . . . . . . . . . . . . . . . . . . . . . . . . . . . . . . . . . . 163
17. Himmlische und irdische Liebe . . . . . . . . . . . . . . . . . . . . . . 164
18. Stillstand und Fortschritt: Der Berg . . . . . . . . . . . . . . . . . . 164
19. Beharrlichkeit [Yän Hui] . . . . . . . . . . . . . . . . . . . . . . . . . . . 165
20. Beständiger Fortschritt [Yän Hui] . . . . . . . . . . . . . . . . . . . 165
21. Blüten ohne Früchte . . . . . . . . . . . . . . . . . . . . . . . . . . . . . 165
22. Ehrfurcht vor dem kommenden Geschlecht . . . . . . . . . . . . 165
23. Zustimmung und Tat . . . . . . . . . . . . . . . . . . . . . . . . . . . . . 165
24. Treu und Glauben . . . . . . . . . . . . . . . . . . . . . . . . . . . . . . . 166
25. Die Macht des Kleinsten . . . . . . . . . . . . . . . . . . . . . . . . . . 166
26. Dsï Lus Lob und Tadel . . . . . . . . . . . . . . . . . . . . . . . . . . . . 166
27. Im Winter . . . . . . . . . . . . . . . . . . . . . . . . . . . . . . . . . . . . . 167
28. Der dreifache Sieg . . . . . . . . . . . . . . . . . . . . . . . . . . . . . . . 167
29. Genossen auf dem Lebensweg . . . . . . . . . . . . . . . . . . . . . . 168
30. Fernes Gedenken . . . . . . . . . . . . . . . . . . . . . . . . . . . . . . . 168

## BUCH X · HIANG DANG

1. Kungs Redeweise zu Hause und bei Hofe* . . . . . . . . . . . . . . 169
2. Verkehr mit Beamten und Fürsten* . . . . . . . . . . . . . . . . . . 170
3. Bei Staatsbesuchen* . . . . . . . . . . . . . . . . . . . . . . . . . . . . . . 170
4. Während der Audienz . . . . . . . . . . . . . . . . . . . . . . . . . . . . 170
5. Benehmen bei diplomatischen Missionen . . . . . . . . . . . . . . 171
6. Kleiderregeln* . . . . . . . . . . . . . . . . . . . . . . . . . . . . . . . . . . 171
7. Das Fasten . . . . . . . . . . . . . . . . . . . . . . . . . . . . . . . . . . . . . 172
8. Das Essen* . . . . . . . . . . . . . . . . . . . . . . . . . . . . . . . . . . . . . 172
9. Die Matte* . . . . . . . . . . . . . . . . . . . . . . . . . . . . . . . . . . . . . 172
10. Dorffeste* . . . . . . . . . . . . . . . . . . . . . . . . . . . . . . . . . . . . . 173
11. Boten . . . . . . . ·. . . . . . . . . . . . . . . . . . . . . . . . . . . . . . . . . 173
12. Der Stallbrand . . . . . . . . . . . . . . . . . . . . . . . . . . . . . . . . . . 173
13. Ehrungen durch den Fürsten* . . . . . . . . . . . . . . . . . . . . . . 173
14. Im königlichen Heiligtum* . . . . . . . . . . . . . . . . . . . . . . . . 174
15. Verhältnis zu Freunden* . . . . . . . . . . . . . . . . . . . . . . . . . . 174

16. Das Äußere. Benehmen* . . . . . . . . . . . . . . . . . . . . . . . . . . . . . 174
17. Im Wagen* . . . . . . . . . . . . . . . . . . . . . . . . . . . . . . . . . . . . . . 175
18. Die Fasanenhenne . . . . . . . . . . . . . . . . . . . . . . . . . . . . . . . . 175

## BUCH XI · SIAN DSIN

1. Alte und neue Zeit . . . . . . . . . . . . . . . . . . . . . . . . . . . . . . . 177
2. Die Jünger der Wanderzeit . . . . . . . . . . . . . . . . . . . . . . . . . 177
3. Yän Huis Auffassungsgabe . . . . . . . . . . . . . . . . . . . . . . . . . 177
4. Min Dsï Kiäns Pietät . . . . . . . . . . . . . . . . . . . . . . . . . . . . . .178
5. Nan Yungs Besonnenheit und ihr Lohn . . . . . . . . . . . . . . 178
6. Welcher ist der Größte unter den Jüngern? . . . . . . . . . . . . 178
7. Rücksicht auf die Lebenden . . . . . . . . . . . . . . . . . . . . . . . . 178
8. Gottverlassenheit . . . . . . . . . . . . . . . . . . . . . . . . . . . . . . . . 179
9. Des Meisters Tränen um Yän Hui . . . . . . . . . . . . . . . . . . . 179
10. Yän Huis Beerdigung* . . . . . . . . . . . . . . . . . . . . . . . . . . . . 179
11. Tod und Leben . . . . . . . . . . . . . . . . . . . . . . . . . . . . . . . . . . 179
12. Im Kreise der Seinen . . . . . . . . . . . . . . . . . . . . . . . . . . . . . 180
13. Urteile über die Jünger I: Min Dsï Kiän. Das lange Schatzhaus . 180
14. Urteile über die Jünger II: Dsï Lus Lautenspiel . . . . . . . . . . . 181
15. Urteile über die Jünger III: Dsï Dschang und Dsï Hia. Zu wenig
    und zu viel . . . . . . . . . . . . . . . . . . . . . . . . . . . . . . . . . . . . . 181
16. Urteile über die Jünger IV: Jan Kiu im Dienst . . . . . . . . . . . 181
17. Urteile über die Jünger V: Dsï Gau, Dsong Schen, Dsï Dschang,
    Dsï Lu . . . . . . . . . . . . . . . . . . . . . . . . . . . . . . . . . . . . . . . . . 181
18. Urteile über die Jünger VI: Yän Hui und Dsï Gung. Schätze im
    Himmel und auf Erden . . . . . . . . . . . . . . . . . . . . . . . . . . . . 181
19. Talent und Genie . . . . . . . . . . . . . . . . . . . . . . . . . . . . . . . . 182
20. Gehalt der Rede . . . . . . . . . . . . . . . . . . . . . . . . . . . . . . . . . 182
21. Individuelle Behandlung (Dsï Lu und Jan Kiu) . . . . . . . . . . 183
22. Bescheidenheit . . . . . . . . . . . . . . . . . . . . . . . . . . . . . . . . . . 183
23. Strenges Urteil . . . . . . . . . . . . . . . . . . . . . . . . . . . . . . . . . . 183
24. Notwendigkeit geistiger Reife . . . . . . . . . . . . . . . . . . . . . . 184
25. Herzenswünsche . . . . . . . . . . . . . . . . . . . . . . . . . . . . . . . . . 184

# BUCH XII · YÄN YÜAN

1. Sittlichkeit I: Schönheit . . . . . . . . . . . . . . . . . . . . . . . . . . . 186

2. Sittlichkeit II: Ehrfurcht und Nächstenliebe . . . . . . . . . . . . . 187

3. Sittlichkeit III: Gründlichkeit . . . . . . . . . . . . . . . . . . . . . . . 188

4. Der Edle ist frei von Schwermut und Angst . . . . . . . . . . . . . 189

5. Trost* . . . . . . . . . . . . . . . . . . . . . . . . . . . . . . . . . . . . . . . . 189

6. Klarheit des Geistes . . . . . . . . . . . . . . . . . . . . . . . . . . . . . . 190

7. Staatsregierung I: Vertrauen . . . . . . . . . . . . . . . . . . . . . . . . 190

8. Kern und Schale* . . . . . . . . . . . . . . . . . . . . . . . . . . . . . . . . 191

9. Volkswohlstand und Staatswohlstand . . . . . . . . . . . . . . . . . . 192

10. Aus Dunkelheit zum Licht I . . . . . . . . . . . . . . . . . . . . . . . . 193

11. Staatsregierung II: Soziale Ordnung als Grundlage des
    Staatswesens . . . . . . . . . . . . . . . . . . . . . . . . . . . . . . . . . . . 194

12. Dsï Lus Lob . . . . . . . . . . . . . . . . . . . . . . . . . . . . . . . . . . . . 195

13. Prozesse entscheiden und Prozesse verhüten . . . . . . . . . . . . . 195

14. Staatsregierung III: Unermüdliche Gewissenhaftigkeit . . . . . . 195

15. Selbsterziehung . . . . . . . . . . . . . . . . . . . . . . . . . . . . . . . . . 196

16. Einfluß auf andere . . . . . . . . . . . . . . . . . . . . . . . . . . . . . . . 196

17. Staatsregierung IV: Die Person des Herrschenden . . . . . . . . . 196

18. Das Volk richtet sich nach der Person, nicht nach den Worten . 197

19. Staatsregierung V: Wind und Gras . . . . . . . . . . . . . . . . . . . . 197

20. Bedeutung und Berühmtheit . . . . . . . . . . . . . . . . . . . . . . . . 198

21. Aus Dunkelheit zum Licht II . . . . . . . . . . . . . . . . . . . . . . . . 199

22. Sittlichkeit und Weisheit . . . . . . . . . . . . . . . . . . . . . . . . . . . 200

23. Freundschaft . . . . . . . . . . . . . . . . . . . . . . . . . . . . . . . . . . . 201

24. Zweck der Freundschaft* . . . . . . . . . . . . . . . . . . . . . . . . . . . 202

# BUCH XIII · DSÏ LU

1. Staatsregierung I: Der Regent als Erster im Dienen . . . . . . . . 203

2. Staatsregierung II: Wider das persönliche Regiment . . . . . . . 203

3. Staatsregierung III: Richtigstellung der Begriffe . . . . . . . . . . 204

4. Staatsregierung IV: Keine technischen Spezialkenntnisse erforderlich . . . . . . . . . . . . . . . . . . . . . . . . . . . . . . . . . . . . 205

5. Theorie und Praxis . . . . . . . . . . . . . . . . . . . . . . . . . . . . . 206

6. Die Person des Herrschenden . . . . . . . . . . . . . . . . . . . . . . 206

7. Urteil über zwei zeitgenössische Staaten . . . . . . . . . . . . . . . 206

8. Anpassung an die Umstände . . . . . . . . . . . . . . . . . . . . . . . 206

9. Staatsregierung V: Zeitfolge der Ziele . . . . . . . . . . . . . . . . . 207

10. Selbstbeurteilung . . . . . . . . . . . . . . . . . . . . . . . . . . . . . . . 207

11. Erfolg des Talentes . . . . . . . . . . . . . . . . . . . . . . . . . . . . . . 207

12. Erfolg des berufenen Genius . . . . . . . . . . . . . . . . . . . . . . . 208

13. Selbstbeherrschung die Grundlage der Regierung . . . . . . . . . 208

14. Nebenregierung . . . . . . . . . . . . . . . . . . . . . . . . . . . . . . . . 208

15. Das Geheimnis der Blüte und des Untergangs der Staaten . . . . 209

16. Staatsregierung VI: Nach ihren Früchten . . . . . . . . . . . . . . . 210

17. Staatsregierung VII: Dauernder Erfolg . . . . . . . . . . . . . . . . . 210

18. Aufrichtigkeit und Pietät . . . . . . . . . . . . . . . . . . . . . . . . . . 210

19. Sittlichkeit: Ehrfurcht und Gewissenhaftigkeit . . . . . . . . . . . 211

20. Verschiedene Stufen von Gebildeten . . . . . . . . . . . . . . . . . . 211

21. Wer ist zum Jünger geschickt? . . . . . . . . . . . . . . . . . . . . . . 213

22. Fluch der Unbeständigkeit . . . . . . . . . . . . . . . . . . . . . . . . . 213

23. Der Edle und der Gemeine I: Umgang mit anderen . . . . . . . . 214

24. Die Liebe und der Haß der andern . . . . . . . . . . . . . . . . . . . . 214

25. Der Edle und der Gemeine II: Dienst und Gunst . . . . . . . . . . 214

26. Der Edle und der Gemeine III: Stolz und Hochmut . . . . . . . . 215

27. Für die Sittlichkeit günstige Naturveranlagung . . . . . . . . . . . 215

28. Eigenschaften des Gemüts, die dem Gebildeten wesentlich sind 215

29. Volkserziehung und kriegerische Tüchtigkeit . . . . . . . . . . . . 216

30. Mangel der Volkserziehung rächt sich im Krieg . . . . . . . . . . . 216

## BUCH XIV · HIÄN WEN

1. Schande . . . . . . . . . . . . . . . . . . . . . . . . . . . . . . . . . . . . . . 218

2. Das Schwierige ist darum noch nicht sittlich . . . . . . . . . . . . . 218

3. Der Mann muß hinaus ... . . . . . . . . . . . . . . . . . . . . . . . . . . 218

4. Wort und Tat in guter und böser Zeit . . . . . . . . . . . . . . . . . . . 219

5. Ausdruck und Innerlichkeit . . . . . . . . . . . . . . . . . . . . . . . . . 219

6. Nicht Macht, sondern Geist ererbt das Erdreich . . . . . . . . . . . 220

7. Geistige Bedeutung und Sittlichkeit . . . . . . . . . . . . . . . . . . . 220

8. Die rechte Liebe . . . . . . . . . . . . . . . . . . . . . . . . . . . . . . . . 221

9. Sorgfalt bei der Herstellung amtlicher Schriftstücke . . . . . . . . 221

10. Urteile über Zeitgenossen I: Dsï Tschan, Dsï Si, Guan Dschung  221

11. Würdiges Ertragen der Armut schwerer als das des Reichtums*  222

12. Urteile über Zeitgenossen II: Mong Gung Tscho . . . . . . . . . . 222

13. Der vollkommene Mensch . . . . . . . . . . . . . . . . . . . . . . . . . 223

14. Urteile über Zeitgenossen III: Gung Schu Wen Dsï . . . . . . . . 224

15. Urteile über Zeitgenossen IV: Dsang Wu Dschung . . . . . . . . 224

16. Urteile über Zeitgenossen V: Fürst Wen von Dsin und Huan
    von Tsi . . . . . . . . . . . . . . . . . . . . . . . . . . . . . . . . . . . . . . 225

17. Urteile über Zeitgenossen VI: Guan Dschung . . . . . . . . . . . . 225

18. Urteile über Zeitgenossen VII: Guan Dschung . . . . . . . . . . . 225

19. Urteile über Zeitgenossen VIII: Gung Schu Wen Dsï . . . . . . . 226

20. Urteile über Zeitgenossen IX: Fürst Ling von We . . . . . . . . . 226

21. Worte und Taten I . . . . . . . . . . . . . . . . . . . . . . . . . . . . . . . 227

22. Fürstenmord . . . . . . . . . . . . . . . . . . . . . . . . . . . . . . . . . . . 227

23. Fürstendienst . . . . . . . . . . . . . . . . . . . . . . . . . . . . . . . . . . . 227

24. Der Edle und der Gemeine: Erfahrung . . . . . . . . . . . . . . . . . 228

25. Verschiedener Zweck der Kenntnisse . . . . . . . . . . . . . . . . . . 228

26. Ein guter Bote . . . . . . . . . . . . . . . . . . . . . . . . . . . . . . . . . . 228

27. Gegen Kamarillawirtschaft . . . . . . . . . . . . . . . . . . . . . . . . . 229

28. Bescheidenheit* . . . . . . . . . . . . . . . . . . . . . . . . . . . . . . . . . 229

29. Worte und Taten II . . . . . . . . . . . . . . . . . . . . . . . . . . . . . . . 229

30. Der dreifache Weg des Edlen . . . . . . . . . . . . . . . . . . . . . . . . 229

31. Richtet nicht! . . . . . . . . . . . . . . . . . . . . . . . . . . . . . . . . . . . 229

32. Grund zum Kummer . . . . . . . . . . . . . . . . . . . . . . . . . . . . . 230

33. Argloses Wissen . . . . . . . . . . . . . . . . . . . . . . . . . . . . . . . . . 230

34. Selbstverteidigung . . . . . . . . . . . . . . . . . . . . . . . . . . . . . . . 230

35. Das Roß . . . . . . . . . . . . . . . . . . . . . . . . . . . . . . . . . . . . . . 230

36. Vergeltung . . . . . . . . . . . . . . . . . . . . . . . . . . . . . . . . . . . . . 231

37. Ergebung in das Schicksal I: Verkennung . . . . . . . . . . . . . . . 231

38. Ergebung in das Schicksal II: Verleumdung . . . . . . . . . . . . . . 231
39. Weltflucht . . . . . . . . . . . . . . . . . . . . . . . . . . . . . . . . . . . . . . . 232
40. Kulturschöpfer . . . . . . . . . . . . . . . . . . . . . . . . . . . . . . . . . . 232
41. Am Steintor* . . . . . . . . . . . . . . . . . . . . . . . . . . . . . . . . . . . . 233
42. Des Meisters Musik und der Eremit von We . . . . . . . . . . . . . 233
43. Hoftrauer . . . . . . . . . . . . . . . . . . . . . . . . . . . . . . . . . . . . . . 234
44. Macht der Kultur . . . . . . . . . . . . . . . . . . . . . . . . . . . . . . . . 234
45. Der Edle: Ausbildung der Persönlichkeit . . . . . . . . . . . . . . . . 235
46. In der Heimat I: Der alte Yüan . . . . . . . . . . . . . . . . . . . . . . . 235
47. In der Heimat II: Der Junge aus Küo . . . . . . . . . . . . . . . . . . 236

## BUCH XV · WE LING GUNG

1. Der Meister in We und Tschen . . . . . . . . . . . . . . . . . . . . . . . 237
2. Die Summe des Wissens . . . . . . . . . . . . . . . . . . . . . . . . . . . . 238
3. Die Macht des Geistes . . . . . . . . . . . . . . . . . . . . . . . . . . . . . 238
4. Vom Nichtstun . . . . . . . . . . . . . . . . . . . . . . . . . . . . . . . . . . 239
5. Geheimnis des Erfolgs . . . . . . . . . . . . . . . . . . . . . . . . . . . . 239
6. Urteile über Zeitgenossen I: Dsï Yü und Gü Be Yü von We . . . 240
7. Worte und Menschen . . . . . . . . . . . . . . . . . . . . . . . . . . . . . 240
8. Das Leben ist der Güter höchstes nicht . . . . . . . . . . . . . . . . 241
9. Der Weg zur Sittlichkeit . . . . . . . . . . . . . . . . . . . . . . . . . . . 241
10. Regierungsgrundsätze . . . . . . . . . . . . . . . . . . . . . . . . . . . . 241
11. Vorbedacht . . . . . . . . . . . . . . . . . . . . . . . . . . . . . . . . . . . . 242
12. Himmlische und irdische Liebe . . . . . . . . . . . . . . . . . . . . . 242
13. Urteile über Zeitgenossen II: Dsang Wen Dschung . . . . . . . . 243
14. Vermeidung von Groll . . . . . . . . . . . . . . . . . . . . . . . . . . . . 243
15. Wichtigkeit des eignen Denkens . . . . . . . . . . . . . . . . . . . . 243
16. Trivialität . . . . . . . . . . . . . . . . . . . . . . . . . . . . . . . . . . . . . 243
17. Der Edle I: Handlungsweise . . . . . . . . . . . . . . . . . . . . . . . . 244
18. Der Edle II: Grund zum Kummer . . . . . . . . . . . . . . . . . . . . 244
19. Der Edle III: Unsterblichkeit . . . . . . . . . . . . . . . . . . . . . . . 244
20. Der Edle IV: Ansprüche . . . . . . . . . . . . . . . . . . . . . . . . . . . 244
21. Der Edle V: Soziale Beziehungen . . . . . . . . . . . . . . . . . . . . 245

22. Der Edle VI: Urteil über Menschen und Worte . . . . . . . . . . . . 245

23. Praktischer Imperativ . . . . . . . . . . . . . . . . . . . . . . . . . . . . . 245

24. Gerechte Beurteilung (Sine ira et studio) . . . . . . . . . . . . . . . 246

25. Einst und jetzt . . . . . . . . . . . . . . . . . . . . . . . . . . . . . . . . . . 246

26. Schlauheit und Unverträglichkeit als Hindernisse . . . . . . . . . 246

27. Der Parteien Gunst und Haß . . . . . . . . . . . . . . . . . . . . . . . . 247

28. Die Wahrheit und ihre Vertreter . . . . . . . . . . . . . . . . . . . . . 247

29. Fehler ohne Besserung . . . . . . . . . . . . . . . . . . . . . . . . . . . . . 247

30. Nachdenken und Lernen . . . . . . . . . . . . . . . . . . . . . . . . . . . 248

31. Der Edle VII: Die vornehmste Sorge . . . . . . . . . . . . . . . . . . 248

32. Was ein Regent braucht: Weisheit, Sittlichkeit, Würde und Form 249

33. Der Edle und der Gemeine VIII: Verschiedene Verwendbarkeit 249

34. Sittlichkeit als Lebenselement . . . . . . . . . . . . . . . . . . . . . . . 250

35. Keinen Vortritt . . . . . . . . . . . . . . . . . . . . . . . . . . . . . . . . . . 250

36. Der Edle IX: Festigkeit . . . . . . . . . . . . . . . . . . . . . . . . . . . . 250

37. Gewissenhafter Fürstendienst . . . . . . . . . . . . . . . . . . . . . . . 251

38. Jenseits der Standesunterschiede . . . . . . . . . . . . . . . . . . . . . 251

39. Prinzipielle Übereinstimmung als Grundlage für gemeinsame
Arbeit . . . . . . . . . . . . . . . . . . . . . . . . . . . . . . . . . . . . . . . . . 251

40. Deutlichkeit des Stils . . . . . . . . . . . . . . . . . . . . . . . . . . . . . . 251

41. Der Meister und der blinde Musiker . . . . . . . . . . . . . . . . . . . 252

## BUCH XVI · GI SCHÏ

1. Ungerechter Feldzug . . . . . . . . . . . . . . . . . . . . . . . . . . . . . . 254

2. Der Niedergang des Reichs . . . . . . . . . . . . . . . . . . . . . . . . . 255

3. Strafe der Usurpation . . . . . . . . . . . . . . . . . . . . . . . . . . . . . 255

4. Drei nützliche und drei schädliche Freunde . . . . . . . . . . . . . 256

5. Drei nützliche und drei schädliche Freuden . . . . . . . . . . . . . 256

6. Drei Fehler im Verkehr mit Älteren . . . . . . . . . . . . . . . . . . . 256

7. Dreierlei Vorsicht . . . . . . . . . . . . . . . . . . . . . . . . . . . . . . . . 256

8. Dreierlei Ehrfurcht . . . . . . . . . . . . . . . . . . . . . . . . . . . . . . . 257

9. Vier Klassen des Wissens . . . . . . . . . . . . . . . . . . . . . . . . . . . 257

10. Neunerlei Gedanken . . . . . . . . . . . . . . . . . . . . . . . . . . . . . . 257

11. Prinzipien mit und ohne Vertreter . . . . . . . . . . . . . . . . . . . . 258
12. Urteil über historische Persönlichkeiten: Ging von Tsi und
    Be I und Schu Tsi* . . . . . . . . . . . . . . . . . . . . . . . . . . . . . 258
13. Des Meisters Verhältnis zu seinem Sohn . . . . . . . . . . . . . . . 259
14. Bezeichnungen der Landesfürstin* . . . . . . . . . . . . . . . . . . . 259

## BUCH XVII · YANG HO

 1. Begegnung mit dem Usurpator Yang Ho . . . . . . . . . . . . . . . 260
 2. Natur und Kultur . . . . . . . . . . . . . . . . . . . . . . . . . . . . . . 261
 3. Unveränderlichkeit des Wesens . . . . . . . . . . . . . . . . . . . . . 261
 4. Kleine Zwecke, große Mittel (Huhn und Ochsenmesser) . . . . . 261
 5. Möglichkeit des Wirkens I: Gung-Schan Fu-Yau . . . . . . . . . . 262
 6. Die fünf Vorbedingungen der Sittlichkeit . . . . . . . . . . . . . . . 262
 7. Möglichkeit des Wirkens II: Bi Hi . . . . . . . . . . . . . . . . . . . 263
 8. Die sechs Worte und sechs Verdunkelungen . . . . . . . . . . . . . 263
 9. Der Nutzen des Liederbuchs . . . . . . . . . . . . . . . . . . . . . . . 264
10. Der Meister im Gespräch mit seinem Sohn über die Poesie . . . 264
11. Scheinkultur . . . . . . . . . . . . . . . . . . . . . . . . . . . . . . . . . 265
12. Wider die Hochtrabenden . . . . . . . . . . . . . . . . . . . . . . . . 265
13. Wider die Heuchler . . . . . . . . . . . . . . . . . . . . . . . . . . . . 265
14. Wider die Schwätzer . . . . . . . . . . . . . . . . . . . . . . . . . . . . 266
15. Wider die Streber . . . . . . . . . . . . . . . . . . . . . . . . . . . . . . 266
16. Der Wechsel der Fehler im Lauf der Zeiten . . . . . . . . . . . . . 266
17. Der Schein trügt . . . . . . . . . . . . . . . . . . . . . . . . . . . . . . 267
18. Das Glänzende und das Echte . . . . . . . . . . . . . . . . . . . . . . 267
19. Wirken ohne Worte . . . . . . . . . . . . . . . . . . . . . . . . . . . . 267
20. Abweisung eines Besuchers* . . . . . . . . . . . . . . . . . . . . . . . 268
21. Über die Trauerzeit . . . . . . . . . . . . . . . . . . . . . . . . . . . . 268
22. Wider das Nichtstun . . . . . . . . . . . . . . . . . . . . . . . . . . . . 269
23. Mut und Pflichtgefühl . . . . . . . . . . . . . . . . . . . . . . . . . . 269
24. Was der Edle haßt . . . . . . . . . . . . . . . . . . . . . . . . . . . . . 269
25. Frauen und Knechte . . . . . . . . . . . . . . . . . . . . . . . . . . . . 270
26. Grenze der Möglichkeiten . . . . . . . . . . . . . . . . . . . . . . . . 270

# BUCH XVIII · WE DSÏ

1. Die drei sittlichen Heroen der Yin-Dynastie . . . . . . . . . . . . . 271
2. Die Vaterlandsliebe Huis von Liu Hia* . . . . . . . . . . . . . . . . . 271
3. Im Staate Tsi . . . . . . . . . . . . . . . . . . . . . . . . . . . . . . . . . . . . 272
4. Des Meisters Rücktritt aus dem Amt in Lu* . . . . . . . . . . . . . 272
5. Der Narr von Tschu* . . . . . . . . . . . . . . . . . . . . . . . . . . . . . . . 272
6. Die Furt* . . . . . . . . . . . . . . . . . . . . . . . . . . . . . . . . . . . . . . . . 273
7. Dsï Lu und der Alte* . . . . . . . . . . . . . . . . . . . . . . . . . . . . . . . 273
8. Die sich vor der Welt verbargen* . . . . . . . . . . . . . . . . . . . . . 274
9. Der Rückzug der Musiker von Lu . . . . . . . . . . . . . . . . . . . . . 275
10. Der Rat des Fürsten Dschou an den Fürsten von Lu* . . . . . . . 275
11. Die vier Zwillingspaare der Dschou-Dynastie* . . . . . . . . . . . 275

# BUCH XIX · DSÏ DSCHANG

1. Das Ideal des Gebildeten (Dsï Dschang)* . . . . . . . . . . . . . . . 276
2. Mangelnder Fortschritt (Dsï Dschang)* . . . . . . . . . . . . . . . . . 277
3. Dsï Hias Jünger bei Dsï Dschang . . . . . . . . . . . . . . . . . . . . . 277
4. Die Gefahr des Dilettantismus* . . . . . . . . . . . . . . . . . . . . . . 277
5. Der rechte Philosoph* . . . . . . . . . . . . . . . . . . . . . . . . . . . . . . 278
6. Bildung und Sittlichkeit* . . . . . . . . . . . . . . . . . . . . . . . . . . . . 278
7. Das Gleichnis von den Handwerkern* . . . . . . . . . . . . . . . . . . 278
8. Die Fehler der Gemeinen* . . . . . . . . . . . . . . . . . . . . . . . . . . . 279
9. Die drei Verwandlungen des Edlen . . . . . . . . . . . . . . . . . . . . 279
10. Der Wert des Vertrauens* . . . . . . . . . . . . . . . . . . . . . . . . . . . 279
11. Die Großen und die Kleinen* . . . . . . . . . . . . . . . . . . . . . . . . 280
12. Dsï Yus Kritik und Dsï Hias Replik* . . . . . . . . . . . . . . . . . . . 280
13. Amt und Studium* . . . . . . . . . . . . . . . . . . . . . . . . . . . . . . . . 280
14. Die Trauer* . . . . . . . . . . . . . . . . . . . . . . . . . . . . . . . . . . . . . . 281
15. Dsï Yus Kritik an Dsï Dschang* . . . . . . . . . . . . . . . . . . . . . . 281
16. Dsong Schens Kritik an Dsï Dschang* . . . . . . . . . . . . . . . . . 281
17. Die Entfaltung des Wesens in der Trauerzeit* . . . . . . . . . . . . 281
18. Vorbildliche Pietät* . . . . . . . . . . . . . . . . . . . . . . . . . . . . . . . . 281

19. Menschlichkeit gegen die Schuldigen* . . . . . . . . . . . . . . . . . 282
20. Die Gefahr der falschen Stellung* . . . . . . . . . . . . . . . . . . . . 282
21. Die Fehler des Edlen* . . . . . . . . . . . . . . . . . . . . . . . . . . . . 282
22. Die Quellen von Kungs Bildung* . . . . . . . . . . . . . . . . . . . . 282
23. Die Hofmauer* . . . . . . . . . . . . . . . . . . . . . . . . . . . . . . . . 283
24. Die Hügel und Sonne und Mond* . . . . . . . . . . . . . . . . . . . 283
25. Der Himmelsfürst* . . . . . . . . . . . . . . . . . . . . . . . . . . . . . 283

## BUCH XX · YAU YÜO

1. Die Heiligen Fürsten der Vorzeit . . . . . . . . . . . . . . . . . . . . . 285
2. Der rechte Herrscher . . . . . . . . . . . . . . . . . . . . . . . . . . . . . 288
3. Die Summe der Lehre . . . . . . . . . . . . . . . . . . . . . . . . . . . . 289


Anmerkungen . . . . . . . . . . . . . . . . . . . . . . . . . . . . . . . . . . . 290
Benutzte Literatur . . . . . . . . . . . . . . . . . . . . . . . . . . . . . . . . 370
Namenregister . . . . . . . . . . . . . . . . . . . . . . . . . . . . . . . . . . 372
Sachregister . . . . . . . . . . . . . . . . . . . . . . . . . . . . . . . . . . . . 380

# Vorrede zur zweiten Auflage

Diese Ausgabe ist auf Grund erneuter Durchsicht an der Hand chinesischer Kommentare an einzelnen Stellen verbessert. Die herangezogenen chinesischen Kommentare sind insbesondere ein sehr schöner Nachdruck einer Yüan-Ausgabe des Kommentars von Ho Yän und Hing Bing, ferner die Bemerkungen Mau Si Hos und die Erklärungen zu schwierigen Stellen der Lun Yü in der Sammlung »Dschu Bai Schau Fang«. Die meisten Veränderungen finden sich in der Einleitung, die auf Grund weiterer Forschungen mannigfach umgestaltet und erweitert ist. Ein Sachregister ist neu beigegeben. Die Orthographie der chinesischen Namen ist nach der in Ostasien von den deutschen Lehrern akzeptierten Schreibweise einheitlich durchgeführt.

Tsingtau, Januar 1914

*D. Richard Wilhelm*

# EINLEITUNG

Niemand, der sich mit China beschäftigen will, kann an der Persönlichkeit des Kung (der von den Jesuiten Konfuzius genannt wurde, nach dem chinesischen Kung Fu Dsï = Meister Kung, und diesen Namen in Europa bis heute behalten hat) vorübergehen. Kung ist das historisch gewordene Ideal der überwältigenden Mehrheit des chinesischen Volkes, und niemand kann ein Volk richtig beurteilen, ohne dessen Ideale zu verstehen. Dennoch ist man in Europa weit davon entfernt, zu einer eindeutigen Würdigung dieser Persönlichkeit durchgedrungen zu sein. Im rationalistischen Zeitalter wurde er vielfach aus seiner Umgebung herausgelöst und genoß als weiser und tugendhafter Sittenlehrer, der in mancher Beziehung der damaligen Zeitströmung verwandte Züge zeigte, große Verehrung. Seit China jedoch in neuerer Zeit eine wesentlich ungünstigere Beurteilung in Europa fand, hatte auch sein historisches Ideal darunter zu leiden. Um so mehr, als immer deutlicher erkannt wurde, daß er zu eng mit der ganzen chinesischen Geschichte zusammenhängt, als daß man ihn daraus willkürlich losreißen könnte. Ja, so stark scheinen die Fäden, die ihn auch nach seinen eigenen Aussprüchen mit dem chinesischen Altertum verknüpfen, daß unserer Zeit, die in den Heroen des Menschengeschlechts nur immer nach dem Originalen und Genial-Persönlichen sucht, oft kaum mehr etwas Bemerkenswertes an dem vielverehrten Meister der Chinesen übrig zu bleiben schien. Und nicht vereinzelt sind die Urteile, die den Konfuzianer Menzius, der einige Jahrhunderte nach Kungs Tode eine literarisch überaus geschickte Propaganda für dessen Lehren betrieb, noch über den Meister stellen. Diese Geringschätzung entfernt sich aber ebenso weit von der Wahrheit wie jene frühere Verehrung des individualistisch betrachteten Tugendlehrers. Um die Größe einer historischen Persönlichkeit objektiv festzustellen, muß man alle persönlichen Geschmacksrichtungen zunächst beiseite lassen und nur seine tatsächliche Wirkung in Betracht ziehen. Jede hervorragende Persönlichkeit hat eine ganz bestimmte Auffassung der metaphysischen Gründe des Weltgeschehens. Und dieser Auffassung entsprechend gestaltet sie ihr Leben. Wie in der Musik ein jeder Komponist seinen bestimmten Rhythmus hat, der alle seine Werke einheitlich durchdringt, so hat jeder große Mann eine besondere Rhythmik des Handelns und Erlebens, die sich mehr oder weniger von dem passiven Gelebtwerden der großen Menge unterscheidet. Die Größe einer Persönlichkeit hängt nun einerseits davon ab, wie hoch sich diese Eigenart des Erlebens über das Niveau ihrer Zeit erhebt, und andererseits davon, wie groß ihre Kraft ist, auch andere Menschen in diese neue Art des Lebens hineinzuziehen und so ihr Leben gestaltend zu bestimmen. Von diesem Gesichtspunkt aus muß man Kung entschieden als einen der ganz Großen der Menschheit bezeichnen; denn seine Wirkung auf die ganze ostasiatische Welt, zusammen wohl nahezu ein Drittel der Menschheit, hat sich bis heute erhalten, und ebenso ist das sittliche Ideal, das er vertritt, ein solches, das wohl einen Vergleich aushält mit den übrigen Weltreligionen. Und mancher schon, der mit großen Vorurteilen an die intimere Beschäftigung mit ihm heranging, hat sich schließlich das Bekenntnis abringen müssen: Er war doch ein großer Mann.

Der Versuch einer Lösung des Problems der Persönlichkeit Kungs als Faktor der Menschheitsentwicklung wird als notwendige Voraussetzung seine historische Eingliederung in den Zusammenhang des Lebens des chinesischen Volkes haben. Wir fragen daher zunächst: was fand er vor? – dann: was hat er erstrebt? – und weiter: was hat er erreicht? Eine Würdigung dessen, was er an bleibenden Werten dem geistigen Besitz der Menschheit hinzugefügt hat, möge den Abschluß bilden!

Für eine genaue Anschauung der Verhältnisse in der chinesischen Urzeit fehlt zurzeit noch das nötige kritisch gesichtete

Quellenmaterial. Allerdings wird man ebenso vorsichtig sein müssen gegenüber einer zu weit gehenden Skepsis, wie gegenüber einer unbesehenen Übernahme des ganzen chinesischen Traditionsstoffs. Es hat eine Zeit gegeben, da man das Vorhandensein einer chinesischen Schrift vor dem Jahr 800 v. Chr. leugnen zu müssen meinte, ja manchen Kritikern war selbst dieses Datum noch zu hoch gegriffen. Neuerdings sind Funde alter, beschriebener Knochen gemacht worden, die seit uralten Zeiten zu Orakelzwecken dienten. Durch diese Funde wurden ganz neue Einblicke in ein altes chinesisches Schriftsystem eröffnet, und es ist keineswegs ausgeschlossen, daß mit der Zeit noch Monumente ans Tageslicht konmen, die die chinesische Urgeschichte in neuem Licht erscheinen lassen. Vielleicht daß dann auch die jetzt noch gänzlich ungeklärte Frage nach dem Ursprung der chinesischen Kultur ihre Antwort findet.

Was uns jetzt an Quellen für die chinesische Urzeit zur Verfügung steht, ist im wesentlichen alles durch die Redaktion Kungs hindurchgegangen. Es sind die fünf kanonischen Schriften der »Urkunden«, »Lieder«, »Wandlungen«, »Annalen des Staates Lu« und der – erst später fixierten – »Riten«. Wir haben Anhaltspunkte darüber, daß Kung bei seiner Redaktionsarbeit ziemlich radikal vorgegangen ist. Nicht darum war es ihm zu tun, eine historische Darstellung der Vergangenheit zu geben, sondern er wollte die Geschichte als einen Spiegel für die Zukunft überliefern. Er schrieb die Geschichte nur vom Standpunkt seiner Lehre aus, die er in ihr zusammengefaßt sieht. Ebenso ging er bei der Sammlung der Lieder und Bräuche durchaus kritisch vor.

Immerhin bewegen sich die redaktionellen Änderungen Kungs in ganz bestimmten Bahnen. Er läßt manches ihm unrichtig dünkende weg, rückt anderes in eine neue Beleuchtung; aber wir dürfen das Zutrauen zu ihm haben, daß er den wesentlichen Gehalt der ihm vorliegenden Quellen unangetastet ließ. Als ungünstiges Moment kommt jedoch in Betracht, daß keine der von ihm redigierten Schriften sich in ihrer ursprünglichen Gestalt erhalten hat. Weit mehr als die Bücherverbrennung des Tsin Schï Huang, die von den Chinesen für den Zustand ihrer alten Literatur verantwortlich gemacht wird, sind die allgemeinen Unruhen der auf Kung folgenden Jahrhunderte dafür verantwortlich. Die alte chinesische Welt fiel rettungslos dem Untergang anheim, und als sich aus den Trümmern später die Han-Dynastie erhob und man begann, sich auf die Schätze alter Wissenschaft wieder zu besinnen, da war vieles schon sehr stark mitgenommen vom Sturm der Jahrhunderte. So ist uns denn die ganze alte Literatur nur so überliefert, wie sie aus dem Schutt der Zeiten hervorgezogen wurde.

Trotzdem diese Literatur zum Teil recht bedeutend gelitten hatte, sind uns dennoch in ihr die Richtlinien dessen aufbewahrt, was Kung in der Vergangenheit als Grundlage seiner Arbeit anerkannte. Die Heroen der Vergangenheit, die Schöpfer der chinesischen Kultur, die Kung vor Augen stehen, sind sieben an der Zahl: Gott Yau (Erhaben), Gott Schun (Gütig), der Große Yü, der Vollkommene Tang, ferner die drei Begründer der Dschou-Dynastie: König Wen und dessen zwei Söhne König Wu und der Fürst von Dschou. Wohl geht Kung nicht in jene grauen Urzeiten zurück, die in späteren Geschichtswerken immer ausführlicher behandelt werden; aber das große Dreigestirn der Kulturschöpfung Yau, Schun und Yü[1], deren Zeit von 2300 bis 2200 v. Chr. angesetzt zu werden pflegt, ist doch wohl auch kaum historisch. Schon daß Yau und Schun den Titel »Gott« tragen – denn die gewöhnliche Übersetzung mit »Kaiser« ist schon durch die Stellung des Wortes vor dem Namen ausgeschlossen – macht bedenklich. Aber auch die Zustände, wie sie unter diesen Herrschern sind und an das goldene Zeitalter anderer Mythen erinnern, finden im Verlauf der Geschichte keine Fortsetzung. Was von Yau, Schun und Yü erzählt wird, kommt aber dennoch in Betracht als Ideal, das Kung von der Vergangenheit besaß und an das er anknüpfen konnte. Die Ideale, die jene Heroen darstellen, sind die Grundlagen einer geordneten Regierung eines ackerbautreibenden Volkes. Was von Yau erzählt wird, bewegt sich durchaus in dieser Richtung. Ein akkerbautreibendes Volk braucht eine geordnete Zeitrechnung, damit die Beschäftigungen der Menschen in Einklang kommen mit dem Naturlauf, gut geordnete Wasserläufe, um Dürre und Überschwemmungen fernzuhalten und endlich eine Regierung, die sich möglichst wenig durch Eingriffe in das persönliche Leben und Treiben des Volkes bemerkbar macht. So wird denn von Yau außer seiner persönlichen Tugend berichtet, daß er die Himmelserscheinungen in einem Kalender zur Darstellung brachte und in dem von seiner Familie verfolgten, aus ganz einfachen Verhältnissen hervorgegangenen Schun sich einen Gehilfen und Nachfolger herangezogen hat. Doch gelang es ihm noch nicht, der Überschwemmungen Herr zu werden. Dieses Werk vollendete Schun mit Hilfe des Großen Yü, der den sämtlichen Flüssen Nordchinas ihren Lauf anwies. Während Yau mehr mit den Himmelserscheinungen in Zusammenhang steht, ist Schun, der in seiner Jugend Landmann war, mehr mit den irdischen Verhältnissen verknüpft: Ackerbau, Töpferei, Fischfang und Jagd sind Tätigkeiten, die ihm die Legende zuschreibt. Und ähnlich wie Yau, unter Hintansetzung seines unwürdigen Sohns, sein Reich an Schun abgibt – nachdem, wie taoistische Legenden nicht ohne Bosheit berichten, eine ganze Anzahl taoistischer Heiliger den Thron ausgeschlagen hatten –, so wählt auch Schun als seinen Nachfolger den würdigsten seiner Beamten, den Bändiger der Gewässer: Yü. An Yü den Großen schließt sich die erste durch Erbfolge begründete Dynastie, die Hia-Dynastie an. Im Verlauf der Dynastie folgt auf das goldene Zeitalter jener Herrscher allmählicher Niedergang, bis mit dem letzten Herrscher aus dem Hause Hia, dem ausschweifenden und tyrannischen Giä, die Unmoral einen Gipfel erreicht, der »die Strafe des Himmels« herausfordert. Der Tyrann wird gewaltsam abgesetzt, und der »Vollkommene«, Tang, gründet die zweite Dynastie, die sogenannte Schang-Dynastie, deren Bezeichnung später in Yin umgewandelt wird. Die Gestalt des Tang ist dadurch im chinesischen System bemerkenswert, als wir in ihm den Heiligen als Empörer haben. Nachdem der Tyrann die Berufung des Himmels verscherzt hatte, geht diese auf den würdigeren Gründer einer neuen Dynastie über. An der Zuneigung des Volkes erkennt man, daß er wirklich einen höheren Beruf hat; denn des Volkes Stimme ist Gottes Stimme. Im übrigen übernimmt die neue Dynastie die Einrichtungen der alten unter zeitgemäßen Abänderungen. Auch das bleibt Grundsatz für die Jahrtausende in China: das große Erbe der Vergangenheit, die Summe der Kultur und Autorität kann wohl von einem Haus an das andere übergehen, aber die Tradition bleibt gewahrt, ähnlich wie auf anderem Gebiet im Papsttum. Von dieser theoretischen Erwägung abgesehen zeigt sich die zweite Dynastie ziemlich genau als Dublette der ersten; namentlich der Tyrann, der den Zorn des Himmels herabbeschwört, trägt unverkennbare Familienähnlichkeit mit dem Tyrannen Giä. Er heißt Schou Sin, und seine ausschweifende Gemahlin heißt Da Gi; im übrigen aber ist sein Lebenswandel nur eine Wiederholung der Ausschweifungen und Grausamkeiten des letzten Herrschers der Hiadynastie. Es fehlen zurzeit noch die Mittel, um festzustellen, wie das historische Verhältnis ist, ob es sich um zufällige Übereinstimmung handelt, oder ob der Thronsturz des Giä einfach eine in die Vergangenheit zurückprojizierte Analogie der Ereignisse zur Zeit des Schou Sin ist.

Soweit uns die vorhandenen Urkunden gestatten, uns ein Bild von den Zuständen der alten Zeit zu machen – und außer den konfuzianischen Quellen kommen hier auch taoistische in Betracht, die in mancher Hinsicht den alten chinesischen Zuständen noch näher treten als der eine »Reformation« darstellende Konfuzianismus –, scheinen die Verhältnisse recht einfach gewesen zu sein. Selbst der Herrscher, dessen Macht oft übrigens mehr nominell gewesen zu sein scheint, lebte noch keineswegs luxuriös. Manche Schilderungen aus der alten Zeit, besonders in Beziehung auf Yü, geben recht primitive Bilder. Die Wirtschaftsform war agrarisch. Bedeutender als kriegerische Eroberung war friedliche Durchdringung weiter, noch unkultivierter Gebiete. Infolge davon ist die Gesellschaftsstruktur wesentlich von der westlichen verschieden. Im Okzident baute sich die Volksgemeinschaft fast durchweg auf dem Grund der kriegerischen Organisation der wehrfähigen Mannschaft auf. Darum war der Einzelne aus dem Kreis der Krieger Träger selbständigen Rechts innerhalb der Sippen. Der einzelne freie Mann bildete die Zelle der Gesellschaft, die sich je nach den Verhältnissen zur Demokratie oder Militärdespotie weiter entwickeln konnte. Auf alle Fälle waren damit die Grundlagen für eine Entwicklung des Individuums und somit auch für individuelle Religion und individuelle Moral gegeben. Ganz anders in China. Hier steht nicht kriegerische Eroberung, sondern friedliche Durchdringung am Anfang. Schon frühe hören wir von der Einteilung des Landes in Felder, die den einzelnen Familien zur Bebauung übergeben wurden. Die Feldbebauung setzt aber in der Familie ganz von selbst eine kollektivistische Wirtschaftsform voraus. So ergibt sich als Grundzelle des chinesischen gesellschaftlichen Organismus nicht das Individuum, sondern die kommunistische Familie. Es verdient hier hervorgehoben zu werden, daß sich Spuren eines Zustandes der Mutterfolge noch nachweisen lassen, doch scheint die Familie unter der Herrschaft des Vaters schon ziemlich weit zurückzugehen, wenn auch in der fast religiösen Betonung der väterlichen Autorität noch der Einfluß der Umwandlung der Sippe in die Familie durchklingt. Da aber zur Sicherung und Regelung des Lebens gemeinsame Unternehmungen unter einheitlicher Leitung, wie z. B. die schon erwähnte Flußregulation, notwendig waren, so bildet sich das Familienpatriarchat zum gesellschaftlichen Patriarchat mit dem Fürsten an der Spitze weiter. Wir finden die ethischen, religiösen und naturwissenschaftlichen Verhältnisse des vorkonfuzianischen China durchaus in Übereinstimmung mit den theoretischen Folgerungen, die sich aus diesen Zuständen ziehen lassen. Während in der Ethik des Westens die kriegerische Tugend des Muts und die damit zusammenhängenden Tugenden des Forschungstriebes und Wahrheitssinnes die Keimzelle für die ethische Entwicklung bilden, steht in China die gewissenhafte Einordnung in den Familienorganismus und durch ihn in den Gesellschaftsorganismus obenan, eben weil das die Tugend war, die innerhalb der gegebenen sozialen Verhältnisse am nötigsten und wertvollsten sich erwies. Von hier aus wird uns die Rolle, welche in China die Pietät spielt, ohne weiteres klar, und ebenso klar ist, wie ungerecht eine Beurteilung der chinesischen Kultur sein muß, die, wie das immer wieder geschieht, als Maßstab die auf ganz anderem Boden erwachsenen Prämissen unserer Kultur anlegt.

Dieselben Folgerungen ergeben sich auf religiösem Gebiet. Die Religion hat in China niemals die individuell selbständige Entwicklung gefunden wie im Westen. Das Altertum kennt Zauber und Divination als wesentliche Züge des Lebens. Namentlich scheint auch die Schrift, die die Bilder der Gegenstände festzuhalten vermochte, als Zaubermittel hoch bewertet worden zu sein. Noch bis auf den heutigen Tag gelten geschriebene Zeichen für etwas einigermaßen Heiliges. Ebenso finden sich Spuren der Zaubermacht des Namens, in dem man Gewalt über das zugehörige Ding besitzt. Aus einer späteren Schicht stammen die Opfer, deren Vollzug als geheimnisvoll mit dem Weltlauf in Zusammenhang stehend betrachtet wurde. Verehrt wird der Gott des Himmels, ferner die Erde, und zwar die Erde (di) als Mutter im Gegensatz zum Himmelsvater, aber auch der männlich gedachte Gott der Ackerkrume (Hou Tu); außerdem die wichtigsten Naturgottheiten, die dem höchsten Gott beim Opfer beigeordnet werden. Daß auch der Ahnenkult in ältere Zeit zurückgeht, ist wohl selbstverständlich. Immerhin dürfte die feste Ordnung des Ahnenkultes erst mit der Dschou-Dynastie ihren Anfang genommen haben. Die Beschränkung des Kultes des höchsten Gottes auf den Altar bei der Hauptstadt und die Reservierung seines Vollzugs für den Herrscher hat sich, ähnlich wie das Opfer für Jahwe allein in Jerusalem, im Laufe der Zeit immer strenger durchgesetzt. Die Tempel des höchsten Gottes auf den Höhen im Land umher sanken mit der Zeit im

Rang. Heute wird der »Nephritherr« darin verehrt, ein für das Volk zurechtgemachtes Surrogat des »lieben Gottes«.

Die Begrenzung auf den Gebrauch der staatlich organisierten menschlichen Gesellschaft gibt der Wissenschaft der vorkonfuzianischen Periode ihren bestimmten Charakter. Interesselose Forschung aus bloßer Wißbegier kennt das chinesische Altertum so gut wie gar nicht. Auch das Wissen ist praktisch orientiert. Es ist für die Menschen, die Ackerbau treiben, ein unabweisbares Bedürfnis, daß sie den Verlauf ihrer Tätigkeiten dem Naturverlauf und seinen Gesetzen anpassen, daß die menschlichen Ordnungen sich einfügen in die Weltordnung.

Die Welt ist durch göttliche Vernunft (das Tao) regiert, und diese Prinzipien gilt es zu erforschen, damit der Kreis der menschlichen Tätigkeiten entsprechend gestaltet werden kann. So findet sich schon in ältesten Zeiten eine verhältnismäßig hohe Stufe der astronomischen Beobachtung, um mit ihrer Hilfe den Gang der Jahreszeiten und die entsprechenden Arbeiten des Ackerbaus festzulegen. Die Sorge für den Kalender war denn auch zu allen Zeiten eine wichtige Pflicht der kaiserlichen Regierung; es gab ein kaiserliches Hofamt, dem es oblag, jährlich den Kalender herauszugeben, in dem die geeigneten Tage für alle möglichen Unternehmungen des Lebens angegeben wurden. So suchte man seit urältester Zeit den Naturkräften und ihrer Ordnung durch eine an pythagoräische Lehre erinnernde Zahlensymbolik beizukommen. Der Dualismus der Urkräfte (Licht–Finsternis, männlich–weiblich usw., chinesisch yang yin) sowie die an die Fünfzahl sich anschließende Einteilung alles Bestehenden in Natur- und Menschenwek (es gibt fünf Farben, fünf geographische Punkte – nämlich Mitte, Süden, Norden, Osten, Westen –, fünf Tugenden usw., die alle in einem geheimnisvollen Zusammenhang stehen) bilden einen Hauptbestandteil dieser primitiven Naturphilosophie. Wie nun das chinesische Denken der Welt durch die Kategorie der Zahl beizukommen suchte, so war es andererseits von überaus großer Wichtigkeit, das Erkannte durch Begriffssymbole festzuhalten. Die Schrift, die sich der Sage nach aus geknoteten Stricken und primitiven Bildern der Gegenstände entwickelt hat, galt als etwas Heiliges und ist es, wie schon erwähnt, bis auf diesen Tag geblieben. Ihr Hauptzweck ist ebenfalls der, die rechten religiösen Riten und Gesetze festzuhalten und zu verbreiten. Auch sie war in erster Linie Mittel zur Staatsordnung. Ähnlich verhält es sich mit den übrigen Errungenschaften der Zivilisation, welche die chinesische Überlieferung ins höchste Altertum zurückprojiziert: die Erfindung der Kleidung, des Hausbaus, des Ackerbaus, der Seidenkultur usw. Alles sind technische Errungenschaften, für den unmittelbaren praktischen Gebrauch bestimmt. Daß die Überlieferung als Hüterin dieser Kulturgüter gerade in jenen ältesten Zeiten eine besonders wichtige Rolle spielte, damit das mühsam Erworbene nicht wieder verloren gehe, versteht sich von selbst, ebenso daß sich im Lauf einer jahrhundertelangen Entwicklung viel unzuverlässiges und minderwertiges Material in diese Überlieferung eingeschlichen hatte.

Die Kulturentwicklung hatte es im Wechsel der Dynastien schon damals zur Folge gehabt, daß kein einheitliches Volksbewußtsein mehr existierte, sondern verschiedene Linien geistiger Strömungen sich herausgebildet hatten. Während die eine Linie, die sich im späteren Taoismus fortsetzte, sich mehr an die Traditionen der Schang-Dynastie hielt, deren bedeutende Männer im Lauf der Jahrhunderte vom Taoismus fast alle deifiziert wurden, zeigen sich ums erste Jahrtausend zu Beginn der Dschou-Dynastie bereits gewisse Anfänge strafferer Organisation der Gesellschaftsordnung, die in Kung und seiner Lehre ihren Abschluß und ihre Vollendung fanden.

Mit der Dschou-Dynastie kommen wir auf Einflüsse aus dem Westen. Es ist sehr wahrscheinlich, daß diese Dynastie, die Generationen lang mit großer Umsicht an der Befestigung und Ausbreitung ihrer Macht gearbeitet hat, nicht chinesischen Ursprungs ist, sondern von außen her in China eindrang. Noch Menzius nennt – allerdings in bewußtem Paradox – den König Wen, den tatsächlichen Gründer dieser Dynastie, einen Barbaren aus dem Westen. Natürlich weiß die Tradition einen genealogischen Zusammenhang dieser neuen Dynastie mit dem »Akkerbauminister« Hou Dsi, der dem göttlichen Yau und Schun zur Seite stand, herzustellen. Seine Nachkommen seien zu den Barbaren ausgewandert und von dort später wieder nach China zurückgekehrt. Es erübrigt sich auf diese Tradition einzugehen, um so mehr als wir noch ziemlich gut die einzelnen Etappen verfolgen können, die die neue Dynastie bei ihrem allmählichen Eindringen in China zurückgelegt hat. Es muß eine Art Völkerwanderung gewesen sein, und die Art, wie die eindringenden Barbaren allmählich sich Kultur und Macht in China verschafften, hat ihre Parallele in der Übernahme des römischen Imperiums durch die einrückenden Germanen.

Abgesehen von den früheren Häuptlingen dieser Stämme, von denen einer geschildert wird, wie er zu Pferd – von seiner Frau begleitet – die neuen Wohnsitze für die Seinen aussucht, sind es hauptsächlich drei Männer, die in der konfuzianischen Tradition die Siebenzahl der berufenen Heiligen voll machen: der König Wen, der moralisch den Einfluß der Familie im Reiche durchgesetzt hat, ohne den letzten Schritt der Usurpation zu tun, der König Wu, sein Sohn, der in hohem Alter die kriegerische Aktion gegen den Tyrannen Schou Sin unternommen, und dessen jüngerer Bruder Dan, der Fürst von Dschou, der für seinen unmündigen Neffen die Regierung führte und dessen Familie mit dem Heimatstaat des Kung, dem Fürstentum Lu, belehnt wurde.

Durch König Wu und noch mehr durch seinen bedeutenderen Bruder, den Fürsten Dschou, wurden nun neue Lebensordnungen für das ganze Reich geschaffen, die sich wohl den Überlieferungen der guten alten Zeit im allgemeinen anschlossen, bei denen aber auch schon andere Linien in Erscheinung zu treten beginnen, die später durch Kung zum unveräußerlichen Bestand der chinesischen Geistesstruktur gemacht wurden, und zwar ist es vor allem die Familienidee, die in den Mittelpunkt gerückt wird. Die Familie findet ihre Ausgestaltung nicht in der Einzelfamilie, sondern in der mehrere Generationen umfassenden Gesamtfamilie, die bis auf den heutigen Tag in China besteht. Aus der Dschou-Dynastie scheint die Einrichtung zu stammen, die eine Heirat zwischen Gliedern derselben Sippe[2] verbietet. Monogamie ist in der Weise durchgeführt, daß neben die eine legitime Hauptfrau deren Dienerinnen als Nebenfrauen treten können. Die Einrichtung eines fürstlichen Harems ging hier voran, obwohl sie eigentlich den monogamisch ausgelegten Verpflichtungen zwischen Mann und Frau widerspricht.

Die Ausgestaltung dieser Familienidee in der Praxis führt zum Lehenswesen. Die Dschou-Dynastie macht das Reich zum Lehensstaat, dessen einzelne Lehen vorzugsweise an Familienglieder vergeben wurden; auch zeigt sich in der Art, wie der verewigte König Wen als Genosse des höchsten Gottes angerufen wird, ein Aufrücken des Ahnenkults neben die Gottesverehrung. Begräbnisbräuche, die bisher sehr zurückgetreten waren, wurden betont, und der Ahnenkult wurde für den Mann aus dem Volk, der als solcher nicht mehr die Berechtigung hat, mit seinem Opfer vor den höchsten Gott zu treten, die religiöse Betätigung schlechthin. Damit hängt zusammen die Aufstellung des Pietätsprinzips als des moralischen Grundverhältnisses, aus dem die anderen Beziehungen erst abgeleitet werden. Eine reiche Ausgestaltung aller Lebensformen nach bestimmten Regeln (Li) ordnete alle Handlungen und schuf den äußeren Ausdruck, ohne den die innere Gesinnung nach antiker Auffassung nicht bestehen kann.

Dieses soziale System, gegründet auf die natürlichsten sozialen Triebe des Menschen, die Familiengefühle, ist ein wundervoll in sich abgeschlossenes Gebilde: der ganze Staat eine erweiterte Familie, die Fürsten oben und das Volk unten zusammengehalten von einem starken Gefühl der Zusammengehörigkeit. Das ganze Leben und alle Beziehungen zu Menschen und Göttern geregelt durch feste sittliche Normen, die zugleich der ästhetischen Ausgestaltung nicht entbehren. Eine hoch entwickelte Kunst, entsprechend der Zeitrichtung vorzugsweise Musik, die von psychologisch-systematischen Grundsätzen ausgehend eine harmonische Stimmung des Seelenlebens direkt erstrebte: das ist die Schöpfung der Dschou-Dynastie. Eine Lebensgestaltung, die gerade mit unserer modernen Zeit der Ausdruckskultur manche Verwandtschaft zeigt, nur daß, entsprechend den primitiveren Verhältnissen, alles einheitlicher, vollendeter in die Erscheinung trat. Eine solche höchste Blüte der Lebensgestaltung, soweit sie allein von den Herrschenden getragen wird, während das gewöhnliche Volk ohne individuelle Ausbildung passiv das Glück genießt, ist aber auf die Dauer nur aufrecht zu erhalten, solange ein hochbedeutender Genius an der Spitze steht. Gerade weil alles auf das freie Verhältnis persönlicher Autorität gestellt war, so mußte der ganze Bau ins Wanken geraten, sobald der Fürst keine Persönlichkeit mehr war, die durch ihr Wesen Autorität ganz von selbst erzeugte. Dieser Verfall blieb denn auch nicht aus. Allmählich lockerten sich die Bande des Feudalsystems; die einzelnen Territorialfürsten suchten sich so viel wie möglich von der Zentralgewalt selbständig zu machen. Schließlich führten die Könige der Dschou-Dynastie, auf ein verhältnismäßig kleines Stammland beschränkt, nur eine Art Schattendasein, während die Lehensfürsten untereinander mit Ränken und im offenen Krieg um die Hegemonie kämpften, die mit wechselndem Erfolg bald dem einen, bald dem andern zufiel. Dieselbe Erscheinung setzte sich nach unten fort. Während ein Fürst die königliche Autorität offen verachtete, war er oft nicht mehr Herr im eigenen Land, da die vornehmen Adelsgeschlechter, die in einflußreichen Ministerposten waren, die tatsächliche Macht an sich gerissen hatten, wobei es sogar vorkam, daß der eine oder andere Fürst, wenn er ihren Zorn sich zugezogen hatte, landesflüchtig werden mußte. Aber selbst diese Geschlechter genossen ihre Macht nicht ungestört. Es ist eine Reihe von Beispielen bekannt, wo deren Hausbeamte, gestützt auf eine feste Stadt in ihrer Jurisdiktion, sich ihren Brotherren erfolgreich widersetzten. Daß diese allgemeine Usurpation und Anarchie demoralisierend auf die gesamten öffentlichen Zustände einwirken mußte und infolge davon auch unter dem Volk alle sittlichen Bande sich lösten, versteht sich von selbst. Die Zustände waren zur Zeit von Kungs Geburt so zerfahren, daß der Versuch einer Besserung der Verhältnisse aussichtslos erschien. Die staatsmännischen Kreise beschränkten sich auf die Durchführung einer opportunen Realpolitik. Die Grundsätze von der Macht der Moral als Staatspolitik waren in Vergessenheit geraten, der Einfluß der einzelnen Staaten beruhte auf ihrer Militärmacht, die durch vermehrten Steuerdruck auf einen möglichst hohen Stand gebracht werden sollte. Alles in allem bekommt man von den letzten Zeiten der Dschou-Dynastie den Eindruck des tiefsten Verfalls. Es war eine Art Weltuntergang einer großen Kultur, der sich langsam, aber sicher vollzog. Eine tiefgreifende Fäulnis hatte alle Kreise durchsetzt, und die alten Grundsätze der Kultur waren in voller Auflösung begriffen. Wie es häufig in solchen Dekadenzzeiten zu sein pflegt, war ein gewisser Schimmer intellektueller Regsamkeit über das Ganze gebreitet. Frech und geistreich wurde an den Einrichtungen der Vergangenheit Kritik geübt. Neue Gesellschaftstheorien wurden erdacht, so namentlich die für Einfachheit und Natürlichkeit unter dem Namen Kommunismus in Europa bekannte des Mo Di. Auf der andern Seite machte sich eine frivole Preisgabe aller Ideale zugunsten des bloßen Auslebens der animalischen Natur geltend, wie sie mit dem Namen Yang Dschu verknüpft ist Man muß die Schilderungen des Buches Liä Dsï[3] lesen, die ja an sich aus etwas späterer Zeit stammen, aber doch etwa die Zustände zeichnen, wie sie ihre Keime in der Zeit Kung Dsïs hatten.

Gegenüber dieser Not der Zeit hatten die geistig bedeutenden Männer, die die Traditionen des alten Taoismus fortführten, und unter denen Laotse der berühmteste ist, keinen Rat als den, sich aus der Wirrsal der Welt zurückzuziehen und sie ihrem Gang zu überlassen. Bei Laotse war der Grundgedanke der, daß durch das »Nichthandeln« der kranke Organismus der Gesellschaft wieder zur Ruhe und Genesung kommen werde, während andere ihm verwandte Geister schlechthin verzweifelten und unter Preisgabe der bösen Welt ihrer eigenen mystisch-magischen Vervollkommnung lebten. Vertreter solcher Richtungen treten uns besonders im XVIII. Buch der »Gespräche« entgegen. – Das waren die Verhältnisse, die Kung bei seinem Auftreten vorfand.

Kung entstammt einer alten chinesischen Familie, die ihre Anfänge auf das königliche Geschlecht der Yin-Dynastie zurückführte. Der späten Ehe eines alten Mannes mit einem blutjungen Mädchen entsprossen, hat er in frühester Jugend den Vater verloren. Er gehört aber nicht zu den Naturen, die durch äußere Familienverhältnisse wesentlich bestimmt werden. Schon in früher Kindheit regte sich in ihm ein mächtiger Zug zu den heiligen Bräuchen der Vorzeit. Sein liebstes Kinderspiel war es, mit kleinen Gefäßen die Opferriten nachzuahmen – ein kleiner Zug, der manche Verwandtschaft mit den Jugendspielen anderer Geistesheroen hat; man denke nur an Goethes Puppenspiel! Dieser Zug zum Altertum blieb ihm sein ganzes Leben lang treu. Man kann wohl sagen, daß in ihm das chinesische Lebensideal der alten Zeit Person geworden ist. So finden wir ihn denn vom Erwachen des bewußten Lebens an damit beschäftigt, immer tiefer einzudringen in das Erbe der Vergangenheit. Mit fünfzehn Jahren, sagte er von sich, sei sein Ziel das Lernen gewesen, und im höchsten Alter seufzt er einmal: »Wenn mir noch ein paar Jahre vergönnt wären, um das Studium des heiligen Buches der Wandlungen zu vollenden, so wollte ich es wohl dahin bringen, von großen Fehlern frei zu sein.« Dieses gewissenhafte Eindringen in das Ideal des Altertums, dieses Lernen, ohne zu ermüden, dieser Fleiß im höchsten Sinne ist es, was sein Genie ausmacht. Selbstverständlich handelt es sich nicht um eine nur äußerliche Aneignung des Wissensstoffs, sondern mit allen Fasern seines Wesens ist er dabei. Es wird von ihm erzählt, daß, wenn er seinen Blick senkte beim Essen, er in der Schüssel das Bild Yaus sah; und wenn er den Blick erhob, so erblickte er Schun an der Wand. Er selbst klagt einmal: »Ich bin sehr weit heruntergekommen, denn schon seit langer Zeit ha-

be ich den Fürsten von Dschou nicht mehr im Traum gesehen.«
Diese innere Verwandtschaft mit den alten Idealen gab ihm
denn auch die Möglichkeit, das gesamte Wissen seiner Zeit sich
anzueignen. Was vor ihm getrennte Gebiete waren, von Spezia-
listen gepflegt und in der Stille schulmäßig überliefert, das vereinigte er in sich zu einem einheitlichen Ganzen. So konnte es
nicht fehlen, daß der Ruf seiner Gelehrsamkeit sich bald aus-
breitete und daß sich bald Schüler aus allen Kreisen um ihn
sammelten, die er in freiem, persönlichem Verkehr einführte in
die Weisheit des Altertums. Das war etwas absolut Neues im damaligen China. Es gab wohl königliche Schulen zur Heranbil-
dung der fürstlichen und adligen Söhne, aber eine private Ver-
einigung von Lernbegierigen um einen Lehrer hat es vor Kung
nicht gegeben. Er freute sich der Freunde, die von fernen Gegenden kamen, und gab ihnen sein Bestes, anfangend mit den
Riten und Prinzipien der Moral und vordringend – entsprechend der Begabung und dem Interesse der Zuhörer – zu den
tieferen Prinzipien des Weltzusammenhangs, die er mehr esote-
risch behandelte.

Aber das war mehr ein Nebenerfolg seines Strebens. Nicht
eine Philosophenschule wollte er gründen, sondern das heilige
Erbe, das er überkommen hatte, wollte er zur Wahrheit machen
in der Welt. Dazu brauchte er einen Fürsten, der auf ihn hörte
und geneigt war, seine Prinzipien praktisch durchzuführen. Daß
diese Prinzipien imstande wären, die Welt zu erneuern, daran
hat er keinen Augenblick gezweifelt. Aber entsprechend der gesamten Überlieferung kam ja das Heil von einem heiligen Fürsten. Ihm selbst war es vom Schicksal nicht vergönnt worden, einen Thron innezuhaben. Vielleicht aber durfte er hoffen, als
Ratgeber wenigstens mit einem Herrn zusammen die beiden
Seiten des Heiligen auf dem Thron zur Wahrheit zu machen.
Hatte doch auch sein innig verehrtes Vorbild, der Fürst von
Dschou, nicht selbst an der Spitze des Reiches gestanden, sondern nur als Berater seines Bruders, des Königs Wu – und er hatte doch als Vormund von dessen Sohn so Herrliches vollbracht!

Diesem Interesse am Altertum kommt ein Erlebnis entgegen, das die große Wahrheit bestätigt, die uns Goethe mit plastischer Deutlichkeit offenbart: wie dem strebenden Menschen jederzeit vom Schicksal das geboten wird, was seinem Wesen entspricht und was er zu seiner Vervollkommnung braucht.

Als Reisebegleiter eines Zöglings, den sein Vater sterbend an ihn verwiesen hatte, hat er seine erste Reise in die alte Reichshauptstadt Lo (im heutigen Honan) gemacht, von der so manche Sagen überliefert sind. Wenn auch die alte Herrlichkeit der Dschou-Dynastie längst geschwunden war, so fand er sich doch hier noch in der Umgebung der Überreste jener großen Zeiten, deren Kenntnis er damals schon besaß wie kein Zweiter im Reich. Und so sehen wir ihn mit Eifer und Wißbegier alles in sich aufnehmen, was von der Gegenwart jener Helden und Weisen zeugte, mit denen er selbst in seinen Träumen verkehrte. Er wird wohl ausgelacht wegen seiner Lernbegier, aber er läßt sich nicht irremachen; jeden kleinsten Zug, der ihm aus jenen Zeiten entgegenkommt, eignet er sich an. Es ist einer jener denkwürdigen Augenblicke, da ein Menschheitsgenius mit den Resten der Vergangenheit in unmittelbare Berührung kommt und Fühlung sucht mit dem, was gewesen ist, um seinem eigenen Werk den Platz in der großen Menschheitsentwicklung anzuweisen. Daß für Kung diese Begegnung mit dem Altertum noch ungleich wichtiger sein mußte als z. B. für Luther seine Reise nach Rom, ergibt sich aus der durchaus positiven Stellung, welche er bewußtermaßen zu den Schöpfern und Begründern dieser Kultur einnahm. Am ehesten könnte man eine Analogie finden mit Goethes römischem Aufenthalt, wo dieser auch sein Wesen in den Geist des Altertums untertaucht, der seinen späteren Werken die Vollendung der Form gegeben hat. In jene Zeit wird auch die bekannte Begegnung mit Laotse verlegt, bei der er so wenig Lob von seinem älteren Kollegen geerntet haben soll. Die Erzählungen über das, was bei dieser Gelegenheit von den beiden chinesischen Weisen eigentlich gesprochen wurde, sind aber wohl durchweg apokryph. Sie tragen zu deutlich den

Stempel taoistischer Erfindung, die dem Haupt der philosophischen Rivalenschule gerne etwas am Zeug flicken möchte, als daß sie für historisch unanfechtbar gelten könnten. (Vgl. Legge a. a. O. S. 65; E. Chavannes, Mémoires historiques de Se-Ma Tsien, Paris 1905, Band V, S. 300 f.)

Von der Hauptstadt des alten Reichs zurückgekehrt, widmete sich Kung aufs neue der Erziehung von Jüngern, die in immer größerer Zahl durch seinen Namen angezogen wurden. Kurz darauf verwickelten sich aber die politischen Verhältnisse in seinem Heimatlande. Einer der Hausbeamten der herrschenden Adelsfamilie hatte die Regierung an sich gerissen, und der Fürst des Landes war genötigt, in einem Nachbarstaate Zuflucht zu suchen. Um einer Anstellung, die vom Usurpator beabsichtigt war, zu entgehen, zog auch Kung es vor, seine Heimat zu verlassen. Sein Weg führte ihn nach Tsi, dem nordöstlichen Nachbarstaate. Dort hörte er zum erstenmal die aus dem hohen Altertum überlieferte Schau-Musik. Er wurde von ihrer Kraft und Reinheit so hingenommen, daß er drei Monate lang den »Geschmack des Fleisches« vergaß. Diese Begeisterungsfähigkeit und Vorliebe für Musik, die er sein ganzes Leben hatte, ist übrigens auch ein Beweis dafür, daß er keineswegs der pedantische Philister war, für den man ihn so häufig hält.

Kungs Name hatte in jener Zeit schon Klang genug, um es dem dortigen Fürsten wünschenswert erscheinen zu lassen, seine nähere Bekanntschaft zu machen. Er hat verschiedene interessante Unterredungen über Staatsangelegenheiten mit ihm geführt. Auch hatte er Lust, ihn in seinen Diensten zu verwenden. Die Sache scheiterte jedoch an den Gegenvorstellungen des Ministers Yän. Kung wollte auch die Politik auf ethische Grundlage gestellt wissen. Yän hielt das für Utopie; Tsi war damals die erste Militärmacht im Lande. So erkaltete dann allmählich das Verhältnis. Der Fürst ließ verlauten, er sei zu alt und könne sich nicht mehr mit Reformplänen abgeben. Man wollte den Weisen aus Lu mit einem Ehrentitel und ausreichendem Einkommen abfinden. Kung war jedoch nicht gewillt, eine solche Sinekure anzunehmen. Er verließ Tsi und kehrte um eine Erfahrung reicher in seine Heimat zurück.

Dort wurde er von den herrschenden Adelsfamilien lebhaft umworben; aber er widerstand allen Versuchungen, in ihre Dienste zu treten, und wartete ruhig, bis seine Zeit gekommen war. Endlich kam es wieder zu einigermaßen geordneten Verhältnissen. Der alte Fürst war gestorben, das Haupt der mächtigsten Lehnsfamilie war ihm im Tode nachgefolgt. Der neue Fürst, der zur Regierung gekommen war, suchte die Dienste seines berühmten Untertanen, indem er ihm zunächst einen Kreis zur Verwaltung übergab. Kung war damals 50 Jahre alt, und nun beginnt die kurze, aber glänzende Zeit, die wir als seine Meisterjahre bezeichnen können, jene Jahre, da er Gelegenheit bekam, zu zeigen, was seine Prinzipien auf dem praktischen Gebiet der Staatsverwaltung zu leisten imstande waren. Es war eine glänzende Rechtfertigung. Es sind uns einzelne Züge aus seiner öffentlichen Wirksamkeit überliefert, die zeigen, mit welcher Umsicht und Energie er in unglaublich kurzer Frist in den verrotteten Verhältnissen, die er antraf, Wandel zu schaffen vermochte. Selbstverständlich tragen diese Überlieferungen in ihren Details legendarische Züge. Sie sind aber als Symptome für den Eindruck zu werten, den seine Wirksamkeit auf das Volksleben gemacht hat. Die hauptsächliche Quelle, aus der wir diese Traditionen übernehmen, sind die sogenannten Gia Yü, die, anfechtbar nach der Art ihrer literarischen Entstehung, immerhin altes Traditionsmaterial enthalten. Als er sein Amt antrat, herrschte Lug und Trug in Handel und Wandel. Das Verhältnis der Geschlechter war mehr als zweideutig, die Straßen waren unsicher. Nach drei Monaten war alles umgewandelt. Der Marktverkehr war musterhaft; all die kleinen Kniffe, womit man sonst die Waren täuschend herausgeputzt hatte, waren abgeschafft, die Beziehungen der Geschlechter waren geregelt, und das ging soweit, daß selbst auf den Straßen Männer und Frauen auf verschiedenen Seiten gingen – die Männer rechts, die Frauen links. Die Sicherheit des Verkehrs war so groß, daß niemand es wagte, verlorene Gegenstände für sich zu nehmen, sondern der Verlierer sie regelmäßig zurückerhielt. Auch die Verwaltungsangelegenheiten waren in bester Ordnung. Die Lasten der Steuern und Frohnden waren der Leistungsfähigkeit entsprechend verteilt. Die Toten wurden in allen Ehren bestattet, doch wurde verhindert, daß der Dienst der Toten auf den Lebenden laste. Aller unnötige Prunk bei Beerdigungen wurde vermieden, die Gräber durften nur auf unfruchtbaren Hügeln angelegt werden, keine Grabhügel wurden aufgeschüttet, keine Totenhaine nahmen dem Lebenden das Brot weg. In wenig Monaten war er soweit, daß, vom Ruf dieses Paradieses auf Erden angezogen, von allen Seiten die Bevölkerung herbeiströmte, um sich dort anzusiedeln, und die Fürsten der Umgegend sich bei Kung in Verwaltungsfragen Rat erholten. Wenn wir auch diese Legenden auf das Maß des Wahrscheinlichen reduzieren müssen, so war doch jedenfalls die Leistung Kungs so hervorragend, daß ihm sein Landesfürst einen Ministerposten übertrug: zuerst in der Verwaltung der öffentlichen Arbeiten, dann in der Justiz. Auch hier hatte er in kurzem glänzende Erfolge zu verzeichnen. Ein Schüler hat ihn einmal gefragt, worauf es in der Verwaltung eines Staates vorzüglich ankomme. Er antwortete: »Auf ein tüchtiges Heer, auf Wohlhabenheit des Volks und darauf, daß das Volk Vertrauen zu seinem Herrscher hat.« Der Schüler fragte weiter: »Wenn aber nicht alles zu erreichen ist, worauf kann man am ehesten verzichten?« »Auf das Heer«, war die Antwort. Als der Schüler noch weiter fragte, antwortete er: »Speise und Trank sind zum Leben notwendig, allein früher oder später muß doch jeder sterben; ohne Vertrauen aber ist es unmöglich, daß ein Staat auch nur einen Tag besteht.« Ein anderes Mal fragte ein Schüler beim Anblick einer zahlreichen Bevölkerung, was für sie getan werden müsse, um sie emporzubringen. »Bereichere sie«, sprach der Meister. »Und dann?« »Belehre sie.« Nach diesen Grundsätzen hat er sein Leben gestaltet. Er hat umfassende Anordnungen über die Ausnutzung des Ackerlandes getroffen und durch Versuche feststellen lassen, welche Pflanzen für die verschiedenen Bodenarten am geeignetsten seien.

Als Justizminister fängt er mit großer Energie an. Ein Vater verklagt seinen Sohn wegen Ungehorsams. Nun ist ja bekanntlich Pietät und Kindlichkeit das Grundprinzip in der Lehre des Konfuzius, und man hätte denken sollen, er werde den pietätlosen Sohn strenge bestrafen. Stattdessen nimmt er Vater und Sohn in Haft, ohne sich mit dem Fall weiter zu beschäftigen. Darüber befragt, gibt er zur Auskunft, daß der Ungehorsam dieses Sohnes mindestens ebensosehr der Fehler des Vaters sei, der es an der nötigen Belehrung habe fehlen lassen. Und erst als der Vater von seiner Klage absteht, läßt er beide frei. Dieses Beispiel erläutert, wenn es auch einem modernen Juristen noch so bedenklich erscheinen mag, die großzügige Art seiner Justiz. Er behielt dabei fortwährend Fühlung mit dem Rechtsbewußtsein des Volks und hat es durch diese pädagogische Handhabung der Gesetze soweit gebracht, daß die schlechten Elemente sich verzogen und die guten zur Ordnung und Besinnung gebracht wurden.

Noch interessanter vielleicht ist die Art seiner diplomatischen Tätigkeit. In der inneren Politik war das größte Übel die Terrorisierung des Fürsten durch die drei vornehmen Adelsgeschlechter. Deren Macht stützte sich vornehmlich auf die befestigten Städte, die sie innehatten und an deren Mauern alle Wünsche des Fürsten sich brachen. Kung hat in der kurzen Zeit seiner Amtstätigkeit die politischen Verhältnisse so umsichtig auszunutzen gewußt, daß jene Geschlechter sich herbeiließen, ihre Mauern selbst zu schleifen, wodurch natürlich das Ansehen des Fürsten sehr gesteigert wurde.

In ähnlicher Weise erprobt er sich in der äußeren Politik: in der berühmten Zusammenkunft der Fürsten von Lu und Tsi bei Gia Gu. Der Fürst von Tsi erschien umgeben von der barbarischen Leibwache der Leute aus Lai, um den Fürsten von Lu zu überrumpeln und unschädlich zu machen, da ja dessen Ratgeber ein Gelehrter sei, der nichts vom Kriege verstehe. Kung hat die Erwartungen der Feinde bitter enttäuscht, indem er bei der Abreise von dem ganz modernen Grundsatz ausging, daß, wie man im Krieg die Werke des Friedens vorbereiten müsse, so auch für die Erhaltung des Friedens der sicherste Weg sei, wenn man zum Krieg gerüstet ist. Auf seinen besonderen Rat nimmt der Fürst eine militärische Bedeckung mit. Es ist uns eine interessante Schilderung des Zusammentreffens erhalten. Der Empfang war frostig. Dreimal macht der Fürst von Tsi den Versuch, seinen Gegner, den Fürsten von Lu, aus dem Wege zu räumen. Erst läßt er verkleidete Soldaten unter den Tönen der wilden Lai-Musik heranrücken, dann versucht er es mit Schauspielern, endlich sucht er ihn zu einem Gastmahl zu gewinnen, um seine Absichten bei dieser Gelegenheit zu verwirklichen. In allen drei Fällen sieht er sich in seiner Absicht von Kung erkannt, der mit Energie und teilweise unter persönlicher Lebensgefahr seinen Fürsten rettet und mit vollendeter Höflichkeit alle jene hinterlistigen Versuche zurückweist. Das Ergebnis dieser Zusammenkunft ist, daß der Fürst von Tsi dieser Überlegenheit gegenüber sich moralisch geschlagen fühlt und einige strittige Grenzgebiete an Lu herausgibt.

Aber lange sollte diese glänzende Zeit steigender Erfolge nicht dauern. Den Fürsten von Tsi ließen die Erfolge des Nachbarstaates nicht schlafen. Da er erkennen mußte, daß er dem staatsmännischen Geschick des Ministers nicht gewachsen war, so kam er auf eine andere Auskunft. Er sandte dem Fürsten von Lu eine Gruppe von Schauspielerinnen zum Geschenk. Das wirkte. Der Fürst und seine Großen konnten sich diesen Genüssen nicht verschließen. Drei Tage wurde kein Hof gehalten, und alle Staatsgeschäfte ruhten, weil man dem Schauspiel zusah. Kung, der unbequeme Warner, wurde beiseite geschoben und auffällig vernachlässigt. Mit blutendem Herzen mußte er erkennen, daß seine Zeit vorüber sei. Er ging.

Und nun beginnen die späten Wanderjahre des Meisters, 13 Jahre lang ist er umhergezogen als Fremdling in den verschiedenen Staaten des damaligen China. Diese ganze Zeit lang suchte er nach Menschen, nach einem Menschen auf dem Thron, der Willensenergie und Beharrlichkeit genug besäße, gemeinsam mit ihm die Ideale der alten Zeit ins Leben einzuführen. Er hat vergebens gesucht. Zwar war er ein Mann von Ruf. Die Fürsten der Staaten, durch die er kam, sandten ihm meist Geschenke und waren gern bereit, mit ihm über dies und das zu reden. Aber weiter kam es nirgends. Hatte je ein Fürst im Sinn, ihn anzustellen, so fand sich sicher ein ungünstiger Beamter, eine lebensfrohe Favoritin, die es zu hintertreiben vermochten. »Ach, ich habe noch niemand gesehen, der die Wahrheit so liebt wie ein hübsches Gesicht!« ruft er einmal verzweifelt aus. Neben die Lauheit der Fürsten trat der Spott pessimistischer Philosophen, die fernab von dem Getriebe der Öffentlichkeit lebten und die ihn verhöhnten, daß er noch immer meine, die Welt könne gebessert werden. Verschiedene Mal sieht er sich durch Mißverständnis oder Mißwollen in ernste Lebensgefahr gebracht. Einmal ist er am Verhungern, weil sämtliche Lebensmittel ausgegangen waren. Aber immer hält er sich aufrecht, und er läßt sich auch im tiefsten Unglück den Glauben an seine Bestimmung nicht nehmen. »Ich habe meinen Beruf vom Himmel, was können mir Menschen tun?« Mit diesem Wort tröstet er seine Jünger, als diese nach einem mißlungenen Anschlag auf sein Leben ihm erschreckt zur eiligen Flucht raten. Auf die Dauer konnte er sich dennoch dem Eindruck nicht verschließen, daß seine Zeit noch nicht gekommen sei. Vorübergehend hat er wohl den Gedanken erwogen, mit dem einen oder anderen energischen Aufrührer, die seine Dienste suchten, gemeinsame Sache zu machen und durch Umsturz des Alten die ideale Ordnung zu begründen. Auch wirft er einmal hin, daß er ins Ausland wolle – da in China kein Boden für seine Lehren sei –, um unter den Barbarenstämmen des Nordens und Ostens eine neue Kultur zu gründen. Mehr als flüchtige Gedanken sind diese Stimmungen nie bei ihm geworden; dazu war er innerlich zu fest mit der chinesischen Gesamtkulturentwicklung verbunden, als daß er die Möglichkeit gehabt hätte, ein derartiges Abenteuer zu wagen. Leicht ist ihm die Resignation aber nicht geworden. Er sieht die Not der Zeit, er weiß in sich die Kraft, ihr abzuhelfen, und dennoch fehlt ihm die Möglichkeit, diese Kraft zu entfalten. Da reift in ihm der große Verzicht. Was er während seines Lebens nicht erreichen konnte, das will er als Erbe der Zukunft überliefern.

Deshalb steigt in ihm die Sehnsucht auf nach seinen Jüngern. Zu ihnen will er wieder heim, um ihre guten Eigenschaften durch seine Anwesenheit zu vervollkommnen und so in ihnen einen Stamm von Getreuen heranzuziehen, die geeignet wären, seine Lehren dereinst auf die Nachwelt zu bringen. In diesem Zusammenhange kann man auch das Wort verstehen, in dem er es als seinen Beruf bezeichnet, zu beschreiben und nicht schöpferisch tätig zu sein, treu zu sein und das Altertum zu lieben. Endlich, nach langen Jahren in der Fremde, erreicht ihn der ehrenvolle Ruf, in die Heimat zurückzukehren, nachdem ein neuer Fürst dort auf den Thron gekommen war. Dort vollendete er das Werk, das er früher begonnen und an dem er auch auf seinen Wanderungen immer gearbeitet hatte, die Festigung und Ausbildung der Schüler, die sich um ihn gesammelt. Allmählich wurde es einsam um den alten Mann, seine Schüler traten in ihre Ämter ein, mehrere mußte er auch vor sich ins Grab sinken sehen, so den hoffnungsvollsten von allen, den einzigen, der ihn ganz verstanden hatte, seinen Liebling Yän Hui. Das hat ihm fast das Herz gebrochen und ging ihm näher als selbst der Tod seines Sohnes. Sein Leben erlosch im 72. Jahre nach viel Arbeit, viel Mühe und viel Enttäuschung, aber ohne daß er sich hätte verbittern oder an seinem Ziel irre machen lassen.

In den letzten Jahren nach seiner Rückkehr in die Heimat hat er dann noch das Werk zum Abschluß gebracht, das seinen Namen mit der chinesischen Kultur unauflöslich verbunden hat: die Herausgabe der heiligen Schriften. Um die Bedeutung dieser Arbeit zu verstehen, muß man sich klar machen, daß er wie kein anderer in den Geist der alten Kultur eingedrungen war. Er war sozusagen im Besitz der Pläne dieses hohen und erhabenen Hauses. Er hatte sein Leben lang versucht, die zerfallenen Trümmer an der Hand dieser Pläne vor dem Untergang zu retten. Es ist ihm nicht gelungen. Niemand unter den Herrschenden hat seine Dienste hierfür begehrt. So mußte er den andern Weg einschlagen: Nachdem der alte Bau der chinesischen Kultur nicht mehr zu retten war, mußte man ihn dem Untergang überlassen. Was aber Kung vollbracht hat, das ist die Rettung der Baupläne dieser alten Kultur. Nach diesen Plänen konnte dann seinerzeit beim Erstehen eines neuen Herrschers aus den Ruinen des gesellschaftlichen Zusammenbruchs der Bau der chinesischen Kultur aufs neue errichtet werden.

Bei der Sammlung der Urkunden des Altertums ging er von diesem Gesichtspunkt aus. Es lag ihm nichts daran, eine aktenmäßige Darstellung des zufälligen Geschichtsverlaufs zu geben, nicht ein antiquarisches Interesse war es, das ihn bestimmte, sondern er gab die Urkunden der Vorzeit heraus, in einer Weise, daß daraus die Grundlinien der großen Kulturideen, die ihnen zugrunde lagen, hervorleuchten sollten. Mit diesem, seinem größten Werk schließt seine Lebensarbeit.

Es ist ohne weiteres verständlich, daß es sich für ihn nicht darum handeln konnte, neue Lebensordnungen ausfindig zu machen, vielmehr kam es ihm nur darauf an, die vorhandenen auf spätere, bessere Zeiten zu retten. Wir dürfen daher erwarten, daß er nur die Lebensordnungen der Dschou-Dynastie mit neuem Leben erfüllte. Das trifft auch durchaus zu. In seinem eigenen Leben war er bestrebt, diesen Lehren nachzuleben. Er hat nichts gelehrt, das er nicht auch in seinem Leben zur Darstellung gebracht hat. Bis in die kleinsten Züge hinein ist sein Leben ein Kunstwerk; darin beruht die Macht seiner Ideen, daß sie nicht bloß Gedanken, sondern Wirklichkeit waren. Die Grundfrage für ihn war die Lösung des Problems: Was ist zu tun, damit das Zusammenleben der Menschen so gestaltet wird, daß es den großen Gesetzen der Weltordnung entspricht und dadurch zum Glück der Gesamtheit führt? Um zwei Brennpunkte bewegt sich dabei alles: die Kultur der Persönlichkeit und die Gesetze des sozialen Lebens. Um die Welt in Ordnung zu bringen, dazu braucht es durchgebildeter Persönlichkeiten an der maßgebenden Stelle. Nur der vornehme Charakter (gündsï, im Text mit: »der Edle« übersetzt) kann wirklich Menschen beherrschen.

Das Grundgesetz dieses Charakters ist die Gewissenhaftigkeit (dschung), ein Begriff, den wir mit dem kantschen Begriff der autonomen Sittlichkeit gleichsetzen dürfen, wenn auch zugegeben werden muß, daß die Form des Ausdrucks einen gewissen Anachronismus enthält. Das Verhältnis zu den andern Menschen ist »die freie Anerkennung ihrer Persönlichkeit, als eines dem eigenen Ich gleichgeordneten Selbstzwecks« (schu, das gewöhnlich fälschlicherweise mit Gegenseitigkeit übersetzt wird).

Wie sehr Kung von allen eudämonistischen Begründungen entfernt war, geht aus der Stelle hervor, die sich in Lun Yü XV, 1 in Übereinstimmung mit Sï-ma Tsiäns Biographie Kungs findet. Als eines Tages auf der Wanderung infolge von Feindseligkeiten mächtiger Beamten die Lebensmittel so knapp wurden, daß die Begleiter vor Hunger krank wurden und nicht mehr imstande waren, sich zu erheben, da hielt sich Kung immer noch aufrecht, redete und las, spielte die Laute und sang, ohne sich niederschlagen zu lassen. Der Jünger Dsï Lu trat mit der Äußerung lebhaften Mißfallens vor ihn und sprach: »Muß der Weise auch in solches Unglück kommen?« Kung Dsï antwortete: »Der Weise erträgt es mit Festigkeit, im Unglück zu sein, aber wenn ein gemeiner Mensch ins Unglück kommt, so kennt er keine Schranken mehr.« Dsï Lu errötete. Eine besonders charakteristische Parallelerzählung, die den zugrunde liegenden Gedanken noch deutlicher hervorhebt, findet sich bei dem Philosophen Sün Dsï (Han schï wai tschuan, Kap. 7). Dsï Lu fragte, wie es möglich sei, daß der Meister in solches Unglück komme, vorausgesetzt, daß der Satz wahr sei, daß der Himmel den Tugendhaften durch Verleihung von Glück belohne und den Schlechten durch Verhängung von Unglück bestrafe. Kung antwortete: »Erstens dringen die Weisen nicht immer durch in der Welt. Die Geschichte hat das Andenken einer großen Zahl von Männern bewahrt, die durch ihre Tugend berühmt waren und dennoch ein tragisches Ende fanden. Das einzige, worüber der Mensch Meister ist, ist sein eigen Herz. Erfolg oder Mißerfolg hängt von den Umständen ab. Zweitens gibt es viele Fälle, in denen wir Menschen, die sich in verzweifelten Umständen befanden, späterhin zu der höchsten Bestimmung aufsteigen sehen. Man kann daher nicht sagen, daß äußeres Unglück immer ein Übel ist. Es ist häufig nur eine Probe, aus der der Charakter gestählt hervorgeht. Endlich haben die Zeitumstände, unter denen man lebt, einen großen Einfluß auf das Leben des Einzelnen. Wer unter einem weisen Herrscher zu den höchsten Ehren gelangt ist, würde vielleicht zum Tode verurteilt sein, wenn er am Hof eines Tyrannen gelebt hätte. Glück und Unglück sind daher in keiner Weise ein Maßstab für den inneren Wert eines Menschen.« Die vollständige sittliche Autonomie geht auch aus einer anderen Stelle hervor, wo es heißt: »Unter Wahrheit der Gedanken ist der Zustand zu verstehen, da auf sittlichem Gebiet Selbsttäuschung ebenso ausgeschlossen ist wie auf natürlichem, wo jeder sich von einem schlechten Geruch abwendet, zur Schönheit aber sich hingezogen fühlt. Dies ist die wahre Selbstgewißheit. Deshalb achtet der Edle zumeist auf sich, wenn er allein ist, der Gemeine macht vor keiner Schlechtigkeit halt, wenn er unbeobachtet ist; trifft er mit einem Edlen zusammen, so sucht er sich zu verstellen, er verbirgt seine Schlechtigkeit und kehrt seine guten Seiten hervor, aber es nutzt ihm nichts, der andere durchschaut ihn bis auf Herz und Nieren. Das ist der Sinn des Wortes: Der wahre Zustand des Innern drückt sich in der äußeren Erscheinung aus; darum achtet der Edle zumeist auf sich, wenn er allein ist.« Die Sache liegt tatsächlich so, daß für Kung nichts gut ist denn allein ein guter Wille; und daß als Triebfeder für den Willen nichts anderes in Betracht kommt denn allein die erkannte Pflicht.

Beruht nun die eine Seite der konfuzianischen Ethik auf dem denkbar einfachsten Grundverhältnis der absoluten Verpflichtung des Sittengesetzes ohne alle Rücksicht auf äußere Belohnung oder Strafe, so ist auch für das soziale Zusammenleben der Menschen auf ein möglichst einfaches Grundverhältnis zurückgegriffen – die Familie. Innerhalb der Familie haben alle Beziehungen etwas Natürliches, da sie schon durch die Bande des

Blutes gefestigt sind. Die Familie bildet für Kung sozusagen die Zelle, auf der sich der gesamte Staatsorganismus aufbaut. Die menschliche Gesellschaft setzt sich für Kung nicht zusammen aus einzelnen Individuen, die einander unterschiedslos gegenüberstehen und deren Beziehung höchstens durch utopische Theorien geregelt werden könnte. Er dagegen sieht in der menschlichen Gesellschaft einen fest gegliederten Organismus, in dem jedem Individuum seine bestimmte Stelle zugewiesen ist. Das ist der Sinn der berühmten fünf Beziehungen, die das sittliche Verhalten der Menschen zueinander regeln, der Beziehungen zwischen Vater und Sohn, Mann und Frau, älterem und jüngerem Bruder, Fürst und Beamten, Freund und Freund. Dementsprechend ist für die Ordnung des Zusammenlebens der Menschen in der Welt notwendig, daß zuerst die Familien in Ordnung kommen, auf Grund davon die Territorialstaaten und auf Grund davon endlich das Reich. Alles ist patriarchalisch gedacht, indem der Kaiser der Vater des Reiches ist, wie die Fürsten Landesväter sind und die einzelnen Bürger Familienväter. So rundet sich alles in wohldurchdachter Ordnung, und die so geeinigte Menschheit bildet mit Himmel und Erde zusammen die große Dreiheit der Grundprinzipien.

Jeder Geist braucht seinen Leib, ebenso braucht jede Gesinnung ihren adäquaten Ausdruck. Die Gesinnung der Ehrfurcht und Liebe, die allen diesen menschlichen Beziehungen zugrunde liegt, braucht ihre Form, durch die sie sich äußern kann. Diese rechte Form für die rechte Gesinnung, das chinesische »Li«, wird nicht in ihrer ganzen Tiefe erfaßt, wenn man darin nur Anstandsregeln oder äußere Zeremonien sieht. Diese Formen sind vielmehr moralisch bindend und geben die ästhetische Abrundung und Durchbildung des gesamten Lebens, sie sind Ausdruckskultur im höchsten Sinne des Wortes. Hand in Hand damit muß die Harmonie der gesamten Seelenstimmung gehen, denn nur ein tiefes und zugleich wohlgestimmtes Gemüt ist imstande, in all seinen Äußerungen Maß und Mitte zu treffen, ohne seine Grenzen zu überschreiten oder hinter dem Rechten zurückzubleiben. Diese Harmonie der Seelenstimmungen wird für Kung vorzugsweise erreicht durch die Pflege der Musik, die daher als Abschluß des gesamten Systems eine besonders große Bedeutung hat.

Sein Verhältnis zur Religion ist von dieser Betonung der ethischen Grundlagen des Menschenlebens aus zu verstehen. Er hat nicht die Absicht gehabt, an den überkommenen Religionsvorstellungen etwas zu ändern; er ist weit entfernt davon, der Skeptiker oder Agnostiker zu sein, den man unter Heranziehung einiger mißverstandener Stellen aus ihm hat machen wollen. Daß er mit Vorliebe statt des Ausdrucks Gott den Ausdruck »tiän« (Himmel) anwendet, hat seinen Grund darin, daß in jener Zeit der Ausdruck Gott oder höchster Herrscher in ziemlich weitgehendem Maß mißbraucht worden war. Er hat ein sehr starkes Bewußtsein seiner göttlichen Berufung gehabt, das in Zeiten höchster Not verschiedene Male zum Ausdruck kam. Vgl. Lun Yü IX, 5: Als der Meister einst in Kuang in Lebensgefahr war, sprach er: »Ist nicht nach dem Tod des Königs Wen seine Kulturaufgabe mir zugefallen? Hätte der Himmel diese Kultur vernichten wollen, so hätte nicht ich, ein Sterblicher späterer Jahrhunderte, das Verständnis für diese Kultur erreicht. Wenn aber der Himmel diese Kultur nicht verloren gehen lassen will, was können dann die Leute von Kuang mir anhaben?« Zwar hat er nicht gerne über diese höchsten Probleme geredet, aus Furcht vor Profanierung; nur ganz gelegentlich erfahren wir ein Wort, das uns über den mystischen Zug des innersten Wesens, den er mit allen wahrhaft Großen gemein hat, Aufschluß gewährt. Vgl. Lun Yü XIV, 37: Der Meister sprach: »Ach, es gibt niemand, der mich kennt!« Dsï Gung erwiderte: »Was heißt das, daß niemand den Meister kennt?« Der Meister sprach: »Ich murre nicht wider den Himmel und grolle den Menschen nicht; ich strebe nach Erkenntnis hier unten, doch dringe ich empor zu dem, was droben ist Einer ist's, der mich kennt, der Himmel.« Wenn er so in einsamem Streben den Problemen der Gotteserkenntnis nachging, so ist klar, daß ihm der abergläubische Kult der Götter der Masse, geboren aus Furcht und Hoffnung, aufs tiefste zuwider sein mußte. Als ihm einmal jemand eine Frage in Beziehung auf Wirkung und Ranghöhe von Laren und Penaten vorlegte, da schnitt er die ganze Erörterung ab mit dem Wort: »Nicht also, sondern wer gegen den Himmel sündigt, der hat niemand, zu dem er beten kann.« Vgl. hierzu auch die Stelle Lun Yü II, 24.

Dennoch hat er den Ahnenkult, den er vorgefunden hat, nicht nur bestehen lassen, sondern zusammen mit den Begräbnisriten in den Bereich der höchsten Pflichten der Pietät mit aufgenommen. Es braucht aber kaum gesagt zu werden, daß dieser Ahnenkult von allen niederen animistischen Vorstellungen vollständig frei ist. Er hat es ausdrücklich abgelehnt, über die Beziehungen des Opfernden zum Jenseits eine definitive Behauptung aufzustellen, und hat einen Schüler, der ihn über das Schicksal der Verstorbenen fragte, aufs Leben zurückverwiesen, als das Gebiet, das man zuerst kennen müsse, ehe man sich Gedanken über das Jenseits zu machen brauche. Welchen Sinn hat nun aber der Ahnenkult im konfuzianischen System? Man kann im Zweifel sein, ob man ihn überhaupt zur Religion stellen will oder ob man ihn nicht besser unter die ethischen Verpflichtungen einreiht. Wie wir gesehen haben, ist die kindliche Ehrfurcht gegenüber den Eltern eine in der menschlichen Natur begründete absolute Verpflichtung. Deswegen muß sie einen adäquaten Ausdruck finden, unabhängig von den zufälligen Verhältnissen des Objekts dieser Ehrfurcht. Ebenso wie ein Sohn auch unwürdigen Eltern gegenüber zu dieser Ehrfurcht verpflichtet ist, in welchem Falle die Ehrfurcht sich zwar verschieden äußern wird, aber dennoch als Gesinnung dieselbe bleibt, so ist der Ahnenkult das Mittel, dieser Ehrfurcht einen entsprechenden Ausdruck zu verschaffen, auch über den Tod der Eltern hinaus, und ein Band zu bilden, das Vergangenheit und Gegenwart innerhalb des Kulturkreises der Menschheit verbindet. Darum hat Kung auch immer wieder betont, daß nicht der äußere Prunk der Begräbnisriten und Ahnenopfer irgendwelchen Wert habe, sondern daß alles von der rechten Gesinnung abhänge. Mit derselben Innerlichkeit hat er auch das gesamte System der Riten und geheiligten gesellschaftlichen Beziehungen zu durchdringen gesucht. Auf Schritt und Tritt begegnen wir Äußerungen, in denen aller Wert auf die rechte Gesinnung gelegt wird und die äußere Form nur als das zweite, weniger wichtige bezeichnet wird. Nichts ist darum verkehrter, als aus der Gewissenhaftigkeit, mit welcher er auch die äußere Form beachtete, ihm den Vorwurf des leeren Formalismus zu machen.

Auf jeden Fall wird man anerkennen müssen, daß die Religion für Kung sozusagen einen ganz andern Ort im Seelenleben des Einzelnen und der Gesamtheit hat als im Christentum oder dem alttestamentlichen Prophetismus. Eine persönliche Beziehung des Einzelnen zu Gott als höchstes Streben liegt ihm vollkommen fern. Er bindet den Einzelnen durchaus an die diesseitige menschliche Gesellschaft. Und für diese Bindung benutzt er die Seelenkräfte, die anderwärts für die Religion frei wurden. Darum kann man wohl sagen, er hat der Religion, als der persönlichen Beziehung der Menschen zu Gott, die Kräfte entzogen und diese Kräfte dazu benutzt, um den Menschen an die Organisation der menschlichen Gesellschaft zu binden. An Stelle der Religion tritt für ihn die religiös betonte Pietät.

Aus dieser Stellung ergibt sich von selbst die wesentlich optimistische Beurteilung des Wesens des Menschen. Wo der Mensch in Beziehung tritt zum Unendlichen, zu Gott, erwacht als Reflex das Bewußtsein des Unzureichenden, der Sünde. Wo dagegen der Blick auf das Diesseits beschränkt bleibt, kann von »Sünde« im religiösen Sinn nicht die Rede sein. So ist denn auch für Kung der Begriff der Sünde etwas Fremdes. Der Mensch ist von Natur gut, und es liegt in der Hand jedes Einzelnen, durch einfachen Willensentschluß die Anlagen seines Wesens zur Entfaltung zu bringen. Alles Nichtgute und Schlechte ist nur ein Stehenbleiben der Entwicklung und kann durch vermehrte Kraftanstrengung überwunden werden. Daher steht er auch der Vergangenheit durchaus positiv gegenüber. Alles, was die Menschheit braucht zu einem Paradies auf Erden, ist in den Prinzipien der heiligen Könige des Altertums schon vorhanden; daher nirgends der Gedanke bei ihm, daß ein neuer Anfang, eine Weiterentwicklung und Überwindung des Vergangenen notwendig sei. Alle Mißstände der Zeit, die er in seinem eigenen Leben zur Genüge kennengelernt hat, sind zu überwinden durch Reform. Der Erlösungsgedanke liegt ihm fern; es bedarf nur eines Fürsten, der den Idealen des Altertums in seiner Person praktische Wirksamkeit verleiht, und alles wird wieder gut. Sind erst die Menschen in Ordnung, so werden auch Himmel und Erde und der gesamte Naturverlauf in Ordnung kommen. Alle Störungen des Naturverlaufs sind nur Folgen von Unordnungen im Menschenleben, ebenso wie alle Verbrechen unter der Bevölkerung nur Folgen einer mangelhaften Charakterentwicklung in der Person des Herrschenden sind. Auch in diesen Anschauungen liegt letzten Endes eine große Wahrheit. Aber was sozusagen auf der höchsten Stufe idealer Geschichtsbetrachtung seine Berechtigung hat, gewinnt doch ein ganz wesentlich anderes Gesicht mitten im Kampf und Streit der Entwicklung. Wenn wir uns daher fragen: Was hat Kung erreicht? – so darf nicht verschwiegen werden, daß gerade diese optimistische Grundauffassung verschiedene Mißerfolge zu verzeichnen hat.

Schon im Leben Kungs hat sich das deutlich gezeigt. Seine starke und reine Persönlichkeit hat allerdings auf die ihm Nahestehenden einen bleibenden Eindruck gemacht und ihm ein unauslöschliches Recht verschafft in der Geschichte der Menschheit. Aber den Gang der Ereignisse im ganzen konnte er nicht aufhalten, es fand sich kein Platz für ihn, von wo er seine Zeit hätte umgestalten können. Schritt für Schritt mußte er zurückweichen in seinen Hoffnungen, und es läßt sich nicht leugnen, daß er schließlich in einer gewissen Schwermut gestorben ist. Auch nach seinem Tod gingen die Dinge ihren Gang unaufhaltsam weiter, es kam alles, wie es kommen mußte; noch jahrhundertelang dauerte der Verfall der alternden Dschou-Dynastie, und nicht Kung und seine Lehren haben China umgestaltet und die auseinander fallenden Einzelgebiete wieder vereinigt, sondern ein rücksichtsloser Real-Politiker von der Art Napoleons, der in allen Stücken ungefähr das Gegenteil war von dem, was Kung sich unter einem idealen Fürsten dachte: der berühmte Tsin Schï Huang Ti. Der hat mit militärischer Gewalt die Lehensfürsten beseitigt und aus China einen bürokratischen Beamtenstaat mit absoluter Monarchie gemacht. Und damit hat er – und nicht Kung – der äußeren Gestalt des chinesischen Staates bis in die neueste Zeit sein Siegel aufgedrückt. Das Staatsideal Kungs deckt sich durchaus mit dem Lehensstaat auf der Grundlage der Familienverwandtschaft, wie ihn die Dschou-Dynastie geschaffen hatte. Dieses Staatsideal ist nicht mehr zur Wirklichkeit geworden, die Geschichte schlug andere Bahnen ein, auch die späteren Dynastien haben daran nichts mehr geändert. Auch eine Reihe seiner sonstigen Anregungen, namentlich auf ethisch-ästhetischem Gebiet, sind nicht durchgedrungen. So ist besonders die Musik, auf deren Einfluß zur Erziehung des harmonisch gestimmten Seelengrundes er große Stücke hielt, in den Stürmen und Umwälzungen der kommenden Jahrhunderte verloren gegangen. Die Kontinuität der Tradition wurde unterbrochen, und von der hohen altchinesischen Musik mit ihren Wirkungen hat heutzutage in China niemand mehr eine Ahnung; nur märchenhafte Sagen über ihren Einfluß sind noch erhalten, die an die Orpheussagen des griechischen Altertums gemahnen. Was dagegen heute in China als Musik produziert wird, entstammt ganz anderen Quellen und würde von Kung nicht der Beachtung für wert gehalten werden. Fiel somit ein wesentliches Hilfsmittel zur Ausgestaltung der Innerlichkeit fort, so ist es nur zu verständlich, daß die Innerlichkeit und der Ernst der Gesinnung, die für Kung ein und alles waren, im Lauf der Zeit immer mehr zurücktraten, immer mehr die äußere Form sich in den Vordergrund drängte. Im Zusammenhang damit nahm auch die geistige Weite und Toleranz unter den Anhängern Kungs immer mehr ab, und es wurde nicht vermieden, daß sich auch an seine Persönlichkeit eine starre und unduldsame Orthodoxie im Laufe der Zeiten anschloß, die anders Denkende verfolgte und zu unterdrücken strebte, wenn auch zu ihrer Ehre gesagt werden muß, daß sie doch nie den Gipfel der Intoleranz erreichte, zu dem die christliche Kirche in ihren schlimmsten Zeiten unter Preisgabe ihrer eigenen Prinzipien sich hinreißen ließ. Je mehr die hohe Innerlichkeit des Meisters verloren ging, desto mehr suchte das Volk für seine Gemütsbedürfnisse andere Quellen auf, und ein dichtes Netz von allerlei Aberglauben umstrickte die Gemüter; die Wind- und Wasserlehre, der Gräberkult in seiner heutigen Form, die Anfertigung von Götzenbildern und all die hypnotisch-spiritistischen Zauberlehren, die so lange Zeit charakteristisch für China waren und allen geistigen Fortschritt hemmten, die trotz und entgegen der konfuzianischen Lehre ihren Siegeszug machten. Aber alle diese Mißerfolge dürfen den Blick nicht trüben dafür, daß Kung dennoch einen Erfolg erreicht hat wie wenige der Heroen der Weltgeschichte. Gewiß, der Verfall des alten Bauwerks der chinesischen Kultur ließ sich nicht mehr aufhalten. Die Bedingungen, unter denen zur Hanzeit im dritten Jahrhundert vor Christus eine neue Welt aus den Trümmern zu steigen begann, waren sehr wesentlich verschieden von denen, die Kung vorausgesetzt hatte. Der bürokratisch zentralisierte Staat wurde auch künftig übernommen und durch alle Zeiten mehr oder weniger beibehalten. Infolge davon mußte der von Kung überlieferte Plan sich einige Änderungen in der Durchführung gefallen lassen. Doch bewies sich das Werk Kungs lebensfähig genug, um diese Änderung zu überstehen. Allmählich hob er sich von der Masse der Tagesgrößen immer klarer ab, und es entstand ein neuer Bau, der der chinesischen Kultur Obdach gab. Wiederholt im Lauf der chinesischen Geschichte sind gefährliche Stürme über den stolzen Bau der konfuzianischen Kultur hingegangen. Ja, man darf wohl vermuten, daß selbst die Menschen, die heute in China leben, Charakterelemente in sich tragen, die vom alten Chinesentum wesentlich verschieden sind. Dennoch hat Kungs Werk alle diese Stürme überdauert. Zu einem so gefährlichen Zusammenbruch wie am Ende der Dschouzeit ist es nie wieder gekommen. Der Grund davon ist, daß Kung eine wesentlich solidere Basis für die chinesische Kultur geschaffen hat. Die Dschoukultur mußte zugrunde gehen, weil ihre Prämisse, der Heilige auf dem Thron, etwas war, das in einer Dynastie mit Erbfolge notwendig versagen mußte. Kung hat eine breitere Grundlage geschaffen. Vor ihm war der Heilige als Herrscher der Träger der Kultur, durch ihn wurde der gebildete Mittelstand in seiner Breite der Träger der Kultur. Hier wurde die öffentliche Meinung erzeugt, der kein Fürst auf die Dauer entgegenarbeiten konnte. Dadurch bekam das Fundament der Kultur, das nun demokratisch gestützt war, eine so lange Dauer. Man darf sich jedoch nicht vorstellen, daß dieses Durchdringen seiner Lehren kampflos vor sich gegangen sei. Bei seinem Tode hinterließ er eine Reihe von Philosophenschulen, die in kleinlicher Eifersucht sich befehdeten und von denen jede die reine Lehre des Meisters zu haben vorgab. Allmählich setzte sich dann aber doch die eine Richtung als maßgebend durch, welche, von dem treuesten und hingebendsten Schüler des Meisters, Dsong Schen, begründet und von dem genialen Enkel Kungs, Dsï Si, fortgeführt, in Mong Ko (Menzius) ihren begabtesten Propagandisten gefunden hat. Dadurch war zunächst innerhalb der Schule eine gewisse Einheit der Tradition gesichert. Hand in Hand damit ging eine Auseinandersetzung mit den andern Philosophenschulen. Man darf nie vergessen, daß Kung nicht der alleinige und vollständige Zusammenfasser des chinesischen Altertums war. Im Taoismus liegen Seiten des altchinesischen Wesens vor, die noch über Kung zurückführen. Die konfuzianische Schule war eben nur eine unter den vielen Philosophenschulen der Zeit, von denen neun sich einen besonderen Namen gemacht haben. Namentlich der Dialektiker Mong machte es sich zur Aufgabe, durch Disputation in Kontroversen mit Andersdenkenden der guten Sache zum Sieg zu verhelfen. Es ist seiner Redekunst auch gelungen, eine ganze Reihe bedeutender Denker dauernd als schwarze Schafe zu brandmarken. Doch war dieser Sieg auch mit gewissen Nachteilen verbunden. Die große, freie Art des Meisters, der seine Wahrheit niemand aufdrängte, sondern nur dem mit Interesse und Verständnis Suchenden stufenweise erschloß, wich unter den Händen des eifrigen Reisepredigers einer logisch durchgearbeiteten, dogmatisch gefärbten Schullehre.

Seine schwerste Probe hatte der Konfuzianismus zu bestehen im Kampf mit dem Zäsarismus des Tsin Schï Huang. Einer solchen, auf Realpolitik gegründeten Despotennatur mußte das ethische Staatsideal des Konfuzianismus, das weit mehr die Pflichten der Herrschenden betont als ihre Rechte, prinzipiell zuwider sein. So ist es denn begreiflich, daß Tsin Schï Huang mit Feuer und Schwert gegen die Bücher des Konfuzianismus und seine Anhänger vorgegangen ist. Dennoch hat der Fürst letzten Endes nichts erreicht; an dem charaktervollen Widerstand der Gelehrten, die auch den Tod für ihre Überzeugung nicht scheuten, scheiterte das Machtgebot des Einzelnen. Die Dynastie verschwand schon nach der zweiten Generation, und die neu aufkommende Han-Dynastie ließ es sich von Anfang an angelegen sein, den Meister und seine Anhänger in ihre alten Ehrenrechte einzusetzen. Die verbrannten Schriften wurden teils in einzelnen Exemplaren wiedergefunden, teils auf Grund mündlicher Tradition neu zusammengestellt, teils auch nach Bedarf fabriziert. Das Andenken des gewalttätigen Gegners auf dem Throne aber wurde von den Literaten für Jahrhunderte verfemt.

Weitere Auseinandersetzungen, namentlich mit dem von Süden her nach China importierten Buddhismus, brachten eine fortgehende Gedankenarbeit, die in der Sung-Dynastie von dem berühmten Gelehrten Dschu Hi zu einem gewissen Abschluß geführt wurde, nicht ohne Aufnahme verschiedener buddhistischer Gedankenlinien in die konfuzianische Schulphilosophie. Nachdem noch unter der Ming-Dynastie, namentlich durch Wang Schou Jen, eine von Dschu Hi abweichende, mehr historisch-kritische Richtung sich geltend machte, die besonders im japanischen Konfuzianismus bis auf den heutigen Tag großen Einfluß hat und von hier aus neuerdings auf China zurückzuwirken beginnt, ist von den ersten Kaisern der Mandschu-Dynastie Dschu His Interpretation als autoritativ bezeichnet worden. Unter dem Kaiser Kiän Lung wurde der revidierte Text der dreizehn als klassisch bezeichneten Schriften auf steinernen Tafeln im Konfuziustempel zu Peking eingegraben, der seitdem durch kaiserlichen Befehl als maßgebend festgelegt ist

Die hohe Verehrung, die Kung durch die Mandschu-Dynastie gezollt wurde und die soweit ging, daß er beim großen Opfer als Genosse des höchsten Gottes verehrt wurde, hat nun neuerdings eine schwere Gefahr für ihn gebracht. Mit der Mandschu-Dynastie brach auch die Verehrung Kungs in Trümmer. Sein Tempel verfällt. Keine Opfer werden ihm mehr gebracht. Die Literaten haben sich zum Teil anderen Idealen zugewandt, zum Teil stehen sie einflußlos abseits. Es scheint, als sei für den Konfuzianismus wieder eine ähnlich gefährliche Zeit gekommen wie die des Tsin Schï Huang. Ja, gewissermaßen ist heute die Gefahr noch größer. Denn was zusammengebrochen ist, ist nicht wie damals nur ein Glied im großen Zusammenhang, vielmehr sind die gesamten Grundlagen erschüttert. Der Fürst ist beseitigt und damit die notwendige Form des konfuzianischen Staates. Denn man mag sagen, was man will: auf eine Republik läßt sich die konfuzianische Staatslehre nicht aufpfropfen. Aber die Auflösung geht weiter. Die gesellschaftliche Struktur kommt ins Wanken. Die Familie, in der die wichtigsten Beziehungen der konfuzianischen Lehre wurzeln, ist in einer radikalen Umgestaltung individualistischer Art begriffen. Allerdings werden neuerdings wieder von den Autoritäten Versuche gemacht, die Stellung Kungs zu heben. Mit dem bisherigen Radikalismus kommt man nicht weiter. Doch die konfuzianische »Kirche«, die in der Gründung begriffen ist und vom Christentum manche Formen geborgt hat, ist jedenfalls etwas prinzipiell anderes als was Kung gewollt.

Die Frage ist nun: Wird Kungs System die Wirren des heutigen Tages überdauern? Oder wird es untergehen in der Umwandlung der alten chinesischen Welt? Für alle Fälle ist es der Mühe wert, diesen Versuch der Menschheitsorganisation zu retten zu einer Zeit, da unmittelbare Anschauung seine Kenntnis noch ermöglicht; denn es handelt sich um eine der wichtigsten Erscheinungen in der Menschheitsgeschichte.

*

Fragen wir uns zum Schluß, was Kung Dauerndes geschaffen hat, so ist wichtiger als alle kunstvoll verschlungenen Linien seines Gedankengebäudes das persönliche Moment, das uns in ihm entgegentritt. Kurz gesagt: Es ist die Souveränität der sittlichen Persönlichkeit, die uns an ihm imponiert. Diese Unabhängigkeit von allen äußeren Gesichtspunkten wie Lohn und Strafe, die ruhige Klarheit, die sich von allem Abergläubischen und Verzerrten besonnen zurückhält, diese Energie des Forschens, die unermüdlich einzudringen sucht in die Wahrheiten des Lebens, diese abgerundete Einheit, die konsequent der inneren Gesinnung in allen Äußerungen den rechten Ausdruck zu geben sucht – das alles sind Momente, die ihn über seine Zeit wie überhaupt jedes zeitlich beschränkte Niveau emporheben und seinem Beispiel Kraft verleihen. Kung ist eine Natur, die unserem Kant in vielen Stücken wesensverwandt ist, soweit man einen praktischen Politiker mit einem wissenschaftlichen Forscher überhaupt vergleichen kann. Dieses Vorbild hat denn auch immer wieder in der chinesischen Geschichte seine Nachahmer gefunden, die charaktervoll und unentwegt im Strudel der Ereignisse dastanden und auch unter ungünstigen Verhältnissen den Mut zur energischen Vertretung der Wahrheit und Gerechtigkeit fanden. Aber auch unter den Grundsätzen, die er für das Zusammenleben der Menschen aufgestellt hat, sind manche, die bis auf den heutigen Tag noch nicht Allgemeingut geworden sind, so der Grundsatz, daß sich Menschen dauernd nur beherrschen lassen durch die Macht einer sittlich ausgebildeten Persönlichkeit, nicht durch äußeren Zwang der Gesetze. Dem zur Seite steht der andere Grundsatz, daß die gesamte staatliche Ordnung auf natürlichen Grundtatsachen des menschlichen Wesens beruhen muß. Die sittliche Grundlage der gesamten Politik wird trotz allen Schwierigkeiten und der temporären Unmöglichkeit ihrer Durchführung so lange als ein forderndes Ideal vor der menschlichen Gesellschaft stehen, bis sie auf irgendwelche Weise ihren wahrheitsgemäßen Ausdruck gefunden hat.

## Über das Alter der Lun Yü

Die Gespräche des Kung Fu Dsï oder Lun Yü stammen in ihrer heutigen Gestalt – abgesehen von einigen späteren Textvarianten – aus der Hand des Dschong Hüan (Dschong Kang Tschong), der von 127–200 n. Chr. lebte. Er stammte aus Kaumi bei Kiautschou und hat den späteren Teil seines Lebens in Lauschan bei Tsingtau verbracht. Für seine Redaktion des Textes lagen ihm drei Quellen vor. Die eine stammte aus dem Staate Lu. Sie enthielt – ebenso wie die heutige Ausgabe – zwanzig Bücher. Liu Hiang, der im ersten Jahrhundert v. Chr. im Auftrag des Kaiserlichen Hofes die alten, neu ans Tageslicht gekommenen Bücher zu begutachten hatte, sagt über diese Quelle, deren Überlieferer im ersten vorchristlichen Jahrhundert er namentlich aufführt, daß sie lauter gute Worte des Meisters Kung enthalte, die seine Schüler im Gedächtnis behalten haben. Die zweite Quelle waren die Lun Yü aus dem Staate Tsi, für deren Überlieferung ebenfalls eine Reihe von Namen angegeben werden. Sie enthielten zweiundzwanzig Bücher und waren, wie es scheint, wesentlich ausführlicher als die Quelle von Lu. Sie scheinen jedoch eine spätere Traditionsschicht darzustellen. Wir können uns eine ungefähre Vorstellung davon machen, wenn die Tradition richtig ist, daß das sechzehnte Buch im wesentlichen aus der Rezension von Tsi stammt. Die einzelnen Worte sind nicht eingeleitet mit dem Satz »Der Meister sprach«, sondern mit »Meister Kung sprach«. Alle diese Abschnitte, die sich übrigens nicht nur im sechzehnten Buch finden, zeigen deutliche stilistische Verschiedenheiten. Wo es sich um Gespräche handelt, ist die Situation mehr ausgemalt. Die Worte selbst sind sprachlich glatter. Mehrere Worte sind häufig zusammengefaßt und unter Zahlenreihen subsumiert. Es sind zu manchen dieser zusammengefaßten Äußerungen die einzelnen Bestandteile noch getrennt vorhanden. Alles in allem ist der Befund der Tsi-Rezension so, daß man es nur billigen kann, daß sie bei der endgültigen Redaktion erst in untergeordneter Linie berücksichtigt worden ist. Nun gibt es noch eine Quelle, die auf den ersten Blick das meiste Zutrauen zu verdienen scheint: die sogenannten »alten Lun Yü«. Als nämlich im Jahre 150 v. Chr. der damalige Fürst von Lu seinen Palast erweitern wollte, beabsichtigte er zu diesem Zweck, das noch erhaltene Wohnhaus Kungs abreißen zu lassen. Allein eine wunderbare Musik ertönte, die ihn so erschreckte, daß er von dem Vorhaben abstand. In einer der Mauern aber fand sich ein Exemplar des Buchs der Urkunden (Schu Ging), der Gespräche (Lun Yü) und des Buchs von der Ehrfurcht (Hiau Ging). Diese Werke waren in alten kaulquappenähnlichen Zeichen geschrieben, die kein Mensch lesen konnte, bis sie ein Nachkomme des Meisters, der Gelehrte Kung An Guo, entzifferte und herausgab. Diese Ausgabe schloß sich im allgemeinen an die Rezension von Lu an, nur war das letzte Buch in zwei geteilt (bei »Dsï Dschang fragte« begann das einundzwanzigste Buch, so daß diese Ausgabe zwei Bücher mit dem Titel »Dsï Dschang« enthielt: Buch XIX und XXI). Außerdem standen Buch VI und X an anderer Stelle.

Merkwürdigerweise blieb diese Entdeckung gänzlich unbeachtet. Es dauerte Jahrhunderte, ehe sich ein chinesischer Gelehrter darauf einließ. Erst Ma Ying, der Lehrer des Dsong Hüan, hat die alten Lun Yü wieder aufgenommen. Nun hat ja die Art der Auffindung, die sehr stark an den Fund des Deuteronomiums in Jerusalem erinnert, etwas an sich, das einen gewissen Verdacht nahe legt. Auch mit den »Kaulquappenzeichen«

hat es eine eigene Bewandnis. Die alte chinesische Schrift, wie sie uns auf Orakelknochen, Bronzen und den Steintrommeln in Peking zugänglich ist, hat keineswegs die Form von Kaulquappen. Vielleicht ist die Bezeichnung Kaulquappenzeichen ein Ausdruck, der ursprünglich überhaupt nicht chinesische Zeichen meinte, sondern Keilschriftzeichen, die auf irgendeine Weise nach China gekommen sein mögen. Auch ist recht schwer glaublich, daß die alte Schrift, die bis zur Zeit Tsin Schï Huangs im Gebrauch war, in der kurzen Spanne von einem halben Jahrhundert gänzlich unlesbar geworden sein sollte. Da es sich aber in den alten Lun Yü um eine Rezension handelt, die mit der Rezension von Lu ziemlich übereinstimmte, so können wir die Frage auf sich beruhen lassen, obwohl es natürlich sehr wertvoll wäre, wenn man eine bezeugte Spur des Vorhandenseins einer solchen Sammlung von der Tsin-Dynastie besäße, da die Bezeugung der Quelle von Lu nicht über die Han-Dynastie hinaufgeht.

Was nun die Abfassung eines Werkes mit Namen Lun Yü, »Gespräche des Meisters«, anlangt, so sind wir imstande, die Tradition, nach der das Werk von den Schülern des Meisters nach dessen Tode niedergeschrieben sei, positiv zu widerlegen. Nicht nur findet sich in unseren Lun Yü eine Stelle (Buch VIII, 3 und 4), wo der Tod des Schülers Dsong Schen berichtet wird und ein Beamter (Mong Ging) mit seinem posthumen Namen genannt wird, der fünfzig Jahre nach Kungs Tod noch lebte – das ganze Buch XIX enthält keinen einzigen Ausspruch von Kung, sondern führt unzweideutig in die Zustände der Schulen ein, die seine Jünger nach seinem Tode gegründet. Aber auch die Auskunft, daß die Schüler der Schüler die Lun Yü niedergeschrieben haben, ist unhaltbar.

Man wird sich die Sache wohl so vorzustellen haben, daß Worte des Meisters sich durch mündliche Tradition Generationen lang fortgepflanzt haben, ohne schriftlich gesammelt zu werden. Man macht sich von der Kraft und Treue mündlicher Traditionen im allgemeinen in Europa wenig Begriff, wogegen in China sich das Auswendiglernen großer Texte bis in die neueste Zeit erhalten hat. Wir finden einzelne in den Lun Yü enthaltene Worte in der späteren Literatur bis herab auf Mong Dsï zitiert. Aber die Art des Zitierens läßt erkennen, daß kein geschlossenes Werk mit dem Titel Lun Yü vorlag. Die Worte werden als Worte Kungs zitiert, ohne eine schriftliche Quelle zu nennen. Ganz in derselben Weise werden andere Worte, die sich in Lun Yü nicht finden, als Worte des Meisters erwähnt. Auf der andern Seite wird in Mong Dsï ein Wort, das in Lun Yü als vom Meister gesprochen steht, dem Mong Dsï zugeschrieben. Kurz, man kann mit Sicherheit behaupten, daß zur Zeit des Mong Dsï die Lun Yü noch nicht bestanden. Viel wahrscheinlicher ist es, daß sie erst im Anschluß an das Werk des Mong Dsï entstanden sind. Nachdem die Gespräche des Mong Dsï von seinen Schülern aufgezeichnet vorlagen, lag der Gedanke nah, auch eine ähnliche Sammlung der Gespräche Kungs herauszugeben. An Material teils mündlicher Tradition, teils in andern Werken (besonders Li Gi, Da Hüo, Dschung Yung) vorhanden, fehlte es nicht. Ja, wir haben noch heute außer den Lun Yü so viele Äußerungen Kungs verzeichnet, daß daraus noch im neunzehnten Jahrhundert eine sehr interessante Sammlung konfuzianischer Gespräche unter dem Titel »Kung Dsï Dsï Yü«, die in einer Sammlung von philosophischen Werken erschien, sich hat zusammenstellen lassen.

Daß die Lun Yü nicht zu den alten Werken chinesischer Literatur gehören, beweist auch der Umstand, daß sie nicht unter den fünf Klassikern (Ging) stehen, sondern unter den erst in neuerer Zeit als Schriften zweiten Ranges rezipierten vier Schriften (Schu). Wir werden daher bei aller Anerkennung dessen, daß sie gutes, zuverlässiges Material enthalten, zu dem Schluß kommen müssen, daß sie ihre heutige Gestalt erst in der Han-Dynastie erhalten haben.

# BUCH I · HÜO ERL

## 1. Glück in der Beschränkung

Der Meister sprach: »Lernen[1] und fortwährend üben: ist das denn nicht auch befriedigend? Freunde haben, die aus fernen Gegenden kommen: ist das nicht auch fröhlich?

Wenn die Menschen einen nicht erkennen, doch nicht murren: ist das nicht auch edel?«

Das Glück besteht in der Möglichkeit, seine Prinzipien durchführen zu können. Aber das hängt nicht von uns ab. Es gibt aber auch ein Glück für den, dem das alles versagt ist. Das Erbe der Vergangenheit sich anzueignen und es ausübend zu besitzen: das gewährt auch Befriedigung. Wenn dann der wachsende Ruhm aus fernen Gegenden Jünger herbeiführt: das ist auch Freude. Von der Welt sich verkannt zu sehen, ohne sich verbittern zu lassen: das ist auch Seelengröße.

## 2. Ehrfurcht als Grundlage der staatlichen Ordnung

Meister Yu[2] sprach: »Daß jemand, der als Mensch pietätvoll und gehorsam ist, doch es liebt, seinen Oberen zu widerstreben, ist selten. Daß jemand, der es nicht liebt, seinen Oberen zu widerstreben, Aufruhr macht, ist noch nie dagewesen. Der Edle pflegt die Wurzel; steht die Wurzel fest, so wächst der Weg. Pietät und Gehorsam: das sind die Wurzeln des Menschentums.«[3]

Meister Yu sprach: »Wer sich pietätvoll dem Familienorganismus einordnet, der wird schwerlich ein politischer Oppositionsmann sein. Wer sich von politischer Opposition fernhält, der wird sicher kein Empörer. Ein umsichtiger Regent wird daher im Familiengefühl die Wurzel der staatlichen Ordnung pflegen. Ist diese Wurzel gesund, so durchwächst von ihr aus das Prinzip der pietätvollen Unterordnung das gesamte Staatswesen; denn die Ehrfurcht ist die Grundlage aller sozialen Ordnung.«

### 3. Der Schein trügt

Der Meister sprach: »Glatte Worte und einschmeichelnde Mienen sind selten vereint mit Sittlichkeit.«

Diplomatische Gewandtheit und konventionelles Wesen sind unvereinbar mit wirklicher Güte des Charakters.

### 4. Tägliche Selbstprüfung

Meister Dsong[4] sprach: »Ich prüfe täglich dreifach mein Selbst: Ob ich, für andere sinnend, es etwa nicht aus innerstem Herzen getan; ob ich, mit Freunden verkehrend, etwa meinem Worte nicht treu war; ob ich meine Lehren etwa nicht geübt habe.«

Meister Dsong (das hauptsächliche Schulhaupt nach Kungs Tode) sprach: »Ich prüfe mich täglich in dreifacher Hinsicht: ob ich übernommene Verpflichtungen gewissenhaft ausgeführt habe; ob ich im Verkehr mit Freunden immer Wort gehalten habe; ob ich die Lehren, die ich andern gab, selbst auch befolgt habe.«

### 5. Regentenspiegel

Der Meister sprach: »Bei der Leitung eines Staates von 1000 Kriegswagen[5] muß man die Geschäfte achten und wahr sein, sparsam verbrauchen und die Menschen lieben, das Volk benutzen entsprechend der Zeit.«[6]

Auch eine Großmacht läßt sich nach ganz einfachen Prinzipien in geordnetem Zustand halten: Sorgfältigste Erledigung aller Arbeiten und Zuverlässigkeit, Sparsamkeit in den Mitteln und Interesse für die Menschen; bei der Verwendung der Untertanen zu öffentlichen Leistungen: Rücksicht auf die Verhältnisse, in denen sie sich befinden.

## 6. Moralische und ästhetische Bildung der Jugend

Der Meister sprach: »Ein Jüngling soll nach innen kindesliebend, nach außen bruderliebend sein, pünktlich und wahr, seine Liebe überfließen lassend auf alle und eng verbunden mit den Sittlichen. Wenn er so wandelt und übrige Kraft hat, so mag er sie anwenden zur Erlernung der Künste.«[7]

Die Jugenderziehung muß im engsten Familienkreise einsetzen durch Pflege der Ehrfurcht den Eltern gegenüber. Diese Ehrfurcht hat sich dann allmählich auszudehnen und zu erweitern in ein bescheidenes Betragen gegenüber erfahrenen und älteren Persönlichkeiten. Die wichtigsten Eigenschaften bei der Ausbildung des persönlichen Charakters sind Pünktlichkeit und Zuverlässigkeit. Im Verkehr mit anderen ist auf eine arglose, freie Sympathie mit allen Menschen Gewicht zu legen, während der intime Anschluß auf Leute von moralischer Haltung sich zu beschränken hat. Auf dieser Grundlage sittlicher Erziehung mag sich bei besonderer Begabung höhere wissenschaftliche und ästhetische Bildung aufbauen.

## 7. Wer ist gebildet?

Dsï Hia[8] sprach: »Wer die Würdigen würdigt[9], so daß er sein Betragen ändert, wer Vater und Mutter dient, so daß er dabei seine ganze Kraft aufbietet, wer dem Fürsten dient, so daß er seine Person drangibt, wer im Verkehr mit Freunden so redet, daß er zu seinem Worte steht: Wenn es von einem solchen heißt, er habe noch keine Bildung, so glaube ich doch fest, daß er Bildung hat.«

Dsï Hia sprach: »Wer sich durch die Verehrung für große Männer dazu bestimmen läßt, ihrem Beispiel praktischen Einfluß auf sein tägliches Leben zu geben; wer seinen Eltern dient aus allen seinen Kräften und im Dienst des Fürsten treu ist bis zum Tod; wer sich den Freunden gegenüber durch sein gegebenes Wort unbedingt gebunden fühlt; solch ein Mann mag vielleicht nicht viel Büchergelehrsamkeit besitzen, aber ich behaupte doch, daß er wirklich gebildet ist.«

## 8. Kultur der Persönlichkeit

Der Meister sprach: »Ist der Edle nicht gesetzt, so scheut man ihn nicht. Was das Lernen betrifft, so sei nicht beschränkt. Halte dich eng an die Gewissenhaften und Treuen. Mache Treu und Glauben zur Hauptsache. Habe keinen Freund, der dir nicht gleich ist. Hast du Fehler, scheue dich nicht, sie zu verbessern.«

Für einen Gelehrten ist ein gesetztes, ernstes Wesen von großer Wichtigkeit. Er erwirbt sich dadurch die achtungsvolle Anerkennung der anderen Menschen. In seiner wissenschaftlichen Arbeit hat er sich von aller beschränkten Einseitigkeit fern zu halten. Bei der Wahl des intimen Verkehrs halte man sich an gewissenhafte und wahre Menschen und bleibe von Minderwertigen fern. Hat man einen Fehler gemacht, so suche man ihn nicht mit falscher Scham zu beschönigen, sondern gestehe ihn offen ein und mache ihn wieder gut.

## 9. Pflege der Vergangenheit als Regierungsgrundsatz

Meister Dsong sprach: »Gewissenhaftigkeit gegen die Vollendeten[10] und Nachfolge der Dahingegangenen: so wendet sich des Volkes Art zur Hochherzigkeit.«

Der Philosoph Dsong sprach: »Dadurch, daß ein Fürst die dankbare Verehrung für die Vergangenheit auch in den äußeren Forrnen, in denen diese Gesinnung ihren Ausdruck findet, gewissenhaft pflegt, wird es ihm möglich sein, sein Volk dahin zu beeinflussen, daß es sich nicht in der Sucht nach materiellem Gewinn verliert, sondern daß ein liberaler Sinn für die geistigen Güter lebendig wird.«

## 10. Die rechte Art, von anderen Aufschluß zu erlangen

Dsï Kin[11] fragte den Dsï Gung und sprach: »Wenn der Meister in irgendein Land kommt, so erfährt er sicher seine Regierungsart: Bittet er oder wird es ihm entgegengebracht?« Dsï Gung sprach: »Der Meister ist milde, einfach, ehrerbietig, mäßig und nachgiebig: dadurch erreicht er es. Des Meisters Art zu bitten: ist sie nicht verschieden von anderer Menschen Art zu bitten?«

Der Jünger Dsï Kin fragte den Jünger Dsï Gung: »Immer wenn unser Meister auf seinen Wanderungen durch einen fremden Staat kommt, ist er in kurzer Zeit über den Stand seiner öffentlichen Angelegenheiten im klaren. Wie kommt er zu dieser Kenntnis? Fragt er nach den Verhältnissen, oder wird es ihm von den Betreffenden aus freien Stücken mitgeteilt?« Dsï Gung antwortete: »Der Meister hat eine ganz besondere Art, das Vertrauen der Leute zu gewinnen, so daß sie ihm in ihre Verhältnisse Einblick gewähren: er ist milde in seinem Urteil, wohlwollend in seinem Reden, höflich in seinem Betragen, anspruchslos in seinem Auftreten und unaufdringlich in seiner Art, sich zu geben: kurz, er stellt sein eigenes Ich in den Hintergrund; das ist das Geheimnis seines Erfolgs.«

## 11. Merkmale echter Pietät

Der Meister sprach: »Ist der Vater am Leben, so schaue auf seinen Willen. Ist der Vater nicht mehr, so schaue auf seinen Wandel. Drei Jahre lang nicht ändern des Vaters Weg: das kann kindesliebend heißen.«

Um zu erkennen, wie weit ein Mensch der idealen Forderung der Ehrfurcht gegen die väterliche Autorität entspricht, muß man, so lange sein Vater noch lebt und auf seine äußere Handlungsweise bestimmenden Einfluß auszuüben vermag, seine innere Willensrichtung beobachten. Ist der Vater tot und der Sohn in seinen Handlungen durch keine äußere Gewalt gehemmt, dann kann man ihn in seinem Betragen beobachten. Weicht er drei Jahre lang nicht ab von seines Vaters Wegen, dann besitzt er wirklich die Gesinnung wahrer Ehrfurcht in sich selbst.

## 12. Freiheit und Form

Meister Yu[12] sprach: »Bei der Ausübung der Formen ist die (innere) Harmonie die Hauptsache. Der alten Könige Pfad ist dadurch so schön, daß sie im Kleinen und Großen sich danach richteten. Dennoch gibt es Punkte, wo es nicht geht. Die Harmonie kennen, ohne daß die Harmonie durch die Form geregelt wird: das geht auch nicht.«

Der Philosoph Yu sprach: »Um mit richtigem Takt in allen Verhältnissen das Geziemende zu tun, ist notwendige Vorbedingung eine harmonische Seelenverfassung. Diese Übereinstimmung zwischen dem Gemüt und den äußeren Formen ist das Anziehende an den Prinzipien der Heroen des Altertums. Im Kleinen wie im Großen findet sich bei ihnen diese Harmonie. Diese harmonische Seelenstimmung allein ist aber ihrerseits auch nicht ausreichend. Wenn die innere Stimmung nicht durch den Rhythmus fester Formen geregelt wird, so hat sie nicht den nötigen Halt.«

## 13. Vorteil der Zurückhaltung

Meister Yu sprach: »Abmachungen müssen sich an die Gerechtigkeit halten, dann kann man sein Versprechen erfüllen. Ehrenbezeugungen müssen sich nach den Regeln richten, dann bleibt Schande und Beschämung fern. Beim Anschluß an andre werfe man seine Zuneigung nicht weg, so kann man verbunden bleiben.«[13]

Der Philosoph Yu sprach: »Man soll nie mehr versprechen, als was sich mit Recht und Billigkeit verträgt; dann kann man stets Wort halten. Man soll sich bei seinen Ehrenbezeugungen immer in den Grenzen des Geziemenden halten, so erspart man sich Selbsterniedrigung und Beschämung. Man soll sich nur an solche Leute eng anschließen, bei denen man nicht befürchten muß, seine Zuneigung wegzuwerfen, so kann man immer durch gegenseitige Hochschätzung mit ihnen verbunden bleiben.«

### 14. Wonach der Philosoph trachtet

Der Meister sprach: »Ein Edler, der beim Essen nicht nach Sättigung fragt, beim Wohnen nicht nach Bequemlichkeit fragt, eifrig im Tun und vorsichtig im Reden, sich denen, die Grundsätze haben, naht, um sich zu bessern, der kann ein das Lernen Liebender genannt werden.«

Das Streben des höheren Menschen geht nicht auf die Außenwelt, auf Sattessen und bequeme Wohnung, sondern auf eigene moralische Vollkommenheit; deshalb ist er in seinen Handlungen sorgfältig und vorsichtig im Reden. Er strebt nach der Gemeinschaft mit Menschen von moralischer Erfahrung, um durch sie sich zum Rechten weisen zu lassen. Auf diese Weise zeigt sich das wirkliche Bildungsstreben.

### 15. Fortschritt im Ertragen von Armut und Reichtum

Dsï Gung sprach: »Arm ohne zu schmeicheln, reich ohne hochmütig zu sein: wie ist das?«

Der Meister sprach: »Es geht an, kommt aber noch nicht dem gleich: arm und doch fröhlich sein, reich und doch die Regeln lieben.«

Dsï Gung sprach: »Ein Lied sagt:

Erst geschnitten, dann gefeilt,
Erst gehauen, dann geglättet.

Damit ist wohl eben das gemeint?«

Der Meister sprach: »Sï, anfangen kann man, mit ihm über die Lieder zu reden. Sagt man die Folgerung, so kann er den Grund finden.«

Dsï Gung sprach: »Was ist von einem Menschen zu halten, der in der Armut sich von kriechendem Schmeichlersinn und im Reichtum von hochmütiger Einbildung fernzuhalten weiß?«

Der Meister sprach: »Es geht an, aber noch höher ist es zu werten, wenn einer inmitten der Armut die Freude an der Wahrheit sich wahrt und inmitten des Reichtums sich selbst in der Zucht hält.«

Dsï Gung sprach: »Diese Stufenfolge moralischer Vervollkommnung ist ja auch wohl im Liederbuch[14] angedeutet, wo es heißt:

Erst geschnitten, dann gefeilt,
Erst gehauen, dann geglättet.«

Da sprach der Meister: »Ja, mein Sï[15], du bist reif genug, daß ich mich über das Liederbuch mit dir unterhalten kann; denn wenn man eine Richtung moralischer Entwicklung zeigt, so findest du das zugrunde liegende allgemeine Gesetz heraus.«


## 16. Verkanntsein und Kennen

Der Meister sprach: »Nicht kümmere ich mich, daß die Menschen mich nicht kennen. Ich kümmere mich, daß ich die Menschen nicht kenne.«

# BUCH II · WE DSCHONG

## 1. Der Polarstern

Der Meister sprach: »Wer kraft seines Wesens[1] herrscht, gleicht dem Nordstern. Der verweilt an seinem Ort, und alle Sterne umkreisen ihn.«

Wie die Sonne nur durch die Überlegenheit ihrer Anziehungskraft die Planeten in ihre Bahnen zwingt, so herrscht der Genius nur durch die immanente Schwerkraft seiner Persönlichkeit ohne alle Vielgeschäftigkeit.

## 2. Das Liederbuch (Ein reines Herz)

Der Meister sprach: »Des Liederbuchs[2] dreihundert Stücke sind in dem einen Wort befaßt: Denke nicht Arges!«

## 3. Gesetz und Geist bei der Staatsregierung

Der Meister sprach: »Wenn man durch Erlasse leitet und durch Strafen ordnet, so weicht das Volk aus und hat kein Gewissen. Wenn man durch Kraft des Wesens leitet und durch Sitte ordnet, so hat das Volk Gewissen und erreicht (das Gute).«

Eine bürokratische Regierung, die durch amtliche Vorschriften und Erlasse wirken will und durch Strafandrohungen eine gewisse äußere Ordnung aufrecht erhält, wird nur erreichen, daß sich im Volk Methoden ausbilden, die Gesetze zu umgehen, ohne daß sich irgendjemand ein Gewissen daraus macht. Wirklicher Einfluß wird nur dadurch möglich, daß man in inneren Kontakt mit der Volksseele kommt und durch Herausbildung fester Sitten und Gewohnheiten die äußere Ordnung sichert. Dadurch wird erreicht, daß das Volk Ehrgefühl und Achtung bekommt. (Diese Lesart geht auf ein Monument aus der Hanzeit zurück.)

## 4. Stufen der Entwicklung des Meisters

Der Meister sprach: »Ich war fünfzehn, und mein Wille stand aufs Lernen, mit dreißig stand ich fest, mit vierzig hatte ich keine Zweifel mehr, mit fünfzig war mir das Gesetz des Himmels kund, mit sechzig war mein Ohr aufgetan, mit siebzig[3] konnte ich meines Herzens Wünschen folgen, ohne das Maß zu übertreten.«

Der Meister sprach: »Im Alter von fünfzehn Jahren erwachte in mir das Interesse an der Wissenschaft. Mit dreißig Jahren hatte sich mein Charakter im allgemeinen gefestigt. Mit vierzig Jahren hatte ich Zweifel und innere Unklarheiten überwunden. Mit fünfzig Jahren hatte ich einen Einblick gewonnen in die ewigen Gesetze des Weltgeschehens. Mit sechzig Jahren hatte ich die Fähigkeit erworben, aus den Äußerungen anderer Menschen ihr Wesen intuitiv zu erkennen. Mit siebzig Jahren endlich war ich soweit, daß meine Neigungen nirgends mehr mit der Pflicht kollidierten.«

## 5. Über Kindespflicht I: Nicht übertreten

Der Freiherr Mong I fragte nach (dem Wesen) der Kindespflicht. Der Meister sprach: »Nicht übertreten.« Als Fan Tschï hernach seinen Wagen lenkte, erzählte es ihm der Meister und sprach: »Freiherr Mong I befragte mich über die Kindespflicht, und ich sprach: ›Nicht übertreten.‹« Fan Tschï sprach: »Was heißt das?« Der Meister sprach: »Sind die Eltern am Leben, ihnen dienen, wie es sich ziemt, nach ihrem Tod sie beerdigen, wie es sich ziemt, und ihnen opfern, wie es sich ziemt.«[3a]

Einer der mächtigsten Großen des Staates Lu, der Freiherr Mong I, fragte den Meister, worin die Erfüllung der Kindespflicht bestehe. Er bekam die Antwort: »Im Nichtübertreten.« Ohne sich nach dem Sinn dieses Rätselwortes genauer zu erkundigen, entfernte sich der Frager. Als aber einige Zeit darauf ein dem Freiherrn nahestehender Schüler, Fan Tschï, mit dem Meister zusammen eine Ausfahrt machte, benutzte dieser die Gelegenheit, um die Frage aufzuklären. Er erzählte nämlich seinem Schüler, daß Mong I bei ihm gewesen sei und nach dem Wesen der Kindespflicht gefragt habe, worauf er die Antwort gegeben habe: sie bestehe im Nichtübertreten. Der Schüler erkundigte sich darauf nach dem Sinn dieser Antwort, worauf der Meister ihm denselben erklärte: daß nämlich der Kindespflicht ein über alle Zufälligkeiten erhabenes Sittengesetz zugrunde liege, das keinen Raum für persönliche Zu- oder Abneigungen lasse, vielmehr kategorisch fordere; nicht nur verlange es, daß man den Eltern zu deren Lebzeiten diene, sondern es reiche sogar über den Tod der Eltern hinaus und verlange, daß der letzte Dienst der Beerdigung ihm entsprechend vollzogen und daß selbst über das Grab hinaus das Andenken der Verstorbenen durch die festgesetzten Zeremonien geehrt werde.[4]

## 6. Über Kindespflicht II: Krankheit

Der Freiherr Mong Wu fragte nach (dem Wesen) der Kindespflicht. Der Meister sprach: »Man soll den Eltern außer durch Erkrankung keinen Kummer machen.«

Der Sohn des im vorigen Abschnitt genannten Freiherrn Mong I, namens Mong Wu, fragte ebenfalls nach dem Wesen der Kindespflicht. Der Meister antwortete: »Die Kindespflicht besteht darin, daß wir alles tun, was in unserer Macht steht, um den Eltern jeden Anlass zum Kummer über uns zu ersparen, so daß wir nur etwa durch Erkrankung und solche Dinge, die nicht in unserer Hand stehen, unsern Eltern Sorge bereiten können.«

## 7. Über Kindespflicht III: Ehren, nicht bloß Nähren!

Dsï Yu fragte nach (dem Wesen) der Kindespflicht. Der Meister sprach: »Heutzutage kindesliebend sein, das heißt (seine Eltern) ernähren können. Aber Ernährung können alle Wesen bis auf Hunde und Pferde herunter haben. Ohne Ehrerbietung: Was ist da für ein Unterschied?«

Der Jünger Dsï Yu fragte nach dem Wesen der Kindespflicht. Da antwortete der Meister: »Heutzutage sieht man die Kindespflicht nur in der Erfüllung der Äußerlichkeit, daß man seine Eltern mit Nahrung versieht. Aber man füttert schließlich auch seine Hunde und Pferde. Wenn man den Eltern nicht Ehrfurcht entgegenbringt, so besteht zwischen der Behandlung der Eltern und der der Haustiere kein wesentlicher Unterschied.«[5]

## 8. Über Kindespflicht IV: Betragen

Dsï Hia fragte nach (dem Wesen) der Kindespflicht. Der Meister sprach: »Der Gesichtsausdruck ist schwierig. Wenn Arbeit da ist und die Jugend ihre Mühen auf sich nimmt; wenn Essen und Trinken da ist, den Älteren den Vortritt lassen: kann man denn das schon für kindesliebend halten?«

Der Jünger Dsï Hia fragte nach dem Wesen der Kindespflicht. Der Meister antwortete: »Die Schwierigkeit bei ihrer Erfüllung besteht in einem fortdauernd rücksichtsvollen und freundlichen Betragen, daß man es vermeidet, sich im Laufe der Jahre in seinen Manieren den Eltern gegenüber gehen zu lassen. Was man sonst unter der Erfüllung der Kindespflicht versteht, daß die Kinder die Mühen der Arbeit für ihre Eltern auf sich nehmen, daß sie ihnen ihren Besitz zur Verfügung stellen und für ihren Lebensunterhalt sorgen: das alles sind nur die selbstverständlichen Voraussetzungen.«[6]

## 9. Merkmal des Verständnisses

Der Meister sprach: »Ich redete mit Hui[7] den ganzen Tag; der erwiderte nichts, wie ein Tor. Er zog sich zurück, und ich beobachtete ihn beim Alleinsein, da war er imstande, (meine Lehren) zu entwickeln. Hui, der ist kein Tor.«

Der Meister sprach: »Man könnte Yän Hui für einen Menschen ohne selbständige Interessen halten, wenn man mit ihm spricht: er hört schweigend zu und macht weder Einwürfe, noch stellt er weiterführende Fragen. Wenn man ihn aber nachher beobachtet, so sieht man an der Art, wie er das Gehörte selbständig entwickelt, daß er durchaus in den Geist der Sache eingedrungen ist.«

## 10. Menschenkenntnis: Worauf man sehen muß

Der Meister sprach: »Sieh, was einer wirkt, schau, wovon er bestimmt wird, forsche, wo er Befriedigung findet: Wie kann ein Mensch da entwischen?«

Um einen Menschen wirklich kennenzulernen, muß man ihn unter drei verschiedenen Gesichtspunkten beobachten. Zuerst muß man die Wirkungen in Betracht ziehen, die von seiner äußeren Tätigkeit ausgehen. Das ist am leichtesten, läßt aber auch am wenigsten bindende Schlüsse zu. Wichtiger und schwieriger ist es, die psychologischen Motive festzustellen, von denen er in seinem Handeln bestimmt wird. Um einen Menschen aber seinem Wesen nach kennenzulernen, ist auch das letzte und schwierigste noch nötig: daß man ihn erkennt, wie er an sich ist. Das einzige Hilfsmittel hierzu ist, zu beobachten, wie und wo sich wohl fühlt, was seine moralische Lebensluft ist.

## 11. Ein guter Lehrer (Altes und Neues)

Der Meister sprach: »Das Alte üben und das Neue kennen: dann kann man als Lehrer gelten.«

Vergleiche Matth. 13,52: Darum gleicht ein Lehrer, der für das Himmelreich geschickt ist, einem Hausherrn, der aus seinem Schatze Altes und Neues hervorbringt.

## 12 Der Edle I: Selbstzweck

Der Meister sprach: »Der Edle ist kein Gerät.«[8]

Es ist unvereinbar mit der Würde des höheren Menschen, sich als bloßes Werkzeug für die Zwecke andrer gebrauchen zu lassen. Er ist Selbstzweck.

## 13. Der Edle II: Worte und Taten

Dsï Gung fragte nach dem (Wesen des) Edlen. Der Meister sprach: »Erst handeln und dann mit seinen Worten sich danach richten.«[9]

Als Dsï Gung den Meister fragte, welcher Zug am bezeichnendsten für einen vornehmen Charakter sei, antwortete dieser: daß einer seine Prinzipien erst selbst praktisch zur Ausführung bringt, bevor er sie lehrhaft entwickelt.

## 14. Der Edle III: Universalität

Der Meister sprach: »Der Edle ist vollkommen und nicht engherzig. Der Gemeine ist engherzig und nicht vollkommen.«

Schon durch die Weite seines inneren Horizonts scheidet sich der vornehme Charakter von der Masse. Seine Interessen sind umfassend, aufs Ganze gerichtet, während die geistige Kapazität der Massenmenschen nicht über den engsten Partei- und Familienkreis hinausgeht.

## 15. Lernen und Denken (Begriff und Erfahrung)

Der Meister sprach: »Lernen und nicht denken ist nichtig. Denken und nicht lernen ist ermüdend.«[10]

Die von der Vergangenheit überkommenen Begriffe sich aneignen, ohne sie mit eignem Gedanken- und Erfahrungsinhalt zu füllen, führt zu totem Formalismus; umgekehrt hat es aber auch seine Gefahren, losgelöst von den gesicherten Resultaten der überlieferten Wissenschaft bloßen abstrakten Gedankengängen zu folgen.

## 16. Irrlehren

Der Meister sprach: »Irrlehren anzugreifen, das schadet nur.«

Die Wahrheit ist in sich übereinstimmend, während irreleitende Systeme notwendig an Inkonsequenzen kranken. Darum ist es am besten, man läßt derartige Systeme an ihren eignen Inkonsequenzen zugrunde gehen. Jede Polemik bringt nur Verwirrung und macht den Schaden größer.[11]

## 17. Das Wissen

Der Meister sprach: »Yu[12], soll ich dich das Wissen lehren? Was man weiß, als Wissen gelten lassen, was man nicht weiß, als Nichtwissen gelten lassen: das ist Wissen.«

Der Meister rief den Schüler Dsï Lu, der etwas oberflächlich war, zu sich heran und sprach zu ihm:»Die Vorbedingung für alles wirkliche Wissen ist ein präzises Unterscheidungsvermögen für die Grenze zwischen dem, was man wirklich weiß, und dem, was man bloß meint. Das, was man weiß, als sichere Grundlage festzuhalten und das Übrige weiterer Forschung vorbehalten, das ist die Methode, um zu wirklichem klaren Wissen zu gelangen.«[13]

## 18. Wie man eine Lebensstellung erwirbt

Dsï Dschang wollte eine Lebensstellung erreichen. Der Meister sprach:»Viel hören, das Zweifelhafte beiseite lassen, vorsichtig das Übrige aussprechen, so macht man wenig Fehler. Viel sehen, das Gefährliche beiseite lassen, vorsichtig das Übrige tun, so hat man wenig zu bereuen. Im Reden wenig Fehler machen, im Tun wenig zu bereuen haben: darin liegt eine Lebensstellung.«

Der Schüler Dsï Dschang wollte lernen, auf welche Weise man sich eine gesicherte Lebensstellung verschaffen könne. Der Meister antwortete:»Um eine Stellung im Leben zu erreichen, dazu ist es notwendig, daß man sich einen reichen Wissensstoff erwirbt, das so gewonnene Material kritisch sichtet und taktvoll von den gesicherten Resultaten Gebrauch macht. Dadurch vermeidet man in seinen Worten Entgleisungen. Ebenso wichtig ist es, sich eine ausgebreitete Erfahrung der verschiedenen Möglichkeiten des Handelns zu verschaffen, Handlungen mit gefährlichen Konsequenzen zu vermeiden und im übrigen mit Besonnenheit und Überlegung vorzugehen. Dadurch vermeidet man bei seinen Handlungen Übereilung. Wenn man im Reden von Taktlosigkeiten und im Handeln von Übereilungen sich fernzuhalten versteht, so ist einem sowohl eine Stellung im Leben als auch eine Lebensstellung sicher.«[14]

## 19. Fügsame Untertanen

Fürst Ai fragte und sprach: »Was ist zu tun, damit das Volk fügsam wird?« Meister Kung entgegnete und sprach: »Die Geraden erheben, daß sie auf die Verdrehten drücken[15]: so fügt sich das Volk. Die Verdrehten erheben, daß sie auf die Geraden drücken: so fügt sich das Volk nicht.«

Ai, der Landesfürst Kungs, fragte diesen, was zu tun sei, um das Volk fügsam zu machen. Kung erwiderte: »Wenn man aufrichtige und starke Charaktere in die maßgebenden Positionen bringt, daß sich auch die moralisch Minderwertigen ihnen beugen müssen, wird man Zustände schaffen, die die öffentliche Meinung befriedigen. Wenn man aber moralisch Minderwertigen Einfluß läßt, so daß die anständigen und geraden Menschen unter ihrem Druck existieren, erregt man notwendig den Unwillen der Bevölkerung.«

## 20. Das Beispiel der Herrschenden

Freiherr Gi Kang fragte: »Das Volk zur Ehrfurcht und Treue zu bringen durch Ermahnungen: Was ist davon zu halten?«
   Der Meister sprach: »Sich (zum Volk) herablassen mit Würde: dadurch bekommt (das Volk) Ehrfurcht; kindliche Ehrfurcht und Menschenliebe (zeigen): dadurch wird es treu. Die Guten erhöhen und die Unfähigen belehren: so wird das Volk ermahnt.«

Der Freiherr Gi Kang, eines der einflußreichen Familienhäupter, die die öffentliche Gewalt im Staate Lu an sich gerissen hatten, fragte den Meister, was man sich davon zu versprechen habe, wenn man das Volk durch amtliche Verwarnungen zum Respekt vor der Regierung und zur Loyalität anhalte. Der Meister antwortete: »Wenn die regierenden Kreise in ihrem Verkehr mit dem Volk die Würde des Benehmens zu wahren wissen, so werden sie sich ganz von selbst Respekt verschaffen. Wenn sie in ihrem sozialen Leben selbst die richtige Gesinnung entfalten, so wird das

Volk durch ihr Beispiel so beeinflußt werden, daß Loyalität die Öffentlichkeit beherrscht. Die entsprechende Heranziehung der Tüchtigen und Guten zu amtlicher Tätigkeit und die Belehrung der Unfähigen ist die beste Art, Warnung und Vermahnung an das Volk gelangen zu lassen.«

## 21. Abweisung eines lästigen Fragers
### (Staatsregierung und Hausregierung)

Es redete jemand zu Meister Kung und sprach: »Weshalb beteiligt sich der Meister nicht an der Leitung (des Staates)?«

Der Meister sprach: »Wie steht im ›Buch‹[16] von der Kindespflicht geschrieben? Kindliche Ehrfurcht und Freundlichkeit gegen die Brüder, das muß man halten, um Leitung zu üben. Das heißt also auch Leitung ausüben. Warum soll denn nur das (amtliche Wirken) Leitung heißen?«

Es fragte einst jemand den Meister, warum er sich nicht aktiv an der Staatsregierung beteilige. Der Meister antwortete: »Nach den Prinzipien des Altertums ist die staatliche Organisation nur eine besondere Form des sozialen Zusammenlebens der Menschen überhaupt, für die dieselben Grundsätze gelten wie in dem engeren Kreise der Familie. Wer aber dies soziale Prinzip in seiner Urerscheinung innerhalb des Familienlebens pflegt, der sorgt eben dadurch zugleich für die Herstellung von Zuständen, wie sie die Staatsregierung als Ziel erstrebt. Man muß daher keineswegs eine amtliche Stellung innehaben, um das soziale Zusammenleben im Staatsorganismus fördern zu können.«

## 22. Unaufrichtigkeit macht unbrauchbar (Der Wagen ohne Deichsel)

Der Meister sprach: »Ein Mensch ohne Glauben: ich weiß nicht, was mit einem solchen zu machen ist. Ein großer Wagen ohne Joch, ein kleiner Wagen ohne Kummet, wie kann man den voranbringen?«

Der Glaube ist für das Vorankommen des Menschen so unumgänglich nötig wie die Zugvorrichtung für den Wagen. Ein Wagen, der kein Joch hat, an dem Pferde oder Ochsen ziehen können, kommt nicht vorwärts. Ebenso kann man einem Menschen nur dann vorwärts helfen durch die Wahrheit, wenn man auf seiner Seite im Glauben einen Anknüpfungspunkt hat.[17]

### 23. Hundert Generationen zu kennen
### (Sub specie aeternitatis)

Dsï Dschang fragte, ob man zehn Zeitalter wissen könne. Der Meister sprach: »Die Yin-Dynastie beruht auf den Sitten der Hia-Dynastie; was sie davongenommen und dazugetan, kann man wissen. Die Dschou-Dynastie beruht auf den Sitten der Yin-Dynastie. Was sie davongenommen und dazugetan, kann man wissen. Eine andere Dynastie mag die Dschou-Dynastie fortsetzen, aber ob es hundert Zeitalter wären, man kann wissen (wie es gehen wird).«

Dsï Dschang fragte einmal, ob man die Zukunft auf zehn Generationen hinaus wissen könne. Der Meister antwortete: »Wenn man die historische Vergangenheit, wie sie in den geschichtlichen Dokumenten zugänglich ist, sorgfältig erforscht, so kann man gewisse feste Gesetze des Weltgeschehens daraus abstrahieren. Es gibt eine Grundlage von unveränderlichen ethischen Gesetzen, die für jede menschliche Gesellschaftsform gültig sind, daneben gibt es ein Prinzip der Entwicklung, das die Ursache ist, daß alle Dinge in einem bestimmten Kreislauf der Erscheinungen sich ändern. Aus dem Faktor der Konstanz in den Grundverhältnissen und dem Faktor der Entwicklung in den sekundären Verhältnissen setzt sich der Geschichtsverlauf zusammen. Und diese Gesetze historischen Geschehens bleiben dieselben durch alle Zeiten hindurch.«[18]

## 24. Religion und Moral

Der Meister sprach: »Andern Geistern als den eigenen (Ahnen) zu dienen, ist Schmeichelei. Die Pflicht sehen und nicht tun, ist Mangel an Mut.«

Das Andenken der eigenen Ahnen durch Opfer zu ehren, ist eine von allen eudämonistischen Erwägungen unabhängige Verpflichtung.[19] Abgesehen von dieser religiösen Pflicht geistige Mächte durch Opfer zu seinen Gunsten zu stimmen suchen, um auf diese Weise übernatürlichen Schutz und Hilfe zu erschleichen, ist schmeichlerische Kriecherei. Außer den religiösen Verpflichtungen gibt es auch moralische Verpflichtungen den Mitmenschen gegenüber. Sich einer solchen klar erkannten Pflicht aus Rücksicht auf die eigne Sicherheit oder Bequemlichkeit zu entziehen trachten, ist unwürdige Feigheit.

# BUCH III · BA YI

Dieses Buch handelt hauptsächlich von den Riten und Zeremonien, die bei der Regierung in Ausübung kommen. Da es viele historische Beziehungen hat, ist die Durcharbeitung des Stoffes nicht immer leicht. Umgekehrt gibt es dem aufmerksamen Beobachter vielen Stoff für die richtige Einordnung Kungs in den historischen Verlauf des chinesischen Geisteslebens. Der in dem Buch wiederholt ausgesprochene Gedanke ist, daß alle äußere Form nur dann Sinn hat, wenn ihr ein adäquater Inhalt zur Seite steht. So müssen auch alle Riten und Religionsbräuche Ausfluß der entsprechenden religiösen Gesinnung sein, wenn sie Wert haben sollen. Im übrigen wenden sich die einzelnen Abschnitte gegen Luxus, Anmaßung und Überfeinerung der Zeit und weisen auf die Einfachheit und Strenge des Altertums als Vorbild.

## 1. Usurpatorenbrauch I: Acht Reihen

Meister Kung[1] sagte von dem Freiherrn Gi, in dessen Haustempel acht Reihen (von Tempeldienern) die heiligen Handlungen ausführten: »Wenn man das hingehen lassen kann, was kann man dann nicht hingehen lassen?«

Die Familie Gi, ein dem Fürstenhaus von Lu verwandtes Geschlecht, hatte bei den Ahnenopfern in ihrem Familientempel zur Ausführung der Zeremonien acht Reihen von Tempeldienern in Gebrauch, eine Zahl, die nur dem Kaiser selbst zustand. Kung machte darauf aufmerksam, daß darin eine so starke Anmaßung liege, daß, wenn der Fürst das hingehen lasse, er auch auf alle möglichen Konsequenzen auf politischem Gebiet gefaßt sein müsse.

## 2. Usurpatorenbrauch II: Yung-Ode

Die drei Familien ließen unter den Klängen der Yung-Ode[2] (die Opfergeräte) abräumen. Der Meister sprach: »Die Vasallen dienen, der Sohn des Himmels schaut würdevoll darein. Welchen Sinn haben diese Worte in der Halle der drei Familien?«

Ebenso hatten die drei vornehmen Familien Gi, Mong, Schu Sun es eingeführt, daß unter den Klängen des Feiergesangs, mit dem der Begründer der Dschou-Dynastie, König Wu, seinem Vater König Wen opferte, bei ihren Ahnenopfern die Opfergeräte abgeräumt wurden. Kung machte auf das Lächerliche dieser Anmaßung aufmerksam, da in diesem Feiergesang vom Himmelssohn und den Vasallen die Rede ist, die bei den Opfern der Beamten eines Kleinstaats natürlich leere Fiktion waren.

## 3. Religion und Kunst ohne Sittlichkeit

Der Meister sprach: »Ein Mensch ohne Menschenliebe, was hilft dem die Form? Ein Mensch ohne Menschenliebe, was hilft dem die Musik?«

Wo der rechte Geist der Sittlichkeit fehlt, da helfen alle religiösen Formen und alle frommen Lieder nichts. (Denn Religion und Musik sind nur zu verstehen als äußerer Ausdruck einer inneren Herzensverfassung und sind für sich allein nur leere Schale.)

## 4. Das Wesen der Formen

Lin Fang fragte nach der Wurzel der Formen. Der Meister sprach: »Ja, das ist eine wichtige Frage. Bei den Formen des Verkehrs ist wertvoller als Prunk die Einfachheit. Bei Trauerfällen ist wertvoller als Leichtigkeit die Trauer.«

Ein sonst unbekannter Mann aus Lu, namens Lin Fang, fragte, was den Regeln für den sozialen Verkehr eigentlich für ein Prinzip zugrunde liege. Der Meister antwortete: »Das ist eine überaus wichtige Frage, für deren Beantwortung als Fingerzeig der Umstand dienen mag, daß man diesem Prinzip näher steht, wenn man sich bei festlichen Veranstaltungen in den Grenzen der Sparsamkeit hält, als wenn man es auf möglichsten Prunk anlegt, und ebenso, wenn man bei Todesfällen sich vom Schmerz überwältigen läßt, als wenn man die Sache zu leicht nimmt.«[3]

## 5. Die Barbaren und das Reich

Der Meister sprach: »Der Zustand der Barbarenstaaten, die ihre Fürsten haben, ist nicht wie der Zustand unseres großen Reiches, das keine hat.«

Die wilden Stämme im Osten und Norden gehorchen ihren Häuptlingen und haben Sinn für Autorität; sie gleichen in diesem Stück nicht unserem herrlichen großen Reich, in dem alle Autorität vernichtet ist.[4]

## 6. Man kann die Gottheit nicht betrügen

Freiherr Gi opferte dem Taischan, und der Meister sagte zu Jan Yu und sprach: »Kannst du ihn nicht davor bewahren?« Er erwiderte: »Ich kann es nicht.« Der Meister sprach: »Ach, in eurem Reden vom Taischan gleicht ihr nicht Lin Fang.«

Der (obengenannte) Freiherr Gi kam einmal auch auf den Gedanken, dem Geist des Berges Taischan ein prächtiges Opfer darzubringen. Kung sagte, als er davon hörte, zu seinem Schüler Jan Yu, der Hausbeamter im Dienst jener Familie war:

»Kannst du ihn nicht vor dieser Geschmacklosigkeit bewahren?« Der Schüler verneinte es. Da sprach Kung: »Ihr seid in euren Ansichten von dem Geist des Taischan noch nicht einmal so weit wie Lin Fang[5] [der nach dem Sinn, der solchen Feierlichkeiten zugrunde liegt, mich gefragt hat].«

## 7. Der Gebildete und die Konkurrenz: Bogenschießen

Der Meister sprach: »Der Edle kennt keinen Streit. Oder ist es beim Bogenschießen vielleicht notwendig? Da läßt er mit einer Verbeugung dem andern den Vortritt beim Hinaufsteigen. Er steigt wieder herab und läßt ihn trinken. Er bleibt auch im Streit ein Edler.«

Ein gebildeter Mann hält sich von allen Konkurrenzstreitigkeiten fern. Man könnte höchstens das Wettschießen anführen, wo es ohne Konkurrenz nicht abgeht. Aber auch da läßt er sich von keiner Leidenschaftlichkeit hinreißen. Er macht seinem Gegner eine Verbeugung und läßt ihm den Vortritt auf den Schießstand. Nachdem er geschossen, tritt er ebenso höflich wieder zurück und läßt den besiegten Gegner den Becher leeren. So zeigt er sich auch beim Wettstreit als Gebildeter.[6]

## 8. Die Form das letzte: Über das Liederbuch

Dsï Hia fragte und sprach: »Was bedeutet die Stelle:

> Ihres schelmischen Lächelns Grübchen,
> Ihrer schönen Augen Blinken
> Macht schlichtes Weiß zur schönsten Zier?«

Der Meister sprach: »Beim Malen setzt man zuletzt die weißen Stellen auf.« Der Schüler sprach: »Also sind die Formen des Benehmens das letzte.« Da sprach der Meister: »Wer mir behilflich ist (meine Gedanken herauszubringen), das ist Schang. Mit dem kann man anfangen über die Lieder zu reden.«

Der Jünger Dsï Hia fragte einst den Meister über den Sinn der Stelle aus einem alten Lied, wo von einer fürstlichen Braut die Rede ist, die im einfachen Reisekleid ihrem Bräutigam entgegenfährt, deren Schönheit aber so lebhaft wirkt, daß sie in ihrem einfachen weißen Kleid so bezaubernd aussieht, wie andre in gestickten Festgewändern. Der Meister antwortete darauf: »Beim Bemalen der Festgewänder setzt man ja auch zuletzt die weißen Umrisslinien auf.« Der Schüler dachte einen Augenblick nach und sagte: »Das bedeutete also, aufs moralische Gebiet übertragen, daß die äußere Form das letzte ist, das dem Charakter den letzten, höchsten Schliff der Vollkommenheit gibt.« Da sprach der Meister erfreut: »Du gibst mir da einen guten Gedanken, mein Freund, mit dir kann man sich mit Gewinn über die Lieder unterhalten.«[7]

## 9. Verfall der Kenntnis des Altertums

Der Meister sprach: »Die Riten der Hia-Dynastie könnte ich beschreiben, aber die Gi sind nicht imstande, meine Worte zu bestätigen. Die Riten der Yin-Dynastie könnte ich beschreiben, aber die Sung sind nicht imstande, meine Worte zu bestätigen. Der Grund dafür ist, daß ihre literarischen Urkunden und Gelehrten nicht mehr auf der Höhe sind. Wenn sie auf der Höhe wären, so könnte ich mich auf sie berufen.«[8]

Kung schloss sich in seinen Anschauungen hauptsächlich an die staatlichen Einrichtungen der Dschou-Dynastie an, während er die beiden vorhergehenden Dynastien Hia und Yin (Schang) nicht so sehr berücksichtigte. Den Grund für dieses Verhalten gab er an, indem er sprach: »Ich persönlich bin wohl imstande, mir eine Anschauung von den staatlichen Einrichtungen der Hia- und Yin-Dynastie zu bilden. Aber die Nachkommen der Hia-Dynastie, die heute noch in dem kleinen Fürstentum Gi sitzen, sind nicht imstande, wirkliche Beweise für meine Anschauungen zu liefern. Ebenso lassen sich die Einrichtungen der Yin-Dynastie nicht durch deren Nachkommen in Sung urkundlich belegen. Der Grund für diesen Mangel an historischer Dokumentation ist, daß die literarischen Urkunden und die Gelehrten nicht auf der Höhe sind. So bleibt alles subjektiven Vermutungen überlassen, während ich meine Behauptungen belegen könnte, wenn die historischen Monumente in Ordnung wären.«

## 10. Das große Opfer in Lu

Der Meister sprach:»Beim großen Opfer (für den Ahn der Dynastie) mag ich vom Ausgießen der Libation an nicht mehr zusehen.«

Der Meister sprach: »Wenn man in Lu das große Opfer für den Ahn der Dynastie darbringt, so mag ich vom Ausgießen der Libation an, wodurch der Geist, dem geopfert wird, veranlasst wird, herabzukommen, nicht mehr zusehen (denn das Unwürdige der Form verletzt mich).«

## 11. Die geheimnisvolle Bedeutung des großen Opfers für die Regierung

Es fragte jemand nach der Bedeutung des großen Opfers (für den Ahn der Dynastie). Der Meister sprach: »Weiß nicht. Wer davon die Bedeutung wüßte, der wäre imstande, die Welt zu regieren – so leicht wie hierher zu sehen!« Dabei deutete er auf seine flache Hand.

Es fragte jemand nach der Bedeutung des großen Opfers für den Ahn der Dynastie. Der Meister sprach: »Ich kenne die Bedeutung davon nicht. Wer imstande wäre, die ganze Bedeutung dieser heiligen Handlung zu erfassen, der hätte dadurch so tiefe Blicke in die geheimnisvolle Ordnung der Welt und die überirdischen Beziehungen ihrer Kräfte gewonnen, daß er die Welt regieren könnte mit einer Leichtigkeit, als läge sie auf seiner flachen Hand ihm vor Augen.«[9]

## 12. Ernst im Verkehr mit den Überirdischen

Er opferte [den Ahnen] als in ihrer Gegenwart. Er opferte den Göttern als in ihrer Gegenwart. Der Meister sprach: »Wenn ich bei der Darbringung meines Opfers nicht anwesend bin, so ist es, als habe ich gar nicht geopfert.«

Man soll den Ahnen opfern andächtig als in ihrer Gegenwart. Man soll den Geistern der himmlischen und irdischen Naturordnungen opfern andächtig als in der Gegenwart dieser Geister. Mit Beziehung darauf hat der Meister das Wort gesprochen: »Wenn ich durch irgendeinen Umstand verhindert bin, mein Opfer persönlich darzubringen und mich durch einen andern vertreten lassen muß, so habe ich das Gefühl, als hätte ich gar nicht geopfert.«

## 13. Der Majordomus[10]

Wang Sun Gia fragte und sprach: »Was ist der Sinn des Sprichworts: Man macht sich eher an den Herdgeist als an den Geist des inneren Hauses?« Der Meister sprach: »Nicht also; sondern wer gegen den Himmel sündigt, hat niemand, zu dem er beten kann.«

Der ehrgeizige Majordomus des Staates We wollte sich die Anerkennung Kungs erschleichen, indem er ihm ein Gleichnis vorlegte und sprach: »Wie kommt es doch, daß die Leute dem tätigen Herdgott viel eifriger mit Opfern dienen als dem in Dunkel wohnenden Hausgeist?« Allein Kung schnitt ihm das Wort ab mit dem Appell an sein Gewissen: »Nicht also! Weit über diesen Spitzfindigkeiten steht der Ernst des Lebens. Wer gegen Gott im Himmel sündigt, der hat niemand, zu dem er beten kann.«

## 14. Kulturfortschritt

Der Meister sprach: »Die Dschou-Dynastie sieht auf zwei Dynastien zurück. Ihre ganze Bildung ist daher verfeinert. Ich schließe mich der Dschou-Dynastie an.«

Der Meister sprach: »Die Gründer unserer gegenwärtigen Dynastie hatten bei Einrichtung ihrer staatlichen Ordnungen den Vorteil, daß sie sich die guten und üblen Erfahrungen der beiden vorangegangenen Dynastien zunutze machen konnten. Daher diese ausgedachte Verfeinerung in allen Ordnungen des Lebens. Das ist der Grund, warum ich mich in meinen Anschauungen der Dschou-Dynastie anschließe«[11].

## 15. Gewissenhaftigkeit in der Religion

Als der Meister das königliche Heiligtum betrat, erkundigte er sich nach jeder einzelnen Verrichtung. Da sprach jemand: »Wer will behaupten, daß der Sohn des Mannes von Dsou die Religion kennt, da er sich beim Betreten des großen Tempels erst nach jeder einzelnen Verrichtung erkundigt?« Der Meister hörte es und sprach: »Das eben ist Religion.«

Als Kung das königliche Heiligtum betrat, in welchem dem Begründer des regierenden Hauses in Lu, dem berühmten Dschou Gung, mit königlichen Ehren geopfert wurde, erkundigte er sich beim Zeremonienmeister erst sorgfältig nach jeder einzelnen Verrichtung. Da sprach jemand: »Wer will nun noch behaupten, daß der junge Mensch da die Religion versteht, da er doch nach allem erst fragen muß?« Der Meister hörte es und sprach: »Gerade dadurch, daß ich mich über alles noch einmal vergewissere, beweise ich ja meine Religion.«[12]

## 16. Geschicklichkeit, nicht rohe Kraft: Die Zielscheibe

Der Meister sprach: »Beim Bogenschießen kommt es nicht darauf an, durch die Scheibe durchzuschießen, weil die Körperkraft der Menschen verschieden ist. So hielt man's wenigstens in alter Zeit.«

Der Meister sprach: »Das Bogenschießen ist eine Übung in der Eleganz der Bewegung und in der Sicherheit der Hand. Deswegen kommt es nicht darauf an, daß man durch die Zielscheibe durchschießt. Denn man kann nicht verlangen, daß alle Leute über gleich große Körperkräfte verfügen. So wenigstens hielt man es in alter Zeit.«

## 17. Das Opferschaf

Dsï Gung wollte, daß das Opferschaf bei der Verkündigung des neuen Mondes abgeschafft würde. Der Meister sprach: »Mein lieber Sï, dir ist es leid um das Schaf, mir ist es leid um den Brauch.«

Der Jünger Dsï Gung wollte, daß das Opferschaf, das als kümmerlicher Rest der ursprünglich feierlichen Zeremonie der Verkündigung des neuen Monds noch übrig geblieben war, auch vollends abgeschafft würde. Der Meister aber wehrte dem und sprach: »Die materielle Ersparnis, die man durch die Beseitigung dieses Brauches erzielen würde, hebt den idealen Nachteil lange nicht auf, der dadurch entstünde, wenn mit dem äußeren Ausdruck im Opfer auch der Gedanke der religiösen Gebundenheit der menschlichen Ordnungen an die großen Naturordnungen verloren ginge.«

## 18. Verkannte Gewissenhaftigkeit im Fürstendienst

Der Meister sprach: »Wenn man heutzutage im Dienst des Fürsten alle Gerechtigkeit erfüllt, so halten es die Leute für Schmeichelei.«

Der Meister sprach: »Die Anmaßung der Vasallen und die Nichtachtung des Fürsten ist heutzutage so schlimm, daß, wenn man nicht in den allgemeinen Ton einstimmt, sondern dem Fürsten mit der Ehrerbietung begegnet, die ihm gebührt, man das allgemeine Mißtrauen auf sich zieht, als erstrebe man durch Kriecherei geheime Sondervorteile.«

## 19. Fürst und Beamte

Fürst Ding fragte, wie ein Fürst seine Beamten behandeln und wie die Beamten ihrem Fürsten dienen sollen. Meister[13] Kung entgegnete und sprach: »Der Fürst behandle den Beamten, wie es die Sitte verlangt, der Beamte diene dem Fürsten, wie es sein Gewissen verlangt.«

Der Fürst Ding von Lu fragte den Meister Kung, wie sich die gegenseitigen Pflichten des Fürsten und seiner Beamten zueinander verhalten. Meister Kung sprach: »Die Hauptaufgabe bei der Regulierung des Verhältnisses fällt dem Fürsten zu. Er muß sich in dem Umgang mit seinen Beamten an die festen Regeln der Ressorts halten unter Fernhaltung aller persönlichen Nebenbeziehungen. Auf diese Weise wird er es erreichen, daß seine Beamten von niedriger Spekulation auf seine persönlichen Schwächen sich frei machen und sachliche Gewissenhaftigkeit den Dienst beherrscht.«

## 20. Maß im Ausdruck der Empfindung

Der Meister sprach: »Das Guan-Dsü[14]-Lied ist fröhlich, ohne ausgelassen zu sein, ist sehnsuchtsvoll, ohne das Herz zu verwunden.«

## 21. Noli tangere

Fürst Ai erkundigte sich bei Dsai Wo über [die alten Bräuche in betreff des] Erdaltars. Dsai Wo erwiderte und sprach: »Die Herrscher aus dem Hause Hia pflanzten Föhren darum, die Leute der Yin-Dynastie Zypressen, die Leute der Dschou-Dynastie aber Zitterpappeln[15], wohl um die Untertanen zittern zu machen.« Der Meister hörte es und sprach: »Über Taten, die geschehen sind, ist es umsonst zu sprechen. Bei Taten, die ihren Lauf genommen haben, ist es umsonst zu mahnen; wollen wir, was vorüber ist, nicht tadeln.«[15]

## 22. Verschwendung und Anmaßung als Zeichen
## beschränkten Charakters

Der Meister sprach: »Guan Dschung war doch im Grunde ein beschränkter Geist.« Jemand sprach: »War Guan Dschung zu einfach?« [Der Meister] sprach: »Guan hat sich den prächtigen San-Gui-Palast[16a] gebaut, und für jede einzelne Verrichtung hatte er einen besonderen Angestellten. Wie kann man da behaupten, daß er einfach war?« »Aber dann verstand sich Guan Dschung wohl besonders gut auf die Etikette?« [Der Meister] sprach: »Die Landesfürsten haben das Vorrecht, eine Schutzwand vor ihrem Palasttor zu errichten. Guan hatte dieselbe Schutzwand vor seinem Tor. Die Landesfürsten pflegen bei ihren Zusammenkünften besondere Kredenztische zu benutzen, Guan benutzte ebenfalls einen solchen Kredenztisch. Wenn Guan sich auf die Etikette verstand, wer versteht sich dann nicht auf Etikette?«

Der Meister sagte von dem Staatsmann Guan Dschung, der eine Generation zuvor dem Fürsten Huan von Tsi (dem Militärstaat nördlich von Lu) die Hegemonie in China verschafft hatte und dessen Verdienste er im übrigen voll anerkannte (vgl. Buch XIV, 17. 18), daß er trotz seiner staatsmännischen Erfolge in seiner Politik keine großen Gesichtspunkte gehabt habe, weshalb er auch nur die Hegemonie des Staates Tsi durchzusetzen vermochte, ohne die gesamten öffentlichen Zustände in China in Ordnung zu bringen.

Daß diese Beschränktheit ein Mangel an Genialität war und nicht etwa bewußter Verzicht auf zu großartige Projekte infolge weiser Selbstbeschränkung auf das Nächste, geht aus der verschwenderischen Pracht hervor, die er in seinem Privatleben zeigte, wo von keiner Selbsteinschränkung die Rede war. Ebensowenig kann man als den Grund für seine Beschränkung auf das Allernächste die Erwägung bezeichnen, daß er unter Berücksichtigung der Etikette dem nominell regierenden König der Dschou-Dynastie nicht zu nahe treten wollte; denn in seinem Privatleben ließ er sich verschiedene Anmaßungen königlicher Vorrechte im Gesellschaftsverkehr zuschulden kommen.

## 23. Der rechte Vortrag der Musik

Der Meister redete mit dem Musikmeister von Lu über Musik und sprach: »Man kann wissen, wie ein Musikstück ausgeführt werden muß. Beim Beginn muß es zusammenklingen. Bei der Durchführung müssen in harmonischer Weise die einzelnen Themen herausgehoben werden in fließendem Zusammenhang bis zum Ende.«

## 24. Der Grenzwart

Der Grenzwart von I[17] bat [beim Meister] eingeführt zu werden, [indem] er sprach: »Wenn ein großer Mann hier durchkommt, wurde es mir noch nie versagt, ihn zu sehen.« Darauf wurde er eingeführt. Als er herauskam, sprach er: »Meine Freunde, was seid ihr traurig, als wäre alles aus? Die Welt war lange ohne Wort Gottes; nun gebraucht der Himmel euren Meister als Glocke.«

## 25. Klangschönheit und Formvollendung in der Musik

Der Meister sprach von der Schau-Musik: »Sie erreicht die höchste Klangschönheit und ist auch in ihrem technischen Aufbau[18] vollkommen.« Von der Wu-Musik sagte er: »Sie steht an Klangschönheit ebenso hoch, aber ist in ihrer Form nicht so vollkommen.«[19]

## 26. Die rechte Gesinnung das Wichtigste

Der Meister sprach: »Hervorragende Stellung ohne Großartigkeit, Religionsübung ohne Ehrfurcht, Erledigung der Beerdigungsbräuche ohne Herzenstrauer: solche Zustände kann ich nicht mit ansehen.«

# BUCH IV · LI JEN

Das vierte Buch handelt in seinen ersten Abschnitten von einem der wichtigsten Begriffe der konfuzianischen Lehre, dem »jen«. Der Begriff hängt zusammen mit dem Begriff »jen« = »Mensch«, ja der Begriff »Mensch« wird in dem Werk »Dschung Yung« direkt zur Erklärung herangezogen. Auf die Verwandtschaft der Begriffe deutet ferner die häufige Verwechslung der Zeichen gerade in Lun Yü. Gewöhnlich wird das Wort übersetzt mit »Menschlichkeit«, »Humanität«, »Wohlwollen«, »Vollkommenheit«. Es sind das alles Übersetzungen, die möglich sind nach vorausgegangener Definition. »Menschlichkeit« hat aber eine etwas andre Klangfarbe, ebenso »Humanität«; deshalb haben wir, um einen möglichst umfassenden Begriff zu erhalten, der sich gleichzeitig in adjektivischer und substantivischer Form brauchen läßt, den Ausdruck »sittlich«, »Sittlichkeit« gewählt. Es liegt darin das »sozial Bedingte, das mit der weiteren Entwicklung sich erweitert zum Ideal der gerecht-liebevollen Behandlung der Nebenmenschen im Sinn der möglichsten Förderung der Menschheit im eigenen und fremden Ich« (vgl. Eisler, Wörterbuch der philosophischen Begriffe, Berlin 1904, II, S. 371). Diese Definition deckt sich genau mit dem chinesischen Begriff.

## 1. Gute Nachbarschaft

Der Meister sprach: »Gute Menschen machen die Schönheit eines Platzes aus. Wer die Wahl hat und nicht unter guten Menschen wohnen bleibt, wie kann der wirklich weise [genannt] werden?«[a]

## 2. Seelenfrieden

Der Meister sprach: »Ohne Sittlichkeit kann man nicht dauernde Bedrängnis ertragen, noch kann man langen Wohlstand ertragen. Der Sittliche findet in der Sittlichkeit Frieden, der Weise achtet die Sittlichkeit für Gewinn.«

Das wahre Glück des Menschen besteht nicht in dem, was ihm von der Außenwelt geboten wird, sondern ganz allein in der inneren freien Übereinstimmung mit dem Sittengesetz. Diese Übereinstimmung gibt den wahren Seelenfrieden, darum ist es wahre Weisheit, nach dieser Seelenverfassung zu trachten. Ohne diesen inneren Halt ist es gar nicht möglich, sich in der Außenwelt zurechtzufinden; man ist dem ziellosen Spiel äußerer Zufälle wie Glück und Unglück preisgegeben und hält es in keiner Lage lange aus.

## 3. Die Kunst des Liebens und Hassens

Der Meister sprach: »Nur der Sittliche kann lieben und hassen.«

Nur das sittliche Vernunftgesetz ist auch imstande, den Zu- und Abneigungen eine vernünftige, über die zufällige persönliche Anziehung und Abstoßung erhabene Richtung zu geben, indem ein sittlicher Charakter die Menschen liebt und haßt wie sich selbst: das heißt, das Gute an ihnen liebt und das Böse an ihnen haßt.

## 4. Ein guter Wille überwindet das Böse

Der Meister sprach: »Wenn der Wille auf die Sittlichkeit gerichtet ist, so gibt es kein Böses.«

Das Böse läßt sich nicht beseitigen durch Kampf und Reue, sondern allein durch die positive Zuwendung des Willens zu dem höchsten Ideal des Vernunftgesetzes. Durch dieses positive Vorwärtsstreben wird allmählich das Nichtgute und Unvollkommene ganz von selbst überwunden.

## 5. Das Ideal und das Leben

Der Meister sprach: »Reichtum und Ehre sind es, was die Menschen wünschen; aber wenn sie einem unverdient zuteil werden, so soll man sie nicht festhalten. Armut und Niedrigkeit sind es, was die Menschen hassen; aber wenn sie einem unverdient zuteil werden, so soll man sie nicht loszuwerden suchen. Ein Edler, der von der Sittlichkeit läßt, entspricht nicht dem Begriff (des Edlen). Der Edle übertritt nicht während der Dauer einer Mahlzeit die [Gesetze der] Sittlichkeit. In Drang und Hitze bleibt er unentwegt dabei, in Sturm und Gefahr bleibt er unentwegt dabei.«

Das Bedürfnis nach Glück und die Furcht vor Unglück sind natürliche Eigenschaften, die jeder Mensch hat. Aber man soll sich in seinem Verhalten im Glück und Unglück nicht durch diese niedermenschlichen eudämonistischen Erwägungen bestimmen lassen. Unverdientes Glück gewaltsam festzuhalten oder unverdientes Unglück gewaltsam beseitigen zu wollen, ist vom höheren Standpunkt aus nicht der Mühe wert, weil beides für die sittliche Würde eines Menschen vollständig gleichgültig ist. Was aber der sittliche Mensch nicht verlieren darf, ohne daß er dem Wesen dieses Begriffs widersprechen würde, das ist die vollkommene Übereinstimmung des Willens mit dem Ideal. Diese Übereinstimmung des Willens ist überzeitlich. Sie wird nicht beeinflußt durch die äußeren Lebensbetätigungen oder die psychologischen Stimmungen. Sie steht hoch über diesem wirren Getriebe der Gedanken.

## 6. Pflicht und Neigung

Der Meister sprach: »Ich habe noch niemand gesehen, der das Sittliche liebt und das Unsittliche hasst. Wer das Sittliche liebt, dem geht nichts darüber. Wer das Unsittliche hasst, dessen Sittlichkeit ist so stark, daß nichts Unsittliches seiner Person sich nahen kann. Wenn einer einen Tag lang seine ganze Kraft an das Sittliche setzen will: ich habe noch keinen gesehen, dessen Kraft dazu nicht ausreichte. Vielleicht gibt es auch solche, aber ich habe noch keinen gesehen.«

Es gibt wenige oder keine Menschen, deren natürliche Neigung mit den sittlichen Forderungen der praktischen Vernunft übereinstimmte. Diese Übereinstimmung würde bedeuten, daß die sittlichen Forderungen die einzige Triebfeder des Handelns wären und daß die Kraft dieser Sittlichkeit so stark wäre, daß unsittliches Handeln auch als bloße Möglichkeit ausgeschlossen wäre. Dennoch ist die Übereinstimmung des Willens mit dem Ideal keine Unmöglichkeit, denn es gibt erfahrungsgemäß keinen Menschen, dessen Wille nicht stark genug wäre, wenigstens einen Tag lang dem Ideal treu zu bleiben. (Falls es Menschen von dieser untermoralischen Stufe geben sollte, so können sie jedenfalls außer Betracht bleiben.) Was aber empirisch möglich ist für die Zeit eines Tages, das muß prinzipiell überhaupt möglich sein: den moralischen Willen zur einzigen Triebfeder zu machen.

## 7. Psychologie der Verfehlungen

Der Meister sprach: »Die Überschreitungen eines jeden Menschen entsprechen seiner Wesensart. Dadurch, daß man seine Überschreitungen sieht, kann man einen Menschen erkennen.«

Auch die Abweichungen von der Norm entsprechen der Wesensart eines Menschen. Einen (guten) Menschen erkennt man auch noch aus den Überschreitungen, die er sich unbewußt zuschulden kommen läßt.

### 8. Das Beste in der Welt

Der Meister sprach: »In der Frühe die Wahrheit vernehmen und des Abends sterben: das ist nicht schlimm.«

Andere Übersetzung: »Wenn ich eines Morgens vernähme, daß die Welt in Ordnung sei, würde ich ohne Bedauern am selben Abend zum Sterben bereit sein.«

### 9. Falsche Scham

Der Meister sprach: »Der Gebildete richtet sein Streben auf die Wahrheit; wenn einer aber sich schlechter Kleider und schlechter Nahrung schämt, der ist noch nicht reif, um mitzureden.«

Bei der Ausbildung der Persönlichkeit muß der Wille auf ewige Wahrheiten gerichtet sein. Wer noch von der gemeinen Not des Lebens gebändigt wird, ist noch nicht fähig, in jenen Dingen mitzureden.

### 10. Sine ira et studio

Der Meister sprach: »Der Edle hat für nichts auf der Welt eine unbedingte Voreingenommenheit oder eine unbedingte Abneigung. Das Rechte allein ist es, auf dessen Seite er steht«

### 11. Edles und gemeines Streben

Der Meister sprach: »Der Edle liebt den inneren Wert, der Gemeine liebt das Irdische; der Edle liebt das Gesetz, der Gemeine sucht die Gunst.«[1]

Eine andere Übersetzungsmöglichkeit ist:

Steht der Sinn des Fürsten auf inneren Wert, so steht der Sinn des niederen Volks auf sein Land; steht der Sinn des Fürsten auf Strafen, so steht der Sinn des niederen Volks auf Gunst.

## 12. Nachteil der Selbstsucht

Der Meister sprach: »Wer bei seinen Handlungen immer auf Vorteil aus ist, zieht sich viel Groll zu.«

Vgl. »Wer sein Leben gewinnt, der wird es verlieren.«

## 13. Wesen und Schein

Der Meister sprach: »Wer durch Ausübung der Moral seinen Staat regiert, was [für Schwierigkeiten] könnte der haben? Wer aber nicht durch Ausübung der Moral den Staat regiert, was nützt dem die Moral?«

Die Fürsten des Altertums haben die Beziehungen der Menschen untereinander in feste moralische Formen gebracht, um vermöge dieser Formen das soziale Zusammenleben der Menschen im Staate zu ordnen. Das Wesen dieser Formen besteht jedoch in der richtigen nachgiebigen und ehrerbietigen Gesinnung. Ein Fürst, der diese Gesinnung hat und jeden seiner Beamten auf seinem Platze würdigt und seine Leistung anerkennt, der wird in den vom Altertum überkommenen Formen einen so starken Halt finden, daß ihm die Durchführung der staatlichen Ordnung ganz leicht fallen wird. Wenn aber ein Fürst ohne das Wesen der rechten Gesinnung nur den Schein äußerer Formen benutzen will, um sein Reich in Ordnung zu bringen, der wird an der inneren Unwahrhaftigkeit seines Beginnens notwendig scheitern, aber er darf sich nicht über die Unwirksamkeit der moralischen Formen beklagen, denn er hat sich mit seinem ganzen Unternehmen auf ein Gebiet begeben, mit dem er nichts zu schaffen hat.

## 14. In deiner Brust sind deines Schicksals Sterne

Der Meister sprach: »Nicht das soll einen bekümmern, daß man kein Amt hat, sondern das muß einen bekümmern, daß man dafür tauglich werde. Nicht das soll einen bekümmern, daß man nicht bekannt ist, sondern danach muß man trachten, daß man würdig werde, bekannt zu werden.«

Vgl. Buch I, 1 und 16.

## 15. Die Summe der Lehre

Der Meister sprach: »Nicht wahr, Schen[2], meine ganze Lehre ist in Einem befaßt.« Meister Dsong sprach: »Ja.« Als der Meister hinaus war, fragten seine Schüler und sprachen: »Was bedeutet das?« Meister Dsong sprach: »Unsres Meisters Lehre ist Treue[3] gegen sich selbst und Gütigkeit gegen andre: darin ist alles befaßt.«

## 16. Wes das Herz voll ist

Der Meister sprach: »Der Edle ist bewandert in der Pflicht, der Gemeine ist bewandert im Gewinn.«

Vgl. Abschn. 11.

## 17. Anziehendes und warnendes Beispiel

Der Meister sprach: »Wenn du einen Würdigen siehst, so denke darauf, ihm gleich zu werden. Wenn du einen Unwürdigen siehst, so prüfe dich selbst in deinem Innern.«

Vgl. Buch I, 4; Buch VII, 21.

## 18. Kindespflicht I: Vorhalte

Der Meister sprach: »Den Eltern dienend darf man ihnen in zarter Weise Vorstellungen machen. Wenn man aber sieht, daß sie nicht gewillt sind, darauf zu hören, so soll man fortfahren, ehrerbietig sich zu fügen, und auch die schwersten Anstrengungen ohne Murren tragen.«[4]

## 19. Kindespflicht II: Reisen

Der Meister sprach: »Solange die Eltern leben, soll man nicht in die Ferne ziehen. Und wenn man nach auswärts geht, so soll man einen bestimmten Wohnort wählen«[5].

Zu Lebzeiten der Eltern soll man sich immer zu ihrer Verfügung halten und deshalb keine so weiten Reisen unternehmen, daß man nicht auf ihren Wunsch sofort zur Stelle sein kann. Ebenso soll man seine Eltern immer genau über seinen Aufenthaltsort auf dem laufenden erhalten, damit sie einen jederzeit, wenn sie es wünschen, rufen lassen können.

## 20. Kindespflicht III: Pietät

Der Meister sprach: »Wer drei Jahre lang nicht abweicht von seines Vaters Wegen, kann kindesliebend genannt werden.«

Vgl. Buch I. 11.

## 21. Kindespflicht IV: Alter der Eltern

Der Meister sprach: »Die Jahre der Eltern darf man nie vergessen: erstens, um sich darüber zu freuen, zweitens, um sich darüber zu sorgen.«

Ein pietätvoller Sohn muß das Alter seiner Eltern immer im Sinne haben, um sich darüber freuen zu können, daß sie so lange leben, und um mit verdoppelter Sorge ihrer Altersschwäche zur Hilfe zu kommen.

## 22. Vom Schweigen

Der Meister sprach: »Die Alten sparten ihre Worte; denn sie schämten sich, mit ihrem Betragen hinter ihren Worten zurückzubleiben.«

Vgl. Buch II, 13.

## 23. Segen der Beschränkung

Der Meister sprach: »Die durch Beschränkung verloren haben, sind selten.«

Die Unannehmlichkeiten, welche die Beschränkung notwendig mit sich bringt, werden dadurch aufgewogen, daß durch die Beschränkung eine Konzentration der Kräfte hervorgerufen wird, die so stark wirkt, daß man in der Regel imstande sein wird, die Absichten, die man hegt, zur Ausführung zu bringen.

## 24. Langsam zum Reden

Der Meister sprach: »Der Edle liebt es, langsam im Wort und rasch im Tun zu sein.«[6]

## 25. Geistesgemeinschaft

Der Meister sprach: »Innerer Wert bleibt nicht verlassen; er findet sicher Nachbarschaft.«

## 26. Wider die Aufdringlichkeit

Dsï Yu sprach: »Im Dienst des Fürsten bringen lästige Vorwürfe Ungnade. Zwischen Freunden führen lästige Vorwürfe zu Entfremdung.«

# BUCH V · GUNG YE TSCHANG

Dieses Buch enthält hauptsächlich gelegentliche Bemerkungen Kungs über Leute seiner Bekanntschaft und aus der Geschichte. Es ist sehr interessant, weil es den Meister im Kreis der Seinen ungezwungen über dies und jenes redend zeigt, während er doch bei allem, was er sagt und tut, die höchsten Prinzipien im Hintergrund hat, von denen ein Licht auch auf scheinbar Nebensächliches und Gleichgültiges ausstrahlt. Ähnlich wie Goethe in seinen Gesprächen mit Eckermann, plaudert der chinesische Weise über diesen und jenen Menschen und gewährt dabei zugleich manchen Einblick in tiefere ethische Zusammenhänge des Lebens überhaupt.

Die Art dieser leichteren Konversation macht die Doppelübersetzung für die meisten Abschnitte überflüssig.

## 1. Verheiratungen

Der Meister sagte von Gung Ye Tschang: »Man kann ihm eine Frau zur Ehe geben; obwohl er in Banden liegt, ist es doch nicht seine Schuld.« So gab er ihm seine Tochter zur Frau. Der Meister sagte von Nan Yung: »Wenn das Land wohl geleitet ist, so wird er nicht beiseite gesetzt werden. Wenn das Land schlecht geleitet ist, so wird er wenigstens Bestrafung und Hinrichtung zu vermeiden wissen.« Und so gab er ihm die Tochter seines älteren Bruders zur Frau.[1]

## 2. Bildender Umgang

Der Meister sagte von Dsï Dsiän: »Ein Edler in der Tat ist dieser Mann! Wenn es in Lu keine Edlen gäbe, wie hätte dieser dieses erreicht?«

Der Meister sagte von Dsï Dsiän, einem Schüler: Dieser Mann hat wirklich einen hohen Grad von Bildung. Das ist zugleich ein Beweis, daß es im Staate Lu noch Leute von feinerer Bildung gibt; denn ohne intimen Verkehr mit solchen Leuten hätte er nicht diese Stufe[2] erreichen können.«

### 3. Bestrafte Eitelkeit

Dsï Gung fragte und sprach: »Und wem ist Sï gleich?« Der Meister sprach: »Du? Du bist ein Gerät.« Er sprach: »Was für ein Gerät?« Er sprach: »Eine geschliffene Opferschale.«

Dsï Gung wollte die Gelegenheit wieder benutzen, um auch ein Lob für sich zu ernten (vgl. I, 15), und fragte, welche Stufe er erreicht habe. Der Meister erwiderte ihm lächelnd: »Du bist noch nicht so weit, um als selbständige Persönlichkeit in Betracht zu kommen, du kannst nur etwas leisten, wenn du von andern verwandt wirst (vgl. II, 12).« »Und wozu kann ich verwandt werden?« fragte der Schüler. »Zu großen Feierlichkeiten und Opferfesten; denn an guten Formen fehlt es dir nicht«, antwortete begütigend der Meister.

### 4. Güte und Redegewandtheit

Es sprach jemand: »Yung ist sittlich, aber nicht redegewandt.« Der Meister sprach: »Wozu braucht's Redegewandtheit? Wer den Leuten immer mit seiner Zungenfertigkeit entgegentritt, zieht sich stets nur Abneigung von den Menschen zu. Ob er sittlich ist, weiß ich nicht, aber wozu braucht's der Redegewandtheit?«

Es sagte jemand von dem Schüler Jan Yung (genannt Dschung Gung, der einen schlimmen Vater hatte, aber selbst ganz anders war als jener, nämlich gutmütig und ungewandt (vgl. VI, 4): »Er ist ein guter Kerl, aber er hat keine Gewandtheit im Reden.« Der Meister erwiderte ärgerlich: »Was fange ich mit eurer Redegewandtheit an? Wer den Leuten immer mit seiner Zungenfertigkeit widerspricht, der erreicht es nur, daß er sich allgemein mißliebig macht. Ob er wirklich als guter Charakter bezeichnet werden kann, das will ich nicht entscheiden, aber daß Zungenfertigkeit nichts mit Güte des Charakters zu tun hat, das ist ganz sicher.«

## 5. Vorsicht bei Übernahme eines Amtes

Der Meister wollte dem Tsi-Diau Kai ein Amt übertragen. Er erwiderte und sprach: »Ich kann dies³ hier noch nicht glauben.« Der Meister war erfreut.

Der Meister wollte dem Schüler Tsi-Diau Kai, der gute Fähigkeiten hatte, ein seinen Fähigkeiten entsprechendes Amt übertragen. Der Schüler aber erwiderte: »Ich fühle mich dazu noch nicht reif, da ich in betreff der Regierungsprinzipien mit mir noch nicht im klaren bin. Ich möchte mich aber nicht auf die Praxis einlassen, ehe ich einen festen theoretischen Standpunkt in diesen Fragen mir erworben habe.« Der Meister freute sich über diese klare und großzügige Gesinnung.

## 6. Das Floß der Wahrheit

Der Meister sprach: »Die Wahrheit hat keinen Erfolg. Ich muß wohl ein Floß besteigen und über die See fahren. Wenn mich einer dabei begleitet, so ist es wohl Yu.« Dsï Lu hörte es und freute sich. Der Meister sprach: »Yu ist wohl mutiger als ich, aber es fehlt ihm die Überlegung, um das Material für das Floß zu beschaffen.«⁴

## 7. Verschiedene Brauchbarkeit⁵

Der Freiherr Mong Wu fragte, ob Dsï Lu sittlich vollkommen sei. Der Meister sprach: »Ich weiß es nicht.« Noch weiter befragt, antwortete der Meister: »Man kann den Yu brauchen zur Leitung des Militärwesens selbst in einem Staate mit 1000 Kriegswagen.⁶ Aber ob er sittlich vollkommen ist, das weiß ich nicht.« »Und wie steht es mit Kiu?« Der Meister sprach: »Kiu? In einem Bezirk von 1000 Familien⁷ oder einem Haus mit 100 Kriegswagen kann man ihn zur Leitung der inneren Angelegenheiten brauchen. Aber ob er sittlich vollkommen ist, weiß ich nicht.« »Und wie steht es mit Tschï?« Der Meister sprach: »Tschï ist brauchbar, mit dem Gürtel gegürtet⁸ bei Hofe stehend den Verkehr mit Besuchern und Gästen zu führen. Aber ob er sittlich vollkommen ist, weiß ich nicht.«

## 8. Erziehung zur Bescheidenheit

Der Meister sagte zu Dsï Gung: »Du oder Hui, wer von euch beiden ist weiter?« Er erwiderte: »Wie könnte ich wagen, auf Hui zu blicken! Hui, wenn der Eines hört, so weiß er zehn. Wenn ich Eines höre, so weiß ich zwei.« Der Meister sprach: »Du kommst ihm nicht gleich. Ich und du, wir sind ihm darin nicht gleich.«⁹

## 9. Tadel

Dsai Yü¹⁰ verweilte am hellen Tage in seinem Schlafzimmer. Der Meister sprach: »Faules Holz kann man nicht schnitzen. Eine Wand aus schlechtem Lehm läßt sich nicht streichen. Dieser Yü da! Was soll man ihm überhaupt noch Vorwürfe machen!« Der Meister sprach: »Früher stand ich so zu den Menschen: Wenn ich ihre Worte hörte, so glaubte ich an ihre Taten. Jetzt stehe ich so zu den Menschen: Ich höre ihre Worte, und dann sehe ich nach ihren Taten. Durch Yü kam ich dazu, diese Änderung vorzunehmen.«

## 10. Stärke und Sinnlichkeit

Der Meister sprach: »Ich habe noch keinen Menschen von wirklicher Charakterstärke gesehen.« Es erwiderte jemand: »Schen Tschang.«[11] Der Meister sprach: »Tschang ist der Sinnlichkeit unterworfen. Wie könnte er stark sein?«

## 11. Ideal und Wirklichkeit

Dsï Gung sprach: »Was ich nicht mag, daß die Leute mir zufügen, das mag ich auch ihnen nicht zufügen.« Der Meister sprach: »Mein Sï, diese Stufe hast du noch nicht errreicht.«[12]

## 12. Exoterisches und Esoterisches

Dsï Gung sprach: »Des Meisters Reden über Kultur und Kunst kann man zu hören bekommen. Aber die Worte des Meisters über Natur und Weltordnung kann man nicht (leicht) zu hören bekommen.«[13]

## 13. Gründlichkeit

Wenn Dsï Lu eine Lehre vernommen, die er noch nicht auszuführen vermochte, so fürchtete er sich nur davor, noch andre Lehren zu vernehmen.

## 14. Bescheidenheit beim Erwerben von Kenntnissen

Dsï Gung fragte und sprach: »Weshalb ist Kung Wen Dsï der ›Weise‹ (Wen) genannt worden?« Der Meister sprach: »Er war rasch [von Begriff] und liebte zu lernen; er schämte sich nicht,

Niedrige zu fragen; das ist der Grund, warum er der ›Weise‹ genannt wird.«

Der Schüler Dsï Gung fragte, warum der Minister Kung vom Staate We, von dessen Taten nicht durchaus Günstiges zu berichten war, dennoch den Ehrentitel »der Weise«, der ihm bei seinem Tode verliehen wurde, verdient habe. Der Meister sprach: »Er vereinigte geniale Auffassungsgabe und wissenschaftliches Interesse. Dieses Interesse gab ihm eine gewisse Größe der Gesinnung, die ihn Standesunterschiede übersehen ließ, wo ihm die Möglichkeit der Erweiterung seiner Kenntnisse geboten war. Mag er im übrigen gewesen sein, wie er will, diese Eigenschaft genügte, um ihn des Titels ›der Weise‹ würdig zu machen.«

## 15. Hervorragende Charakterseiten

Der Meister sagte von Dsï Tschan, daß er vier Eigenschaften eines Edlen gehabt habe: In seinem persönlichen Leben war er ernst, im Dienst des Fürsten war er ehrfurchtsvoll, in der Sorge für die Nahrung des Volks zeigte er Gnade, in der Verwendung des Volks Gerechtigkeit[14].

## 16. Verkehr mit Menschen

Der Meister sprach: »Yän Ping Dschung versteht es, mit Menschen umzugehen. Auch nach jahrelangem Verkehr genießt er noch die Hochachtung der Leute.«[15]

## 17. Die Schildkröte

Der Meister sprach: »Dsang, der ›Weise‹, bewahrte eine Schildkröte in einem Hause, dessen Säulen mit geschnitzten Darstellungen von Bergen und dessen Balken mit Schilfgräsern geziert waren. Was ist denn dabei für eine Weisheit?«[16]

## 18. Die Sittlichkeit ist schwer zu erkennen

Dsï Dschang fragte und sprach: »Der Kanzler Dsï Wen wurde dreimal in das Amt des Kanzlers (von Tschu) berufen, ohne sich darüber erfreut zu zeigen. Er wurde dreimal abgesetzt, ohne sich darüber mißvergnügt zu zeigen. Außerdem machte er sich zur Pflicht, seinen Nachfolger in das Amt einzuführen. Wie ist er zu beurteilen?« Der Meister sprach: »Er war gewissenhaft.« Auf die Frage, ob er als sittlicher Charakter bezeichnet werden könnte, sagte er: »Ich weiß es nicht, ob er sittlich genannt werden kann.« [Der Schüler fuhr fort:] »Als der General Tsui[17] seinen Herrn, den Fürsten von Tsi, ermordete, da ließ der edle Tschen Wen, obwohl er 10 Viergespanne besaß, seine Habe im Stich und wanderte aus. Er kam in ein anderes Land, da sprach er: ›Hier sind sie geradeso wie unser General Tsui‹, und wanderte aus. Er kam noch in ein Land und sprach abermals: ›Hier sind sie geradeso wie unser General Tsui‹, und wanderte aus. Wie ist er zu beurteilen?« Der Meister sprach: »Er war rein.« Auf die Frage, ob er als sittlicher Charakter bezeichnet werden könne, sagte er: »Ich weiß es nicht, ob er sittlich genannt werden kann.«

## 19. Überlegungen

Von Gi, dem »Weisen«, hieß es, daß er alles erst dreimal überlege, ehe er sich zum Handeln entschließe. Der Meister hörte davon und sprach: »Wenn er auch nur zweimal sich die Sachen überlegt, so ist es schon gut.«

## 20. Torheit noch schwerer als Weisheit

Der Meister sprach: »Der Freiherr Ning Wu war weise, solange Ordnung im Lande herrschte. Als Unordnung im Lande aufkam, benahm er sich töricht. In seiner Weisheit können andre ihn erreichen. In seiner Torheit aber ist er unerreichbar.«[18]

## 21. Sorge für die Nachwelt

Der Meister sprach in Tschen: »Ich muß heim! Ich muß heim! Meine jungen Freunde zu Hause sind enthusiastisch und groß-artig. Sie sind bewandert in allen Künsten. Aber sie wissen noch nicht sich zu mäßigen.«[19]

## 22. Vergeben

Der Meister sprach: »Be I und Schu Tsi[20] gedachten nicht alter Fehler, darum blieben sie frei von Groll.«

## 23. Der entlehnte Essig

Der Meister sprach: »Wer will behaupten, daß We-Schong Gau[21] ehrlich sei? Als einst jemand ihn um Essig bat, da entlehnte er selber erst bei seinem Nachbar, um ihn hergeben zu können.«

## 24. Ohne Falsch sein

Der Meister sprach: »Glatte Worte, einschmeichelnde Mienen, übertriebene Höflichkeit – solcher Dinge schämte sich Dso Kiu Ming[22], ich schäme mich ihrer auch. Seinen Ärger verhehlen und mit seinem Feinde freundlich tun – dessen schämte sich Dso Kiu Ming, ich schäme mich dessen auch.«

## 25. Herzenswünsche

Yän Yüan (Yän Hui) und Gi Lu (Dsï Lu) standen zu des Mei-sters Seite, da sprach er: »Nun sage mir einmal jeder seine Her-zenswünsche.« Dsï Lu begann: »Ich möchte Pferd und Wagen und leichtes, kostbares Pelzwerk zum Anziehen. Ich wollte es mit meinen Freunden gemeinsam benützen, und wenn sie es mir verdürben, so wollte ich nicht böse werden.« Yän Yüan sprach: »Ich möchte mich nicht meines Guten rühmen und möchte nicht andere für mich bemühen.« – Darauf sprach Dsï Lu: »Nun möchten wir auch gern des Meisters Wünsche hören.« Der Meister sprach: »Den Alten möchte ich Frieden geben, mit Freunden möchte ich in Treuen verkehren, die Kleinen möchte ich herzen.«[23]

## 26. Selbstanklage ist selten

Der Meister sprach: »Es ist alles aus! Ich habe noch keinen gesehen, der seine eignen Fehler sehen und innerlich sich selbst verklagen könnte.«[24]

## 27. Bescheidenheit des Meisters

Der Meister sprach: »In einem Dorf von zehn Familien gibt es sicher Leute, die an Gewissenhaftigkeit und Wahrhaftigkeit mir gleich sind; warum sollten sie nicht auch in der Liebe zum Lernen mir gleich sein?«[25]

# BUCH VI · YUNG JA

Der Inhalt dieses Buches ist dem des fünften verwandt. Es zeigt ebenfalls den Meister hauptsächlich im Verkehr mit seinen Jüngern. Es ist daher ebenso wie das letzte wertvoll, um das Milieu kennenzulernen, in dem sich der chinesische Weise bewegt hat, sowie die Schwierigkeiten, mit denen er im Kreis seiner Schule zu kämpfen hatte, und die Erfolge, die er erzielt hat. Der Schluß erhebt sich dann wieder zu weiteren, prinzipiellen Ausblicken.

## 1. Fürstentugend

Der Meister sprach: »Yung[1], den kann man brauchen, um mit südlich gewandtem Gesicht (einen Staat zu beherrschen).« Dschung Gung fragte in betreff von Dsï Sang Be Dsï. Der Meister sprach: »Er geht; er ist großartig.« Dschung Gung sprach: »In seiner Gesinnung sorgfältig sein und in seiner Handlungsweise großartig beim Verkehr mit seinem Volk, das mag wohl gehen. Aber in seiner Gesinnung großartig sein und in seiner Handlungsweise großartig sein: ist das nicht zuviel Großartigkeit?« Der Meister sprach: »Yungs Worte sind richtig.«

Der Meister erwähnte einst, daß der Jünger Jan Yung imstande wäre, als Fürst einen Staat zu regieren. Der betreffende Jünger, der sich offenbar durch die Andeutung geschmeichelt fühlte, fragte im Anschluß daran, wie sich sein Freund, (der sonst unbekannte) Dsï Sang Be Dsï, zum Fürsten eigne. Der Meister erwiderte, dieser habe zum mindesten eine fürstliche Tugend, daß er nicht kleinlich sei, sondern etwas Freies, Großzügiges in seinem Wesen habe. Der Jünger knüpfte daran eine theoretische Erörterung, offenbar halb im Vorgefühl seiner neuen Würde: daß die

Großartigkeit der äußeren Handlungsweise im Verkehr mit den Untertanen sehr löblich sei, wenn eine gewissenhafte Sorgfalt die Grundlage der Gesinnung bilde. Wenn dagegen Gesinnung und Handlungsweise aufs Großartige gerichtet seien, dann führe die Großartigkeit zu weit. Der Meister billigte liebevoll auch diesen Ausspruch.

## 2. Zeichen des Bildungsstrebens

Der Fürst Ai fragte, wer unter den Jüngern das Lernen liebe. Meister Kung entgegnete und sprach:»Da war Yän Hui: er liebte das Lernen. Er übertrug nie seinen Ärger, er machte keinen Fehler zum zweitenmal. Zum Unglück war seine Zeit kurz und er ist gestorben. Nun habe ich keinen mehr (wie ihn). Ich habe von keinem mehr gehört, der so das Lernen liebte.«

Der Fürst Ai vom Staate Lu fragte einst, welcher von den Jüngern am meisten nach Ausbildung der Persönlichkeit strebe. Meister Kung erwiderte:»Ich hatte nur einen Schüler, der wirklich ein allumfassendes Interesse an seiner Ausbildung hatte: Yän Hui. Er hatte es so weit gebracht, daß er nie einen andern eine üble Laune fühlen ließ und daß er vor Wiederholung eines einmal erkannten Fehlers sicher war. Unglücklicherweise war ihm kein langes Leben beschieden. Seit er gestorben ist, habe ich noch keinen andern unter meinen Jüngern gefunden, der wirklich ein selbständiges Interesse an seiner Bildung hätte.«

## 3. Besoldungsfragen

Dsï Hua[2] hatte einen Auftrag in Tsi zu besorgen. Meister Jan bat für dessen Mutter um Getreide. Der Meister sprach:»Gib ihr ein Fu.« Er bat um mehr. Da sprach er:»Gib ihr ein Yü.« Meister Jan gab ihr fünf Bing. Der Meister sprach:»Als Tschï[2] nach Tsi aufbrach, hatte er ein Gespann von fetten Pferden und war gekleidet in leichtes Pelzwerk. Ich habe gehört: der Edle hilft dem Bedürftigen, aber fügt nicht dem Reichen noch mehr zu.«

Yüan Sï[3] ward angestellt als Stadthauptmann. (Der Meister) gab ihm 900 Maß Getreide. Er lehnte ab. Der Meister sprach: »Nicht also! Du magst sie ja verwenden, um sie in deiner Nachbarschaft und Umgebung zu verteilen.«

Zur Zeit als Kung in seinem Heimatstaat Lu als Justizminister war, wurde der Schüler Dsï Hua nach dem Nachbarstaate Tsi gesandt, um einen Auftrag zu erledigen. Sein Mitschüler Jan ergriff die Gelegenheit, den Meister um Getreide für die in Lu zurückbleibende Mutter des Abgereisten zu bitten. Der Meister sprach: »Gib ihr 6 $\frac{1}{2}$ Scheffel.« Das schien dem Schüler Jan Dsï zu wenig, und er verlangte mehr; da bewilligte der Meister 16 Scheffel. Der Schüler Jan Dsï wollte nun von sich aus den Meister korrigieren und ließ der Mutter auf eigne Verantwortung 800 Scheffel aus den staatlichen Getreidespeichern geben. Hatte der Meister schon eine ganz ausgesprochene Absicht gehabt, indem er die bewilligten Getreidebeträge so niedrig bemessen hatte, so konnte er diese eigenwillige Ignorierung seiner Intentionen nicht ungerügt hingehen lassen. Er sprach:

»Der Schüler Dsï Hua hat bei seiner Abreise nach Tsi in seinem Gefährt sowohl als in seiner Kleidung einen auffallenden Luxus zur Schau getragen, so daß eine außerordentliche Bewilligung einer Reiseentschädigung durchaus unangebracht ist; denn soviel ich weiß, ist es wohl Pflicht eines anständigen Menschen, Bedürftige zu unterstützen, nicht aber den Luxus der Reichen noch zu mehren.«

Daß dabei keine Knickerigkeit des Meisters im Spiel war, beweist die andre Geschichte, wohl ebenfalls aus der Zeit der öffentlichen Wirksamkeit des Meisters. Er hatte den Schüler Yüan Sï zum Stadthauptmann in seiner Heimatstadt gemacht und ihm das ordnungsmäßige Gehalt von 900 Maß Getreide bewilligt. Als der Schüler ablehnen wollte, daß er Bezahlung erhalte, nahm der Meister diese Ablehnung nicht an, mit dem Hinweis, daß, wenn er das Getreide nicht für seinen eignen Bedarf nötig habe, er es zu wohltätigen Zwecken in seiner Umgebung verwenden könne.[4]

## 4. Individueller Wert

Der Meister redete von Dschung Gung und sprach: »Wenn das Junge einer fleckigen Kuh rot und wohlgehörnt ist, ob einer auch es nicht zu brauchen wünscht, sollten es darum die Berge und Flüsse verschmähen?«

Der Meister gebrauchte mit Beziehung auf den Jünger Dschung Gung[5], der, weil er einen schlechten Vater hatte, viel Anfechtung zu erdulden hatte, ein Gleichnis und sprach: »Wenn das Junge einer fleckigen Kuh selbst rot und wohlgehörnt ist, so mögen vielleicht die Menschen Bedenken tragen, es als Opfer darzubringen, doch werden die Geister der Berge und Flüsse ein solches Opfer nicht verschmähen.«

## 5. Nur der Anfang ist schwer

Der Meister sprach: »Mein Hui[6], wessen Herz drei Monate lang nicht von der Sittlichkeit abweicht, der wird dann in (seinem) übrigen (Leben) (alle) Monate und Tage sie zu erreichen vermögen.«

## 6. Brauchbarkeit im Staatsdienst

Der Freiherr Gi Kang fragte in Beziehung auf Dschung Yu, ob man ihn im Staatsdienst brauchen könne. Der Meister sprach: »Yu ist entschieden. Im Staatsdienst tätig zu sein: was (für Schwierigkeiten) könnte das für ihn haben?« Er sprach: »Und Sï, kann man den im Staatsdienst brauchen?« Er antwortete: »Sï ist durchdringend. Im Staatsdienst tätig zu sein: was (für Schwierigkeiten) könnte das für ihn haben?« Er sprach: »Kiu, kann man den im Staatsdienst brauchen?« Er antwortete: »Kiu ist geschickt. Im Staatsdienst tätig zu sein: was (für Schwierigkeiten) könnte das für ihn haben?«[7]

Einer der leitenden Staatsmänner des Staates Lu, der bekannte Freiherr Gi Kang, erkundigte sich bei Kung nach dreien seiner Schüler und deren Befähigung für den Staatsdienst. Der Meister sagte von allen dreien, daß sie geistige Qualitäten besitzen, die sie reichlich begabt für staatliche Tätigkeit erscheinen lassen. Der erste, nach dem jener gefragt, der mutige Dsï Lu, sei durch seine energische Entschiedenheit in Erledigung schwieriger Fragen ausgezeichnet, der zweite, Dsï Gung, durch seine überlegene und eindringende Intelligenz, während der dritte, Jan Kiu, durch praktische Begabung hervorrage.

## 7. Zurückhaltung von Min Dsï Kiän

Der Älteste der Familie Gi wollte Min Dsï Kiän[8] als Stadthauptmann von Bi (Fe) anstellen. Min Dsï Kiän erwiderte (dem Boten): »Lehne es auf höfliche Weise für mich ab. Wenn nochmals einer kommen sollte, um mich zu bitten, so werde ich bis dahin sicher über den Wenfluß sein.«

## 8. Hartes Los (Be Niu)

Be Niu war krank. Der Meister fragte nach ihm und ergriff durch das Fenster seine Hand und sprach: »Er geht uns verloren. Es ist Fügung. Solch ein Mann und hat solch eine Krankheit! Solch ein Mann und hat solch eine Krankheit!«

Der Schüler Be Niu litt an einer tödlichen ansteckenden Krankheit, infolge deren er niemand zu sich ließ[9], um Ansteckung zu vermeiden. Der Meister kam, um nach ihm zu fragen, und ergriff durch das Fenster die Hand des Kranken; dann sprach er seufzend: »Wir werden ihn verlieren; wir können nichts machen; denn es ist Gottes Wille. Aber warum gerade solch ein Mann eine solche Krankheit bekommen muß!«

### 9. Fröhlichkeit in Armut (Yän Hui)

Der Meister sprach: »Hui war doch wirklich ein guter Mensch! Eine Holzschüssel voll Reis, eine Kürbisschale voll Wasser, in einer elenden Gasse. Andre Menschen hätten es in einer so trostlosen Lage gar nicht ausgehalten. Aber Hui ließ sich seine Fröhlichkeit nicht rauben.[10] Hui war doch wirklich ein guter Mensch!«

### 10. Vorzeitiger Verzicht (Jan Kiu)

Jan Kiu sprach: »Nicht daß ich des Meisters Lehre nicht liebte, aber meine Kraft reicht nicht aus dafür.« Der Meister sprach: »Wem seine Kraft nicht ausreicht, der bleibt auf halbem Wege liegen, aber du beschränkst dich ja von vornherein selber«.[11]

### 11. Zweck der Wissenschaft (Dsï Hia)

Der Meister sagte zu Dsï Hia und sprach: »Sei du als Edler ein Gelehrter und nicht als Gemeiner ein Gelehrter.«

Der Meister sprach zu dem Jünger Dsï Hia[12], der besonders durch seine literarische Bildung hervorragte: »Sei du beim Studium auf große Gesichtspunkte bedacht und nicht auf äußere Vorteile, wie sie dem Streber winken.«

### 12. Wie ein Beamter seine Leute kennenlernt

Dsï Yu war Stadthauptmann in Wu Tschong. Der Meister sprach: »Hast du Menschen gefunden –?« Er sprach: »Da ist Tan-Tai Miä-Ming[13]; der wandelt nie auf Nebenwegen, und wenn es sich nicht um öffentliche Angelegenheiten handelt, ist er noch nie in mein Amtshaus gekommen.«

### 13. Stolze Bescheidenheit

Der Meister sprach: »Mong Dschï Fan war fern von Prahlerei. Als er (nach einer verlornen Schlacht) auf der Flucht zuhinterst war und im Begriff war ins Stadttor einzureiten, da trieb er sein Pferd an und sprach: ›Es ist nicht mein Mut, daß ich zuhinterst bin; mein Pferd läuft nicht‹«.[14]

### 14. Was einen Fürsten retten kann

Der Meister sprach: »Wer nicht die Redegabe des Priesters To hat und hat die Schönheit Dschaus von Sung, der wird schwerlich der Welt von heute entgehen.«

Der Meister sprach: »Ein Fürst kann sich durch die Schwierigkeiten der gegenwärtigen Zeitläufte nur retten, wenn er einen Mann zur Seite hat von der Redegabe des Priesters To, nicht dadurch, daß er in seiner Umgebung nur Leute von äußerer Körperschönheit hat, wie sie Prinz Dschau von Sung besaß. Die Welt von heute verlangt Talente in der Umgebung eines Fürsten, nicht äußere Reize«.[15]

### 15. Das Tor des Lebens

Der Meister sprach: »Wer kann hinausgehen, es sei denn durch die Tür; warum doch wandeln die Menschen nicht auf diesem Pfade?«

### 16. Das Gleichgewicht zwischen Gehalt und Form

Der Meister sprach: »Bei wem der Gehalt die Form überwiegt, der ist ungeschlacht, bei wem die Form den Gehalt überwiegt, der ist ein Schreiber. Bei wem Form und Gehalt im Gleichgewicht sind, der erst ist ein Edler.«

Das Ideal einer ausgebildeten Persönlichkeit beruht auf einer gleichmä-
ßigen gegenseitigen Durchdringung einer ursprünglichen Stärke des
moralischen Wesens und des ästhetischen Geschmacks. Wo Stärke des
Wesens vorhanden ist, aber ohne diesen Geschmack, da haftet allen Äußerungen der Persönlichkeit etwas Hartes und Rauhes an. Wo aber der
innere Gehalt einer einseitigen ästhetischen Geschmacksbildung aufge-
opfert wird, da entsteht der Typus des geckenhaften Literatentums.[16]

## 17. Aufrichtigkeit als Lebensprinzip

Der Meister sprach: »Der Mensch lebt durch Geradheit. Ohne
sie lebt er von glücklichen Zufällen und Ausweichen.«

Das Leben des Menschen beruht auf der ihm von Gott verliehenen Kraft
des Geistes. Wer diesem Geiste untreu wird, der muß sein Leben fristen
durch glückliche Zufälle und Umgehung der moralischen Weltordnung.[17]

## 18. Stufen der intellektuellen Bildung

Der Meister sprach: »Der Wissende ist noch nicht so weit wie
der Forschende, der Forschende ist noch nicht so weit wie der
heiter (Erkennende).«

Es gibt drei Grade der intellektuellen Ausbildung. Der unterste Grad besteht in der bloßen Kenntnisnahme des überlieferten Stoffes. Diese
Kenntnis kann aber auch äußere Gründe, wie Rücksicht auf Stellung
und Gewinn, haben. Darum steht höher als bloßes Wissen das Forschen
aus eigenem Interesse an der Sache. Aber dieses Interesse, solange es
noch einseitig ist, ist dem Wechsel der Stimmungen unterworfen. Darum steht am höchsten das heitere, innerlich beruhigte Erkennen der
Objekte.[18]

## 19. Esoterik der Wissenschaft

Der Meister sprach: »Wer über dem Durchschnitt steht, dem kann man die höchsten Dinge sagen. Wer unter dem Durchschnitt steht, dem kann man nicht die höchsten Dinge sagen.«

Man soll den Menschen nicht ein Wissen zumuten, für das sie nicht reif sind. Nur wer über dem allgemeinen Durchschnitt steht, ist fähig, einen Blick zu tun in die höchsten Geheimnisse der Erkenntnis. Den niederen Geistern kann solche Erkenntnis nur schaden. Vgl. V, 12.

## 20. Weisheit und Sittlichkeit I

Fan Tschï fragte, was Weisheit sei. Der Meister sprach: »Seiner Pflicht gegen die Menschen sich weihen, Dämonen und Götter ehren und ihnen fern bleiben, das mag man Weisheit nennen.«
Er fragte, was Sittlichkeit sei. Er sprach: »Der Sittliche setzt die Schwierigkeit voran und den Lohn hintan: das mag man Sittlichkeit nennen.«

Der Schüler Fan Tschï fragte nach dem Wesen der Weisheit. Da antwortete der Meister: »Die Weisheit besteht wohl vor allem darin, daß man seine Pflicht den Menschen gegenüber kennt und wichtig nimmt und daß man den höheren Mächten, die unser Leben umgeben, Ehrfurcht zollt und den gebührenden Abstand von ihrer überragenden Stellung innehält.« – Der Schüler fragte weiter nach dem Wesen der Sittlichkeit. Da antwortete der Meister: »Wahre Sittlichkeit zeigt sich darin, daß die Haupttriebfeder zur Anstrengung aller Kraft die zu überwindenden Schwierigkeiten bilden und der Gedanke an Lohn oder Erfolg keinen bestimmenden Einfluß auf unsre Handlungsweise auszuüben vermag«.[19]

## 21. Weisheit und Sittlichkeit II

Der Meister sprach: »Der Wissende freut sich am Wasser, der Fromme (›Sittliche‹) freut sich am Gebirge. Der Wissende ist bewegt, der Fromme ist ruhig; der Wissende hat viele Freuden, der Fromme hat langes Leben.«

Die auf Erkenntnis und Beeinflussung der Außenwelt gerichteten Naturen finden ihr Symbol in dem stets wechselnden, fließenden Wasser. Ein in sich ruhendes vollkommenes Gemüt findet sich wieder in der erhabenen Gebirgswelt, die, ohne sich zu rühren, tausenden von Wesen das Leben gibt. Denn jene praktischen Naturen sind ihrem Wesen nach aktiv, während das beschauliche Gemüt in sich ruht. Darum erleben jene, wenn ihre Tätigkeit unter den Menschen von Erfolg begleitet ist, viele Freuden, während diese durch ihre harmonische Natur ein hohes Alter erreichen.

## 22. Stufen des Verfalls

Der Meister sprach: »Wenn Tsi reformiert würde, so könnte es soweit kommen wie Lu. Wenn Lu reformiert würde, so könnte es auf den rechten Weg kommen.«

Der Meister sprach: »Der militärische Staat Tsi (der im Norden Schantungs lag) würde nach einer durchgreifenden Staatsreform auf den Standpunkt gebracht werden können, auf dem der Staat Lu (in Südschantung) jetzt schon sich befindet (dank des fortdauernden historischen Einflusses des großen Fürsten Dschou). Wenn der Staat Lu eine durchgreifende Reform durchmachen würde, so könnte er das Ideal eines nach den Vorbildern des Altertums wohlregierten Staates erreichen.«

## 23. Falsche Benennungen

Der Meister sprach: »Eine Eckenschale ohne Ecken: was ist das für eine Eckenschale, was ist das für eine Eckenschale!«

Der Meister hielt sich darüber auf, daß ein Opfergefäß, das früher eckig gewesen war, aber im Lauf der Zeit abgerundet hergestellt zu werden pflegte, noch immer mit der alten Bezeichnung genannt wurde, die dem Wesen nun gar nicht mehr entsprach: Ein Gleichnis für die Zustände der damaligen Zeit, die auch nichts mehr mit den Einrichtungen der guten alten Zeit gemein hatten als den bloßen Namen. Diese Begriffsverwirrungen waren nach Kung einer der schlimmsten Übelstände, da ohne adäquate Begriffe der Mensch der Außenwelt hilflos und machtlos gegenübersteht.[20]

## 24. Dumme Gutmütigkeit

Dsai Wo fragte und sprach: »Wenn ein sittlich guter Mensch auch nur sagen hörte, es sei ein sittlicher Mensch im Brunnen, so würde er wohl sofort nachspringen.« Der Meister sprach: »Wozu denn das? Ein Edler würde hingehen, aber nicht hineinspringen. Man kann ihn belügen, aber nicht zum Narren haben.«[21]

## 25. Selbsterziehung

Der Meister sprach: »Ein Edler, der eine umfassende Kenntnis der Literatur besitzt und sich nach den Regeln der Moral richtet, mag es wohl erreichen, Fehltritte zu vermeiden.«

Eine ausgebreitete intellektuelle Bildung, die sich die Kulturerrungenschaften der Vergangenheit aneignet, und eine strenge moralische Selbstzucht sind die Mittel, durch die man seinen Charakter so veredeln kann, daß er eine gewisse innere Festigkeit erlangt, die vor plumpen moralischen Mißgriffen und groben Geschmacklosigkeiten sicherstellt.

## 26. Verkehr mit einer verrufenen Fürstin

Der Meister besuchte die Nan Dsï. Dsï Lu war mißvergnügt. Der Meister verschwor sich und sprach: »Habe ich unrecht gehandelt, so möge der Himmel mich hassen, so möge der Himmel mich hassen.«

Der Meister hatte sich bei seinem Aufenthalt im Staate We genötigt gesehen, die Frau des Fürsten Ling, die berüchtigte Nan Dsï, zu besuchen. Der Jünger Dsï Lu war darüber mißvergnügt. Der Meister aber berief sich auf sein gutes Gewissen und schwor einen Eid, wenn er unrecht gehandelt habe, möge der Himmel ihn strafen.[22]

## 27. Maß und Mitte

Der Meister sprach: »Maß und Mitte sind der Höhepunkt menschlicher Naturanlage. Aber unter dem Volk sind sie seit lange selten.«

Ein recht gestimmtes, zugleich starkes und mildes Gemüt ist die schönste Frucht der menschlichen Natur. Aber sie ist selten unter den Menschen schon seit langer Zeit.[23]

## 28. Das Wesen der Sittlichkeit

Dsï Gung sprach: »Wenn einer dem Volke reiche Gnade spendete und es vermöchte, die gesamte Menschheit zu erlösen, was wäre ein solcher? Könnte man ihn sittlich nennen?« Der Meister sprach: »Nicht nur sittlich, sondern göttlich wäre der zu nennen. Selbst Yau und Schun waren sich mit Schmerzen (der Schwierigkeit davon) bewußt. Was den Sittlichen anlangt, so festigt er andere, da er selbst wünscht gefestigt zu sein, und klärt andre auf, da er selbst wünscht aufgeklärt zu sein. Das Nahe als

Beispiel nehmen können (nach sich selbst die anderen zu beurteilen verstehn), das kann als Mittel zur Sittlichkeit bezeichnet werden.«

Der Jünger Dsï Gung, der sich gern mit moralischen Fragen beschäftigte[24], fragte den Meister: »Wenn ein Mensch als Herrscher es vermöchte, sein Volk durch reiche Segenspenden zu beglücken und alle Menschen von Leid zu erlösen: Kann ein solcher Mensch sittlich genannt werden?« Der Meister sprach: »Um dieses Ziel zu erreichen, genügen die Kräfte eines gewöhnlichen Menschen nicht, dazu ist ein Mensch nötig, der von Gott inspiriert mit göttlicher Autorität und Kraft des Geistes die Weltverhältnisse umzugestalten vermag. Dieser Zustand ist im Lauf der gesamten Geschichte noch nie erreicht worden. Auch die hervorragendsten Genies des goldenen Zeitalters, die Herrscher Yau und Schun, sind sich in diesem Stück noch ihrer Schwäche mit Schmerzen bewußt gewesen. Sittlichkeit dagegen ist etwas, das keiner übermenschlichen Kräfte bedarf, sondern das jedem Menschen zu erreichen möglich ist. Das Prinzip der Sittlichkeit ist aber nichts mehr und nichts weniger als die rechte Gesinnung, die allen Egoismus abstreift und ein allgemein gültiges Gesetz des Handelns aus dem eignen Innern ableitet, das dahin lautet, daß der andre in seiner moralischen und intellektuellen Entwicklung ebenso gefördert werden muß, wie man selbst gefördert zu werden wünscht.«

# BUCH VII · SCHU ERL

Während die letzten zwei Bücher sich mit Aussprüchen Kungs über Schüler und Zeitgenossen beschäftigten, gibt das 7. Buch hauptsächlich Äußerungen über den Meister, teils von ihm selbst, teils von andern. Dieses biographische Moment ist der Grund, warum es bei der Redaktion hinter die beiden vorangehenden gestellt wurde.

## 1. Resignation

Der Meister sprach: »Beschreiben und nicht machen, treu sein und das Altertum lieben: darin wage ich mich mit unserem alten Pong zu vergleichen.«

Der Meister sprach[1]: »Gott hat es nicht gewollt, mir eine Stellung unter den Menschen zu geben, in der ich in aktiver Weise die Kulturarbeit des Altertums hätte fortführen können. So bleibt mir nichts übrig, als die Ideale auszusprechen, ohne sie als Herrscher verwirklichen zu können. Aber ich halte treu an ihnen fest, und mein Interesse gehört jenen Männern, die in jahrhundertelanger Arbeit vieler Generationen den Grund gelegt zu unserer Kultur. Dieses Erbe der Vergangenheit auf die kommenden Geschlechter zu bringen, wo vielleicht einmal ein Fürst mit göttlichem Beruf erscheint, um es in der Staatsregierung anzuwenden: in dieser Stellung zwischen den Zeiten fühle ich mich unserem alten Pong[2] verwandt.«

## 2. Der Geist der Wissenschaft

Der Meister sprach: »Schweigen und so erkennen, forschen und nicht überdrüssig werden, die Menschen belehren und nicht ermüden: was kann ich dazu tun?«[3]

Der Meister sprach: »Die tiefsten Erkenntnisse erreicht man nur durch höchste Sammlung des Geistes. Worte reichen nicht hinunter in diese letzten Gründe, nur eine intuitive Erleuchtung hilft zum Verständnis. Wer diese Erfahrung einer alle Worte hinter sich lassenden Intuition einmal gemacht hat, der hat dann ganz von selbst den rechten Forschungstrieb, der sich durch keine Schwierigkeiten abschrecken läßt, bis er das erstrebte Verständnis erreicht. Daraus entwickelt sich dann auch die Begabung, andere einzuführen in das Wissen, ohne zu ermüden. Dieser Geist der Wissenschaft ist aber etwas, das einem nicht von außen mechanisch beigebracht werden kann. Er muß von selbst ohne allen Zwang in einem Menschen entstehen.«

### 3. Betrübnis über die Unvollkommenheit der Menschen

Der Meister sprach: »Daß Anlagen nicht gepflegt werden, daß Gelerntes nicht besprochen wird, daß man seine Pflicht kennt und nicht davon angezogen wird, daß man Ungutes an sich hat und nicht imstande ist, es zu bessern: das sind Dinge, die mir Schmerz machen.«[4]

Der Meister sprach: »Die geistigen Anlagen im Menschen sind ein Geschenk des Himmels, der Mensch hat die Aufgabe, diese Anlagen so zu pflegen, daß sie sich entfalten können, sonst gehen auch die verheißungsvollsten Anlagen zugrunde. Wissenschaftliche Erkenntnis wird nur dadurch zum geistigen Eigentum, daß sie allseitig diskutiert wird; bloß mechanisch gelernter Wissensstoff bleibt tot und wertlos. Die Pflicht kann nur dadurch Gerechtigkeit in der Welt erzeugen, daß die Menschen von ihr angezogen werden, sonst wird jede versäumte Pflicht eine verlorene Gelegenheit zum Vorwärtskommen der Menschheit. Rückständigkeiten und Mängel werden nur dadurch unschädlich, daß sie verbessert werden, sonst werden sie zu habituellen Eigenschaften, die den Menschen hinabziehen. Deswegen macht es mir den größten Schmerz, solche verpaßte Gelegenheiten des Fortschritts mit ansehen zu müssen.«

## 4. Der Meister im Privatleben

Wenn der Meister unbeschäftigt war, so war er heiter und leutselig.

Vgl. X, 1–5.

## 5. Der Traum

Der Meister sprach: »Es geht abwärts mit mir, seit langer Zeit habe ich nicht mehr im Traum den Fürsten Dschoa gesehen!«[5]

## 6. Vierfacher Weg der Bildung

Der Meister sprach: »Sich das Ziel setzen im Pfad, sich klammern an die guten Naturanlagen, sich stützen auf die Sittlichkeit, sich vertraut machen mit der Kunst.«

Eine vollkommene harmonische Bildung kann man nur dadurch erreichen, daß man ein einheitliches Lebensziel sich steckt. Dieses Ziel, das als Triebfeder unseren Willen beeinflußt, muß eine objektive Begründung haben in dem Vernunftgesetz. Dabei muß man, was immer unser Wesen an Ansätzen zu individueller Bildung enthält, ergreifen und kräftig auszubilden suchen. So entwickelt sich eine zuverlässige sittliche Gesinnung, die man in allen Fällen befragen muß. Diese moralische Ausbildung wird vollendet durch eine ästhetische Allseitigkeit der Interessen.

## 7. Pädagogische Grundsätze I: Bezahlung

Der Meister sprach: »Von denen an, die ein Päckchen Dörrfleisch anbrachten, habe ich noch nie einen von meiner Belehrung ausgeschlossen.«

Der Meister sprach: »Ich mache bei meinem Unterricht keinen Unterschied zwischen Arm und Reich. Wenn einer auch nur die allergeringste Gabe darbringt, um dadurch zu zeigen, daß es ihm um die Sache zu tun ist, so ist er mir willkommen.«

## 8. Pädagogische Grundsätze II: Selbsttätigkeit des Schülers

Der Meister sprach: »Wer nicht strebend sich bemüht, dem helfe ich nicht voran, wer nicht nach dem Ausdruck ringt, dem eröffne ich ihn nicht. Wenn ich eine Ecke zeige, und er kann es nicht auf die andern drei übertragen, so wiederhole ich nicht«[6].

Der Meister sprach: »Ich befolge aufs bestimmteste den Grundsatz, daß ich die Wahrheit niemand aufzudrängen suche. Denn die Wahrheit läßt sich nicht mechanisch von außen her einem Menschen beibringen. Wer kein selbständiges Interesse dafür hat und strebend sich bemüht, dem ist nicht zu helfen auf dem Weg des Fortschrittes. Ebenso muß der Schüler sich erst selbst an den Schwierigkeiten einer Sache versucht haben und gerungen haben um den rechten Ausdruck des Gedankens, ehe er in der Situation ist, daß man ihm die Lösung gibt. Die Anwendung eines Grundsatzes auf andere Gebiete als das Durchgesprochene muß der Lernende selbst zu machen imstande sein. Kann er es nicht, so hat eine Wiederholung auch keinen Wert.«

## 9. Weine mit den Weinenden

Der Meister, wenn er an der Seite eines Mannes in Trauer aß, aß sich nicht satt. Wenn der Meister an einem Tage geweint hatte, so sang er an demselben Tage nicht.

Wenn der Meister zufällig mit einem Manne, der in tiefer Trauer um Vater oder Mutter war, zusammen eine Mahlzeit einnahm, so legte er sich beim Essen eine taktvolle Zurückhaltung auf. Ebenso nahm er einen

Kondolenzbesuch so ernst, daß er an demselben Tag, an dem er einen gemacht, nicht wieder sang.

## 10. Gelassenheit

Der Meister sagte zu Yän Hui und sprach: »Wenn gebraucht, zu wirken, wenn entlassen, sich zu verbergen: nur ich und du verstehen das.«

Dsï Lu sprach: »Wenn der Meister drei Heere zu führen hätte, wen würde er dann mit sich nehmen?«

Der Meister sprach: »Wenn einer mit der bloßen Faust einem Tiger zu Leibe rückt, über den Fluß setzt ohne Boot und den Tod sucht ohne Besinnung: einen solchen würde ich nicht mit mir nehmen, sondern es müßte einer sein, der, wenn er eine Sache unternimmt, besorgt ist, der gerne überlegt und etwas zustande bringt.«

Der Meister sprach zu seinem Lieblingsjünger Yän Hui: »Der Wert des Menschen hängt nicht von seinen Taten, sondern von seinem Wesen ab. Der Mensch muß daher über seinen Taten stehen. Für den, der das erkannt hat, macht es daher prinzipiell keinen Unterschied aus, ob er einen einflußreichen Posten hat oder nicht. Bekommt er einen solchen Posten, so wird er seine Kräfte wirken lassen und wird dann selbstverständlich auch etwas Rechtes zustande bringen. Verliert er die Stellung, so hängt er sein Herz nicht daran, sondern zieht sich mit derselben Ruhe in die Verborgenheit zurück, ohne unglücklich zu werden. Diese gelassene Erhabenheit über die äußere Situation ist eine Gesinnung, die wir beide gemeinsam haben.«

Der tapfere Dsï Lu wollte, als er das hörte, nicht zurückbleiben und auch ein Lob aus des Meisters Munde ernten, deshalb begann er: »Wenn aber der Meister das Kriegsheer einer Großmacht zu führen hätte, wen würde er dazu gebrauchen?« Der Meister aber bemerkte die Absicht und entgegnete: »Sicher nicht einen tollkühnen, wagehalsigen Menschen, der sich unbesonnen in alle Gefahren stürzt und sein Leben für nichts in die Schanze schlägt, sondern einen, der imstande ist, sich bei allem, was er unternimmt, zum voraus Rechenschaft zu geben über die damit verbundenen Schwierigkeiten, und der durch vorsichtiges Abwägen aller Umstände fähig ist, das Unternommene auch wirklich durchzuführen.«

## 11. Die Jagd nach dem Glück

Der Meister sprach: »Wenn der Reichtum [vernünftigerweise] erjagt werden könnte, so würde ich es auch tun, und sollte ich mit der Peitsche in der Hand dienen; da man ihn aber nicht erjagen kann, so folge ich meinen Neigungen.«

Der Meister sprach: »Die Erwerbung von Reichtum ist etwas, das ein anständiger Mensch in unserer Zeit[7] nicht in der Hand hat. Für den, der sich keiner unerlaubten Mittel bedienen will, hängt in dieser Hinsicht alles vom Zufall ab. Wenn es nicht so wäre, so könnte ich vielleicht auch die Verpflichtung fühlen, mich danach umzutun und einen wenn auch ganz untergeordneten Posten zu übernehmen. So aber bleibe ich mit gutem Gewissen bei dem, wozu mein Herz mich zieht.«

## 12. Vorsicht

Die Umstände, bei denen der Meister besondere Vorsicht übte, waren Fasten, Krieg und Krankheit.[8]

## 13. Die Macht der Musik

Als der Meister in Tsi sich mit der Schau-Musik[9] beschäftigte, da vergaß er drei Monate lang den Geschmack des Fleisches. Er sprach: »Ich hätte nicht gedacht, daß die Musik eine solche Höhe erreichen könne.«

## 14. Indirekte Frage[10]

Jan Yu sprach: »Ob der Meister für den Fürsten von We ist?«
Dsï Gung sprach: »Gut, ich werde ihn fragen.« Darauf ging er
hinein und sprach: »Was waren Be I und Schu Tsi für Menschen?« [Der Meister] sprach: »Es waren Würdige des Altertums.« [Der Schüler] fragte weiter: »[Waren sie mit ihrem Lo-
se] unzufrieden?« [Der Meister] sprach: »Sie erstrebten Sittlichkeit und erlangten sie. Was [hätten sie] unzufrieden [sein
sollen]?« Der Schüler ging hinaus und sprach: »Der Meister ist
nicht für ihn.«

Als der Meister auf seinen Wanderungen in We war, wo der Fürst seinen
vertriebenen Vater vom Lande fernhielt, da vermuteten die Leute, der
Meister wolle ihn in diesen Bemühungen unterstützen. Das kam dem
Jünger Jan Yu zu Ohren, der fragte seinerseits den Dsï Gung. Dieser versprach, vom Meister selbst eine Antwort zu erlangen. Er ging hinein und
fragte den Meister über Be I und Schu Tsi, zwei Brüder aus alter Zeit, die
in edlem Wettstreit beide auf den Thron verzichteten und schließlich in
die Wildnis flohen. Der Meister sprach: »Sie waren Heroen des Altertums.« Der Schüler fragte noch weiter: »Waren sie niemals mit ihrem Los
unzufrieden?« Der Meister sprach. »Sie strebten in ihrem ganzen Leben
dem Ideal der vollkommenen Sittlichkeit nach. Durch ihren gegenseitigen Verzicht haben sie dieses Ideal erreicht. Damit aber waren sie über alle Unzufriedenheit erhaben.« Nun hatte der Jünger des Meisters Sinn erfaßt und sagte dem andern, der draußen gewartet hatte: »Der Meister ist
nicht auf Seiten des Fürsten von We.«

## 15. Das Glück eine ziehende Wolke

Der Meister sprach: »Gewöhnliche Speise zur Nahrung, Wasser
als Trank und den gebogenen Arm als Kissen: auch dabei kann
man fröhlich sein; aber ungerechter Reichtum und Ehren dazu
sind für mich nur flüchtige Wolken«.[11]

## 16. Das Buch des Wandels

Der Meister sprach: »Wenn mir noch einige Jahre vergönnt wären, daß ich das Buch des Wandels fertig[12] studieren könnte, so möchte ich wohl wenigstens grobe Verfehlungen zu vermeiden imstande sein.«

## 17. Themen der Lehre

Was der Meister mit besonderer Sorgfalt besprach, waren die Lieder, die Geschichte, das Halten der Riten. Das alles besprach er mit Sorgfalt.

Der Meister wandte sich mit besonderer textkritischer Sorgfalt der Herstellung eines einwandfreien Kodex der alten Lieder, der Geschichte und der überkommenen religiösen und politischen Gebräuche zu. Alle die in dieser Richtung vorhandenen Urkunden suchte er in korrektem Wortlaut sicherzustellen.[13]

## 18. Wer ist Kung?

Der Fürst von Schä[14] fragte den Dsï Lu über Kung Dsï. Dsï Lu gab ihm keine Antwort. Der Meister sagte [nachher]: »Warum hast du nicht einfach gesagt: Er ist ein Mensch, der in seinem Eifer [um die Wahrheit] das Essen vergißt und in seiner Freude [am Erkennen] alle Trauer vergißt und nicht merkt, wie das Alter herankommt.«

## 19. Die Quelle von des Meisters Wissen

Der Meister sprach: »Ich bin nicht geboren mit der Kenntnis (der Wahrheit); ich liebe das Altertum und bin ernst im Streben (nach ihr).«

Der Meister sprach: »Ich besitze keine intuitive Erkenntnis der Wahrheit, die mir von Geburt an eigen wäre. Was ich erreicht habe, das verdanke ich meinem Interesse für das Altertum und meinem heißen Bemühen, einzudringen in den Geist seiner Lehren«.[15]

## 20. Schweigendes Vorübergehen

Der Meister sprach niemals über Zauberkräfte und widernatürliche Dämonen.[16]

## 21. Überall Lehrer zu finden

Der Meister sprach: »Wenn ich selbdritt gehe, so habe ich sicher einen Lehrer. Ich suche ihr Gutes heraus und folge ihm, ihr Nichtgutes und verbessere es.«

Wer ernstlich um die Kultur seiner Persönlichkeit bemüht ist, der braucht nicht wegen eines Lehrers besorgt zu sein. Das tägliche Leben bietet ihm, wo er geht und steht, Belehrung. Ist er auch nur mit ein paar Menschen zusammen, so kann er durch psychologische Beobachtung ihr Gutes und Minderwertiges herausfinden: das Gute, um es ins eigne Leben zu übertragen, das Schlechte, um es selber besser zu machen.

## 22. Gottvertrauen

Der Meister sprach: »Gott hat den Geist in mir gezeugt: was kann Huan Tui mir tun?«

Der Meister kam auf seiner Wanderung einmal durch den Staat Sung. Dort ruhte er mit seinen Schülern unter einem großen Baume und übte mit ihnen die heiligen Gebräuche ein. Diese Gelegenheit ergriffen die Sendlinge eines dem Meister übelwollenden Beamten von Sung, Huan

Tui, und suchten den Meister zu töten, indem sie den Baum fällten. Die Jünger, erschrocken, rieten zur eiligen Flucht; der Meister aber blieb gelassen. Er wußte sein Leben in einer höheren Hand; er war sich bewußt, daß, da er einen gottgewollten Beruf habe, ihm Menschen nichts anhaben könnten.

## 23. Offenheit

Der Meister sprach: »Meine Kinder, ihr denkt, ich habe Geheimnisse? Ich habe keine Geheimnisse vor euch. Mein ganzer Wandel liegt offen für euch, meine Kinder. So ist es meine Art.«

Da der Meister nicht jederzeit über alles sprach, sondern die tieferen Lehren nur denen unter seinen Schülern mitteilte, die durch Interesse und Begabung für ihre Auffassung sich reif erwiesen hatten (vgl. VII, 8), so bildete sich das Gerücht, daß der Meister, wie es zu jener Zeit allgemein üblich war, die esoterischen Geheimnisse seiner Lehre nicht mitteile. Der Meister aber sprach: »Das ist nicht meine Art, Geheimnisse vor euch zu haben. Wenn ich euch auch jetzt noch nicht alles sagen kann, da ihr's noch nicht tragen könnt, so liegt doch mein Wandel offen vor euch da. Es gibt keinen Moment, wo ich mich etwa vor euch zurückzöge, um Sachen zu treiben, die ihr nicht wissen dürft.«

## 24. Unterricht in den Elementen

Der Meister lehrte vier Gegenstände: die Kunst, den Wandel, die Gewissenhaftigkeit, die Treue.

Der Meister bezweckte mit seiner Lehre eine allseitige persönliche und soziale Ausbildung seiner Schüler. Daher führte er sie ein in die literarische Überlieferung der Vergangenheit und die dort überlieferten ästhetischen Grundsätze, er lehrte sie handeln nach den Gesetzen der Moral.

Er lehrte sie die Autonomie des sittlichen Menschen als Grundlage der Gesinnung und die Pflicht der Treue und Wahrheit als Grundlage des Verkehrs mit andern. Das waren alles klar bestimmte und leicht zu verstehende Gegenstände, die zur Einführung geeignet waren und in der Tat auch das Wichtigste im Leben umspannten.

## 25. Auf der Suche nach Menschen

Der Meister sprach: »Einen Gottmenschen zu sehen, ist mir nicht vergönnt; wenn es mir vergönnt wäre, einen Edlen zu sehen, dann wäre es schon gut. Einen guten Menschen zu sehen, ist mir nicht vergönnt; wenn es mir vergönnt wäre, einen Beharrlichen zu sehen, wäre es schon gut. Aber nicht haben und tun als habe man, leer sein und tun als sei man voll, in Verlegenheit sein und tun als lebe man herrlich und in Freuden: auf diese Weise ist es schwer, beharrlich zu sein.«

Der Meister sprach: »Um die Welt zu regieren, dazu brauchte es eigentlich eines Gottmenschen auf dem Thron, der den heiligen Königen des Altertums gliche. Meines Herzens tiefster Wunsch wäre es, einen solchen zu treffen und in seinem Dienste mit Hand anzulegen an dem großen Werk. Doch ich weiß, dieser Wunsch bleibt mir versagt. Ich wollte schon zufrieden sein, wenn ich auch nur einen edlen Fürsten fände; denn auch mit ihm zusammen ließe sich schon etwas tun. Aber geschweige einen edlen Fürsten, nicht einmal einen Menschen von Talenten ist es mir vergönnt, auf meinem Lebensweg zu treffen. Ich wollte mich begnügen, wenn ich einen beharrlichen und energischen Mann fände, der eine Sache wirklich auch durchzuhalten imstande ist. Aber in unsrer Zeit, wo sich die verschiedenen Höfe an leerer Prachtentfaltung gegenseitig überbieten und sich gegenseitig Sand in die Augen zu streuen suchen, während doch die gesamten Zustände nur ein glänzendes Elend sind, da ist nicht einmal zu hoffen, einen solchen Mann unter den Fürsten zu finden.«

### 26. Fischfang und Jagd

Der Meister fing Fische mit der Angel, aber nie mit dem Netz; er schoß Vögel, aber nie, wenn sie im Neste saßen.[17]

### 27. Erst wägen, dann wagen

Der Meister sprach: »Es mag auch Menschen geben, die, ohne das Wissen zu besitzen, sich betätigen. Ich bin nicht von der Art. Vieles hören, das Gute davon auswählen und ihm folgen, vieles sehen und es sich merken: das ist wenigstens die zweite Stufe der Weisheit.«

Der Meister sprach: »[Die öffentliche Tätigkeit verlangt eigentlich, wenn sie wirklich einen Einfluß nach der guten Seite hin ausüben will, genial begabte Menschen, die intuitiv das Richtige treffen.[18]] Allerdings mag es auch Personen an leitenden Stellen geben, die ganz ohne Sachkenntnis sich mit der Regierung befassen. Zu diesen Unverantwortlichen gehöre ich nicht. Ich suche mir durch ausgebreitetes Studium Kenntnisse zu sammeln, die ich auf ihre Brauchbarkeit prüfe und von denen ich das geeignet Befundene praktisch verwende, ebenso suche ich durch umfassende Beobachtungen mir Erfahrungen zu eigen zu machen, die ich nachher verwerten kann. Dieses diskursive Wissen kommt zwar der genialen Intuition nicht gleich, ist aber wenigstens der nächstbeste Weg, sich die für eine öffentliche Wirksamkeit nötige Weisheit zu erwerben.«

### 28. Weitherzigkeit

Die Leute von Hu Hiang waren schwierig im Gespräch. Ein Knabe (aus jener Gegend) suchte den Meister auf. Die Jünger hatten Bedenken. Der Meister sprach: »Laßt ihn kommen, heißt ihn nicht gehen! Warum wollt ihr so genau sein? Wenn ein Mensch sich selbst reinigt, um zu mir zu kommen, so billige ich seine Reinigung, ohne ihm seine früheren Taten vorzurücken.«

Die Leute von Hu Hiang waren bekannt als roh und schwer zugänglich für höhere Bildung. Ein Knabe aus jener Gegend kam einmal zum Meister, und der Meister ließ ihn vor. Darüber verwunderten sich die Jünger. Der Meister aber sprach: »Laßt ihn doch zu mir kommen und wehret ihm nicht. Damit, daß ich ihn vor mich lasse, drücke ich ja nur meine Anerkennung aus darüber, daß er gekommen ist; über sein sonstiges Benehmen während seiner Abwesenheit soll damit nichts gesagt sein. Wenn einer kommt wie dieser Junge, frischgewaschen und gereinigt, um bei mir vorgelassen zu werden, so freue ich mich über sein Interesse am Guten, das er durch diese Vorbereitungen an den Tag legt. Ich lasse ihn seinen früheren Wandel nicht entgelten.«

## 29. Die intelligible Macht des Willens zur Sittlichkeit

Der Meister sprach: »Ist denn die Sittlichkeit gar so fern? Sobald ich die Sittlichkeit wünsche, so ist diese Sittlichkeit da.«

Die Sittlichkeit erscheint dem Blick als etwas Großes und Fernes und schwer zu Erreichendes. Aber was alle Überlegungen nicht näher bringen: der einfache Akt des Willens macht die Sittlichkeit möglich und wirklich.

## 30. Versuchung

Der Justizminister des Staates Tschen fragte, ob der Fürst Dschau [von Lu] ein Mann sei, der die Regeln des Anstandes kenne. Meister Kung sprach: »Ja, er kennt die Regeln des Anstandes.« Als Meister Kung sich zurückgezogen hatte, machte der Minister eine Verbeugung vor dem Jünger Wu Ma Ki, daß er herankomme, und sprach: »Ich habe doch immer gehört, der Edle sei kein Schranz; aber es scheint, zuweilen ist der Edle doch auch ein Schranz. Euer Fürst hat eine Prinzessin aus dem Staate Wu geheiratet, die mit ihm denselben Familiennamen[19] trug, so daß er selbst für nötig fand, sie einfach die Fürstin von Wu [unter Weglassung des Familiennamens Gi] zu nennen. Wenn dieser Fürst Anstand hat, dann weiß ich nicht, wer keinen hat.« – Der Jünger Wu Ma Ki hinterbrachte die Sache dem Meister. Der Meister sprach: »Fürwahr, glücklich bin ich zu nennen: Wenn ich Fehler mache, so bemerken die Menschen sie sicher.«

## 31. Gesang und Begleitung

Wenn der Meister mit einem Mann zusammen war, der sang und es gut machte, so ließ er ihn sicher wiederholen und sang das zweitemal selber mit.[20]

## 32. Theorie und Praxis

Der Meister sprach: »Was die literarische Ausbildung anlangt, kann ich es durch Anstrengung wohl andern gleichtun. Aber [die Stufe] eines Edlen, der in seiner Person [seine Überzeugungen] in Handeln umsetzt, habe ich noch nicht erreicht.«[21]

Der Meister sprach: »Was meine theoretischen Kenntnisse anlangt, so kann ich bei ernster Anspannung meiner Kräfte es wohl jedem andern Menschen darin gleichtun; aber das andre Problem: die Gedanken umzusetzen in die Wirklichkeit eines vollständig konsequenten Lebens nach den höchsten Idealen der Persönlichkeit: das habe ich noch nicht praktisch gelöst.«

## 33. Genialität und Fleiß

Der Meister sprach: »Was Genialität und Sittlichkeit anlangt: wie könnte ich wagen [darauf Anspruch zu machen]; nur, daß ich ohne Überdruß danach strebe und andre lehre, ohne müde zu werden: das mag wohl vielleicht gesagt werden.« Gung Si Hua[22] sprach: »Ganz recht; das eben können wir Jünger nicht lernen.«

Nachdem Kung wohl von irgend jemand gerühmt worden war, daß er mit genialer Intuition immer das sittlich Richtige tue, lehnte er dieses Lob ab mit den Worten: »Ich wage nicht im entferntesten, Anspruch darauf zu erheben, daß ich durch geniale Intuition die Gebote der Sittlichkeit in meinem Leben zu verwirklichen imstande wäre. Mein Weg ist einfach, immer strebend mich zu bemühen, ohne zu erlahmen, und andre desgleichen zu lehren, ohne müde zu werden. Dieses Arbeiten und nicht Verzweifeln ist es, was ich als meine Art bezeichnen könnte.« Der Jünger Gung Si Hua bemerkte darauf: »Eben darin besteht die Genialität; denn das gerade ist es, was unnachahmlich für uns ist.«

## 34. Über das Gebet

Der Meister war schwer krank. Dsï Lu bat, für ihn beten lassen zu dürfen. Der Meister sprach: »Gibt es so etwas?« Dsï Lu erwiderte und sprach: »Ja, es gibt das. In den Lobgesängen heißt es: ›Wir beten zu euch, ihr Götter oben und ihr Erdgeister unten.‹« Der Meister sprach: »Ich habe lange schon gebetet.«[23]

## 35. Das kleinere Übel

Der Meister sprach: »Verschwendung führt zu Unbotmäßigkeit. Sparsamkeit führt zu Ärmlichkeit. Aber immer noch besser als Unbotmäßigkeit ist die Ärmlichkeit.«[24]

Wenn in einem Staatswesen der Luxus überhand nimmt, so werden die Untertanen anspruchsvoll und werden sich schließlich auch der staatlichen Autorität nicht mehr fügen. Beschränktheit der Lebensverhältnisse hat den Nachteil, daß eine gewisse Ärmlichkeit in allen Verhältnissen zutage tritt, die in ihrer Kleinlichkeit den frischen Zug des Lebens hemmt.

Aber diese Ärmlichkeit ist schließlich mehr nur ein Schönheitsfehler, während die Untergrabung der staatlichen Autorität eine dringende Gefahr ist.

## 36. Der Edle und der Gemeine: Seelenruhe und Sorgen

Der Meister sprach: »Der Edle ist ruhig und gelassen, der Gemeine ist immer in Sorgen und Aufregung.«

Der höhere Mensch hat einen Einblick in die göttliche Notwendigkeit alles Geschehens, daher ist er immer gelassen und ruhig. Für die kleinen Geister hängt immer alles vom unsicheren Zufall des Augenblicks ab, daher kommen sie nie aus Sorgen und Aufregungen heraus.

## 37. Des Meisters Charakter

Der Meister war in seinem Wesen mild und doch würdevoll. Er war Ehrfurcht gebietend und doch nicht heftig. Er war ehrerbietig und doch selbstbewußt

# BUCH VIII · TAI BE

Das Buch VIII enthält 21 Abschnitte, von denen sich der erste und die vier letzten mit großen Männern der Vorzeit beschäftigen. Abschnitt 3 bis 7 enthalten Äußerungen und Anekdoten aus dem Leben des Jüngers Dsong Schen, der hier auch wieder das Ehrenprädikat »Dsï« (Meister) erhält, was auf die Herkunft dieses Traditionsstoffes aus seiner Schule schließen läßt. Die übrigen elf Abschnitte enthalten Aussprüche Kungs über Themen der Charakterbildung, Staatsregierung und des Studiums.

## 1. Verborgene Verdienste

Der Meister sprach: »Tai Be: von ihm kann man sagen, daß er die höchste Tugend erreicht hat. Dreimal verzichtete er auf das Reich, und das Volk kam nicht dazu, ihn darum zu loben.«

Der Meister sprach: »Von dem ältesten Sohn des Ahns des Herrscherhauses Dschou kann man sagen, daß er den Höhepunkt der Charakterbildung erreicht hat. Er hatte die Möglichkeit, die Herrschaft über das Reich in seine Hand zu bekommen. Aus moralischen Erwägungen hat er darauf verzichtet, ebenso wie er auf das väterliche Fürstentum zugunsten seines jüngsten Bruders verzichtet und sich zu den Barbaren des Südens zurückgezogen hat. Das alles tat er, ohne irgendwelches Aufheben davon zu machen. Er verschwand stillschweigend, so daß nicht einmal der Ruhm seines Edelmuts ihm zuteil wurde, weil das Volk von seiner heroischen Resignation gar nichts erfuhr«.[1]

## 2. Unvollkommenheit guter Gesinnung ohne Takt

Der Meister sprach: »Ehrerbietung ohne Form wird Kriecherei, Vorsicht ohne Form wird Furchtsamkeit, Mut ohne Form wird Auflehnung, Aufrichtigkeit ohne Form wird Grobheit.

Wenn der Fürst seine Verwandten hochhält, so wird das Volk sich entwickeln zur Sittlichkeit; wenn er seine alten Freunde nicht vernachlässigt, so wird das Volk nicht niedriggesinnt«.

Auch die besten inneren Eigenschaften verlangen, um zur Geltung kommen zu können, den richtigen Takt, der alle Formen mäßigt und vor Übertreibungen schützt. Zu den besten Eigenschaften der Menschen gehören: Ehrfurcht, Vorsicht, Mut und Aufrichtigkeit. Aber sie alle werden zu schlimmen Fehlern ohne das heilsame Maß der Regel. Ohne dieses Maß kann man sich nicht genugtun in übertriebener Unterwürfigkeit, wenn man seine Ehrfurcht zeigen will, und verliert so seine Würde. Vorsicht ohne Maß wird kleinliche Ängstlichkeit, während Mut ohne die Schranken des Taktgefühls zu staatsgefährlicher Unbotmäßigkeit wird und Aufrichtigkeit überall durch unbedachte Rücksichtslosigkeit Streit und Hader anrichtet.

Um aber im Volk diese Kulturhöhe zu verbreiten, dazu hat der Herrscher ein sicheres Mittel. Die Formen der Kultur entwickeln sich nämlich aus dem Sinn für das, was dem menschlichen Wesen entspricht (Sittlichkeit, Humanität), und dem Gefühl für Billigkeit und Gerechtigkeit. Um diese Gesinnung, welche die Wurzel aller höheren Kultur ist, im Volk großzuziehen, dazu muß der Fürst in seinem eignen Leben mit dementsprechenden Prinzipien Ernst machen. Dadurch, daß er Nächstenliebe zeigt seinen Verwandten gegenüber und dem Volk so den Anblick eines intrigierenden Fürstenhauses erspart, bewirkt er durch sein Beispiel, daß der Familiensinn, die Grundlage aller humanen Sittlichkeit, geweckt wird. Dadurch, daß er sich nicht undankbar zeigt gegen verdienstvolle Beamte, sondern ihnen dauernd sein Vertrauen schenkt, wird im Volk der Egoismus zurücktreten und einer billigen Rücksichtnahme auf andere weichen. Herrscht diese humane und rücksichtsvolle Gesinnung im Volk, so ist eine wirkliche Kultur möglich, die allen Lebensäußerungen jenen verfeinerten Ausdruck verleiht und alle Maßlosigkeiten verhindert.[2]

### 3. Vorsicht im Leibesleben

Meister Dsong war krank. Da rief er seine Schüler zu sich und sprach: »Deckt meine Füße auf, deckt meine Hände auf (und sehet, daß sie unverletzt sind). Im Liede heißt es: ›Wandelt mit Furcht und Zittern, als stündet ihr vor einem tiefen Abgrund, als trätet ihr auf dünnes Eis.‹ Nun und immerdar ist es mir gelungen, meinen Leib unversehrt zu halten³, o meine Kinder.«

### 4. Das Schwanenlied

Meister Dsong war krank. Da kam der Freiherr Mong Ging und fragte (nach seinem Befinden). Meister Dsong redete und sprach also: »Wenn der Vogel am Sterben ist, so ist sein Gesang klagend; wenn der Mensch am Sterben ist, so sind seine Reden gut. Drei Grundsätze sind, die ein Fürst hoch halten muß: In seinem Benehmen und allen Bewegungen halte er sich fern von Rohheit und Nachlässigkeit, er ordne seinen Gesichtsausdruck, daß er Vertrauen einflößt, er bemühe sich bei allen seinen Reden sich fernzuhalten von Gemeinheit und Unschicklichkeit. Was dagegen die Opfergefäße (und derartige spezielle Fachkenntnisse) anlangt, so gibt es dafür berufene Beamte«.⁴

### 5. Yän Huis Demut

Meister Dsong sprach: »Begabt sein und doch noch von Unbegabten lernen; viel haben und doch noch von solchen lernen, die wenig haben; haben als hätte man nicht, voll sein als wäre man leer; beleidigt werden und nicht streiten: einst hatte ich einen Freund, der in allen Dingen so handelte«.⁵

## 6. Treue eines fürstlichen Vormunds

Meister Dsong sprach: »Wem man einen jungen verwaisten (Fürsten) anvertrauen kann, und wem der Befehl über einen Großstaat übergeben werden kann, und wer auch gegenüber von großen Dingen sich nichts rauben läßt: ist das ein edler Mensch? Das ist ein edler Mensch!«[6]

## 7. Die schwere Last und der weite Weg

Meister Dsong sprach: »Ein Lernender kann nicht sein ohne großes Herz und starken Willen; denn seine Last ist schwer, sein Weg ist weit. Die Sittlichkeit, die ist seine Last: ist sie nicht schwer? Im Tode erst ist er am Ziel: ist das nicht weit?«

## 8. Poesie, Formen, Musik

Der Meister sprach: »Wecken durch die Lieder, festigen durch die Formen, vollenden durch die Musik.«

Die höhere Kultur hat eine gewisse Entwicklungsfolge in jedem Menschen. Erst muß das geistige Interesse geweckt werden. Das geschieht durch die Beschäftigung mit der Poesie; denn diese spiegelt das weite Leben mit all seinen bunten Formen wider und gibt dadurch Anregung zur Gestaltung des eignen Lebens. Diese Gestaltung des Lebens wird gefestigt durch die Kenntnis der rechten Ausdrucksform in allen Lebenslagen. Durch die Vertrautheit mit dieser Lebenskunst entwickelt sich eine Sicherheit des Taktes, die dem Leben gewachsen ist. Die letzte Vollendung gewinnt der Kulturmensch durch die Musik, weil durch sie nicht nur Ideen und Handlungen, sondern auch die Gefühle selbst in harmonische Verfassung kommen.

## 9. Fides implicita

Der Meister sprach: »Das Volk kann man dazu bringen, (dem Rechten) zu folgen, aber man kann es nicht dazu bringen, es zu verstehen«.[7]

Die große Masse kann durch eine gute Regierung dazu gebracht werden, daß sie die Segnungen der Kultur genießt, aber nicht dazu, daß sie sich Rechenschaft gibt über die Prinzipien, die dieser Kultur zugrunde liegen.

## 10. Gründe des Umsturzes

Der Meister sprach: »Wenn einer Mut liebt und die Armut haßt, so macht er Aufruhr; wenn ein Mensch nicht sittlich ist, und man haßt ihn zu sehr, so macht er Aufruhr.«

Der Umsturz hat verschiedene Ursachen. Wenn sich Menschen von energischem Temperament in gedrückten Umständen befinden und den Druck der Lage peinlich empfinden, so kommt es zum Umsturz. Eine ebenso große Gefahr aber bedeuten die Menschen von schlechtem Charakter, die auf Abneigung und Zurücksetzung stoßen: die wenden sich ebenfalls dem Umsturz zu. Die Mittel zur Bekämpfung des Umsturzes liegen in der Erkenntnis seiner Ursachen. Man darf aufstrebende Klassen nicht daran verhindern, sich vom Druck ihrer Lage zu befreien; ebenso muß man ein schroffes, liebloses Vorgehen gegen sittlich minderwertige Charaktere vermeiden, um sie nicht selbst dem Umsturz in die Arme zu treiben.

## 11. Talente ohne moralischen Wert

Der Meister sprach: »Wenn einer die Schönheit der Talente des Fürsten Dschou[8] hat, aber bei ihrer Anwendung hochfahrend und knickerig ist, so ist das übrige keines Blickes wert.«

Wenn ein Fürst auch die glänzendsten Geistesgaben besäße, aber sich in seinen Regierungsmaßregeln hochfahrend und knickerig zeigt, so wird er sicher nichts Bemerkenswertes leisten. Denn durch seinen Hochmut entfremdet er sich die Vornehmen, durch seine Knickerigkeit entfremdet er sich die Geringen. Das Geheimnis der Regierung aber besteht darin, daß man durch moralische Qualitäten die Zuneigung der Untertanen gewinnt. Sind die Herzen einem Fürsten entfremdet, so hilft ihm alle intellektuelle Fähigkeit nichts.

## 12. Häufigkeit des Brotstudiums

Der Meister sprach: »Drei Jahre lernen, ohne nach Brot zu gehen, das ist nicht leicht zu erreichen.«

Die meisten Menschen treiben die Wissenschaft nur als Mittel zur Erreichung äußerer Zwecke. Daß einer drei Jahre lang studiert, ohne daß er praktische Resultate, die für Amt und Einkommen verwertbar sind, erreicht hätte, weil seine Interessen höheren Zielen der Wahrheitserkenntnis zugewandt sind, kommt selten vor.[9]

## 13. Charakterbildung und ihr Verhältnis zur Welt

Der Meister sprach: (1.) »Aufrichtig und wahrhaft, bis zum Tode treu dem rechten Weg: (2.) ein gefährdetes Land nicht betreten, in einem aufständischen Land nicht bleiben: wenn auf Erden Ordnung herrscht, dann sichtbar werden, wenn Unordnung herrscht, verborgen sein. (3.) Wenn in einem Lande Ordnung herrscht, so ist Armut und Niedrigkeit eine Schande; wenn in einem Lande Unordnung herrscht, dann ist Reichtum und Ansehen eine Schande.«

Die Grundlage der Charakterbildung ist unbedingte Wahrhaftigkeit des ganzen Wesens und unbedingte Entschlossenheit, bis zum Tode getreu auf dem Prinzip des Guten zu beharren. Für einen Menschen mit dieser Gesinnung sind der Welt gegenüber gewisse Vorsichtsmaßregeln nötig. Wenn er seinen Charakter unbefleckt erhalten will, so darf er sich auf gewisse Welthändel gar nicht einlassen und kann sich in Zeiten des Umsturzes und der Anarchie unter Umständen genötigt sehen, seinen Wohnplatz zu verändern. Er ist gänzlich frei von aller Ruhmsucht; ob er vor der Welt einen Namen bekommt oder nicht, ist ihm gleichgültig. Wenn die öffentlichen Verhältnisse in einem Zustand sind, daß ein gedeihliches Wirken möglich ist, dann wird er sich in der Öffentlichkeit zeigen. Sind die Verhältnisse aber so unklar, daß keine reine Wirksamkeit möglich ist, so wird er sich vor der Welt verborgen halten. Er kann sich mit dem Bewußtsein beruhigen, daß es wohl eine Schande ist, ruhmlos ins Grab zu steigen, wenn die Verhältnisse eine Wirkung zum gemeinen Besten ermöglicht hätten, daß es aber andrerseits eine ebenso große Schande ist, durch Paktieren mit den niedrigen Instinkten der Menschen sich mit Gewalt eine Position zu erringen und berühmt zu werden.[10]

## 14. Gegen Kamarillawirtschaft

Der Meister sprach: »Wer nicht das Amt dazu hat, der kümmere sich nicht um die Regierung.«

Mit der Ordnung im Staatsleben ist es unvereinbar, daß die Tätigkeit der kompetenten Beamten durch unverantwortliche Ratgeber gekreuzt werde. Ein richtiges Gefühl der Verantwortung kann nur dann aufkommen, wenn jeder sich streng innerhalb seines Umkreises von Pflichten hält (vgl. XIV, 27).

## 15. Der Kapellmeister Dschï und das Guan-Dsü-Lied

Der Meister sprach: »Als der Kapellmeister Dschï sein Amt antrat, da kamen die vollen Versschlüsse des Guan-Dsü-Liedes zu mächtiger Wirkung. Wie füllten sie das Ohr!«[11]

## 16. Schatten ohne Licht

Der Meister sprach: »Zugreifend und doch nicht gradeaus, unwissend und doch nicht aufmerksam, einfältig und doch nicht gläubig: mit solchen Menschen weiß ich nichts anzufangen.«

Bei der Erziehung hat man es selten mit dem vollkommenen Menschen zu tun. Vorzüge und Fehler des Charakters hängen eng zusammen. Aber eben das macht auch die Erziehung von jungen Leuten mit fehlerhafter Veranlagung nicht hoffnungslos; denn jedem Fehler steht eine Tugend gegenüber. Aber wenn nun Leute kommen, die zwar die für den Erzieher schwierigen Charakterseiten alle haben, aber ohne die guten Seiten, die zufahrend sind, aber doch die Gradheit vermissen lassen, die unwissend sind und dazuhin noch unaufmerksam und unbescheiden, die einfältig sind und trotzdem den Worten des Lehrers keinerlei Glauben schenken: solchen Leuten gegenüber weiß man nicht was anfangen, um sie zu erziehen.

## 17. Das Geheimnis des Lernens

Der Meister sprach: »Lerne, als hättest du's nicht erreicht, und dennoch fürchtend, es zu verlieren.«

Das Wahrheitsuchen ist von einem fortwährenden seelischen Spannungszustand begleitet. Man sieht immer das Ziel erst vor sich, so daß man sich nie im Besitz der Wahrheit fühlen kann. Dabei muß man dennoch in Furcht und Zittern stehen, sie könnte verloren gehen. Es ist der Ausblick nach oben und nach unten, nach den noch nicht erreichten Gipfeln und nach den schon überwundenen Stufen, der diese Wechselstimmung erzeugt.

## 18. Die heiligen Herrscher des Altertums I: Schun und Yü

Der Meister sprach: »Erhaben war die Art, wie Schun und Yü den Erdkreis beherrschten, ohne daß sie etwas dazu taten«.[12]

## 19. Die heiligen Herrscher des Altertums II: Yau

Der Meister sprach: »Groß wahrlich ist die Art, wie Yau Herrscher war. Erhaben: Nur der Himmel ist groß, nur Yau entsprach ihm. Unendlich: Das Volk konnte keinen Namen finden. Erhaben war die Vollendung seiner Werke, strahlend waren seine Lebensordnungen.«

Yau zeigte die wahre Herrschergröße. Er legte den Grund der Kultur für alle Zeiten; denn er richtete sich in seinen Einrichtungen nach den ewigen göttlichen Weltgesetzen und brachte so das Leben der Menschheit in Harmonie mit dem Weltganzen. So überragend war seine Größe, daß sie wie Gottes Größe die Begriffe der Menschen überstieg und er scheinbar ganz in den Hintergrund trat. Auf diese Weise brachte er die wirtschaftliche Neuschöpfung hervor, indem er durch Yü die Wasserläufe regulieren ließ und so erst die Möglichkeit eines gesicherten Lebens schuf. Yüs Name wurde dabei gepriesen, er selbst verschwand hinter seinem Werk. So vollendete er die moralische und ästhetische Sozialordnung durch Lebensordnungen und Musik. Schuns Name ist mit diesen Schöpfungen verknüpft, die Yaus Genie ins Leben rief und die das Licht der Kultur erst aufleuchten ließen, das leuchtet bis auf den heutigen Tag. Diese Art, Werke und Lebensordnungen von ewiger Notwendigkeit zu schaffen, deren Lebensfähigkeit sich gleichsam ganz von ihm loslöste und ihnen selbständiges Dasein verlieh, das ist die überragende Größe des Schöpfers unsrer Kultur.

## 20. Die heiligen Herrscher des Altertums III: Yau, Schun, Wu, Wen[13]

Schun hatte an Beamten fünf Männer, und der Erdkreis war in Ordnung. König Wu sprach: »Ich habe an tüchtigen Beamten zehn Menschen.«

Meister Kung sprach: »Genies sind schwer zu finden: ist das nicht ein wahres Wort? Die Zeit des Zusammentreffens von Yau

(Tang) und Schun (Yü) ist dadurch so blühend.« Doch war eine Frau darunter, so daß es im ganzen nur neun Männer waren.

»Von den drei Teilen des Erdkreises zwei zu besitzen und dennoch dem Hause Yin treu zu bleiben; das war die Tugend des Gründers des Hauses Dschou. Von ihm kann man sagen, daß er die höchste Tugend erreicht hat.«

### 21. Die heiligen Herrscher des Altertums IV: Yü

Der Meister sprach: »An Yü kann ich keinen Makel entdecken. Er war sparsam in Trank und Speise, aber er war fromm vor Gott. Er trug selbst nur schlichte Kleidung, aber (beim Gottesdienst) war er in Purpur und Krone zugegen. Er wohnte in einer geringen Hütte, aber er verwandte alle Mittel auf die Regulierung der Gewässer. An Yü kann ich keinen Makel entdecken«.[14]

# BUCH IX · DSÏ HAN

Die ersten 15 Abschnitte des Buches enthalten Äußerungen über die Persönlichkeit Kungs teils von ihm selbst, teils von andern, teils endlich Gespräche und Wechselreden. Mit dem 16. und 17. Abschnitt, die elegische Äußerungen des Meisters über den Fluß der Dinge und die menschliche Verblendung enthalten, geht der Text zu allgemeineren Themen über, die hauptsächlich das Gebiet des Studiums berühren. Der letzte, 30. Abschnitt ist in seiner jetzigen Form zweifelhaft. Bemerkenswert sind die mancherlei Parallelstellen zu Buch VII.

## 1. Esoterisches: Lohn, Wille Gottes, Sittlichkeit

Worüber der Meister selten sprach, war: der Lohn, der Wille Gottes, die Sittlichkeit.

Etwas, was der Meister nur den vorgeschrittensten Schülern gegenüber erwähnte, war: Der Lohn, der der Gerechtigkeit immanent zukommt. Denn diese Übereinstimmung zwischen Tugend und Lohn wird in ihrer Reinheit getrübt, wenn man seine Reflexion auf die zweite Seite, den Lohn, richtet; dadurch kommt zu leicht ein utilitaristischer Gesichtspunkt in die Handlungsweise und zerstört ihren moralischen Wert. Daher hielt der Meister mit seinen Äußerungen über dieses Thema zurück. Ebenso über die göttliche Weltordnung und die vollkommene Sittlichkeit, weil das ebenfalls Gebiete sind, deren letzte Erkenntnis nur den Eingeweihten zusteht, während sie den Draußenstehenden nur schaden kann.

## 2. Genie und Talente I: Der Mann aus Da Hiang

Ein Mann aus der Gegend von Da Hiang sprach: »Meister Kung ist gewiß ein großer Mann und hat ausgebreitete Kenntnisse, aber er hat nichts Besonderes getan, das seinen Namen berühmt machen würde.«

Der Meister hörte das und sprach zu seinen Jüngern also: »Was könnte ich denn (für einen Beruf) ergreifen? Soll ich das Wagenlenken ergreifen oder soll ich das Bogenschießen ergreifen? Ich denke, ich muß wohl das Wagenlenken ergreifen«.[1]

## 3. Mode und Sinn

Der Meister sprach: »Ein leinener Hut ist eigentlich dem Ritual entsprechend. Heutzutage benutzt man seidene. Es ist sparsam, so richte ich mich nach der Allgemeinheit. Unten (an den Stufen der Halle) sich zu beugen, ist eigentlich dem Ritual entsprechend. Heutzutage macht man die Verbeugung oben. Doch das ist anmaßend, deshalb – ob ich auch von der Allgemeinheit abweiche, ich richte mich nach (dem Ritual der Verbeugung) unten.«

Der Meister sprach: »Bei festlichen und zeremoniellen Anlässen ist durch das Ritual der Dschou-Dynastie eine aus Leinenfäden kompliziert zusammengesetzte Kopfbedeckung vorgeschrieben. Heutzutage benützt man ganz allgemein eine einfache seidene Kopfbedeckung. Das ist eine sinngemäße Neuerung; denn es bedeutet eine Ersparnis; darum richte ich mich in diesem Stück unbedenklich nach der Mode.

Bei fürstlichen Mahlzeiten ist durch das Ritual vorgeschrieben, daß, wenn der Fürst den Wein anbietet, man unterhalb der Halle eine Verbeugung macht, um zu danken. Gegenwärtig ist es allgemein üblich, daß man sich das Hinuntersteigen spart und seine Verbeugung einfach oben macht. Das ist jedoch anmaßend. Deshalb frage ich nicht danach, ob ich gänzlich unmodern erscheine, und richte mich nach wie vor nach der guten alten Sitte.«

## 4. Negative Tugenden

Der Meister war frei von vier Dingen: Er hatte keine Meinungen, keine Voreingenommenheit, keinen Starrsinn, keine Selbstsucht.

Der Meister lebte in der Wahrheit. Er wollte nichts anderes als den großen Zusammenhang der Kulturüberlieferung in seiner Zeit leuchten lassen; deshalb hatte er nie eine Privatmeinung, vielmehr war sein ganzes Denken in stetem Zusammenhang mit den Prinzipien der Wahrheit, in deren Dienst er stand. Er wollte nichts erzwingen, vielmehr richtete er sich in allen Dingen nach den Gesetzen der Vorsehung, die er in seinem Leben fand. Es gab für ihn keine Unmöglichkeiten, vielmehr blieb er in seinem ganzen Leben beweglich, zu tun, was die Verhältnisse erforderten. Es gab für ihn kein »Ich« in dem Sinn, daß er seine Persönlichkeit in den Vordergrund gestellt hätte. Vielmehr tauchte er ganz unter in seinem Beruf.

## 5. Gottvertrauen

Als der Meister in Kuang[2] gefährdet war, sprach er: »Da König Wen nicht mehr ist, ist doch die Kultur mir anvertraut? Wenn der Himmel diese Kultur venichten wollte, so hätte ein spätgeborner Sterblicher sie nicht überkommen. Wenn aber der Himmel diese Kultur nicht venichten will: was können dann die Leute von Kuang mir anhaben?«

Als der Meister auf seinen Wanderungen in Kuang bedroht wurde, sprach er zu seinen Jüngern: »Seid unbesorgt. Es handelt sich gar nicht um meine Person, es handelt sich um Gottes Sache. Seit die heiligen Herrscher des Altertums nicht mehr sind, ist ihre Wahrheit und die darauf begründete Kultur zum erstenmal mir wieder geoffenbart worden. Wenn es Gottes Wille wäre, diese Kultur untergehen zu lassen, so würde ich, durch so viele Jahrhunderte von jenen Zeiten getrennt, überhaupt nicht eingedrungen sein in diese Welt der Wahrheit. Da es also Gottes Wille nicht ist, daß diese Wahrheit untergeht, so brauchen wir uns vor menschlichen Zufälligkeiten nicht zu fürchten.«

## 6. Genie und Talente II: Der Minister

Ein Minister[3] fragte den Dsï Gung und sprach: »Ist euer Meister nicht ein Genie? Wie zahlreich sind seine Talente!« Dsï Gung sprach: »In der Tat, wenn ihm der Himmel Gelegenheit gibt, wird er sich als Genie beweisen; außerdem hat er viele Talente.«

Der Meister hörte es und sprach: »Woher kennt mich denn der Minister? Ich hatte eine harte Jugend durchzumachen, deshalb erwarb ich mir mancherlei Talente. Aber das sind Nebensachen. Kommt es denn darauf an, daß der Edle in vielen Dingen Bescheid weiß? Nein, es kommt gar nicht auf das Vielerlei an.«

Lau sprach: »Der Meister pflegte zu sagen: ›Ich habe kein Amt; deshalb kann ich mich mit der Kunst beschäftigen.‹«

## 7. Der Meister und sein Wissen

Der Meister sprach: »Ich hätte (geheimes[4]) Wissen? Ich habe kein (geheimes) Wissen. Wenn ein ganz gewöhnlicher Mensch mich fragt, ganz wie leer, so lege ich es von einem Ende zum andern dar und erschöpfe es.«

Der Meister sprach: »Ihr denkt, ich hätte geheimes Wissen, das ich für zu gut halte, um andern Anteil daran zu gönnen? Solches Wissen besitze ich nicht. Was ich weiß, das steht jedem zur Verfügung, der danach verlangt. Wenn ein ganz gewöhnlicher Mensch, ohne jede Vorkenntnisse, mich über etwas fragt, so setze ich ihm von Anfang bis zu Ende alles auseinander und verschweige ihm nichts, was ich darüber weiß. – Die Vorbedingung ist nur das Interesse auf Seiten des Lernenden; wo dieses Interesse und das aus diesem Interesse erwachsende Verständnis nicht erwartet werden kann, da ist es zwecklos, Belehrungen aufzudrängen. Daher der Schein, als ob ich das Wissen für mich zurückhalten wolle.«

## 8. Kein Zeichen

Der Meister sprach: »Der Vogel Fong[5] kommt nicht, aus dem Fluß kommt kein Zeichen: Es ist aus mit mir!«

Der Meister sprach: »Aus alten Zeiten ist uns die Kunde überliefert, daß heilige Phönixvögel kamen und ihren Ruf ertönen ließen, daß geheime Zeichen ans Licht kamen auf dem Rücken der heiligen Schildkröte des gelben Flusses. Das waren Zeichen, daß ein heiliger Herrscher auf Erden weilte, der die Welt mit machtvoller Hand regierte. Diese Zeiten sind vorüber. Kein Zeichen vom Himmel deutet auf das Erscheinen eines solchen Herrschers. So gibt es denn für mich keinen Platz auf Erden, wo ich wirken könnte. Ich muß meine Hoffnung begraben.«

## 9. Ehrfurcht vor Rang und Unglück

Wenn der Meister jemand in Trauer sah, jemand im Hofgewand oder einen Blinden: so stand er bei ihrem Anblick auf, auch wenn sie jünger waren; mußte er an ihnen vorbei, so tat er es mit raschen Schritten.

## 10. Das Ideal und der Schüler[6]

Yän Yüan seufzte und sprach: »Ich sehe empor, und es wird immer höher, ich bohre mich hinein, und es wird immer undurchdringlicher. Ich schaue es vor mir, und plötzlich ist es wieder hinter mir. Der Meister lockt freundlich Schritt für Schritt die Menschen. Er erweitert unser Wesen durch (Kenntnis der) Kultur, er beschränkt es durch (die Gesetze des) Geziemenden.

Wollte ich ablassen, ich könnte es nicht mehr. Wenn ich aber alle meine Kräfte erschöpft habe und glaube es schon erreicht, so steht es wieder klar und fern. Und wenn ich noch so sehr ihm folgen möchte, es ist kein Weg dahin!«

## 11. Der Meister im Sterben

Der Meister war auf den Tod krank. Dsï Lu[7] traf Veranstaltungen, daß die Jünger (beim Todesfall und beim Begräbnis) als Minister funktionieren sollten. Als die Krankheit etwas nachließ, sprach (der Meister): »Immer macht der Yu unaufrichtige Geschichten! Keine Minister zu haben, und tun, als hätte ich welche: wen wollen wir denn damit betrügen? Wollen wir etwa den Himmel betrügen? Und (meint ihr denn, ich möchte) in den Händen von Ministern sterben und nicht vielmehr in den Armen meiner getreuen Jünger? Und wenn ich auch kein fürstliches Begräbnis bekomme, so sterbe ich ja doch auch nicht auf der Landstraße.«

## 12. Der Edelstein

Dsï Gung[8] sprach: »Wenn ich hier einen schönen Nephrit habe, soll ich ihn in einen Kasten stecken und verbergen oder soll ich einen guten Kaufmann suchen und ihn verkaufen?«

Der Meister sprach: »Verkaufe ihn ja! Verkaufe ihn ja! Aber ich würde warten auf den Kaufmann.«

## 13. Die Barbaren

Der Meister äußerte den Wunsch, unter den neun Barbarenstämmen des Ostens zu wohnen.[9] Jemand sprach: »Sie sind doch so roh; wie wäre so etwas möglich!« Der Meister sprach: »Wo ein Gebildeter weilt, kann keine Rohheit aufkommen.«

## 14. Reform der Musik

Der Meister sprach: »Nachdem ich von We nach Lu zurückgekehrt[10] war, da wurde die Musik in Ordnung gebracht. Die Festlieder und Opfergesänge kamen alle an ihren rechten Platz.«

## 15. Der Geist der Lebenskunst

Der Meister sprach: »Nach außen dem Fürsten und Vorgesetzten dienen, nach innen dem Vater und älteren Bruder dienen, bei Trauerfällen gewissenhaft alle Gerechtigkeit erfüllen, [bei Festen] sich vom Wein nicht überkommen lassen: was kann ich dazu tun?«[11]

Die wahre Lebenskunst hat nur der erreicht, der in allen Situationen Takt besitzt und auf diese Weise ganz von selbst sich richtig benimmt. Dieser Takt wird ihn leiten in der Öffentlichkeit bei seinem amtlichen Verkehr mit Fürsten und Vorgesetzten. Dieser feine Takt ist aber ebenso nötig im häuslichen Kreise im Verkehr mit Eltern und Brüdern. Dieser selbe Takt gibt den Ernst der Gesinnung, der in Trauerfällen den Heimgegangenen die letzten Liebespflichten gewissenhaft widmet. Durch diesen Takt, der die Schranken des Geziemenden kennt, wird man bewahrt, sich vom Rausch der Festfreude und des Weins überwältigen zu lassen. Aber wie gesagt: dieser Takt ist etwas, das im Menschen selber leben muß. Er kann ihm nicht mechanisch von außen beigebracht werden.

## 16. Der Fluß

Der Meister stand an einem Fluß und sprach: »So fließt alles dahin wie dieser Fluß ohne Aufhalten Tag und Nacht!«

## 17. Himmlische und irdische Liebe

Der Meister sprach: »Ich habe noch keinen gesehen, der moralischen Wert liebt ebenso, wie er die Frauenschönheit liebt.«

Das Interesse des Fürsten kann nicht auf zweierlei Dinge gleichzeitig gerichtet sein, er kann nicht gleichzeitig seine Neigung Menschen von moralischer Tüchtigkeit zuwenden, die seinen Staat zu reformieren imstande wären, und dabei doch seine privaten Liebesaffären wichtig nehmen. Es scheint jedoch, als ob letzteres bei den meisten Fürsten vorgehe.[12]

## 18. Stillstand und Fortschritt: Der Berg

Der Meister sprach: »Nehmt zum Vergleich einen Hügel, der fertig ist bis auf einen Korb Erde; bleibt es dabei, so bedeutet es für mich einen Stillstand. Nehmt zum Vergleich den ebenen Grund, es mag erst ein Korb Erde aufgeworfen sein; geht es weiter, so bedeutet es für mich einen Fortschritt.«

Im Buch der Urkunden[13] heißt es: »Wenn du nicht in kleinen Dingen gewissenhaft bist, so wird in der Folge dein ganzes moralisches Selbst in großen Dingen Schaden nehmen. Häuft man einen Hügel auf von neun Faden Höhe, so kann unter Umständen das Werk unvollendet bleiben aus Mangel an einem Korb Erde.«

Der Meister bemerkte dazu: »Der geistige Stillstand oder Fortschritt hat nichts zu tun mit der in der Vergangenheit schon geleisteten Arbeit. Das geistige Leben ist etwas Überzeitliches und darum immer Gegenwärtiges und kann nur an der Gegenwart gemessen werden. Hat man z. B. den Hügel schon fertig, und es fehlt nur noch ein Korb Erde, und hört dann auf, so ist es Stillstand; hat man eben erst angefangen und erst einen Korb aufgeschüttet und macht weiter, so ist es Fortschritt. So ist es auch im geistigen Leben. Die Bewegung nach vorwärts bedeutet den Fortschritt, ganz einerlei wie viel oder wie wenig schon erreicht ist. Und das Aufhören des Strebens bedeutet den Stillstand und geistigen Tod, ganz einerlei, auf welcher Stufe der Leistungen er eintritt.«

## 19. Beharrlichkeit [Yän Hui]

Der Meister sprach: »Wenn man mit ihm sprach, niemals zu erlahmen: das war Huis Art!«

## 20. Beständiger Fortschritt [Yän Hui]

Der Meister sagte in Beziehung auf Yän Yüan: »Ach, ich habe ihn (immer) fortschreiten sehen, ich habe ihn nie stillstehen sehen!«

## 21. Blüten ohne Früchte

Der Meister sprach: »Daß manches keimt, das nicht zum Blühen kommt, ach, das kommt vor! Daß manches blüht, das nicht zum Reifen kommt, ach, das kommt vor!«

## 22. Ehrfurcht vor dem kommenden Geschlecht

Der Meister sprach: »Vor dem spätergeborenen Geschlecht muß man heilige Scheu haben. Wer weiß, ob die Zukunft es nicht der Gegenwart gleichtun wird? Wenn einer aber vierzig, fünfzig Jahre alt geworden ist, und man hat noch nichts von ihm gehört, dann freilich braucht man ihn nicht mehr mit Scheu zu betrachten.«[14]

## 23. Zustimmung und Tat

Der Meister sprach: »Worte ernsten Zuredens: wer wird denen nicht zustimmen? Aber worauf es ankommt, das ist Besserung [des Lebens]. Worte zarter Andeutung: wer wird die nicht freundlich anhören? Aber worauf es ankommt, das ist ihre Anwendung [auf die Praxis]. Freundliches Anhören ohne Anwendung, Zustimmung ohne Besserung: was kann ich damit anfangen?«[15]

## 24. Treu und Glauben

Der Meister sprach: »Mache Treu und Glauben zur Hauptsache, habe keinen Freund, der dir nicht gleich ist. Hast du Fehler, scheue dich nicht, sie zu verbessern.«

Wörtliche Wiederholung der zweiten Hälfte von I, 8.

## 25. Die Macht des Kleinsten

Der Meister sprach: »Einem Heer von drei Armeen kann man seinen Führer nehmen; dem geringsten Mann aus dem Volk kann man nicht seinen Willen nehmen.«

Es ist ein großer Unterschied, mit wem man es zu tun hat. Die bloße Menge, wenn sie ohne eignes Urteil einem Führer folgt, ist nicht wichtig. Man kann ihr den Führer nehmen, und sie ist willenlos. Wo es sich aber um einen entschlossenen Willen handelt, da muß man vorsichtig sein. Hier endet die Macht auch des mächtigsten Herrschers seinem geringsten Untertan gegenüber.

## 26. Dsï Lus Lob und Tadel

Der Meister sprach: »Mit einem ärmlichen hänfenen Rock bekleidet zu sein und an der Seite von andern zu stehen, die kostbares Pelzwerk tragen, ohne sich zu schämen: das bringt Yu fertig.

›Der keinem schadet, nichts begehrt,
Wie tät' er nicht, was gut und recht?‹«[16]

Dsï Lu sang darauf die Strophe dauernd vor sich hin. Der Meister sprach: »Dieser Weg allein führt aber noch nicht bis zur Vollkommenheit.«

## 27. Im Winter

Der Meister sprach: »Wenn das Jahr kalt wird, dann erst merkt man, daß Föhren und Lebensbäume immergrün sind.«

In gewöhnlichen Zeiten unterscheidet sich der begabte Streber äußerlich oft nicht so sehr von dem überlegenen Charakter. Er ist anstelliger, läßt sich leichter verwenden, aber – er ist nicht wetterhart.

## 28. Der dreifache Sieg

Der Meister sprach: »Weisheit macht frei von Zweifeln, Sittlichkeit macht frei von Leid, Entschlossenheit macht frei von Furcht.«

Drei übermächtige Feinde bedrohen das Menschenleben, die im eignen Innern sind. Nicht äußere Not und Mißgeschick an sich sind es, was den Menschen zugrunde richtet, sondern nur ihre Wirkung auf die Seele. Die ungeordnete Fülle der Eindrücke der Außenwelt bringt den Intellekt in Verwirrung. Die Berührung mit widrigen Verhältnissen und Menschen bringt das Leid in das Gemüt, der überwältigende Eindruck der Abhängigkeit von unberechenbaren Mächten lähmt den Willen durch die Furcht. Aber der Mensch hat in sich die Kraft, die Herrschaft in seinem Innern zu erlangen und die verwirrenden Eindrücke von außen her so zu ordnen, daß ihre Wirkungen ihm nicht mehr schaden können. Er hat die Wissenschaft, durch die er den Stoff der Erfahrung gestaltet, so daß vor ihrem Licht die verwirrenden Unklarheiten verschwinden. Er hat die Sittlichkeit, die ihn über die engen Schranken des kleinen Ichs hinaushebt, so daß er sein Leid vergißt in dem großen Weltzusammenhang. Er hat die Erziehung des Willens zur Entschlossenheit, die vom klar erfaßten Ziel sich durch keine Furcht und kleinlichen Bedenken abbringen läßt.

## 29. Genossen auf dem Lebensweg

Der Meister sprach: »Manche können mit uns gemeinsam lernen, aber nicht gemeinsam mit uns die Wahrheit erreichen. Manche können mit uns gemeinsam die Wahrheit erreichen, aber nicht gemeinsam mit uns sich festigen. Manche können gemeinsam mit uns sich festigen, aber nicht gemeinsam mit uns (die Ereignisse) abwägen.«

Wer sich im Leben weiterentwickelt, wird manche Genossen finden, die gemeinsam mit ihm eine Zeitlang weitermachen, aber zurückbleiben, wenn er neuen Stufen zustrebt. Dieses Abschiednehmen von Zurückbleibenden ist das Los der Vorwärtsschreitenden. In der Jugend, wenn wir das Ziel erst suchen und lernen, da haben wir viele Genossen. Aber viele von ihnen wenden sich hier schon ab und streben andern Zielen zu. Aber doch gibt es noch eine ganze Anzahl, die gemeinsam mit uns die Erkenntnis der Wahrheit sich als Ziel gesetzt. Doch abermals bleiben viele zurück, wenn es sich darum handelt, die erkannte Wahrheit zum festen Grund des Lebens zu machen, die Wahrheit durchzusetzen im Leben. Doch auch in diesen Bemühungen haben wir noch einige Genossen. Aber wie viele unter ihnen werden uns noch treu bleiben, wenn es sich nicht mehr nur um Vertretung allgemeiner Prinzipien handelt, sondern um individuelles Verständnis der Menschenschicksale, gemessen an den ewigen Ordnungen Gottes?

## 30. Fernes Gedenken

»Die roten Kirschenblüten
Schließen der Kelche Rand.
Wie wollt' ich dein nicht gedenken
Fern, ach, im Heimatland!«

Der Meister sprach: »Das ist noch kein wirkliches Gedenken. Was könnte dem die Ferne tun?«[17]

# BUCH X · HIANG DANG

Dieses Buch unterscheidet sich von allen früheren dadurch, daß es den Meister nur von der Seite seines Privatlebens (und seiner offiziellen äußeren Tätigkeit) zeigt. Es bringt viel Interessantes, wenn auch mehr zeitgeschichtliches als biographisches Material bei und nimmt etwa dieselbe Stellung ein wie die Kantbiographien von Jachmann und Wasiansky. Äußerlich charakteristisch ist, daß Kung in dem ganzen Buch nur einmal als »der Meister« bezeichnet wird, sonst allenthalben als »Meister Kung« oder »der Edle«. Das legt den Gedanken nahe, daß dieses Buch aus einer anderen Quelle stammt als die übrigen. Dafür spricht ohnehin die ganze Art der Erzählung, die ganze biographisch-porträtierende Beschreibung, sowie schon äußerlich der Umstand, daß das ganze Buch ursprünglich einen einzigen Abschnitt bildete und erst später in 17 Abschnitte aus Rücksichten des praktischen Gebrauchs eingeteilt wurde. Es existieren sorgfältige Spezialwerke über das Buch. Die minutiöse Detailschilderung berührt den Europäer fremdartig, doch darf man nicht vergessen, daß daran z. T. das spezifisch chinesische Kolorit, das zunächst ungewohnt erscheint, die Hauptschuld trägt. Die chinesischen Kommentatoren sind im Gegenteil entzückt über diese Details, die den Meister so deutlich vor Augen malen. Wichtig ist das Buch als Beleg dafür, wie sorgfältig Kung auf Übereinstimmung zwischen Theorie und Praxis seines Lebens gehalten hat, auch hierin charakterverwandt mit Immanuel Kant. Die Authentizität großer Abschnitte unterliegt jedoch schweren kritischen Bedenken.

## 1. Kungs Redeweise zu Hause und bei Hofe

Meister Kung war in seinem Heimatorte in seinem Wesen voll anspruchsloser Einfachheit, als könnte er nicht reden. Im Tempel[1] und bei Hofe dagegen sprach er fließend, aber mit Überlegung.

## 2. Verkehr mit Beamten und Fürsten

Bei Hofe[2] sprach er mit den (ihm gleichgeordneten) Ministern zweiten Rangs frei und ungezwungen, mit den Ministern ersten Grades präzis und sachlich. Wenn der Fürst eintrat, war er in seinem Benehmen ehrfurchtsvoll, doch gefaßt.

## 3. Bei Staatsbesuchen

Wenn ihn der Fürst zum Empfang eines Gastes befahl, so wurde seine Miene ernst, und seine Schritte waren geschwind. Bei den Verbeugungen vor den nebenstehenden Beamten wandte er die zum Gruß erhobenen Hände nach links und rechts. Seine Kleidung blieb dabei vorn und hinten in Ordnung. (Beim Geleiten der Gäste) eilte er voran und (seine Arme waren) in leichter Schwingung. Nachdem der Gast sich zurückgezogen, machte er stets die Meldung: »Der Gast sieht sich nicht mehr um«.[3]

## 4. Während der Audienz

Wenn er durch das Palasttor trat, so beugte er sich, gleich als ob er kaum hindurch käme. Beim Stehen vermied er den Platz gegenüber von der Mitte des Tors, beim Durchschreiten (des Tors) trat er nicht auf die Schwelle. Wenn er am (leeren, äußeren) Thron vorbeikam, so wurde seine Miene ernst, und seine Schritte waren geschwind, er redete im Flüsterton. Er hielt sorgfältig den Saum seines Kleides empor, wenn er zur Audienzhalle hinaufstieg. Er beugte sich und hielt den Atem an, gleich als wagte er nicht Luft zu schöpfen. Wenn er (von der Audienzhalle wieder herauskam und) die erste Stufe herabgestiegen war, so löste sich die Spannung in seinen Zügen, und er hatte einen heiteren Ausdruck. Unten an den Stufen angekommen, eilte er vorwärts (und seine Arme waren) in leichter Schwingung. So kehrte er an seinen Platz zurück mit ehrfurchtsvollem Gesichtsausdruck.

## 5. Benehmen bei diplomatischen Missionen

Wenn er das Zepter (seines Fürsten) zu tragen hatte, so beugte er sich, gleich als sei er nicht fähig (es zu tragen). Er hob es nicht höher, als man die Hand zum Gruß erhebt (in Augenhöhe), und senkte es nicht tiefer, als man die Hand beim Überreichen einer Gabe ausstreckt (in Brusthöhe). Seine Miene war ernst und devot, seine Schritte waren langsam und gemessen. Beim Überreichen der Geschenke hatte er ein mildes Wesen. Bei der Privataudienz war er freundlich und heiter.[4]

## 6. Kleiderregeln

Der Edle nahm kein Blaurot oder Schwarzrot zum Kleiderausputz. Gelbrot und violett nahm er nicht (einmal) für seine Hauskleider. In der heißen Zeit trug er ungefütterte, gazeartige linnene Gewebe, aber beim Ausgehen zog er immer noch ein Kleidungsstück darüber an. Dunkelbraune Kleidung trug er zusammen mit schwarzem Lammpelz, ungefärbte Kleidung mit Rehpelz, gelbe Kleidung mit Fuchspelz. Zu Hause trug er lange Pelzkleider, woran der rechte Ärmel kurz war. Er trug immer Nachthemden, die anderthalb Körperlängen hatten. Beim Aufenthalt zu Hause gebrauchte er dicke Fuchs- oder Dachspelze. Außer bei Trauerfällen trug er sämtliche Nephritschmuckstükke. Außer bei den ungenähten Opfergewändern hatte er immer nach der Figur genähte Kleider. Schwarzen Lammpelz und dunkle Kopfbedeckung trug er nicht, wenn er Trauerbesuche machte. Zum Monatsanfang zog er Galakleidung an und stellte sich bei Hofe vor.[5]

## 7. Das Fasten

Beim Fasten hatte er immer reine Kleider von Linnen. Beim Fasten änderte er immer die Speise und verließ seinen (gewöhnlichen) Aufenthaltsplatz.[6]

## 8. Das Essen

Beim Essen verschmähte er es nicht, auf Reinigung (des Reises zu halten), beim Hackfleisch verschmähte er es nicht, auf Feinheit (zu halten). Reis, der verdorben war und schlecht, Fisch, der alt, und Fleisch, das nicht mehr frisch war, aß er nicht. Was eine schlechte Farbe hatte, aß er nicht. Was einen schlechten Geruch hatte, aß er nicht. Was nicht richtig gekocht war, aß er nicht. Was nicht der Zeit entsprach, aß er nicht. Was nicht richtig geschlachtet war oder nicht die richtige Sauce hatte, aß er nicht. Wenn das Fleisch auch viel war, ließ er es nicht den Geschmack des Reises verdecken. Nur im Weintrinken legte er sich keine Beschränkung auf, doch ließ er sich nicht von ihm verwirren. Gekauften Wein und Dörrfleisch vom Markt genoß er nicht. Er hatte stets Ingwer beim Essen. Er aß nicht viel. Wenn er beim fürstlichen Opfer anwesend war, behielt er (den ihm zugewiesenen Anteil an) Fleisch nicht über Nacht. Opferfleisch ließ er nicht länger als drei Tage liegen. Was über drei Tage alt war, das wurde nicht gegessen. Beim Essen diskutierte er nicht. Im Bett redete er nicht. Wenn er auch nur einfachen Reis und Gemüsesuppe und Gurken hatte, so brachte er doch ehrfurchtsvoll ein Speiseopfer dar.[7]

## 9. Die Matte

War die Matte nicht gerade, so setzte er sich nicht.[8]

## 10. Dorffeste

Wenn die Dorfgenossen zusammen tranken und die Alten[9] aufbrachen, so brach er auf.

Wenn die Dorfgenossen den Reinigungsumzug[10] hielten, so kleidete er sich in Hoftracht und stellte sich auf die östliche Treppe seines Hauses.

## 11. Boten[11]

Wenn er jemand mit Grüßen in einen Nachbarstaat sandte, so verneigte er sich zweimal vor ihm und geleitete ihn.

Freiherr Kang sandte ihm Medizin. Er empfing sie mit einer Verbeugung und sprach: »Ich kenne ihre Wirkung nicht, deshalb wage ich nicht, sie zu kosten.«

## 12. Der Stallbrand

Einst brannte sein Stall. Der Meister[12] kam von Hofe zurück und fragte: »Ist auch nicht etwa ein Mensch verletzt?« Er fragte nicht nach (dem Verlust an) Pferden.

## 13. Ehrungen durch den Fürsten[13]

Wenn der Fürst ihm eine Speise sandte, so rückte er die Matte gerade und kostete sie zuerst. Wenn der Fürst ungekochtes Fleisch sandte, so ließ er es kochen und brachte es (seinen Ahnen) dar. Wenn der Fürst ein lebendes Tier sandte, so hielt er es lebend. Wenn er vom Fürsten zum Essen befohlen war und der Fürst die Dankspende dargebracht hatte, kostete er alle Speisen zuerst.

Wenn er krank war und der Fürst ihn besuchte, so legte er sich mit dem Kopf nach Osten, legte die Hofkleidung über sich und zog den Gürtel darüber. Wenn ihn der Fürst (zu Hof) befahl, so wartete er nicht, bis angespannt war, sondern ging zu Fuß voran.

## 14. Im königlichen Heiligtum[14]

Wenn er das königliche Heiligtum betrat, erkundigte er sich nach jeder einzelnen Verrichtung.

## 15. Verhältnis zu Freunden[15]

Wenn ein Freund gestorben war, der keine Angehörigen hatte, so sprach er: »Überlaßt es mir, ihn zu begraben.«

Wenn ein Freund ihm etwas schenkte, und waren es selbst Pferde und Wagen: wenn es nicht Opferfleisch war, so machte er keine Verbeugung.

## 16. Das Äußere. Benehmen[16]

Im Bett lag er nicht (steif wie) ein Leichnam. Im täglichen Leben war er nicht formell.

Wenn er jemand in Trauer sah, so änderte er (seinen Gesichtsausdruck), auch wenn er ein guter Bekannter war. Wenn er einen in Hofkopfbedeckung oder einen Blinden sah, so benahm er sich höflich, auch wenn er ihnen oft begegnete.

Einen Leichenzug grüßte er (wenn er selbst im Wagen fuhr) durch (Verbeugung bis zur) Querstütze. Ebenso begrüßte er die (Leute, welche die) Volkszählungslisten trugen.

Wenn er bei einem reichen Mahl (zu Gaste) war, so änderte er seinen Ausdruck und erhob sich.

Bei einem plötzlichen Donnerschlag oder einem heftigen Sturm änderte er stets (seinen Gesichtsausdruck).

## 17. Im Wagen

Wenn er den Wagen bestieg, stand er gerade und hielt das Handseil. Im Wagen sah er nicht nach innen, sprach nicht hastig und deutete nicht mit dem Finger.

## 18. Die Fasanenhenne[17]

»Ein Anblick, und es steigt empor,
Es fliegt umher und läßt sich wieder nieder.«

Er sprach: »Auf der Bergbrücke eine Fasanenhenne. Zu ihrer Zeit! Zu ihrer Zeit!«
Dsï Lu brachte sie dar. Er roch dreimal und erhob sich.[18]

# BUCH XI · SIAN DSIN

Dieses Buch enthält eine Reihe von wirklichen Gesprächen des Meisters
mit seinen Jüngern. Es zeigt ihn im Verkehr mit den Seinen. Dabei zeigt
sich eine ganz spezielle Richtung. Dsong Schen, der sonst so viel genannte und als orthodox anerkannte Fortsetzer der Lehren Kungs, tritt
in diesem Buch ganz zurück; in der Aufzählung der wichtigsten Jünger
XI, 2 ist er übergangen, ebenso wie Dsï Dschang, der in Buch XIX eine
dem Dsï Hia gegenüber etwas oppositionelle Stellung einzunehmen
scheint. Im Verlauf des Buches kommt nur eine etwas wenig schmeichel-
hafte Bemerkung über Dsong Schen vor (Abschn. 17), während Dsï
Dschang in Abschn. 15 und 17 nicht eben lobend erwähnt wird. Dagegen tritt neben Yän Hui, dessen Platz unbestritten bleibt, eine andre Gestalt in den Vordergrund, Min Dsï Kiän, der sogar einmal ausdrücklich
den Ehrentitel »Meister« erhält. Das läßt darauf schließen, daß zum mindesten ein Teil des überlieferten Stoffs der Schule dieses Jüngers entstammt, der sonst in der Überlieferung sehr zurücktritt. Min Dsï Kiän
wird außer im vorliegenden Buch nur in Buch VI, 7 genannt. Das ist
vielleicht nicht zufällig, da einerseits auch einige andere sonst wenig genannte Jünger, wie Be Niu (nur VI, 8 und XI, 2), Gung Si Hua (V, 7; VI,
3; XI, 15, 21, 25; VII, 33), Dschung Gung (VI, 1, 4; XI, 2; XII, 2; XIII, 2),
in den beiden Büchern mehr oder weniger deutlich sich abheben, an-
derseits auch stofflich manche Parallelstellen (vgl. XI, 6 mit VI, 2; XI, 23
mit VI, 6) sich finden. Jedenfalls steht das Buch XI literarisch sehr hoch,
wie ein Vergleich der beiden Genreszenen V, 25 und XI, 25 auf den ersten Blick ergibt. Was dort stammelnd angedeutet ist, ist hier mit vollendeter Kunst in Durchbildung der Situation und Individualisierung der
einzelnen Persönlichkeiten zum Ausdruck gebracht. Der ganze Ton des
Buchs ist freier und fließender als der oft fast ängstlich gewissenhafte des
Kreises um Dsong Schen. Herkömmlicherweise beginnt es den zweiten
Teil der »Gespräche«.

## 1. Alte und neue Zeit[1]

Der Meister sprach: »Die früheren Geschlechter waren in Kultur und Musik rohe Menschen, die späteren Geschlechter sind in Kultur und Musik gebildet. Wenn ich (diese Dinge) auszuüben habe, so folge ich den früheren Geschlechtern.«

Der Meister sprach: »Wir sind uns in unseren Tagen mit Stolz bewußt, wieweit wir es gebracht haben in der Verfeinerung der gesamten Kultur und in der Vervollkommnung der Kunst, und so sehen wir mit einem etwas geringschätzigen Mitleid herab auf die Zeiten der Großväter, die die Formen der Kultur und die Ausdrucksmöglichkeiten in der Kunst erst mühsam schaffen mußten und daher an Glätte und Gewandtheit so weit zurückstehen hinter unsrer fortgeschrittenen Zeit. Und dennoch muß ich gestehen, daß ich mich gegebenenfalls an die Art der alten Zeiten halte.«

## 2. Die Jünger der Wanderzeit

Der Meister sprach: »Von denen, die mir folgten in Tschen und Tsai, kommt keiner mehr zu meiner Tür.«
Ethisch hochstehend waren: Yän Yüan, Min Dsï Kiän, Jan Be Niu, Dschung Gung; rhetorisch begabt waren Dsai Wo und Dsï Gung; politisch tätig waren: Jan Yu und Gi Lu; ästhetisch und literarisch begabt waren: Dsï Yu und Dsï Hia.[2]

Der Meister sprach: »Die Zeiten wechseln und die Menschen. Einst auf meinen Wanderungen war ich auch in den schlimmsten Tagen von Getreuen umgeben, die die Gefahren mit mir teilten. Wo sind sie hin? Teils gestorben, teils im Amt, teils in ihrer Heimat, aber keiner ist mehr um mich.«

## 3. Yän Huis Auffassungsgabe

Der Meister sprach: »Hui hilft mir nicht. Mit allem, was ich sage, ist er einverstanden (so daß sich nie eine Diskussion entspinnen kann).«

## 4. Min Dsï Kiäns Pietät

Der Meister sprach: »Gehorsam wahrhaftig ist Min Dsï Kiän!‹[13] Damit sagen die Leute nichts anderes als seine eigenen Eltern und Brüder.«

## 5. Nan Yungs Besonnenheit und ihr Lohn

Nan Yung wiederholte häufig das Lied vom weißen Zepterstein. Meister Kung gab ihm die Tochter seines älteren Bruders zur Frau.[4]

## 6. Welcher ist der Größte unter den Jüngern?

Der Freiherr Gi Kang fragte, wer unter den Jüngern das Lernen liebe. Meister Kung entgegnete und sprach: »Da war Yän Hui, der liebte das Lernen. Zum Unglück war seine Zeit kurz, und er ist gestorben. Jetzt gibt es keinen mehr«.[5]

## 7. Rücksicht auf die Lebenden

Als Yän Yüan gestorben war, bat Yän Lu um des Meisters Wagen, um dafür einen Sarkophag zu beschaffen. Der Meister sprach: »Begabt oder unbegabt: jedem steht doch sein Sohn am nächsten. Als (mein Sohn) Li starb, hatte er einen Sarg, aber keinen Sarkophag; ich kann nicht zu Fuß gehen, um einen Sarkophag zu kaufen. Nachdem ich ein öffentliches Amt bekleidet habe, geht es nicht an, daß ich zu Fuß gehe«.[6]

## 8. Gottverlassenheit

Als Yän Yüan starb, sprach der Meister: »Wehe, Gott verläßt mich, Gott verläßt mich«.[7]

## 9. Des Meisters Tränen um Yän Hui

Als Yän Hui starb, brach der Meister in heftiges Weinen aus. (Die Schüler in) seiner Umgebung sagten: »Der Meister ist zu heftig.« Der Meister sprach: »Klage ich zu heftig? Wenn ich um diesen Mann nicht bitterlich weine, um wen sollte ich es dann tun?«

## 10. Yän Huis Beerdigung

Als Yän Yüan gestorben war, wollten die Jünger ihn prächtig beerdigen. Der Meister sagte, sie sollten es nicht tun. Aber die Jünger beerdigten ihn prächtig. Der Meister sprach: »Hui hat mich immer wie einen Vater behandelt; mir war es nicht vergönnt, ihn wie meinen Sohn zu behandeln. Aber nicht an mir lag es, sondern an euch, ihr meine Jünger«.[8]

## 11. Tod und Leben

Gi Lu[9] fragte über das Wesen des Dienstes der Geister. Der Meister sprach: »Wenn man noch nicht den Menschen dienen kann, wie sollte man den Geistern dienen können!«

(Dsï Lu fuhr fort): »Darf ich wagen, nach dem (Wesen) des Todes zu fragen?« (Der Meister) sprach: »Wenn man noch nicht das Leben kennt, wie sollte man den Tod kennen?«

Dsï Lu fragte nach dem Wesen des Ahnendienstes. Der Meister sprach: »Es ist ein müßiges Unterfangen, sich auf theoretische Erörterungen über die metaphysische Art der Beziehungen der Gegenwart zur Vergangenheit einzulassen. Was durch den Ahnendienst seinen äußeren Ausdruck findet, das ist die Gesinnung der Ehrfurcht, welche schlechthin für den Menschen Pflicht ist. Aus dieser Ehrfurcht der Gesinnung entspringt das rechte Verhalten gegen die lebenden Autoritäten. Dieselbe Gesinnung, weil schlechthinnige Pflicht, zeigt sich auch über das Grab hinaus, weil eine ewige Wahrheit nicht von zeitlichen Bedingungen beeinflußt werden kann. Wer aber seine Eltern nicht ehrt, die er siehet, wie kann der den Ahnen dienen, die er nicht sieht?«

Dsï Lu fragte weiter über das Wesen des Todes. Der Meister vermied auch hierauf eine direkte Antwort, indem er sprach: »Unsere Aufgabe ist es, das Erforschliche zu erforschen und das Unerforschliche ruhig zu verehren. Das Leben ist ein Gebiet, von dem wir unsere Kenntnis durch Erfahrung erweitern können, während die Zustände nach dem Tod jenseits der Grenze wissenschaftlicher Erkenntnis liegen. Deshalb ist es unsre Pflicht, uns zunächst an das Gegebene zu halten: das Leben, und die Erkenntnis der jenseitigen Dinge so lange zurückzustellen, bis sich uns die entsprechenden Erfahrungen darbieten«.[10]


## 12. Im Kreis der Seinen

Meister Min stand zu seiner Seite mit ruhigem, gesetztem Gesichtsausdruck, Dsï Lu blickte mutig drein, Jan Yu und Dsï Gung offen und frei.

Der Meister freute sich. (Doch sprach er:) »Dieser Yu (Dsï Lu) wird einmal nicht eines natürlichen Todes sterben«.[11]


## 13. Urteile über die Jünger I: Min Dsï Kiän. Das lange Schatzhaus

Die Leute von Lu bauten das lange Schatzhaus (neu). Min Dsï Kiän sprach: »Wie wäre es, wenn man das alte erhalten würde? Warum muß man durchaus ein andres bauen?« Der Meister sprach: »Dieser Mann redet selten, aber wenn er redet, trifft er (das Rechte)«.[12]

### 14. Urteile über die Jünger II: Dsï Lus Lautenspiel

Der Meister sprach: »Die Laute Yus, was hat sie in meinem Tor zu tun?« Da achteten die Jünger den Dsï Lu gering. Der Meister sprach. »Yu ist immerhin zur Halle emporgestiegen, wenn er auch die inneren Gemächer noch nicht betreten hat«.[13]

### 15. Urteile über die Jünger III: Dsï Dschang und Dsï Hia.
### Zu wenig und zu viel

Dsï Gung fragte: »Schï oder Schang, wer ist besser?« Der Meister sprach: »Schï geht zu weit, Schang bleibt zurück.« (Dsï Gung) sprach: »Dann ist also wohl Schï der Überlegene.« Der Meister sprach: »Zu viel ist grade so (falsch) wie zu wenig«.[14]

### 16. Urteile über die Jünger IV: Jan Kiu im Dienst

»Der Freiherr Gi ist reicher als die Fürsten Dschous, und Kiu sammelt für ihn die Steuern ein und vermehrt seine Habe«, sprach der Meister, »das ist kein Jünger von mir. Meine Kinder, ihr möget die Trommel schlagen und ihn angreifen«.[15]

### 17. Urteile über die Jünger V: Dsï Gau, Dsong Schen,
### Dsï Dschang, Dsï Lu

Tschai ist töricht, Schen ist beschränkt, Schï ist eitel, Yu ist roh.[16]

### 18. Urteile über die Jünger VI: Yän Hui und Dsï Gung.
### Schätze im Himmel und auf Erden

Der Meister sprach: »Hui, der wird es vielleicht (erreichen). Er ist stets leer. Sï hat nicht die Bestimmung empfangen, und seine

Güter mehren sich. Wenn er etwas plant, so (gelingt es ihm) stets zu treffen.«

Der Meister sprach: »Yän Hui steht der Wahrheit am nächsten. In seinen Lebensverhältnissen gehört er zu den Armen. In seinem Wesen ist er demütig und frei von Eitelkeiten. Dsï Gung gehört nicht zu den Auserwählten, aber seine Güter mehren sich fortgesetzt, und was er plant, das gelingt«.[17]

## 19. Talent und Genie

Dsï Dschang fragte über den Pfad des »guten Menschen«. Der Meister sprach: »Er wandelt nicht in den Spuren anderer, hat auch nicht die inneren Gemächer betreten.«

Dsï Dschang fragte nach dem Wesen des Talentes im Unterschied vom Genie. Der Meister sprach: »Wer Talent hat, kann selbst etwas produzieren. Aber trotz dieser über den Durchschnitt hervorragenden Begabung trennt ihn doch noch ein weiter Abstand von dem Kreise der inneren Berufenen, die intuitiv die Wahrheit erkennen wie die heiligen Könige des Altertums[18], da ihm der Zusammenhang mit der Tradition und der Kulturüberlieferung fehlt.«

## 20. Gehalt der Rede

Der Meister sprach: »Worte: sind sie ehrlich und wahr? Ist, der sie spricht, ein Edler? Oder ist er (nur) äußerlich anständig?«

Man darf sich durch die Worte eines Menschen nicht blenden lassen. Es kommt alles darauf an, daß auch wirklich die Persönlichkeit dahinter steht. Je nachdem dies der Fall ist oder nicht, kann dieselbe Rede das Zeichen eines Charakters sein oder aber ein Zeichen dafür, daß der Redende es versteht, durch geschickt gewählte Äußerungen bewußtermaßen auf einen bestimmten Eindruck hinzuarbeiten.

## 21. Individuelle Behandlung (Dsï Lu und Jan Kiu)

Dsï Lu fragte, ob er (die Lehren), die er gehört, sofort in die Tat umsetzen solle. Der Meister sprach: »Du hast doch noch Vater und Bruder (auf die du Rücksicht nehmen mußt). Wie kannst du da alles Gehörte sofort ausführen?«

Jan Yu fragte (ebenfalls), ob er (die Lehren), die er gehört, sofort in die Tat umsetzen solle. Der Meister sprach: »Ja, hast du etwas gehört, so handle auch danach.«

Gung Si Hua (hatte beides mit angehört und) sprach: »Yu fragte, ob er das Gehörte sofort ausführen solle. Da sprach der Meister: ›Du hast doch noch Vater und Bruder.‹ Kiu fragte, ob er das Gehörte sofort ausführen solle. Da sprach der Meister: ›Hast du etwas gehört, so handle auch danach.‹ Ich bin deshalb im Unklaren und erlaube mir, um Aufschluß zu bitten.« Der Meister sprach: »Kiu ist zögernd, deshalb muß man ihn antreiben; Yu hat einen Überschuß an Tatendrang, deshalb muß man ihn zurückhalten.«

## 22. Bescheidenheit

Als der Meister in Kuang in Gefahr war, blieb Yän Yüan zurück. Der Meister sprach: »Ich dachte schon, du seiest umgekommen.« Da sprach er: »Solange der Meister am Leben ist, wie könnte ich da wagen zu sterben?«[19]

## 23. Strenges Urteil

Gi Dsï Jan[20] fragte über Dschung Yu (Dsï Lu) und Jan Kiu (Jan Yu), ob man sie als bedeutende Staatsmänner bezeichnen könne. Der Meister sprach: »Ich dachte, der Herr würde etwas Außerordentliches zu fragen haben; nun ist es nur die Frage nach Yu und Kiu. Wer den Namen eines bedeutenden Staatsmannes verdient, der dient seinem Fürsten gemäß der Wahrheit; wenn das nicht geht, so tritt er zurück. Was nun Yu und Kiu anlangt, das sind einfach Angestellte.« Da sprach jener: »Dann folgen sie also (in allen Stücken)?« Der Meister sprach: »Bei einem Vatermord oder Fürstenmord werden sie doch nicht folgen.«

## 24. Notwendigkeit geistiger Reife

Dsï Lu[21] stellte den Dsï Gau als Beamten des Kreises Bi (Fe) an. Der Meister sprach: »Du verdirbst das Menschenkind.« Dsï Lu sprach: »Da hat er eine Bevölkerung (zu regieren) und den Göttern des Landes und des Korns zu opfern – warum muß man denn nur immer hinter Büchern sitzen, um sich zu bilden?« Der Meister sprach: »[Diese Menschen haben doch immer eine Ausrede!] Das ist's, warum ich diese zungenfertige Art nicht leiden kann.«

## 25. Herzenswünsche

Dsï Lu, Dsong Si, Jan Yu und Gung Si Hua saßen (mit dem Meister) zusammen. Da sprach der Meister: »Obwohl ich ein paar Tage älter bin als ihr, so nehmet mich nicht so. Ihr sagt immer: ›Man kennt uns nicht.‹ Wenn euch nun ein (Herrscher) kennen würde (und verwenden wollte), was würdet ihr dann tun?«

Dsï Lu fuhr sogleich heraus: »Wenn es ein Reich von tausend Streitwagen gäbe, das eingeklemmt wäre zwischen mächtigen (Nachbar-)Staaten, das außerdem von großen Heeren bedrängt wäre und überdies unter Mangel an Brot und Gemüsen litte: wenn ich es zu regieren hätte, so wollte ich es in drei Jahren soweit gebracht haben, daß (das Volk) Mut hat und seine Pflicht kennt.« Der Meister lächelte. »Und Kiu, was sagst du?« (Jan Kiu) antwortete: »Ein Gebiet von 60 bis 70 Meilen im Geviert, oder sagen wir 50 bis 60 Geviertmeilen: wenn ich das zu regieren hätte, so getraute ich mir wenigstens, es in drei Jahren soweit zu bringen, daß das Volk genug zu leben hat. Was die Pflege der Kultur und Kunst betrifft, die muß ich einem besseren Manne nach mir überlassen.«

»Und Tschï, was sagst du?« (Gung Si Hua) antwortete: »Ich sage nicht, daß ich es schon kann, aber lernen möchte ich es: im kaiserlichen Ahnentempel und bei kaiserlichen Audienzen im Festgewand und Barett wenigstens als niedriger Gehilfe zu dienen, das ist mein Wunsch.«

»Diän, was sagst du?« Dsong Si verlangsamte sein Lautenspiel, ließ die Laute verklingen und legte sie beiseite. Dann stand er auf und sprach: »Ach, (meine Wünsche) sind verschieden von den Plänen dieser drei Freunde.« Der Meister sprach: »Was schadet es? Ein jeder soll seines Herzens Wünsche aussprechen.« Da sagte er: »Ich möchte im Spätfrühling, wenn wir die leichteren Frühlingskleider tragen, mit fünf oder sechs erwachsenen Freunden und ein paar Knaben im Flusse baden und im heiligen Hain des Lufthauchs Kühlung genießen. Dann würden wir ein Lied zusammen singen und heimwärts ziehen.« Der Meister seufzte und sprach: »Ich halte es mit Diän.«

Die drei andern Jünger gingen hinaus, nur Dsong Si blieb zurück. Dsong Si sprach: »Was bedeuten die Worte der drei Jünger?« Der Meister sprach: »Es sprach eben jeder seines Herzens Wünsche aus, nichts weiter.« »Und warum lächelte der Meister über Dsï Lu?« – »Um ein Reich zu regieren, braucht es Takt. Seine Worte aber waren nicht bescheiden, darum lächelte ich über ihn.« »Dann hat also Jan Kiu nicht von der Regierung eines Staates gesprochen?« – »Gewiß; denn wo gäbe es ein Gebiet von 60–70 oder 50–60 Meilen im Geviert, das nicht ein Staat wäre?« »Und hat Gung Si Hua nicht auch von einem Staat gesprochen?« – »Gewiß; denn im kaiserlichen Ahnentempel und bei kaiserlichen Audienzen – wer hat außer den Landesfürsten dabei etwas zu tun? (Er sagte zwar bescheidener Weise nur, daß er als niedriger Gehilfe dabei dienen wolle, aber) wenn ein Mann wie Tschï niedriger Gehilfe ist, wer sollte dann der Leiter sein?«[22]

# BUCH XII · YÄN YÜAN

Die 24 Abschnitte dieses Buches handeln meist von Gegenständen prinzipieller Art. Es bildet so eine Ergänzung des XI., mehr persönlich gearteten Buches. Für die Kenntnis der konfuzianischen Ethik und Weltanschauung ist es besonders ergiebig. Bemerkenswert ist, daß die Abschnitte dieses Buches überwiegend Dialogform haben. Möglicherweise läßt sich hieraus ein Schluß auf die Quelle ziehen.

## 1. Sittlichkeit I: Schönheit

Yän Yüan fragte nach (dem Wesen) der Sittlichkeit. Der Meister sprach: »Sich selbst überwinden und sich den Gesetzen der Schönheit zuwenden[1]: dadurch bewirkt man Sittlichkeit. Einen Tag sich selbst überwinden und sich den Gesetzen der Schönheit zuwenden: so würde die ganze Welt sich zur Sittlichkeit kehren. Sittlichkeit zu bewirken, das hängt von uns selbst ab; oder hängt es etwa von den Menschen ab?«

Yän Yüan sprach: »Darf ich um Einzelheiten davon bitten?«

Der Meister sprach: »Was nicht dem Gesetz der Schönheit entspricht, darauf schaue nicht; was nicht dem Gesetz der Schönheit entspricht, darauf höre nicht; was nicht dem Schönheitsideal entspricht, davon rede nicht; was nicht dem Schönheitsideal entspricht, das tue nicht.« Yän Yüan sprach: »Obwohl meine Kraft nur schwach ist, will ich mich doch bemühen, nach diesem Wort zu handeln.«

Yän Yüan brachte das Gespräch auf die Sittlichkeit. Der Meister sprach: »Um die Menschheit dazu zu bringen, daß sie den Gesetzen höchster Sittlichkeit aus freiem Willen gehorcht, muß man als Herrscher bei der eigenen Person beginnen mit Zurückdrängen alles Unkultivierten und Wilden in dem eigenen Selbst und mit der Durchbildung des ganzen Lebens nach dem Ideal der Schönheit. Durch diese Schönheit wird der Sittlichkeit der Weg gebahnt. Wenn jemand es fertig brächte, auch nur für einen Moment dieses Ideal des höchsten Kunstwerkes in sich zur Wirklichkeit zu machen, dann wäre die Erlösungstat vollbracht und im Prinzip der Weg gefunden, die ganze Welt so zu beeinflussen, daß sie durch die Anschauung der so in Schönheit erscheinenden Sittlichkeit sich dem Guten zuwendete.

Die Erreichung dieses Zieles hängt daher nur von uns selbst ab: davon nämlich, daß es uns gelingt, die höchste Sittlichkeit in der höchsten Schönheit zur Erscheinung zu bringen, keineswegs von den Menschen, die wir beeinflussen wollen. Sowie wir einmal die Kraft gefunden haben, um sie zu bewegen, so können sie gar nicht anders, als dieser Kraft gehorchen.«

Yän Yüan fragte· nach der Art, wie sich diese Schönheit im einzelnen verwirklichen lasse. Der Meister antwortete: »Es ist hierzu wichtig, daß man der Außenwelt gegenüber sich so verhält, daß nichts Unschönes auf uns Einfluß gewinnen kann: Beherrschung und bewußte Direktion der Rezeptivität; andererseits sollen wir in Wort und Tat keine Äußerung unserer eignen Natur zulassen, die unschön ist: Beherrschung und bewußte Direktion der Aktivität.«

## 2. Sittlichkeit II: Ehrfurcht und Nächstenliebe

Dschung Gung[2] fragte nach (dem Wesen) der Sittlichkeit. Der Meister sprach: »Trittst du zur Tür hinaus, so sei wie beim Empfang eines geehrten Gastes. Gebrauchst du das Volk, so sei wie beim Darbringen eines großen Opfers. Was du selbst nicht wünschest, das tue nicht den Menschen an. So wird es in dem Land keinen Groll (gegen dich) geben, so wird es im Hause keinen Groll (gegen dich) geben.«

Dschung Gung sprach: »Obwohl meine Kraft nur schwach ist, will ich mich doch bemühen, nach diesem Wort zu handeln.«

Dschung Gung brachte ebenfalls das Gespräch auf die Sittlichkeit. Ihm gegenüber definierte der Meister ihr Wesen folgendermaßen: »Die Sittlichkeit im Verkehr mit anderen Menschen beruht auf der Ehrfurcht als Grundgesinnung. Im ganzen öffentlichen Leben soll man diese Ehrfurcht zeigen und jeden Menschen wie einen geehrten Gast behandeln. Diese Ehrfurcht muß sich auch nach unten hin, dem gewöhnlichen Volk gegenüber, bewähren. Nimmt man die Dienste des Volks in Anspruch, so geschehe es als in der Gegenwart Gottes mit frommer Scheu, die allen Hochmut im Keim erstickt.

Außer der Ehrfurcht als formalem Prinzip der Gesinnung gibt es als Triebfeder für die Handlungsweise die Maxime der praktischen Vernunft, die (negativ ausgedrückt) lautet: Was du selbst als Unrecht in dir empfinden würdest, das füge keinem Menschen zu. Auf diese Weise muß man bemüht sein, in der Öffentlichkeit sowohl wie im engsten Kreise allen berechtigten Anlaß zur Unzufriedenheit mit uns aus dem Weg zu räumen.«

### 3. Sittlichkeit III: Gründlichkeit

Sï Ma Niu[3] fragte nach (dem Wesen) der Sittlichkeit. Der Meister sprach: »Der Sittliche ist langsam in seinen Worten.« Er antwortete: »Langsam in seinen Worten sein: das heißt Sittlichkeit?« – Der Meister antwortete: »Wer beim Handeln die Schwierigkeiten sieht: kann der in seinen Worten anders als langsam sein?«

Sï Ma Niu wollte ebenfalls Belehrung über die Sittlichkeit haben. Ihm antwortete der Meister mit Überlegung: »Den sittlichen Menschen erkennt man daran, daß ihm das Reden Mühe macht.« Überrascht gab der Schüler zurück: »Redeschwierigkeiten haben: das soll Sittlichkeit sein?« Aber der Meister fuhr fort: »Die Sittlichkeit ist nicht etwas, worüber man geistreich konversieren kann. Es liegt ein furchtbarer Ernst in ihren Forderungen. Es handelt sich um nichts Geringeres, als um Erzeugung von Realitäten inmitten einer widerstrebenden Welt. Wer einmal einen Blick getan hat in die Schwierigkeiten dieses Kampfes: dem mag das gewandte Reden wohl vergehen.«

## 4. Der Edle ist frei von Schwermut und Angst

Sï Ma Niu fragte nach dem (Wesen des) Edlen. Der Meister sprach: »Der Edle ist ohne Trauer und ohne Furcht.« Er sprach: »Ohne Trauer und ohne Furcht sein: das heißt ein Edler sein?« – Der Meister sprach: »Wenn einer sich innerlich prüft, und kein Übles da ist, was sollte er da traurig sein, was sollte er fürchten?«

Sï Ma Niu brachte das Gespräch auf die Charaktereigenschaften, die für den höheren Menschen bezeichnend seien. Der Meister antwortete: »Im Grunde erkennt man den höheren Menschen ohne weiteres daran, daß er erhaben ist über Schwermut und Angst.« Der Jünger, von dieser Antwort überrascht, gab seinem Erstaunen Ausdruck. Da erklärte sich der Meister noch weiter: »Angst und Schwermut ist doch nur dann möglich, wenn der Mensch in seinem eignen Wesen verkehrte Willensrichtungen hegt, die ins Verderben führen müssen. Wenn nun eine gewissenhafte Selbstprüfung ergibt, daß unser Wesen frei von solchen Krankheiten ist, so wüßte ich nicht, wo sonst noch ein Grund zur Schwermut oder Angst liegen sollte für den, der die Bedingungen seines Glücks allein in sich selbst trägt«.[4]


## 5. Trost[5]

Sï Ma Niu war betrübt und sprach: »Alle Menschen haben Brüder, nur ich habe keinen.« Dsï Hia sprach: »Ich habe gehört: Tod und Leben haben ihre Bestimmung, Reichtum und Ansehen kommen vom Himmel. Der Edle ist sorgfältig und ohne Fehl: im Verkehr mit den Menschen ist er ehrerbietig und taktvoll: so sind innerhalb der vier Meere alle seine Brüder. Warum sollte der Edle sich bekümmern, daß er keine Brüder hat?«

Derselbe Sï Ma Niu klagte einst auch dem Dsï Hia sein Leid mit den Worten: »Alle Menschen haben einen festen Halt im Schoß ihrer Familie, nur ich bin einsam und bruderlos.« Dsï Hia tröstete ihn: »Wir wissen, daß die äußeren Lebensschicksale nicht in unserer Hand stehen, sondern von der Vorsehung nach höheren Gesichtspunkten geordnet sind. Darum ist es sinnlos, gegen das Schicksal zu murren, vielmehr ist es die Pflicht des Gebildeten, aus seinem Schicksal das Beste zu machen. Unsre Sache ist es, durch Sorgfalt und Tadellosigkeit der persönlichen Lebensführung, durch Ehrerbietung und Takt im Verkehr mit andern uns als höhere Menschen zu beweisen. Diese Tugenden sind es, welche jenes unsichtbare Band von Mensch zu Mensch schlingen, daß man mit jedem Gleichgesinnten auf der ganzen Welt sich brüderlich vereint wissen darf. Das hebt uns dann hinaus über die Schwierigkeiten, die uns die leiblichen Brüder bereiten.«

## 6. Klarheit des Geistes

Dsï Dschang fragte nach (dem Wesen) der Klarheit. Der Meister sprach: »Auf wen langsam durchsickernde Verleumdungen und durch die Haut dringende[6] Klagen nicht wirken, den kann man als klar bezeichnen. Auf wen langsam durchsickernde Verleumdungen und durch die Haut dringende Klagen nicht wirken, ja, den kann man als weit (blickend) bezeichnen.«

Dsï Dschang fragte, wie geistige Klarheit erworben werden könne. Der Meister sprach: »Die geistige Klarheit und der geistige Weitblick besteht einfach darin, daß man sich die Selbständigkeit des Urteils wahrt gegenüber den unbedeutenden und unmerklichen Beeinflussungen jener Leute, die nach dem Grundsatz: ›Es bleibt immer etwas hängen‹ unentwegt und leise ihre Behauptungen wiederholen, bis sie schließlich durch die lange Gewohnheit den Schein einer selbstverständlichen Wahrheit gewinnen.«

## 7. Staatsregierung I: Vertrauen

Dsï Gung[7] fragte nach (der rechten Art) der Regierung. Der Meister sprach: »Für genügende Nahrung, für genügende Militärmacht und für das Vertrauen des Volkes (zu seinem Herrscher) sorgen.« Dä Gung sprach: »Wenn man aber keine Wahl hätte, als etwas davon aufzugeben: auf welches von den drei Dingen könnte man am ehesten verzichten?« (Der Meister) sprach: »Auf die Militärmacht« Dsï Gung sprach: »Wenn man aber keine Wahl hätte, als auch davon eines aufzugeben: auf welches der beiden Dinge könnte man am ehesten verzichten?« (Der Meister) sprach: »Auf die Nahrung. Von alters her müssen alle sterben; wenn aber das Volk keinen Glauben hat, so läßt sich keine (Regierung) aufrichten.«

Der Jünger Dsï Gung, der verschiedene Male amtliche Anstellungen hatte, fragte nach den wichtigsten Gesichtspunkten, die man bei der Regierung zu beobachten habe. Der Meister sprach: »Das erste muß sein, für den Wohlstand der Bevölkerung zu sorgen. Das nächste muß sein, die innere Entwicklung nach außen hin durch ein schlagfertiges Heer zu schützen. Das dritte muß sein, daß das Volk Vertrauen zur Regierung gewinnt, was eben durch die gewissenhafte Durchführung der ersten beiden Maßregeln ermöglicht wird.« Der Jünger stellte darauf einige Fragen, durch die er sich darüber aufzuklären suchte, ob dieser zeitlichen Reihenfolge der Regierungsmaßnahmen auch die Wichtigkeit der einzelnen Ziele entspreche. Das Resultat der Antworten des Meisters war, daß dies nicht der Fall sei. Die unentbehrliche Voraussetzung einer jeden Regierung sei vielmehr, daß sie eine solche Fühlung mit dem Volksbewußtsein habe, daß ihr von Seiten der Regierten unbedingtes Vertrauen entgegengebracht werde. Jeder weitere Ausbau des Staates hängt von dieser Grundlage ab, ist also ihr gegenüber von sekundärer Bedeutung.

## 8. Kern und Schale

Gi Dsï Tschong sprach: »Dem Edlen kommt es auf das Wesen an und sonst nichts. Was braucht er sich um die Form zu kümmern?« Dsï Gung sprach: »Bedauerlich ist die Rede des Herren über den Edlen. Ein Viergespann holt die Zunge nicht ein. Die

Form ist Wesen, das Wesen ist Form. Das von Haaren entblößte Fell eines Tigers und Leoparden ist wie das von Haaren entblößte Fell eines Hundes oder Schafs.«

Ein hoher Beamter des Staates We namens Gi Dsï Tschong äußerte einmal im Gespräch mit dem Jünger Dsï Gung: »Ein Gebildeter sieht auf das Wesen und auf sonst nichts, die äußere Form hat für ihn keine Bedeutung.« Dsï Gung hielt mit seinem Tadel nicht zurück. Er äußerte: »Es ist sehr bedauerlich, daß Sie sich in dieser Weise über das Wesen der Bildung ausgesprochen haben. Solche übereilten Worte lassen sich nachträglich nicht mehr ungesprochen machen. In Wirklichkeit ist Form und Wesen gar nicht zu trennen, die äußere Erscheinung ist ein notwendiges Attribut des Wesens. Gerade die äußere Erscheinung ist es ja, was den Gebildeten von der großen Masse unterscheidet. Diese Formen sind wie die Zeichnung eines Tiger- oder Leopardenfells. Die ist auch nur äußerlich. Kratzt man aber die Haare ab, so ist, was bleibt, nicht mehr zu unterscheiden von einem abgeschabten Hunde- oder Ziegenfell.«[8]

## 9. Volkswohlstand und Staatswohlstand

Fürst Ai fragte den Yu Jo und sprach: »Dies Jahr ist Teuerung, die Bedürfnisse lassen sich nicht decken. Was ist zu tun?« Yu Jo entgegnete und sprach: »Warum nicht den allgemeinen Zehnten durchführen?« (Der Fürst) sprach: »Mit zwei Zehnten habe ich noch immer nicht genug. Was soll man da mit dem einfachen Zehnten anfangen?« Er entgegnete und sprach: »Wenn die Untertanen genug haben, von wem bekäme der Fürst nicht genug? Wenn die Untertanen nicht genug haben, von wem bekäme der Fürst genug?«

Der Fürst Ai von Lu fragte den Jünger Yu Jo, was sich tun lasse, um die Staatseinkünfte, die infolge einer Teuerung hinter dem erforderlichen Mindestmaß zurückgeblieben seien, zu erhöhen. Yu Jo schlug vor, einfach zu dem seit Aufrichtung der Dschou-Dynastie üblichen Steuersatz von einem Zehntel des landwirtschaftlichen Ertrags zurückzukehren. Der Fürst hielt das zunächst für ein Mißverständnis und machte darauf aufmerksam, daß im Staate Lu schon (seit Fürst Süan, 609 bis 591) zwei Zehnten erhoben würden, die immer noch nicht ausreichten. Yu Jo vertrat darauf das Prinzip, daß die einzige Quelle für ausreichende Staatseinkünfte der allgemeine Volkswohlstand sei. Daher sei es Pflicht einer weitsichtigen Regierung, unter allen Umständen, selbst unter zeitweiligem Verzicht auf erhöhte Abgaben, den Volkswohlstand so zu fördern, daß im Volk Wohlhabenheit herrsche. Wenn das der Fall sei, würden sich ganz von selbst auch immer die nötigen Mittel für öffentliche Zwecke finden, so daß sich dieses System der Mäßigkeit auf die Dauer bezahlt mache, während rigorose Überbelastung des Volks wohl für den Moment Mehreinnahmen schaffe, sich aber auf die Dauer notwendig rächen müsse.[9]

## 10. Aus Dunkelheit zum Licht I

Dsï Dschang fragte, wie man sein Wesen erhöhen und Unklarheiten unterscheiden könne. Der Meister sprach: »Treu und Glauben zur Hauptsache machen, der Pflicht folgen: dadurch erhöht man sein Wesen. Einen lieben und wünschen, daß er lebe; einen hassen und wünschen, daß er sterbe: also wünschen, daß einer lebe, und wieder wünschen, daß einer sterbe, das ist Unklarheit.« ›Wahrlich nicht um ihres Reichtums willen. Einzig nur um ihrer Besonderheit willen.‹ (Die beiden letzten Zeilen sind ein Zitat aus Schï Ging II, 4, 4, 3, das keinen Sinn im Zusammenhang gibt und nach Tschongs Kommentar, dem die meisten andern folgen, zu XVI, 12 gehört, wo ein Zitat ausgefallen ist.)

Der Jünger Dsï Dschang fragte, auf welche Weise man seinen Charakter entwickeln und die Unklarheiten des eigenen Wesens aufhellen könne. Der Meister sprach: »Die Entwicklung und Erhöhung des Charakters wird erreicht durch unbedingte Gewissenhaftigkeit und Wahrheit und freie Unterwerfung unter das, was Pflicht ist. Die inneren Unklarheiten und Dunkelheiten des eigenen Wesens verschwinden von selbst, sowie man sie nur einfach ins Auge faßt. Das Gemütsleben der meisten Menschen wird beherrscht von blinden Sympathien und Antipathien. Je nach der Sympathie oder Antipathie, die uns beherrscht, wünschen wir andern Leben oder Tod. Aber man darf sich nur einmal überlegen, was das heißt: Leben zu fördern suchen und auf der andern Seite wieder Leben zu vernichten trachten, um zu erkennen, daß ein solcher Gemütszustand in dumpfer Unklarheit befangen ist. Ein klarer Standpunkt läßt sich also nur erreichen, wenn man sich durch Vernunft frei macht von der Beeinflussung des niederen Trieblebens«.[10]

## 11. Staatsregierung II: Soziale Ordnung als Grundlage des Staatswesens

Der Fürst Ging von Tsi fragte den Meister Kung über die Regierung. Meister Kung sprach: »Der Fürst sei Fürst, der Diener sei Diener; der Vater sei Vater, der Sohn sei Sohn.« Der Fürst sprach: »Gut fürwahr! Denn wahrlich, wenn der Fürst nicht Fürst ist und der Diener nicht Diener; der Vater nicht Vater und der Sohn nicht Sohn: obwohl ich mein Einkommen habe, kann ich dessen dann genießen?«

Der Fürst Ging vom Staate Tsi fragte Kung um Rat in Sachen der Staatsregierung. Kung erwiderte, daß die unerläßliche Vorbedingung für ein geordnetes Staatswesen eine feste Ordnung der sozialen Beziehungen sei, so daß vom Fürsten an bis zum letzten Bürger jeder den seiner sozialen Stellung entsprechenden Pflichten nachkomme. Der Fürst stimmte diesem Wort aus ganzem Herzen zu unter Andeutung der Schwierigkeiten, die ihm aus der sozialen Unordnung in seinem Staate trotz äußeren Wohlstandes erwuchsen.[11]

## 12. Dsï Lus Lob

Der Meister sprach: »Nach einem einzelnen Wort einen Prozeß entscheiden, das konnte Yu.«
Dsï Lu schlief nie über einem (gegebenen) Versprechen.

Um einen Prozeß zu entscheiden, ist es in der Regel nötig, erst sorgfältig beide Parteien anzuhören, um dann nach genauer Abwägung aller Umstände die Entscheidung zu treffen.[12]
Der Meister sagte aber von Dsï Lu, daß er einen so entwickelten Wahrheitssinn habe, daß er nur eine Partei zu hören brauche, um sofort den Tatbestand richtig zu erfassen.

## 13. Prozesse entscheiden und Prozesse verhüten

Der Meister sprach: »Im Anhören von Klagesachen bin ich nicht besser als irgendein anderer. Woran mir aber alles liegt, das ist, zu bewirken, daß gar keine Klagesachen entstehen«.[13]

## 14. Staatsregierung III: Unermüdliche Gewissenhaftigkeit

Dsï Dschang[14] fragte nach (dem Wesen) der Staatsregierung. Der Meister sprach: »Unermüdlich dabei sein und gewissenhaft handeln.«

Als der Jünger Dsï Dschang einst fragte, worauf es bei der Regierungstätigkeit hauptsächlich ankomme, antwortete der Meister: »Man muß bei der Sache bleiben und die Sache wichtig nehmen, ohne durch die Länge der Zeit sich abstumpfen zu lassen und in die bloße Routine zu verfallen. Bei der Erledigung der äußeren Geschäfte ist eine gewissenhafte innere Beteiligung wichtig, um einem toten Schematismus zu entgehen.«

## 15. Selbsterziehung

Der Meister sprach: »Wer eine umfassende Kenntnis der Literatur besitzt und sich nach den Regeln der Moral richtet, der mag es wohl erreichen, Fehltritte zu vermeiden.«

Wiederholung von VI, 25.

## 16. Einfluß auf andere

Der Meister sprach: »Der Edle befördert das Schöne der Menschen und befördert nicht das Unschöne der Menschen. Der Gemeine macht es umgekehrt.«

Ein vornehmer Charakter hat auf seine Umgebung einen erhöhenden Einfluß, indem er nur durch die verborgenen Wirkungen seines Wesens alles Gute und Schöne, das in den Menschen oft schlummert, hervorlockt und zu seiner Verwirklichung mithilft, wogegen das Unschöne der Menschen in seiner Gegenwart sich zurückzieht und verbirgt. Die Wirkungen eines gemeinen Menschen sind gerade entgegengesetzte.

## 17. Staatsregierung IV: Die Person des Herrschenden

Freiherr Gi Kang[15] fragte den Meister Kung nach (dem Wesen) der Regierung. Meister Kung sprach: »Regieren heißt recht machen. Wenn Eure Hoheit die Führung übernimmt im Rechtsein, wer sollte es wagen, nicht recht zu sein?«

Der leitende Staatsmann des Staates Lu, Gi Kang, fragte Kung um Rat über die beste Art, die Regierung zu handhaben. Kung erwiderte: »Regieren heißt nichts anderes als das Volk in Ordnung halten. Die wirkliche Ordnung läßt sich aber nicht rein äußerlich durchführen. Der Geist der Ordnung muß zuerst in der Person des Regierenden zum Ausdruck kommen. Sowie das der Fall ist, wird es sich ganz von selbst im Staate durchsetzen.«


## 18. Das Volk richtet sich nach der Person, nicht nach den Worten

Freiherr Gi Kang war in Sorge wegen des Räuberunwesens und fragte den Meister Kung. Meister Kung entgegnete:»Wenn Eure Hoheit es nicht wünscht[16], so wird, ob selbst Belohnung darauf gesetzt würde, niemand rauben.«

Freiherr Gi Kang wandte sich in seiner Verlegenheit wegen des in Lu überhandnehmenden Räuberunwesens an Kung um Rat. Dieser erwiderte:»Das Ausschlaggebende ist die wirkliche Gesinnung des Herrschenden, nicht seine Meinungsäußerungen und Verordnungen. Wenn der Herrschende allem Raub tatsächlich abgeneigt ist, so kann er in seinen Verordnungen Belohnungen für den Raub aussetzen, und doch hält sich das Volk davon fern.« (Die negative Anwendung konnte sich der Minister leicht selbst abstrahieren.)


## 19. Staatsregierung V: Wind und Gras

Freiherr Gi Kang fragte den Meister Kung nach (dem Wesen) der Regierung und sprach:»Wenn man die Übertreter tötet, um denen, die auf rechtem Wege wandeln, zu helfen: wie wäre das?« Meister Kung entgegnete und sprach:»Wenn Eure Hoheit die Regierung ausübt, was bedarf es dazu des Tötens? Wenn Eure Hoheit das Gute wünscht, so wird das Volk gut. Das Wesen des Herrschers ist der Wind, das Wesen der Geringen ist das Gras. Das Gras, wenn der Wind darüber hinfährt, muß sich beugen.«

Freiherr Gi Kang fragte Kung, ob es nicht unter Umständen im Interesse einer durchgreifenden Besserung der Verhältnisse liegen könne, mit der Todesstrafe nicht zu sparen, um zugunsten der ruhigen Bürger unter den gefährlichen Elementen gründlich aufzuräumen. Kung war damit jedoch nicht einverstanden, sondern betonte, daß eine gute Regierung auf die Todesstrafe verzichten könne. Die Persönlichkeit des Herrschers übe einen so unbedingten geistigen Einfluß auf das Volk aus, daß sich sein Wille mit automatischer Sicherheit durchsetze, wie das Gras sich beugt, wenn der Wind darüber hinfährt.[17]

## 20. Bedeutung und Berühmtheit

Dsï Dschang fragte: »Wie muß ein Gebildeter sein, um durchdringend zu heißen?« Der Meister sprach: »Was verstehst du denn unter durchdringend?« Dsï Dschang erwiderte: »In der Öffentlichkeit berühmt sein und zu Hause berühmt sein.« Der Meister sprach: »Das ist Berühmtheit, nicht Durchdringen. Ein bedeutender Mann ist seinem Wesen nach gerade und liebt Gerechtigkeit. Er prüft die Worte und durchschaut die Mienen. Er ist ängstlich darauf aus, sich zu demütigen vor den Menschen. Ein solcher ist in der Öffentlichkeit durchdringend und zu Hause durchdringend. Ein berühmter Mann aber hält sich im Äußeren an die Sittlichkeit, aber übertritt sie in seinem Handeln. Er verharrt (in seinem Selbstbewußtsein) ohne Bedenken. Ein solcher ist in der Öffentlichkeit berühmt und zu Hause berühmt.«

Der Jünger Dsï Dschang fragte, wie man seine amtliche Laufbahn einrichten müsse, um durchzudringen. Der Meister sprach: »Was verstehst du denn unter durchdringen?« Als der Jünger erwiderte: »Wenn man überall von jemand hört, einerlei, ob er in einer amtlichen Stellung sich befindet oder sich ins Privatleben zurückgezogen hat«, da wies ihn der Meister mit den Worten zurecht: »Was du da als durchdringende Bedeutung bezeichnest, ist in Wirklichkeit nur Tagesberühmtheit. Um durchdringende geistige Bedeutung zu erlangen, muß einem eine innerliche Geradheit wesentlich zu eigen sein, man muß frei von allem persönlichen Egoismus nur das allgemeine Interesse im Auge haben. Im Verkehr muß man nicht nur die Äußerungen der Menschen sorgfältig abwägen, sondern ebenso ihr ganzes Benehmen psychologisch beurteilen. Daneben muß man sich ängstlich vor allem Hochmut hüten und ehrlich bestrebt sein, auch von Niedrigstehenden sich etwas sagen zu lassen. Auf diesem Wege erreicht man durchdringende Bedeutung, ganz einerlei, ob man in der Öffentlichkeit oder im Privatleben steht. Um aber die Berühmtheit des Tages zu erlangen, muß man in allen seinen Äußerungen die Fahne der Religion und Moral hochhalten, wenn man auch in seinen Handlungen dagegen verstößt. Ferner ist nötig ein dickfelliges Selbstbewußtsein, das sich durch nichts irre machen läßt und dadurch auch bei andern einen Zweifel gar nicht aufkommen läßt. Wer auf diese Weise die Trommel zu rühren versteht, der wird im Handumdrehen ein berühmter Mann, sowohl in der Öffentlichkeit als auch im Privatleben«.[18]

## 21. Aus Dunkelheit zum Licht II

Fan Tschï wandelte (mit dem Meister) unter dem Regenaltar; er sprach: »Darf ich fragen, wie man sein Wesen erhöhen, seine geheimen Fehler bessern und Unklarheiten unterscheiden kann?« Der Meister sprach: »Das ist eine gute Frage! Erst die Arbeit, dann der Genuß: wird dadurch nicht das Wesen erhöht? Seine eignen Sünden bekämpfen und nicht die Sünden der andern bekämpfen: werden nicht dadurch die geheimen Fehler gebessert? Um des Zorns eines Morgens willen seine eigne Person vergessen und seine Angehörigen in Verwicklungen bringen: ist das nicht Unklarheit?«

Fan Tschï wandelte mit dem Meister allein im heiligen Hain am Regenaltar. Da benutzte er die Einsamkeit zu einer vertrauensvollen Aussprache und begann: »Darf ich fragen, auf welche Weise man seinen Charakter entwickeln, die geheimen Fehler bessern und die Unklarheiten des eigenen Wesens aufhellen kann?« Der Meister entgegnete, sein Vertrauen ermunternd: »Das ist eine gute Frage! Die Entwicklung des Charakters wird erreicht durch die Sachlichkeit unserer Interessen, daß man in allen Dingen vor allem darauf sieht, was geleistet werden muß, und diesen Erwägungen den persönlichen Vorteil unterordnet. Um seine geheimen Fehler zu bessern, dazu bedarf man der Unbefangenheit, die bereit ist, den Grund des Übels in der eigenen Person anzuerkennen, und der mutigen Entschlossenheit, gegen das Böse in sich selbst anzugehen, anstatt, wie es üblich ist, die Schuld immer nur bei andern zu suchen. Hat man diese Gesinnung, so wird es an Gelegenheiten, das verborgene Übel ans Licht zu bringen, von selbst nicht fehlen. Jeder Konflikt, in den wir mit andern kommen, kann uns dazu helfen. Die Unklarheiten haben ihren Ursprung im niederen Triebleben, so daß man sich z. B. im Zorn des Augenblicks hinreißen läßt zu Handlungen, die nicht nur für die eigne Person, sondern unter Umständen selbst für die Angehörigen von den schlimmsten Folgen sein können. Diesen blinden Mächten widerstehen: dadurch wird man von den Unklarheiten des eigenen Wesens frei.«

## 22. Sittlichkeit und Weisheit

Fan Tschï[19] fragte nach (dem Wesen) der Sittlichkeit (Menschlichkeit). Der Meister sprach: »Menschenliebe«. Er fragte nach (dem Wesen) der Weisheit. Der Meister sprach: »Menschenkenntnis«. Fan Tschï begriff noch nicht; da sprach der Meister: »Dadurch, daß man die Geraden erhebt, daß sie auf die Verdrehten drücken, kann man die Verdrehten gerade machen.« Fan Tschï zog sich zurück. Er sah Dsï Hia und sprach: »Vor kurzem war ich bei dem Meister und fragte nach (dem Wesen) der Weisheit. Der Meister sprach: ›Dadurch, daß man die Geraden erhebt, daß sie auf die Verdrehten drücken, kann man die Verdrehten gerade machen.‹ Was bedeutet das?« Dsï Hia sprach: »Das ist ein reiches Wort! Schun hatte das Reich, er wählte unter allen und erhob Gau Yau, da verschwanden die Unsittlichen. Tang hatte das Reich, er wählte unter allen und erhob I Yin, da verschwanden die Unsittlichen.«

Der Jünger Fan Tschï fragte einst, was der Kernpunkt der Sittlichkeit sei. Der Meister antwortete: »Die wahre Sittlichkeit oder Menschlichkeit besteht eben darin, daß man die Menschen liebt.« Fan Tschï fragte weiter, worin die Weisheit bestehe. Der Meister antwortete: »Auch die Weisheit hat ihr höchstes Objekt im Menschen: sie ist Menschenkenntnis.« Fan Tschï verstand den Sinn dieser Antworten noch nicht; da erklärte sich der Meister genauer: »Auf Grund dieser Menschenkenntnis höherer Art kann man durch richtige Verteilung der geeigneten Persönlichkeiten es so weit bringen, daß auch minderwertige Menschen brauchbar werden. Man muß nur die aufrichtigen und starken Charaktere in die maßgebenden Positionen bringen, damit sie Gelegenheit haben, die Minderwertigen wirksam zu beeinflussen.«

Fan Tschï, dem die Sache noch immer nicht klar war, zog sich zurück, ohne eine weitere Frage zu wagen. In seiner Verlegenheit suchte er Rat bei Dsï Hia, dem er den Inhalt seines Gesprächs mit dem Meister wiederholte. Dsï Hia erfaßte die Sache sofort und sprach: »Das ist ein Wort von weitreichender Anwendungsmöglichkeit. Wenn wir die Weisheit der Herrscher des Altertums[20] erforschen, so ergibt sich, daß ihre große Weisheit eben darin bestand, daß sie die richtigen Leute herauszufinden verstanden und diese Leute in die maßgebenden Positionen brachten. Dadurch erreichten sie es, daß die gesamten Zustände sich aufs günstigste entwickelten und die moralisch Minderwertigen verschwanden.«

## 23. Freundschaft

Dsï Gung fragte nach (dem Wesen) der Freundschaft. Der Meister sprach: »Man soll sich gewissenhaft ermahnen und geschickt (zum Guten) führen. Wenn es nicht geht, so halte man inne. Man muß sich nicht selbst der Beschämung aussetzen.«

Dsï Gung fragte, wie man mit Freunden verkehren solle. Der Meister sprach: »Das Wesen der Freundschaft beruht auf unbedingter Aufrichtigkeit. Sieht man an seinem Freund einen Fehler, so hat man die Pflicht, ihn gewissenhaft darauf aufmerksam zu machen. Die Freundschaft soll dazu dienen, daß man sich gegenseitig auf liebevolle Weise im Guten fördert. Aber man darf nicht zum pedantischen Moralprediger werden.

Sieht man, daß unsere Anregungen auf Widerstand stoßen, so halte man sich taktvoll zurück und überlasse es dem gesunden Verstande des andern, selbst zur Besinnung zu kommen. Sonst setzt man sich nur Beschämungen aus, und die Freundschaft geht in die Brüche.«

## 24. Zweck der Freundschaft

Meister Dsong sprach: »Der Edle begegnet seinen Freunden durch die Kunst und fördert durch seine Freunde seine Sittlichkeit.«

Der Jünger Dsong Schen sprach: »Für den Gebildeten sind in der Regel gemeinsame ästhetische Richtungen der Anknüpfungspunkt eines freundschaftlichen Verhältnisses. Auf die Dauer muß jedoch die Freundschaft auch eine gegenseitige Förderung auf ethischem Gebiet mit sich bringen, wenn sie diesen Namen verdienen soll.«

# BUCH XIII · DSÏ LU

Dieses Buch, welches 30 Abschnitte enthält, steht dem letzten ziemlich nahe. Es beschäftigt sich hauptsächlich mit Fragen der Regierung und der persönlichen Charakterbildung. Bemerkenswert ist, daß der Staat We eine ziemlich große Rolle spielt (vgl. die Abschnitte 3, 7, 8, 9).

We war der Platz, wo der Schüler Yüan Hiän, nach dem das nächste Buch genannt ist, nach des Meisters Tod lebte. Zugleich der Heimatstaat von Dsï Gung. Möglich, daß hier ein Anhaltspunkt für die Quelle liegt.

## 1. Staatsregierung I: Der Regent als Erster im Dienen

Dsï Lu fragte nach (dem Wesen) der Regierung. Der Meister sprach: »(Dem Volk) vorangehen und es ermutigen.«[1] Er bat um weiteres. (Der Meister) sprach: »Nicht müde werden.«

Als Dsï Lu um Auskunft bat über das Wesentliche bei der Regierung, da antwortete der Meister: »Alles kommt darauf an, daß der Regent sich das Regieren nicht leicht macht, sondern daß er aktiv die Leitung übernimmt und das Volk dadurch ermutigt, seinem Beispiel zu folgen.« Dsï Lu schien mit dieser Auskunft noch nicht zufrieden und bat um weitere Ratschläge. Er bekam die Antwort, daß, was weiter nötig sei, nur eben in der unermüdlichen Konsequenz bei Durchführung dieser Grundsätze bestehe.

## 2. Staatsregierung II: Wider das persönliche Regiment

Dschung Gung[2] war Hausbeamter der Familie Gi und fragte nach (dem Wesen) der Regierung. Der Meister sprach: »Habe an erster Stelle die zuständigen Beamten, verzeih kleine Fehler, wähle Leute von Charakter und Talent.« Er sprach: »Wie weiß ich, welche (Leute) Charakter und Talent haben, daß ich sie wähle?« (Der Meister) sprach: »Wähle die, so du weißt. Die, so du nicht weißt: werden die Menschen auf sie verzichten?«

Dschung Gung fragte den Meister um Rat in Beziehung auf die Grundsätze der Regierung, zur Zeit als er ein Amt im Dienst der Familie Gi innehatte. Der Meister sprach:»Die größte Gefahr ist, alles selber machen zu wollen; vielmehr soll der Regent in allen Detailfragen den zuständigen Instanzen die Initiative lassen. Kleine menschliche Schwächen muß man übersehen, aber um so strenger darauf halten, daß die Leute, die man an der Hand hat, zuverlässig und ihrer Aufgabe gewachsen sind.« Als der Schüler danach fragte, wie man solche Leute ausfindig machen könne, erwiderte der Meister, daß man nur einmal einen Anfang zu machen brauche mit den tüchtigen Menschen, die man kenne. Dann werden schon ganz von selber auch solche tüchtige Menschen, die man noch nicht kannte, von den andern empfohlen werden.

### 3. Staatsregierung III: Richtigstellung der Begriffe

Dsï Lu sprach: »Der Fürst von We wartet auf den Meister, um die Regierung auszuüben. Was würde der Meister zuerst in Angriff nehmen?« Der Meister sprach: »Sicherlich die Richtigstellung der Begriffe.« Dsï Lu sprach:»*Darum* sollte es sich handeln? Da hat der Meister weit gefehlt! Warum denn deren Richtigstellung?« Der Meister sprach:»Wie roh du bist, Yu! Der Edle läßt das, was er nicht versteht, sozusagen beiseite. Wenn die Begriffe nicht richtig sind, so stimmen die Worte nicht; stimmen die Worte nicht, so kommen die Werke nicht zustande; kommen die Werke nicht zustande, so gedeiht Moral und Kunst nicht; gedeiht Moral und Kunst nicht, so treffen die Strafen nicht; treffen die Strafen nicht, so weiß das Volk nicht, wohin Hand und Fuß setzen. Darum sorge der Edle, daß er seine Begriffe unter allen

Umständen zu Worte bringen kann und seine Worte unter allen Umständen zu Taten machen kann. Der Edle duldet nicht, daß in seinen Worten irgend etwas in Unordnung ist. Das ist es, worauf alles ankommt.«[3]

Dsï Lu machte dem Meister Mitteilung, daß der Fürst des Staates We sich mit dem Gedanken trage, ihn mit der Leitung des Staates zu betrauen, und fragte, wo er in diesem Fall mit etwaigen Reformen einsetzen würde. Der Meister sprach: »Was vor allem nötig ist, ist, daß man alle Dinge beim rechten Namen nennen kann.« Dsï Lu äußerte sich ziemlich absprechend über diese Äußerung des Meisters. Dieser verwies ihm zunächst seinen Mangel an bescheidener Zurückhaltung, dann fuhr er fort: »Wenn in einem Staate faule Stellen sind, die eine Verwirrung der Begriffe verursachen, so ist ein energisches, klares Wort eine Unmöglichkeit. Dadurch wird aber eine durchgreifende Regierungstätigkeit verhindert. Und die daraus entspringende öffentliche Unordnung läßt keine Äußerung der wahrhaften geistigen Kultur aufkommen, denn die Verlogenheit dringt ein auch in Religion und Kunst. Ohne diese Geisteskultur ist aber auf der andern Seite eine gerechte Justizverwaltung unmöglich, und dadurch entsteht eine allgemeine Unsicherheit und Beunruhigung des öffentlichen Lebens. Darum ist für einen charaktervollen Mann eine unerläßliche Vorbedingung alles Wirkens, daß seine Begriffe alle so beschaffen sind, daß er sie aussprechen kann, und daß seine Worte so sind, daß er sie in Taten umsetzen kann. Das ist nur möglich bei unbedingter Genauigkeit und Wahrheit.«

## 4. Staatsregierung IV: Keine technischen Spezialkenntnisse erforderlich

Fan Tschï bat um Belehrung über den Ackerbau. Der Meister sprach: »(In diesem Stück) bin ich nicht so (bewandert) wie ein alter Bauer.« Darauf bat er um Belehrung über den Gartenbau. (Der Meister) sprach: »Darin bin ich nicht so bewandert wie ein alter Gärtner.« Fan Tschï ging hinaus. Da sprach der Meister: »Ein beschränkter Mensch ist er doch, dieser Fan Sü. Wenn die

Oberen die Ordnung hochhalten, so wird das Volk nie wagen, unehrerbietig zu sein. Wenn die Oberen die Gerechtigkeit hochhalten, so wird das Volk nie wagen, widerspenstig zu sein. Wenn die Oberen die Wahrhaftigkeit hochhalten, so wird das Volk nie wagen, unaufrichtig zu sein. Wenn es aber so steht, so werden die Leute aus allen vier Himmelsrichtungen mit ihren Kindern auf dem Rücken herbeikommen. Was braucht man dazu die Lehre vom Ackerbau!«[4]

## 5. Theorie und Praxis[5]

Der Meister sprach: »Wenn einer alle dreihundert Stücke des Liederbuches auswendig hersagen kann, und er versteht es nicht, mit der Regierung beauftragt, (seinen Posten) auszufüllen, oder kann nicht selbständig antworten, wenn er als Gesandter ins Ausland geschickt wird: wozu ist (einem solchen Menschen) alle seine viele (Gelehrsamkeit nütze)?«

## 6. Die Person des Herrschenden[6]

Der Meister sprach: »Wer selbst recht ist, braucht nicht zu befehlen: und es geht. Wer selbst nicht recht ist, der mag befehlen: doch wird nicht gehorcht.«

## 7. Urteil über zwei zeitgenössische Staaten[7]

Der Meister sprach: »Die Herrscher von Lu und We sind Brüder.«

## 8. Anpassung an die Umstände[8]

Der Meister sagte von dem Prinzen Ging von We, daß er gut hauszuhalten verstehe: »Als er anfing etwas zu haben, sprach er:

›Wenn ich's nur beisammen halte!‹ Als er etwas mehr hatte, sprach er: ›Wenn es nur für alles reicht.‹ Als er reichlich hatte, sprach er: ›Wenn es nur schön verwandt wird!‹«

Der Meister äußerte sich über den Prinzen Ging aus dem regierenden Haus von We, daß er hauszuhalten verstehe, indem er ohne Verschwendung und Übertriebenheit immer seiner finanziellen Lage entsprechend sich eingerichtet habe: im Anfang auf Sparen bedacht, dann auf ausreichende Deckung aller Bedürfnisse und endlich, als sein Reichtum gesichert war, auf ästhetischen Schmuck des Lebens. In dieser schlichten Sachlichkeit lag sein Vorzug.

### 9. Staatsregierung V: Zeitfolge der Ziele

Der Meister fuhr durch We. Jan Yu lenkte (den Wagen). Der Meister sprach: »Wie zahlreich ist (das Volk)!« Jan Yu sprach: »Wenn es so zahlreich ist, was könnte man noch hinzufügen?« (Der Meister) sprach: »Es wohlhabend machen.« (Jan Yu) sprach: »Und wenn es wohlhabend ist, was kann man noch hinzufügen?« (Der Meister) sprach: »Es bilden.«[9]

### 10. Selbstbeurteilung

Der Meister sprach: »Wenn nur jemand wäre, der mich verwendete! Nach Ablauf von zwölf Monden sollte es schon angehen, und nach drei Jahren sollte alles in Ordnung sein.«[10]

### 11. Erfolg des Talentes

Der Meister sprach: »(Es gibt ein Wort): ›Wenn tüchtige Menschen hundert Jahre ein Land leiten würden, so könnte man mit den Verbrechen fertig werden ohne Todesstrafe.‹ Das ist ein wahres Wort.«

Der Meister sprach: »Das Sprichwort hat recht, das sagt, daß es einer hundertjährigen Aufeinanderfolge von Talenten bedürfe, um allmählich so weit zu kommen, daß man mit den Verbrechen fertig werden könne auch ohne Anwendung der Todesstrafe.«[11]

## 12. Erfolg des berufenen Genius[12]

Der Meister sprach: »Wenn ein König käme, so wäre nach einem Menschenalter die Sittlichkeit erreicht.«

Dem stellte der Meister ein anderes Wort gegenüber: »Wenn aber ein gottgesandter Genius als Herrscher käme, der würde es schon nach einem Menschenalter dahin gebracht haben, die Herzen der Menschen zum Guten zu bekehren.«

## 13. Selbstbeherrschung die Grundlage der Regierung

Der Meister sprach: »Wer sich selbst regiert, was sollte der (für Schwierigkeiten) haben, bei der Regierung tätig zu sein? Wer sich selbst nicht regieren kann, was geht den das Regieren von andern an?«[13]

## 14. Nebenregierung

Meister Jan kam vom Hofe zurück. Der Meister sprach: »Warum so spät?« Er erwiderte: »Es gab Regierungsarbeit.« Der Meister sprach: »Es wurden wohl Geschäfte (gemacht). Wenn es Regierungsarbeit gab, so hätte ich, obwohl nicht im Dienst, doch sicher davon gehört.«[14]

## 15. Das Geheimnis der Blüte und des Untergangs der Staaten

Fürst Ding[15] fragte: »Mit einem Wort des Staates Blüte befassen: kann man das?« Meister Kung erwiderte: »Ein Wort kann so weit nicht reichen. Doch gibt es ein Wort der Leute: ›Herrscher sein ist schwer, Kanzler sein nicht leicht.‹ Wenn man die Schwierigkeit des Herrscherberufs kennt, ist dann nicht ein Wort nahe daran, des Staates Blüte zu befassen?«

(Fürst Ding) sprach: »Mit einem Wort des Staates Untergang befassen: kann man das?« Meister Kung erwiderte: »Ein Wort kann soweit nicht reichen. Doch gibt es ein Wort der Leute: ›Es freut mich nicht, ein Fürst zu sein, außer wenn in seinen Worten mir niemand widerspricht.‹ Wenn er tüchtig ist, und niemand ihm widerspricht: dann ist es ja auch ganz gut; wenn er (aber) nicht tüchtig ist, und niemand ihm widerspricht: ist dann nicht ein Wort nahe daran, des Staates Untergang zu befassen?«

Fürst Ding fragte den Meister Kung, ob die Prinzipien, durch die ein Staat zur Blüte gebracht werden könne, sich in eine Formel fassen ließen. Dieser erwiderte: »Dieses Geheimnis läßt sich mit Worten nicht erschöpfend ausdrücken, doch gibt es immerhin ein Sprichwort: ›Herrscher sein ist schwer, Kanzler sein nicht leicht.‹ Was in diesem Wort gemeint ist, daß nämlich der Herrscher seine Stellung in erster Linie unter dem Gesichtspunkt der damit verbundenen Verantwortlichkeit auffassen soll, das kommt einem adäquaten Ausdruck jenes Geheimnisses doch sehr nahe.«

Der Fürst fragte weiter, ob in ähnlicher Weise auch die Prinzipien des Verfalls auf ein Wort gebracht werden können. Unter demselben Vorbehalt verwies ihn der Meister Kung auf ein anderes Sprichwort: ›Es freut mich nicht, Fürst zu sein, außer wenn mir niemand in seinen Worten widerspricht‹ (Suprema lex regis voluntas). Solang ein Fürst das Rechte trifft, so ist es ja ganz gut, wenn niemand widerspricht; wenn er aber Fehler macht und nicht auf Widerstand stößt: so sind das Verhältnisse, die den Ruin des Staates notwendig herbeiführen.

## 16. Staatsregierung VI: Nach ihren Früchten

Der Fürst von Schä fragte nach dem Wesen der Regierung. Der Meister sprach: »Wenn die Nahen erfreut werden und die Fernen herankommen.«

Der Fürst von Schä fragte, was zu einer guten Regierung gehöre. Der Meister sprach: »Eine gute Regierung sorgt dafür, daß die eignen Untertanen sich wohl und beruhigt fühlen, so daß selbst von auswärts die Leute angezogen werden.«[16]

## 17. Staatsregierung VII: Dauernder Erfolg[17]

Dsï Hia war Beamter von Gü Fu und fragte nach der (rechten Art der) Regierung. Der Meister sprach: »Man darf keine raschen (Erfolge) wünschen und darf nicht auf kleine Vorteile sehen. Wenn man rasche Erfolge wünscht, so (erreicht man) nichts Gründliches; wenn man auf kleine Vorteile aus ist, so bringt man kein großes Werk zustande.«

## 18. Aufrichtigkeit und Pietät

Der Fürst von Schä redete mit Meister Kung und sprach: »Bei uns zulande gibt es ehrliche Menschen. Wenn jemandes Vater ein Schaf entwendet hat, so legt der Sohn Zeugnis ab (gegen ihn).« Meister Kung sprach: »Bei uns zulande sind die Ehrlichen verschieden davon. Der Vater deckt den Sohn und der Sohn deckt den Vater. Darin liegt auch Ehrlichkeit.«

Der Fürst von Schä hob im Gespräch Kung gegenüber die Ehrlichkeit der Bevölkerung des Staates Tschu hervor. So ehrliche Menschen gebe es, daß sie ohne Bedenken vor Gericht Zeugnis ablegten gegen ihren eignen Vater, wenn dieser sich auch nur ein geringes Vergehen habe zuschulden kommen lassen. Kung entgegnete, daß der chinesische Begriff von Ehrlichkeit davon verschieden sei. Zwischen Vater und Sohn sei das höchste moralische Band das der Liebe und Ehrfurcht. Innerhalb dieses Rahmens nur haben sich die anderen Tugenden zu entfalten. Diese Beziehungen verlangen aber ein gegenseitiges Füreinandereintreten und Zudecken der Fehler und Schwächen vor der Außenwelt. In dieser Treue liege auch Ehrlichkeit, die sich vor jener lieblosen formalen Ehrlichkeit nicht zu schämen brauche.[18]

## 19. Sittlichkeit: Ehrfurcht und Gewissenhaftigkeit

Fan Tschï fragte nach (dem Wesen) der Sittlichkeit. Der Meister sprach: »Wenn du (allein) weilst, sei ernst, wenn du Geschäfte besorgst, sei ehrfürchtig, wenn du mit andern verkehrst, sei gewissenhaft. Selbst wenn du zu den Barbaren des Ostens oder Nordens kommst, darfst du dieses (Betragen) nicht verlassen.«

Fan Tschï fragte, was man tun könne, um die Sittlichkeit auszubreiten. Der Meister sprach: »Man muß bei der eignen Person beginnen. Auch in unbewachten Momenten, wenn man unbeschäftigt ist, darf man sich nicht gehen lassen. Hier muß der Ernst der Gesinnung erwachsen, den man ins Leben hinausnimmt, so daß man alles, was man tut, mit Ehrfurcht als göttlichen Beruf ausführt, und daß alle Beziehungen zu andern Menschen unter dem selbstgewählten Gesetz des Gewissens stehen. Diese Lebenshaltung ist schlechthin verpflichtend, gänzlich unabhängig davon, mit was für Menschen man es zu tun hat. Sie ist auch über alle nationalen und sonstigen Schranken erhaben.«[19]

## 20. Verschiedene Stufen von Gebildeten

Dsï Gung fragte und sprach: »Wie muß einer sein, um ihn einen Gebildeten nennen zu können?« Der Meister sprach: »Wer in seinem persönlichen Benehmen Ehrgefühl hat und wer, entsandt in die vier Himmelsrichtungen, dem Auftrag seines Fürsten keine Schande macht, den kann man einen Gebildeten nennen.« (Dsi Gung) sprach: »Darf ich fragen, was die nächste Stufe ist?« (Der Meister) sprach: »Wen seine Verwandten gehorsam nennen und wen seine Landsleute brüderlich nennen.« (Dsï Gung) sprach: »Darf ich fragen, was die nächste Stufe ist?« (Der Meister) sprach: »Wer sein Wort unter allen Umständen hält, wer seine Arbeiten unter allen Umständen fertig macht; solche Leute mögen hartköpfige[20] Pedanten sein, dennoch stehen sie vielleicht auf der nächsten Stufe.« (Dsï Gung) sprach: »Und zu welcher (Klasse) gehören die Regierenden von heute?« Der Meister sprach: »Ach, Männer des Scheffels und des Eimers, wie wären sie es wert, mitgezählt zu werden!«

Dsï Gung fragte, welche Eigenschaften erforderlich seien, um zur geistigen Aristokratie gezählt werden zu können. Der Meister antwortete: »Wer zu den leitenden Kreisen gehören will, der muß in seinem persönlichen Auftreten auf Ehre halten, bei diplomatischen Missionen irgendwelcher Art muß er seiner Aufgabe gewachsen sein, so daß er seine Regierung zu vertreten vermag, ohne einen Makel auf sie kommen zu lassen.« Dsï Gung fragte nach der nächstfolgenden Stufe und bekam zur Antwort, daß hier diejenigen Männer in Betracht kommen, die, obwohl nicht hervorragend begabt, doch wenigstens sich eines tadellosen moralischen Rufs erfreuen, wie er gewissenhafter Befolgung der Pflichten eines guten Sohnes und ruhigen Bürgers entspringt. Dsï Gung fragte darauf noch weiter. Der Meister antwortete, daß die Klasse der querköpfigen Pedanten, sofern sie wenigstens zuverlässig seien und konsequente Arbeiter, immerhin noch in Betracht käme. Als Dsï Gung noch immer keine Antwort bekam, in die er die Staatsdiener der damaligen Zeit unterzubringen vermochte, fragte er gerade heraus, was von diesen zu halten sei. Der Meister seufzte und gab zur Antwort, daß diese Leute gar nicht in Betracht kämen als Staatsmänner, weil sie eben nur routinierte Geldmacher seien.

## 21. Wer ist zum Jünger geschickt?

Der Meister sprach: »Wenn ich keine (Leute) finde, die in der Mitte wandeln, um mit ihnen zu sein, so will ich wenigstens (Leute) von Enthusiasmus und Entschiedenheit. Die Enthusiasten schreiten fort und sind aufnahmefähig. Die Entschiedenen haben Grenzen, die sie nicht überschreiten.«

Der Meister sprach: »Schüler zu finden mit allseitig ausgeglichenen Anlagen, ist schwer. Kann ich keine solchen finden, so will ich mich unter den aktiv veranlagten Naturen an die enthusiastischen Choleriker halten und unter den passiven Naturen an die vorsichtig zurückhaltenden Phlegmatiker. Die ersteren haben wenigstens die Fähigkeit, sich zu entwickeln und dargebotene Wahrheiten sich anzueignen, die letzteren sind wenigstens vor gewissen moralischen Entgleisungen absolut sicher.«[21]

## 22. Fluch der Unbeständigkeit

Der Meister sprach: »Die Leute im Süden haben ein Sprichwort, das heißt: ›Ein Mensch, der nicht beständig ist, der ist nicht geeignet, um Zauber oder Heilkunst zu betreiben.‹ Das ist ein wahres (Wort)!«
(Im Buch der Wandlungen steht:) »Wer nicht beständig macht seinen Geist, der wird Beschämung empfangen.«
Der Meister sprach: »Man beschäftigt sich nicht mit der Prophezeiung, das ist es.«

Der Meister zitierte ein Sprichwort, das in den Südstaaten im Volk umging: »Ein Mensch, der nicht beständig ist, dem hilft auch kein Zauber und keine Heilkunst«, und billigte seinen Sinn.
(Für das folgende läßt sich eine eindeutige Sinnangabe nicht aufstellen.)[22]

## 23. Der Edle und der Gemeine I: Umgang mit anderen

Der Meister sprach: »Der Edle ist friedfertig, aber macht sich nicht gemein. Der Unedle macht sich gemein, aber ist nicht friedfertig.«

Es ist ein Zeichen geistiger Vornehmheit, im Verkehr mit andern in harmonischer Weise die Naturen gegenseitig zu ergänzen, ohne die feine Grenze einer reservierten Zurückhaltung jemals zu überschreiten. Die Massenmenschen sind überall im Augenblick intim, ohne jedoch imstande zu sein, es zu wirklicher Harmonie im Verkehr zu bringen.[23]

## 24. Die Liebe und der Haß der andern[24]

Dsï Gung fragte und sprach: »Wen seine Landsleute lieben, wie ist der?« Der Meister sprach: »Das sagt noch nichts.« »Wen seine Landsleute alle hassen, wie ist der?« Der Meister sprach: »Auch das sagt noch nichts. Besser ist's, wenn einen die Guten unter den Landsleuten lieben und die Nichtguten hassen.«

## 25. Der Edle und der Gemeine II: Dienst und Gunst

Der Meister sprach: »Der Edle ist leicht zu bedienen, aber schwer zu erfreuen. (Sucht man) ihn zu erfreuen, aber nicht auf dem (rechten) Weg, so freut er sich nicht, aber in seiner Verwendung der Leute berücksichtigt er ihre Fähigkeiten. Der Gemeine ist schwer zu bedienen, aber leicht zu erfreuen. (Sucht man) ihn zu erfreuen, wenn auch nicht auf dem (rechten) Weg, so freut er sich, aber in seiner Verwendung der Leute sucht er Vollkommenheit.«

Ein geistig bedeutender Mensch wird andern ihr dienstliches Verhältnis zu ihm leicht machen, doch ist es schwer, seine Gunst zu erringen. Wollte man auf strebeiische Weise durch unrechtmäßige Mittel es versuchen, sich bei ihm in Gunst zu setzen, so wird man ihn solchen Versuchen gegenüber vollständig unempfindlich finden. Aber im Dienst verlangt er von seinen Untergebenen nicht mehr, als ihrer Kapazität entspricht. Ein beschränkter Mensch läßt sich zwar leicht gewinnen, aber er ist ein schwieriger Vorgesetzter. Sucht man seine Gunst, so nimmt er es mit den Mitteln, die der Betreffende verwendet, nicht so genau. Aber im Dienst verlangt er das Unmögliche auf rücksichtslose Weise.

## 26. Der Edle und der Gemeine III: Stolz und Hochmut

Der Meister sprach: »Der Edle ist stolz, aber nicht hochmütig. Der Gemeine ist hochmütig, aber nicht stolz.«

Geistige Bedeutung ist untrennbar verbunden mit einem ruhigen Selbstbewußtsein, das von jeder Überhebung des eigenen Ichs frei ist, während der unbedeutende Mensch aus mangelnder innerer Sicherheit wohl Hochmut zur Schau tragen kann, aber nicht jene sichere Ruhe besitzt, die zu ihrer Anerkennung nicht erst der anderen bedarf.

## 27. Für die Sittlichkeit günstige Naturveranlagung

Der Meister sprach: »Feste Entschlossenheit, verbunden mit einfacher Wortkargheit, steht der Sittlichkeit nahe.«

Ein festes und entschlossenes Wesen, das frei ist von Heuchelei und nicht viele Worte macht, das ist die Veranlagung, welche am leichtesten dazu kommt, die Sittlichkeit zu erreichen.[25]

## 28. Eigenschaften des Gemüts, die dem Gebildeten wesentlich sind

Dsï Lu fragte und sprach: »Wie muß einer sein, um ihn einen Gebildeten nennen zu können?« Der Meister sprach: »Einer, der solide, gründlich und freundlich ist, den kann man einen Gebildeten nennen. Als Freund solide und gründlich, als Bruder freundlich.«

Dsï Lu fragte, welche Eigenschaften erforderlich seien, um zur geistigen Aristokratie gezählt werden zu können. Der Meister sprach: »Wer zu den leitenden Kreisen gehören will, der muß ein solides, stetiges Wesen haben, muß in seinen Äußerungen auf Gründlichkeit und Genauigkeit halten und in seinem ganzen Benehmen milde und gütig sein. Die Solidität und Gründlichkeit wird sich namentlich im Verkehr mit Freunden zu zeigen haben, die Milde und Gütigkeit im Kreise seiner Familie.«[26]

## 29. Volkserziehung und kriegerische Tüchtigkeit[27]

Der Meister sprach: »Wenn ein tüchtiger Mann ein Volk sieben Jahre lang erzieht, so mag er es auch benutzen, um die Waffen zu führen.«

## 30. Mangel der Volkserziehung rächt sich im Krieg

Der Meister sprach: »Ein Volk ohne Erziehung in den Krieg führen, das heißt, es dem Untergang weihen.«

# BUCH XIV · HIÄN WEN

Dieses Buch, mit seinen 47 Abschnitten das längste der ganzen Sammlung, wird von verschiedenen chinesischen Kommentatoren einem unmittelbaren Schüler Kungs, dem Yüan Hiän (literarische Bezeichnung Dsï Si), zugeschrieben. Als Beweis dafür wird angeführt, daß der erste Abschnitt des Buches mit dem Vornamen des genannten Schülers beginnt, was sonst, wenn die Schüler redend eingeführt werden, nie der Fall ist. Sonst werden sie zum mindesten mit Geschlechts- und Rufnamen, häufig mit ihrer literarischen Bezeichnung, zuweilen als »Meister« eingeführt. Nur als Selbstbezeichnung oder im Munde des Lehrers ist der bloße Vorname üblich. Der Inhalt des Buchs würde dazu stimmen; denn neben verschiedenen prinzipiellen Äußerungen sind auch eine Reihe von Urteilen des Meisters über Männer der Geschichte und Zeitgenossen überliefert. Außerdem auch verschiedene persönliche Anekdoten aus dem Privatleben Kungs, die auf eine vertrautere Quelle zurückzugehen scheinen. Über die Person des Yüan Hiän ist nicht sehr viel bekannt, nicht einmal, ob er aus dem Staate Lu oder aus Sung war, läßt sich sicher feststellen. Nach des Meisters Tod zog er sich nach We zurück, wo er unbekümmert um den Weltlauf in stiller Zurückgezogenheit an seiner persönlichen Kultur arbeitete. Eine charakteristische Geschichte wird von dem taoistischen Philosophen Dschuang Dsï über ihn erzählt. Dsï Gung, der sich in hoher amtlicher Stellung befand, sprach in pompöser Weise bei ihm vor. Yüan Hiän empfing ihn in ärmlicher, zerrissener Kleidung. Dsï Gung fragte ihn darauf, ob er übel dran sei, worauf er antwortete: »Ich habe gehört, daß, wer kein Geld hat, arm sei; wer aber die Wahrheit sucht und nicht imstande ist, sie zu finden, übel dran sei.« Auf diese Antwort hin habe Dsï Gung sich verlegen zurückgezogen. (Legge a. a. O. 185 f.) Wir haben schon beim letzten Buch darauf hingewiesen, daß gewisse Beziehungen zum Staate We sich dort finden. Es ist vielleicht nicht zufällig, daß das vorliegende Buch sich direkt anschließt. Möglicherweise gibt dieser Umstand einen Fingerzeig für die Komposition der beiden Bücher.

# 1. Schande

Hiän fragte (was) Schande (sei). Der Meister sprach: »Ist ein Land auf rechter Bahn, (so habe man sein) Einkommen. Ist ein Land nicht auf rechter Bahn (und man genießt dennoch ein amtliches) Einkommen: das ist Schande.«

Hiän fragte, wessen man sich zu schämen habe. Der Meister sprach: »In geordneten Staatsverhältnissen ist es recht und billig, durch eine amtliche Tätigkeit seinen Lebensunterhalt zu erwerben. Sind aber die öffentlichen Verhältnisse so, daß Ungerechtigkeit am Ruder ist, dann dennoch in amtlicher Stellung seinen Lebensunterhalt zu verdienen: das ist es, dessen man sich zu schämen hat.«[1]

## 2. Das Schwierige ist darum noch nicht sittlich[2]

»Herrschsucht, Prahlerei, Groll, Begierde nicht gehen lassen: das kann für sittlich gelten.« Der Meister sprach: »Das kann für schwierig gelten, ob sittlich: das weiß ich nicht.«

Es hatte irgend jemand die Theorie aufgestellt, daß die Sittlichkeit darin bestehe, jede Äußerung egoistischer Triebe zu unterlassen. Der Meister urteilte darüber, daß eine solche Handlungsweise zwar schwer sei, daß sie aber noch nicht genüge, um die Sittlichkeit eines Menschen daraus zu erkennen; denn für die ethische Beurteilung kommen überhaupt keine bloßen Äußerlichkeiten, am wenigsten rein negative Unterlassungen in Betracht, sondern die innere Gesinnung.

## 3. Der Mann muß hinaus …

Der Meister sprach: »Ein Gebildeter, der es liebt, (zu Hause) zu bleiben, ist nicht wert, für einen Gebildeten zu gelten.«[3]

Wer sich zu den leitenden Kreisen rechnen will, darf nicht aus eigner Bequemlichkeit hinter dem Ofen sitzen bleiben wollen, er muß ins Leben hinein, wenn er seinen Namen verdienen will.

### 4. Wort und Tat in guter und böser Zeit

Der Meister sprach: »Wenn das Land[4] auf rechter Bahn ist, (mag man) kühn in seinen Worten sein und kühn in seinen Taten. Wenn das Land nicht auf rechter Bahn ist, (soll man) kühn in seinen Taten sein, aber vorsichtig in seinen Worten.«

Wenn die öffentlichen Zustände gesund sind, so kann man in Worten sowohl wie in Taten etwas riskieren, weil die Zustände so sicher sind, daß jede ängstliche Spionage von selbst wegfällt. Sind dagegen die öffentlichen Zustände ungesund, so bleibt die Pflicht bestehen, in seinen Taten kühn und rücksichtslos einzugreifen, wo man ein Unrecht abstellen kann, aber was die Worte anlangt, so tut man besser, seine Meinung für sich zu behalten, um sich nicht durch unüberlegte Äußerungen unnützer Weise in Gefahr zu bringen.

### 5. Ausdruck und Innerlichkeit

Der Meister sprach: »Wer Geist hat, hat sicher auch das (rechte) Wort, aber wer Worte hat, hat darum noch nicht notwendig Geist. Der Sittliche hat sicher auch Mut, aber der Mutige hat noch nicht notwendig Sittlichkeit.«

Ein Mann von geistiger Bedeutung des Wesens findet sicher auch Worte, die Eindruck machen. Darum wäre es aber doch verkehrt, von eindrucksvollen Worten immer auf geistige Bedeutung zu schließen. Die Sittlichkeit der Gesinnung bedingt notwendig Mut in ihrer Ausübung, darum ist aber noch lange nicht der Mut ein Zeichen von Sittlichkeit.[5]

## 6. Nicht Macht, sondern Geist ererbt das Erdreich

Nan Gung Go[6] fragte den Meister Kung und sprach: »I war tüchtig im Bogenschießen, Au konnte ein Schiff ziehen. Alle beide fanden nicht ihren (natürlichen) Tod. Yü und Dsï bestellten eigenhändig das Feld und doch bekamen sie das Reich.« Der Meister antwortete nicht. Nan Gung Go ging hinaus. Der Meister sprach: »Ein Edler wahrlich ist dieser Mann, die Kraft des Geistes schätzt wahrlich dieser Mann.«

Nan Gung Go, der zu den einflußreichsten Kreisen im Staate Lu gehörte, legte dem Meister Kung ein Gleichnis vor und sprach: »Wir wissen aus der Geschichte des Altertums von Männern, die außerordentliche Macht und Körperkraft besaßen und eine Zeitlang eine hervorragende Stellung sich errafften. Und dennoch gingen sie vor der Zeit zugrunde. Wir wissen von andern, die in einfacher Weise das Feld bestellten, und dennoch erreichten sie den höchsten Einfluß.« – Der Meister, dem dies Gleichnis galt, schwieg bescheiden. Als aber Nan Gung Go sich zurückgezogen hatte, da spendete er ihm das höchste Lob wegen seiner vornehmen Gesinnung, vermöge deren er moralischen Wert über irdische Macht stellte.

## 7. Geistige Bedeutung und Sittlichkeit

Der Meister sprach: »Edle, die doch nicht sittlich sind, ja, das gibt es; nicht gibt es (aber) Gemeine, die doch sittlich wären.«

Es kann wohl vorkommen, daß jemand eine hervorragende geistige Bedeutung besitzt, ohne daß er die höchste Stufe des moralischen Werts erreichte, aber das kommt nie vor, daß ein beschränkter Mensch der Herde diese Stufe erreicht.

## 8. Die rechte Liebe

Der Meister sprach: »Wenn man einen liebt, ist es dann möglich, daß man nicht für ihn besorgt ist? Wenn einer gewissenhaft ist, wie wäre es dann möglich, (seinen Fürsten) nicht zu belehren?«[7]

Kann man auch wahre Liebe zu einem haben, ohne daß man sich seinethalben bekümmert? Wie sollte es da möglich sein, daß ein gewissenhafter Beamter es versäumt, seinem Herrn die Wahrheit zu sagen, auch wenn sie ihm einmal unangenehm sein sollte?

## 9. Sorgfalt bei der Herstellung amtlicher Schriftstücke

Der Meister sprach: »Bei amtlichen Schriftstücken machte Bi Schen den ungefähren Entwurf; Schï Schu verbesserte und erwog; der Minister des Auswärtigen, Dä Yü, ordnete den Stil; Dsï Tschan von Dung Li (Ostdorf) gab dem Ganzen den letzten Schliff.«[8]

Der Staat Dschong war ein kleiner Staat, der es dennoch verstand, sich inmitten übermächtiger Nachbarn zu behaupten. Der Meister gab als Ursache davon an, daß die Regierung dieses Staates die größte Sorgfalt auf ihre diplomatischen Noten verwende, um jede Übereilung zu vermeiden. Entsprechend ihren Gaben seien vier bedeutende Männer an ihrer Ausfertigung beteiligt. Der eine machte den Entwurf, der zweite verbesserte und erwog den Inhalt, der dritte stellte den Wortlaut fest, und der vierte endlich gab dem Ganzen den letzten Schliff.

## 10. Urteile über Zeitgenossen I: Dsï Tschan, Dsï Si, Guan Dschung

Es fragte jemand, (was von) Dsï Tschan (zu halten sei). Der Meister sprach: »Er ist ein gütiger Mann.« (Der Betreffende) fragte, (was von) Dsï Si (zu halten sei. Der Meister) sprach: »Wahrlich der, wahrlich der!« (Der Betreffende) fragte, (was von) Guan Dschung (zu halten sei. Der Meister) sprach: »Das ist ein Mann. Als er der Familie Be die Stadt Biän mit dreihundert (Familien) weggenommen hatte, (so daß der frühere Besitzer nur noch) gewöhnlichen Reis zu essen hatte, bis er keine Zähne mehr hatte, (äußerte dieser) kein Wort des Grolls (gegen ihn).«[9]

Es befragte jemand den Meister über Dsï Tschan. Der Meister sprach: »Er ist gütig gegen das Volk.« Der Frager brachte das Gespräch auf Dsï Si. Der Meister sprach: »Über den wüßte ich weiter nichts zu sagen.« Als der andere auf Guan Dschung zu sprechen kam, sprach der Meister: »Das war ein ganzer Mann, der sogar seinen Feinden zu imponieren wußte. Als Be die Stadt Biän, die 300 Familien zählte, zu Lehen hatte, wurde infolge eines Vergehens Exekution an ihm vollzogen und ihm der ganze reiche Besitz genommen und auf Guan Dschung übertragen zur Belohnung für Verdienste um den Staat. Der frühere Inhaber der Stadt wurde dadurch in ärmliche Umstände gebracht, aus denen er sich zeitlebens nicht mehr erhob, und dennoch hat man von ihm nie ein Wort des Grolls gegen Guan Dschung gehört – so überzeugend war der Eindruck seiner Gerechtigkeit.«

## 11. Würdiges Ertragen der Armut schwerer als das des Reichtums

Der Meister sprach: »Arm sein, ohne zu murren, ist schwer. Reich sein, ohne hochmütig zu werden, ist leicht«.[10]

## 12. Urteile über Zeitgenossen II: Mong Gung Tscho

Der Meister sprach: »Mong Gung Tscho[11] wäre als Hausbeamter der Familien Dschau oder We vorzüglich, aber er könnte nicht Minister sein in Tong oder Siä.«

Der Meister sprach von dem Haupt der Familie Mong in Lu, namens Gung Tscho, daß er sich als Hausbeamter auch der mächtigsten Familien vorzüglich eignen würde, daß er aber als verantwortlicher Ratgeber auch eines viel kleineren, aber selbständigen Fürstentums nicht geeignet wäre.

## 13. Der vollkommene Mensch

Dsï Lu fragte, (wer ein) vollkommener Mensch (sei, und) [der Meister][12] sprach: »Wenn jemand das Wissen von Dsang Wu Dschung, die Selbstlosigkeit von Gung Tscho, den Mut des Herren Dschuang von Biän, die Geschicklichkeit von Jan Kiu besäße, und das alles gestaltet durch die Gesetze der Moral und Musik, der könnte doch sicher wohl für einen vollkommenen Menschen gelten.«

Der Meister sprach: »Ein vollkommener Mensch von heute, was braucht der all das? Wer angesichts des Gewinns auf Pflicht denkt, wer angesichts der Gefahr sein Leben opfert, bei alten Abmachungen die Worte seiner Jugend nicht vergißt, der kann auch für einen vollkommenen Menschen gelten.«

Dsï Lu fragte, wer ein vollkommener Mensch sei und sprach: »Wenn einer die Weisheit des Dsang Wu Dschung, die Selbstlosigkeit Gung Tschos, den Mut des Herren Dschuang von Biän und die Geschicklichkeit von Jan Kiu besäße, und alle diese guten Eigenschaften bei ihm noch gekrönt wären durch eine vollkommene moralische und ästhetische Bildung: der kann doch wohl für vollkommen gelten.«

Der Meister aber entgegnete: »Was bedarf es heute aller dieser Dinge, um vollkommen zu sein? Wer jeden ungerechten Gewinn verschmäht, wer in Momenten, wo Staat und Fürst in Gefahr sind, auch sein Leben zu opfern bereit ist, und wer sein untrügliches Gedächtnis besitzt für das, was er einmal versprochen hat: auch der ist ein vollkommener Mensch.«

## 14. Urteile über Zeitgenossen III: Gung Schu Wen Dsï

Der Meister befragte den Gung Ming Gia über Gung Schu Wen Dsï und sprach: »Ist es wahr, daß euer Meister nicht redet, nicht lacht, nichts nimmt?« Gung Ming Gia erwiderte und sprach:« »Das ist durch die Erzähler übertrieben. Mein Meister redet, wenn es Zeit ist, darum werden die Menschen seiner Rede nicht überdrüssig. Er lacht, wenn er fröhlich ist, darum werden die Menschen seines Lachens nicht überdrüssig. Er nimmt, wenn es sich mit der Billigkeit verträgt, darum werden die Menschen seines Nehmens nicht überdrüssig.« Der Meister sprach: »So ist er? Wie kann er so sein!«

Der Meister erkundigte sich über einen berühmten Beamten des Staates We namens Gung Schu mit dem Beinamen »der Weise« bei dessen Schüler Gung Ming Gia, indem er fragte, ob es wahr sei, daß jener nicht rede, nicht lache und nichts annehme. Der Schüler erwiderte: »Das ist beim Weitersagen übertrieben worden. Mein Meister hat sich keineswegs jene Lebensäußerungen abgewöhnt, aber er tut alles zu seiner Zeit, wenn wirklich Grund dazu da ist; darum wird er den andern mit seinem Reden, seinem Lachen und seinem Nehmen nicht lästig.« Der Meister wunderte sich darüber und sprach: »So ist er also? Wie bringt er das nur fertig?«

## 15. Urteile über Zeitgenossen IV: Dsang Wu Dschung[13]

Der Meister sprach: »Dsang Wu Dschung stützte sich auf Fang und bat so (den Fürsten von) Lu, einen Nachfolger (für ihn) zu bestellen. Obwohl man sagt, er habe keinen Druck auf den Fürsten ausgeübt, so glaube ich es nicht.«

Der Meister sprach: »Dsang Wu Dschung war aus Lu verbannt, kehrte aber zurück, besetzte die Stadt Fang und sandte einen Boten an den Fürsten von Lu, durch den er flehentlich um Ernennung eines Nachfolgers, der die Familienopfer darbringen könnte, bitten ließ. Nun gibt es Leute, die aus seinen unterwürfigen Worten schließen, er habe keinen Druck auf seinen Fürsten ausgeübt. Das glaube ich aber einfach nicht.«

## 16. Urteile über Zeitgenossen V:
### Wen von Dsin und Huan von Tsi [14]

Der Meister sprach: »Fürst Wen von Dsin war hinterlistig und nicht aufrichtig. Fürst Huan von Tsi war aufrichtig und nicht hinterlistig.«

Der Meister sprach: »Der Fürst Wen von Dsin handelte verschlagen und unaufrichtig, während der Fürst Huan von Tsi aufrichtig und gerade handelte.«

## 17. Urteile über Zeitgenossen VI: Guan Dschung [15]

Dsï Lu sprach: »Der Fürst Huan tötete den Fürstensohn Giu (seinen Bruder). Da starb auch Schau Hu mit ihm. Guan Dschung tötete sich nicht, (kann da man nicht) sagen, daß er nicht auf der (Höhe der) Sittlichkeit stand?« Der Meister sprach: »Daß der Fürst Huan die Lehnsfürsten versammeln (konnte), und das nicht mit Waffen und Wagen: das war der Einfluß Guan Dschungs. Wie (hoch steht) seine Sittlichkeit! Wie (hoch steht) seine Sittlichkeit!«

## 18. Urteile über Zeitgenossen VII: Guan Dschung

Dsï Gung sprach: »Guan Dschung ist doch wohl nicht sittlich vollkommen. Als der Fürst Huan den Fürstensohn Giu tötete, da konnte er (es) nicht (über sich bringen, mit diesem zu) sterben, ja er wurde dazuhin sein (Huans) Kanzler.« Der Meister sprach:

»Weil Guan Dschung der Kanzler des Fürsten Huan wurde, konnte dieser die Leitung über die Lehnsfürsten übernehmen und das Reich einigen und in Ordnung bringen. Das Volk genießt noch bis auf den heutigen Tag seine Gaben. Ohne Guan Dschung würden wir die Haare ungebunden tragen und die Kleider nach links knöpfen.¹⁶ Was soll da die kleine Treue eines gewöhnlichen Liebhabers und seiner Geliebten, die sich selbst töten im Bach oder Graben, ohne daß man etwas von ihnen weiß!«

### 19. Urteile über Zeitgenossen VIII: Gung Schu Wen Dsï¹⁷

Der Beamte des Gung Schu Wen Dsï, der (spätere) Minister Dschuan, stieg gemeinsam mit Wen Dsï (die Stufen) zum (Palast des) Fürsten hinauf. Der Meister hörte es und sprach: »Das kann für ›Wen‹ (vollendet, weise) gelten.«

Gung Schu mit dem Beinamen »der Weise« hatte einen tüchtigen Hausbeamten, namens Dschuan. Als er zur Audienz bei Hofe ging, nahm er ihn mit sich und bezeugte ihm die Ehren, die man einem Gleichgestellten erweist. Dadurch erreichte er, daß dieser Mann eine seiner Tüchtigkeit angemessene Stellung im Staate erhielt. Als der Meister davon hörte, sprach er: »Schon dieser kleine Zug rechtfertigt den Beinamen ›der Weise‹.«

### 20. Urteile über Zeitgenossen IX: Fürst Ling von We

Der Meister sprach über den zuchtlosen Wandel des Fürsten Ling von We. Freiherr (Gi) Kang sprach: »Da das der Fall ist, was verliert er dann nicht (sein Reich)?« Meister Kung sprach: »Er hat Dschung Schu Yü zur Besorgung des (diplomatischen Verkehrs mit) Gesandten und Fremden, er hat den Priester To zur Besorgung des (fürstlichen) Ahnentempels, er hat Wang Sun Gia zur Besorgung des Heerwesens. Da das der Fall ist, was sollte er (sein Reich) verlieren?«¹⁸

## 21. Worte und Taten I

Der Meister sprach: »Wenn jemand etwas redet ohne Schamgefühl, so wird er schwerlich es auch tun.«

Wenn man einen Menschen zu beobachten Gelegenheit hat, der in seinen Worten ohne jedes feine Schamgefühl, das allen gediegenen Menschen eigen ist, sich gehen läßt, von dem kann man ziemlich sicher sein, daß er bei der Ausführung seiner Worte unzuverlässig ist.[19]

## 22. Fürstenmord[20]

Freiherr Tschen Tschong hatte (seinen) Fürsten Giän (von Tsi) ermordet. Meister Kung badete sich und ging zu Hofe. Er zeigte es dem Fürsten Ai an und sprach: »Tschen Hong hat seinen Herren gemordet; ich bitte es zu ahnden.« Der Fürst (Ai) sprach: »Zeige es den drei Freiherren an.« Meister Kung sprach: »Nachdem ich ein öffentliches Amt bekleidet habe, wagte ich es nicht, keine Anzeige zu erstatten. Und da spricht der Herr: ›Zeige es den drei Freiherren an.‹« Er ging zu den drei Freiherren und machte Anzeige. Es half aber nichts. Meister Kung sprach: »Nachdem ich ein öffentliches Amt bekleidet habe, wagte ich es nicht, keine Anzeige zu erstatten.«

## 23. Fürstendienst

Dsï Lu fragte, wie man dem Fürsten diene. Der Meister sprach: »Ihn nicht betrügen und ihm widerstehen.«

Dsï Lu fragte, auf welche Weise man seine Pflicht im Dienst eines Fürsten am besten tue. Der Meister sprach: »Die erste Bedingung ist volle Aufrichtigkeit. Man muß ihn über die tatsächlichen Verhältnisse fortlaufend aufklären, ohne daß man aus falscher Rücksicht auf seine Bequem-

lichkeit ihm schönfärberische Berichte liefert oder hinter seinem Rükken Regierung treibt. Macht der Fürst trotz dieser Aufrichtigkeit ihm
gegenüber einen Fehler, so scheue man nicht ein festes Manneswort und
trete ihm ins Angesicht entgegen; denn es gilt das Wohl des Staates.«[21]

## 24. Der Edle und der Gemeine: Erfahrung

Der Meister sprach: »Der Edle ist erfahren in hohen (Dingen),
der Gemeine ist erfahren in niedrigen (Dingen).«

Der höhere Mensch ist mit seinem Sinnen und Denken bei den höchsten Zielen der Menschheit, und in dieser höheren Welt fühlt er sich zu-
hause. Die Massenmenschen sind mit ihrem Dichten und Trachten aufs
Irdische gerichtet und sammeln ihre Erfahrungen auf diesem Gebiet.

## 25. Verschiedener Zweck der Kenntnisse

Der Meister sprach: »Die Lernenden des Altertums taten es um
ihrer selbst willen, die Lernenden von heute um der Menschen
willen.«

Im Altertum suchte man Kenntnisse, um sich selbst dadurch zu vervollkommnen, heutzutage sammelt man Kenntnisse, um damit vor den Leuten zu scheinen.

## 26. Ein guter Bote

Gü Be Yü[22] sandte einen Mann zu Meister Kung. Meister Kung
lud ihn ein zu sitzen und fragte ihn aus und sprach: »Was macht
(dein) Meister?« (Jener) erwiderte und sprach: »Mein Meister
wünscht seine Fehler zu verringern, aber er bringt es noch nicht
fertig.« Der Bote ging weg, da sprach der Meister: »Das ist ein
Bote! Das ist ein Bote!«

## 27. Gegen Kamarillawirtschaft[23]

Der Meister sprach: »Wer nicht das Amt dazu hat, der kümmere sich nicht um die Regierung.«

## 28. Bescheidenheit[24]

Meister Dsong sprach: »Der Edle geht in seinem Denken nicht über seine Stellung hinaus.«

## 29. Worte und Taten II

Der Meister sprach: »Der Edle schämt sich davor, daß seine Worte seine Taten übertreffen«.[25]

## 30. Der dreifache Weg des Edlen

Der Meister sprach: »Zum Pfad des Edlen gehören drei Stücke, die ich nicht kann: Sittlichkeit macht ihn frei von Leid, Weisheit macht ihn frei von Zweifeln, Entschlossenheit macht ihn frei von Furcht.«

Dsï Gung sprach: »Das hat der Meister selbst gesagt«.[26]

## 31. Richtet nicht!

Dsï Gung (pflegte) die Menschen (untereinander) zu vergleichen. Der Meister sprach: »Sï[27] muß ja wahrlich sehr würdig sein! Ich habe zu so etwas keine Zeit.«

## 32. Grund zum Kummer[28]

Der Meister sprach: »Nicht kümmere ich mich darüber, daß die Menschen mich selbst nicht kennen, sondern darüber, daß sie nicht fähig sind (das Reich zu reformieren).«

## 33. Argloses Wissen

Der Meister sprach: »Nicht begegnen dem Betrug und nicht sich rüsten auf Unglauben und dennoch sie auch vorausfühlen. Wer das (kann), der dürfte ein Würdiger sein.«

Manche Menschen wittern überall Betrug und wappnen sich immer gegen das Mißtrauen, das ihnen andere entgegenbringen. Sie halten sich für besonders klug, weil sie die Schliche der Menschen kennen. Aber dieser beständige Argwohn verträgt sich nicht mit einem großen Geist. Ein solcher wird vielmehr jedem Menschen unbefangen entgegentreten und nur Gutes von ihm erwarten. Wirkliche Geistesgröße kann aber dennoch nicht betrogen werden, denn sie verleiht eine Gabe intuitiver Divination, wo die Lüge sich hervorwagt.

## 34. Selbstverteidigung

We-Schong Mou[29] redete zu Meister Kung und sprach: »Kiu, warum (treibst du dich immer) so aufgeregt (umher)? Du willst dich wohl im Wortemachen (üben)?« Meister Kung sprach: »Ich wage es nicht, bloße Worte zu machen, aber ich hasse beschränkte Hartnäckigkeit.«

## 35. Das Roß

Der Meister sprach: »An einem Roß[30] schätzt man nicht die Stärke, sondern die Rasse.«

Ein edler Renner wird nicht danach beurteilt, wieviel er ziehen kann, sondern nach seiner Qualität. So ist auch in der Beurteilung der Menschen das Ausschlaggebende nicht die Stärke der Talente, sondern die Persönlichkeit.

## 36. Vergeltung

Es sprach jemand: »Durch Güte Unrecht zu vergelten, wie ist das?« Der Meister sprach: »Womit soll man dann Güte vergelten? Durch Geradheit vergelte man Unrecht, durch Güte vergelte man Güte«.[31]

Es fragte jemand, was der Meister über den Grundsatz denke, den Übelwollenden gegenüber sich gütig zu erweisen. Der Meister erwiderte: »Das ist kein Grundsatz, der auf die Staatsregierung angewandt werden kann. Womit will ein Fürst dann wirkliche Hingebung vergelten? Den Übelwollenden gegenüber sei man gerade, d. h. so, daß man sich selbst nichts vergibt, und sein Wesen erschließe man nur denen, die uns das Ihrige darbringen.«

## 37. Ergebung in das Schicksal I: Verkennung[32]

Der Meister sprach: »Es gibt keinen, der mich kennt!« Dsï Gung sprach: »Was heißt das, daß niemand den Meister kenne?« Der Meister sprach: »Ich murre nicht wider Gott und grolle nicht den Menschen. Ich forsche hier unten, aber ich dringe durch nach oben. Wer mich kennt, das ist Gott.«

## 38. Ergebung in das Schicksal II: Verleumdung[33]

Gung Be Liau hatte Dsï Lu bei dem Freiherrn Gi verleumdet. Der Graf Dsï-Fu Ging zeigte es (dem Meister) an und sprach:

»Unser Herr ist allerdings in seiner Meinung irregeleitet worden, aber was den Gung Be Liau anlangt, so reicht meine Macht aus, es dahin zu bringen, daß (sein Leichnam) bei Hofe oder auf dem Markt ausgestellt wird.« Der Meister sprach: »Wenn die Wahrheit sich ausbreiten soll, so ist das (Gottes) Wille; wenn die Wahrheit untergehen soll, so ist das Gottes Wille. Was kann der Gung Be Liau gegen den Willen Gottes?«

### 39. Weltflucht

Der Meister sprach. »Die Würdigsten ziehen sich von der *Welt* zurück. Die Nächstfolgenden ziehen sich von einem bestimmten *Ort* zurück. Die Nächstfolgenden ziehen sich vor (unfreundlichen) *Mienen* zurück. Die Nächstfolgenden ziehen sich vor *Worten* zurück.«

Es gibt verschiedene Gründe der Weltflucht. Die Würdigsten haben überhaupt der Welt prinzipiell abgesagt. Andere gibt es, die ziehen sich in die Einsamkeit zurück, um der Ungerechtigkeit eines bestimmten Landes zu entgehen. Wieder andere ziehen sich zurück, wenn sie bei ihrem Herrscher auf unfreundliche Mienen und abweisendes Betragen stoßen. Die letzten endlich ziehen sich zurück, wenn sie geradezu dazu aufgefordert worden sind.

### 40. Kulturschöpfer[34]

Der Meister sprach: »Sieben Männer gibt es, die geschaffen haben.«

Der Meister sprach: »Wir verdanken unsere Kultur der schöpferischen Tätigkeit von sieben großen Männern.«

## 41. Am Steintor

Dsï Lu übernachtete am Steintor. Der Türmer sprach. »Woher?«
Dsï Lu sprach: »Von einem namens Kung.« Da sprach (jener):
»Ist das nicht der (Mann), der weiß, daß es nicht geht, und den-
noch fort macht?«[35]

## 42. Des Meisters Musik und der Eremit von We

Der Meister spielte im (Staate) We auf dem Musikstein. Da ging
ein Mann mit einem Strohkorb auf der Schulter an der Tür
Kungs vorüber und sprach: »Wahrlich, er hat es im Herzen, der
(da) den Musikstein spielt!« Nach einer Weile da sprach er:
»Wahrlich verächtlich ist dieses hartnäckige Gebimmel. Wenn
einen niemand kennt, so läßt man es sein, und damit fertig.
›Durch tiefes, tiefes Wasser muß man mit den Kleidern durch,
durch seichtes Wasser kann man mit aufgeschürzten Kleidern
waten.‹« Der Meister sprach: »Wahrlich, das ist Entschiedenheit,
(aber) dabei ist keine Schwierigkeit.«

Im Staate We spielte einst der Meister auf einem Instrument aus klingen-
den Steinen, um seiner Stimmung Ausdruck zu geben. Da begab es sich,
daß ein taoistischer Eremit, der sich von der Welt zurückgezogen hatte,
mit einem Strohkorb auf der Schulter vor Kungs Hause vorüberging. Als
er die Musik hörte, blieb er stehen und horchte, dann sprach er: »Dem
geht's zu Herzen, das Leid der Welt, der da drin Musik macht.« Nach aber
einer Weile fügte er hinzu: »Und doch, wie beschränkt ist die Hartnäk-
kigkeit, die aus seinem Gebimmel spricht. Wenn man nichts von uns wissen will, so gibt man es einfach auf, und damit ist's gut, wie es im Buch
der Lieder heißt (I, III, 9):

> ›Geht das Wasser zum Gürtel, dann einfach durch.
> Geht's nur zum Knie, dann mag man sich schürzen.‹«

Der Meister sprach, als er das hörte: »Der hat leicht reden, seine Art von
Konsequenz ist nicht schwer«.[36]

## 43. Hoftrauer[37]

Dsï Dschang sprach: »Im ›Buch‹ steht: ›Gau Dsung weilte im Trauerzelt und sprach drei Jahre lang kein Wort.‹ Was bedeutet das?« Der Meister sprach: »Warum (nennst du) gerade Gau Dsung? Die Alten machten es alle so. Wenn der Fürst verschieden war, so besorgten die hundert Beamten das Ihrige, indem sie auf den Kanzler hörten drei Jahre lang.«

Dsï Dschang fragte über eine Stelle des Schu Ging, wo von dem Kaiser Gau Dsung (Wu Ding von der Yin-Dynastie, 1324 bis 1264 v. Chr.) gesagt wird, daß er während der dreijährigen Trauerzeit sich in dem neben dem Grab seines Vorgängers aufgeschlagenen Trauerzelt aufhielt, ohne ein Wort zu reden. Der Meister antwortete: »Es handelt sich hier nicht um einen Spezialfall, sondern um eine Sitte, die im ganzen Altertum üblich war. Nach dem Ableben eines Fürsten zog sich der Nachfolger drei Jahre lang von der Regierung zurück, und die einzelnen Beamten besorgten die verschiedenen Ressorts nach den Angaben des Staatsministers. Auf diese Weise war die Erfüllung der Pflichten der Pietät für die Fürsten ermöglicht, ohne daß die Regierungsgeschäfte darunter Not gelitten hätten.«

## 44. Macht der Kultur

Der Meister sprach: »Wenn die Oberen Kultur haben, so ist das Volk leicht zu verwenden.«

Wenn die regierenden Kreise sich wirklich bestreben, in der Aneignung der Kulturformen sich zu allseitig gebildeten Menschen zu entwickeln, so werden sie in den Augen der Untertanen so ehrwürdig, daß niemand ihnen sich zu widersetzen wagt, sondern das Volk zu allen Diensten sich bereit finden läßt.

## 45. Der Edle: Ausbildung der Persönlichkeit[38]

Dsï Lu fragte nach dem (Wesen des) Edlen. Der Meister sprach: »Er bildet sich selbst aus (sittlichem) Ernst.« (Dsï Lu) sprach: »Ist es damit schon fertig?« (Der Meister) sprach: »Er bildet sich selbst, um andern Frieden zu geben.« (Dsï Lu) sprach: »Ist es damit schon fertig?« (Der Meister) sprach: »Er bildet sich selbst, um den hundert Namen Frieden zu geben. Sich selbst bilden, um den hundert Namen Frieden zu geben: selbst Yau und Schun machte das noch Schwierigkeiten.«

Dsï Lu fragte, wie sich ein vornehmer Charakter betätige. Der Meister sprach: »Der vornehme Charakter bemüht sich, eine sorgfältige und allseitige Bildung seiner gesamten Persönlichkeit zu erreichen, voll Ehrfurcht gegen die anvertrauten Gaben, die ihm verliehen sind.« Dsï Lu fuhr los: »Und das ist alles?« Der Meister fuhr fort: »Durch diese Ausbildung der Persönlichkeit wird er auf seine ganze Umgebung einen guten Einfluß ausüben.« Aber der Jünger war auch damit noch nicht zufrieden. Da sprach der Meister: »Durch eine vollkommene Bildung strebt er zugleich nach dem Ziel, allen Menschen auf Erden Frieden zu geben. Diese Aufgabe ist aber so groß, daß selbst die Herrscher des goldenen Zeitalters, ein Yau und Schun, sie nicht zu lösen vermochten.«

## 46. In der Heimat[39] I: Der alte Yüan

Yüan Jang blieb auf dem Boden hocken, als er (auf den Meister) wartete. Der Meister sprach: »In der Jugend war er nicht folgsam und bescheiden, erwachsen hat er nichts (Bemerkenswertes) geleistet, jetzt ist er alt und stirbt nicht einmal: das ist ein (Tag-)Dieb.« Damit nahm er seinen Stab und schlug ihm auf den Schenkel.

## 47. In der Heimat II: Der Junge aus Küo

Ein Junge aus der Gegend von Küo war (bei dem Meister) angestellt, um Gäste zu melden. Es fragte jemand über ihn und
sprach: »Macht er Fortschritte?« Der Meister sprach: »Ich sehe,
daß er sich immer auf den Platz (eines Erwachsenen) setzt, ich
sehe, daß er älteren Personen nicht den Vortritt läßt: Er strebt
nicht danach, Fortschritte zu machen, er will es rasch zu etwas
bringen«.[40]

# BUCH XV · WE LING GUNG

Das Buch enthält 41 Abschnitte. Es schließt sich in der ganzen Art einigermaßen an das vorige an, wenn es auch mehr einzelne Aphorismen enthält als jenes und weniger historische Beziehungen. Ebenso wie das letzte Buch enthält es eine Reihe von Aussprüchen, die für die Feststellung der Lehre Kungs von grundlegender Wichtigkeit sind. Über Verfasser u. dgl. ist nichts Spezielles überliefert.

### 1. Der Meister in We und Tschen

Der Fürst Ling von We fragte den Meister Kung nach (dem Wesen) der Schlachtordnung. Meister Kung erwiderte und sprach: »Was Opferplatten- und Opferschalenangelegenheiten betrifft, so habe ich davon gehört. Heeres- und Truppenangelegenheit habe ich noch nicht gelernt.« Daraufhin reiste er am folgenden Tage ab.

Als Kung auf seiner Wanderung durch We kam, war der Fürst Ling so sehr mit seinen kriegerischen Unternehmungen beschäftigt, daß er auch Kung über nichts anderes befragte als über militärische Angelegenheiten. Kung lehnte es jedoch ab, auf diese Dinge einzugehen, weil er wohl in religiösen Dingen erfahren, nicht aber militärischer Fachmann sei. Da er erkannte, daß unter den herrschenden Verhältnissen in We nichts zu hoffen war, verließ er das Land.[1]

In Tschen gingen die Lebensmittel aus. Die Nachfolger wurden so schwach, daß sie nicht aufstehen konnten. Dsï Lu erschien murrend (bei dem Meister) und sprach: »Gibt es für den Edlen auch Not?« Der Meister sprach: »Der Edle bleibt fest in der Not. Wenn der Gemeine in Not kommt, so wird er trotzig.«

Auf den Wanderungen gingen in Tschen einmal sieben Tage lang die Nahrungsmittel aus. Die Jünger wurden alle vor Hunger so schwach, daß sie sich nicht mehr erheben konnten. Nur Dsï Lu hatte noch so viel Kraft, daß er den Meister aufsuchen konnte. Murrend sprach er zu ihm: »Kann denn ein anständiger Mensch auch in eine solche Not kommen?« Der Meister sprach: »Gewiß ist das möglich. Aber ein charaktervoller Mensch weiß sich zu beherrschen in solchen Notzeiten, während ein gemeiner Mensch durch die Not sofort alle Selbstbeherrschung und allen Halt verliert.«

## 2. Die Summe des Wissens

Der Meister sprach: »Sï, du hältst mich wohl für einen, der vieles gelernt hat und es auswendig kann?« Er erwiderte und sprach: »Ja, ist es nicht so?« (Der Meister) sprach: »Es ist nicht so; ich habe Eines, um (alles) zu durchdringen«.[2]

Der Meister sprach zu Dsï Gung: »Du denkst wohl, daß ich mir viele Detailkenntnisse gedächtnismäßig angeeignet habe?« Worauf der Jünger höflich um genauere Ausführung bittet. Der Meister sagte darauf: »Die Hauptsache ist, daß man das große Grundprinzip erfaßt, das allem gibt den Leitfaden für die Durchforschung und sachgemäße Gliederung des Details. Erst ein solches sachgemäß geordnetes Wissen ist Wissen.«

## 3. Die Macht des Geistes

Der Meister sprach: »Yu, wenige sind ihrer, die die Macht des Geistes kennen.«

Der Meister sprach zu Dsï Lu, vermutlich mit Beziehung darauf, daß er in jenen Zeiten der Not in Tschen Ärgernis genommen hatte an ihm: »Wenige Menschen sind imstande, die Macht des Geistes zu würdigen; die meisten lassen sich immer wieder von der Außenwelt, der Materie, imponieren und werden kleingläubig, wenn es einmal hart geht. Aber der Mensch des Geistes steht unter Gottes besonderem Schutz, ihm kann die Welt nichts anhaben«.[3]


## 4. Vom Nichtstun

Der Meister sprach: »Wer ohne etwas zu tun (das Reich in) Ordnung hielt, das war Schun. Denn wahrlich: was tat er? Er wachte ehrfürchtig über sich selbst und wandte ernst das Gesicht nach Süden, nichts weiter!«[4]

Der Meister sprach: »Der heilige Herrscher Schun hat es am besten verstanden, ohne alle äußere Geschäftigkeit durch die bloße Macht seines persönlichen Einflusses das Reich in Ordnung zu halten. Für alle einzelnen Verrichtungen hatte er die rechten Leute, so daß er sich nicht in das äußere Getriebe einzumischen brauchte, sondern sich darauf beschränken konnte, durch höchste Kultur seiner Persönlichkeit den stillen Einfluß seines Wesens als Herrscher wirken zu lassen.«


## 5. Geheimnis des Erfolgs

Dsï Dschang fragte nach (den Bedingungen des) Vorwärtskommens. Der Meister sprach: »Im Reden gewissenhaft und wahr sein, im Handeln zuverlässig und sorgfältig sein: ob man auch unter den Barbaren des Südens oder Nordens weilt, damit wird man vorwärtskommen. Wenn man aber im Reden nicht gewissenhaft und wahr ist und im Handeln nicht zuverlässig und sorgfältig: ob man auch in der nächsten Nachbarschaft bleibt: kann man damit überhaupt vorwärtskommen? Wenn man steht[5], so sehe man diese Dinge wie das Zweigespann vor sich, wenn man im Wagen sitzt, so sehe man sie wie die Seitenwände neben sich. Auf diese Weise wird man vorwärtskommen.« Dsï Dschang schrieb es sich auf seinen Gürtel.

Dsï Dschang fragte, wie man es machen müsse, um voranzukommen. Der Meister sprach: »Die Bedingungen dazu sind jedem Menschen in die Hand gegeben: Gewissenhaft und wahr im Reden, zuverlässig und sorgfältig im Handeln, diese Eigenschaften sind es, die überall auf der ganzen Welt das Vorwärtskommen ermöglichen; ohne diese Eigenschaften ist aber selbst in der nächsten Umgebung kein Vorankommen denkbar. Will man in einem Kriegswagen fahren, so weiß man, daß man, als Wagenlenker darin stehend, immer die Rosse vor Augen haben muß. Und wenn man hinter dem Wagenlenker ist, so muß man immer die Schutzwände neben sich haben. Also ist es auch im Leben: Wahrhaftigkeit und Gewissenhaftigkeit sind gleichsam das Gespann und die Schutzwände, die man keinen Augenblick aus den Augen lassen darf, wenn man vorankommen will.« Dsï Dschang schrieb sich daraufhin die Worte auf seinen Gürtel.

### 6. Urteil über Zeitgenossen I: Dsï Yü und Gü Be Yü von We

Der Meister sprach: »Gerade wahrlich war der Geschichtsschreiber Yü! Wenn das Land in Ordnung war, so war er wie ein Pfeil; wenn das Land ohne Ordnung war, so war er wie ein Pfeil.«

»Ein Edler ist wahrlich Gü Be Yü! Wenn das Land in Ordnung ist, so ist er im Amt; wenn das Land ohne Ordnung ist, so kann er (sein Wissen) zusammenrollen und es im Busen verbergen.«[6]

### 7. Worte und Menschen

Der Meister sprach: »Trifft man einen, mit dem zu reden es sich verlohnte, und redet nicht mit ihm, so hat man einen Menschen verloren. Trifft man einen, mit dem zu reden sich nicht verlohnt, und redet doch mit ihm, so hat man seine Worte verloren.[7] Der Weise verliert weder einen Menschen noch seine Worte.«

## 8. Das Leben ist der Güter höchstes nicht

Der Meister sprach: »Ein willensstarker Mann von sittlichen Grundsätzen strebt nicht nach Leben auf Kosten seiner Sittlichkeit. Ja, es gab solche, die ihren Leib in den Tod gaben, um ihre Sittlichkeit zu vollenden«.[8]

## 9. Der Weg zur Sittlichkeit

Dsï Gung fragte, (was man tun müsse) um sittlich vollkommen zu werden. Der Meister sprach: »Ein Arbeiter, der seine Arbeit recht machen will, muß erst seine Werkzeuge schleifen. Wenn du in einem Lande wohnst, so diene dem Würdigsten unter seinen Großen und mache dir die Besten unter seinen Gelehrten zu Freunden.«

## 10. Regierungsgrundsätze

Yän Yüan fragte nach (den Grundsätzen für die) Regierung eines Landes. Der Meister sprach: »In der Zeiteinteilung der Hia-Dynastie folgen, im Staatswagen der Yin-Dynastie fahren, die Kopfbedeckung der Dschou-Dynastie tragen. Was die Musik anlangt, so nehme man die Schau-Musik mit ihren rhythmischen Bewegungen. Den Klang der Dschong(-Musik) verbieten und beredte Menschen fernhalten; denn der Klang der Dschong(-Musik) ist ausschweifend, und beredte Menschen sind gefährlich«.[9]

Der Lieblingsjünger Yän Yüan (Hui) fragte nach den Grundsätzen der Landesregierung. Der Meister antwortete: »Was für den Herrscher vor allem notwendig ist, das ist, daß der Verlauf des menschlichen Lebens mit den ewigen Ordnungen der Welt übereinstimmt; das geschieht durch die Ordnung der Zeit. Bei dieser Ordnung der Zeit schließe man sich an die Ordnung der Hia-Dynastie an, die das Jahr mit dem Frühling beginnen läßt: auf diese Weise steht die menschliche Tätigkeit am schönsten im Einklang mit dem Naturlauf. Die zweite notwendige Handlung des Herrschers besteht in der Ordnung der Gebrauchsgegenstände des täglichen Lebens. Für diese Gebrauchsgegenstände ist der wichtigste Grundsatz einfache und solide Sachlichkeit, wie das zur Zeit der Yin-Dynastie üblich war. Die dritte Kultureinrichtung ist die Religion und der Ausdruck der moralischen Gesinnung, wie er in den festlichen Zeremonien zutage tritt. Hier kann man sich der Pracht und Feinheit der Dschou-Dynastie anschließen, weil diese Pracht die ganze Lebenshaltung hebt. Die Kunst der Musik nehme die klassische Tonkunst des Altertums zum Vorbild, die Reinheit der Stimmung und Vollendung des Ausdrucks verbindet.

Diese Ordnungen müssen als eine objektive Macht gleich Naturgesetzen das ganze Leben regeln. Daher muß man alles fernhalten, was ihre Wirkung beeinträchtigen könnte. Das ist in erster Linie die nervös anreizende moderne Musik, die der Stimmung zu viel Spielraum gibt, und die eindrucksvollen Redner, die durch ihre spitzfindige Subjektivität alle Schranken der Wahrheit überspringen und gerade durch den Einfluß ihrer Subjektivität eine Gefahr für das Gemeinwesen bedeuten.«

## 11. Vorbedacht

Der Meister sprach: »Wer nicht das Ferne bedenkt, dem ist Betrübnis nahe.«

## 12. Himmlische und irdische Liebe

Der Meister sprach: »Es ist alles aus! Ich habe noch keinen gesehen, der moralischen Wert liebt ebenso, wie er die Frauenschönheit liebt«.[10]

## 13. Urteile über Zeitgenossen II: Dsang Wen Dschung[11]

Der Meister sprach: »Dsang Wen Dschung, das ist einer, der seinen Platz gestohlen hat. Er kannte die Würdigkeit des Hui von Liu Hia und hat ihm doch keine Stellung verschafft.«

## 14. Vermeidung von Groll

Der Meister sprach: »Wenn man selbst (lieber) zu viel tut und wenig von andern erwartet, so bleibt man fern vom Groll«.[12]

## 15. Wichtigkeit des eigenen Denkens

Der Meister sprach: »Wer nicht spricht: Wie kann ich das machen? Wie kann ich das machen? – Mit dem kann ich nichts machen«.

## 16. Trivialität

Der Meister sprach: »Herdenweise zusammensitzen den ganzen Tag, ohne daß die Rede die Pflicht berührt; es lieben, kleine Schlauheiten auszuführen: wahrlich, (mit denen hat man es) schwer.«

Es gibt Leute, die den ganzen Tag beisammensitzen können, ohne daß das Gespräch auch nur einmal ein Thema von allgemeinem Interesse berührte; die nur darauf aus sind, alles recht schlau und praktisch zu machen: das ist ein schwerer Fall.[14]

## 17. Der Edle I: Handlungsweise

Der Meister sprach[15]: »Die Pflicht als Grundlage, Anmut beim Handeln, Bescheidenheit in den Äußerungen, Treue in der Durchführung: wahrlich, so ist ein Edler!«

Die Grundlage aller Willensentschließung muß die Pflicht sein. Eine pflichtgemäße Handlung wird aber in ihrer Erscheinung durch Befolgung der Formen des Kulturlebens geregelt, das ganze Benehmen sei bescheiden und vorsichtig im Reden, aber um so konsequenter in der pünktlichen Durchführung der Maximen. Diese vier Dinge: Unterwerfung unter die Pflicht, Anmut, Bescheidenheit, Treue, sind das Zeichen eines wirklich sittlich und ästhetisch kultivierten Menschen.

## 18. Der Edle II: Grund zum Kummer[16]

Der Meister sprach: »Der Edle leidet darunter, daß er keine Fähigkeiten hat, er leidet nicht darunter, daß die Menschen ihn nicht kennen.«

## 19. Der Edle III: Unsterblichkeit

Der Meister sprach: »Der Edle haßt (den Gedanken), die Welt zu verlassen, ohne daß sein Name genannt wird«.[17]

## 20. Der Edle IV: Ansprüche

Der Meister sprach: »Der Edle stellt Anforderungen an sich selbst, der Gemeine stellt Anforderungen an die (andern) Menschen«.[18]

## 21. Der Edle V: Soziale Beziehungen

Der Meister sprach: »Der Edle ist selbstbewußt, aber nicht streit-süchtig, umgänglich, aber macht sich nicht gemein.«

Einen höheren Menschen erkennt man an seinem Benehmen in der Ge-sellschaft. Er ist selbstbewußt, aber ohne daß er das Bedürfnis hätte, seine Meinungen andern aufzudrängen. Er hat die Fähigkeit, mit andern ge-sellschaftlich zusammenzuleben, aber er hält sich frei von allem Koterie- und Cliquenwesen.[19]

## 22. Der Edle VI: Urteil über Menschen und Worte

Der Meister sprach: »Der Edle wählt nicht nach ihren Worten die Menschen und verwirft nicht nach den Menschen ihre Worte«.[20]

Ein gereifter Charakter weiß zu unterscheiden zwischen dem Wesen eines Menschen und den Worten, die er spricht. Wenn es gilt, einen Menschen für irgend eine Stellung auszuwählen, so wird er sich nicht nach Worten und »Gesinnungstüchtigkeit« richten, sondern nach den wirklichen Fähig-keiten. Aber ebensowenig verwirft er ein gutes Wort ohne weiteres nur deshalb, weil es ein minderwertiger oder mißliebiger Mensch gesprochen.

## 23. Praktischer Imperativ

Dsi Gung fragte und sprach: »Gibt es ein Wort, nach dem man das ganze Leben hindurch handeln kann?« Der Meister sprach: »Die Nächstenliebe. Was du selbst nicht wünschest, tu nicht an andern.«

Dsï Gung fragte, ob es eine einzelne Maxime gebe, durch die das gan-ze Leben praktisch zu bestimmen sei. Der Meister sprach: »Es ist das

Prinzip der Sympathie, daß man niemand anderem etwas zufügt, von dem man aus eigner Erfahrung weiß, daß man es nicht als gerecht empfindet«.[21]

## 24. Gerechte Beurteilung (sine ira et studio)

Der Meister sprach: »In meinem Verhältnis zu andern: Wen habe ich verleumdet, wen habe ich überschätzt? Wird einer (von mir) hochgeschätzt, so ist er erprobt. Diese (Behandlung der) Untertanen ist die gerechte Ordnung, die die drei Dynastien angewandt haben.«

Der Meister sprach: »In meiner Beurteilung der Menschen bemühe ich mich stets um eine vorurteilsfreie Einschätzung. Ich suche mich von ungerechter Verwerfung ebenso zurückzuhalten wie von übertriebenem Lob. Wenn ich einem Menschen gegenüber im Lob über das Maß hinauszugehen scheine, so habe ich doch immer meine Gründe dafür, daß er es rechtfertigen wird. Dieses Verhältnis zu den Untertanen war das große Prinzip der Gerechtigkeit, das die Gründer der drei großen Dynastien so berühmt gemacht hat.«[21]

## 25. Einst und jetzt

Der Meister sprach: »Ich habe noch erreicht (erlebt) eines Geschichtschreibers – Lücke im Text –. Wer ein Pferd hatte, lieh es andern zum Reiten. Heute gibt es das nicht mehr«.[23]

## 26. Schlauheit und Unverträglichkeit als Hindernisse

Der Meister sprach: »Geschickte Worte stören geistigen Wert. Ist man im Kleinen nicht nachsichtig, so stört man große Pläne.«

Jene eindrucksvollen Redner, die ohne innere Bedeutung doch ihre Worte geschickt zu wählen verstehen, sind es, welche die Wirksamkeit wirklich bedeutender Männer am meisten behindern. Läßt man sich durch kleine Eifersüchteleien bestimmen, so darf man sicher sein, daß große Gedanken nicht zur Ausführung kommen können. Darum, wenn man einen ungewöhnlichen Mann gefunden hat, so muß man ihm jenes große Vertrauen schenken, das nicht durch geschickte Redner oder kleinliche Unverträglichkeit gestört werden kann, damit er etwas Ganzes und Großes leisten kann.[24]

## 27. Der Parteien Gunst und Haß

Der Meister sprach: »Wo alle hassen, da muß man prüfen; wo alle lieben, da muß man prüfen.«[25]

## 28. Die Wahrheit und ihre Vertreter

Der Meister sprach: »Die Menschen können die Wahrheit verherrlichen, nicht verherrlicht die Wahrheit die Menschen.«

Die Wahrheit wird dadurch groß und einflußreich, daß ein bedeutender Mensch für sie eintritt und sie in seiner Person verkörpert. Nicht aber wird ein kleiner Mensch dadurch groß, daß er eine große Wahrheit bekennt.[26]

## 29. Fehler ohne Besserung

Der Meister sprach: »Einen Fehler machen und sich nicht erst bessern: das heißt fehlen.«

## 30. Nachdenken und Lernen

Der Meister sprach: »Ich habe oft den ganzen Tag nicht gegessen und die ganze Nacht nicht geschlafen, um nachzudenken. Es nützt nichts; besser ist es, zu lernen«.

Der Meister sprach: »Ich habe es mir auch sauer werden lassen mit Spekulationen über die Wahrheit. Aber die Welt ist zu groß und schwer zu verstehen, als daß ein einzelner Mensch ihre Geheimnisse ergründen könnte. Der Weg, um vorwärts zu kommen, ist vielmehr der, daß wir die Kulturüberlieferung, die die Geschlechter vor uns geschaffen haben, uns lernend aneignen und auf Grund dieses Erbes der Vergangenheit die Erkenntnis fördern«.[27]

## 31. Der Edle VII: Die vornehmste Sorge

Der Meister sprach: »Der Edle trachtet nach der Wahrheit, er trachtet nicht nach Speise. Beim Pflügen kann man in Not kommen; beim Lernen kann man zu Brot kommen. Der Edle trauert um der Wahrheit willen, er trauert nicht um der Armut willen«.[28]

Das Streben des höheren Menschen ist auf die Wahrheit gerichtet, nicht auf irdische Güter. Die Verteilung der irdischen Güter hängt ja so oft vom Zufall ab. Es ist ja durchaus nicht gesagt, daß der, der sein ganzes Leben dem Broterwerb gewidmet hat, auch immer der Not entgeht. Ebensowenig ist es ausgemacht, daß, wer sich dem Studium zugewandt hat, nun notwendig auf jeden Besitz verzichten müsse. Aber das Herz ist nicht dabei. Das ganze Sehnen des höheren Menschen geht nach der Wahrheit, nicht danach, aus der Armut herauszukommen.

## 32. Was ein Regent braucht: Weisheit, Sittlichkeit, Würde und Form

Der Meister sprach: »(Wenn einer) durch sein Wissen (ein Amt) erreicht hat, aber es nicht durch seine Sittlichkeit bewahren kann, so wird er es, obwohl er es erlangt hat, verlieren. Wenn einer durch sein Wissen es erreicht hat, durch seine Sittlichkeit es bewahren kann, aber bei seiner Ausübung keine Würde zeigt, so wird das Volk ihn nicht ehren. Wenn einer durch sein Wissen es erreicht hat, durch seine Sittlichkeit es bewahren kann, bei seiner Ausübung Würde zeigt, aber es nicht entsprechend dem Gesetz der schönen Form bewegt, so ist er noch nicht tüchtig.«

Um eine leitende Stellung unter den Menschen zu bekommen, dazu bedarf es vor allem des überlegenen Wissens. Zur Festhaltung einer solchen Position ist aber Sittlichkeit vonnöten. Ohne die Sittlichkeit wird sich auch eine schon errungene Stellung nicht dauernd festhalten lassen. Diese materialen Qualitäten bedürfen in ihrer Erscheinung noch der Vollendung durch die rechte Form: die Würde muß herrschen, die die Achtung der Untergebenen erzeugt, und als Regel für alle Handlungen die Anmut, die den Stempel der Vollendung auf alles drückt.

## 33. Der Edle und der Gemeine VIII: Verschiedene Verwendbarkeit

Der Meister sprach: »Den Edlen kann man nicht an Kleinigkeiten erkennen, aber er kann Großes übernehmen. Der kleine Mann kann nicht Großes übernehmen, aber man kann ihn in Kleinigkeiten erkennen«.[29]

Den großen Mann kann man nicht erkennen, wenn man ihm kleinliche Dienste zumutet, aber einer großen Aufgabe wird er gewachsen sein. Die Mittelmäßigkeit kann keine großen Werke tun, aber man kann ihre Talente in untergeordneten Diensten erkennen. Darum: jeder an seinem Platz.

## 34. Sittlichkeit als Lebenselement

Der Meister sprach: »Sittlichkeit ist noch mehr für die Menschen als Wasser und Feuer. Ins Feuer und Wasser habe ich schon Menschen treten sehen und daran sterben. Noch nie habe ich einen gesehen, der in die Sittlichkeit trat und daran starb.«

Noch wichtiger als die notwendigsten Lebenselemente wie Feuer und Wasser ist für den Menschen die Sittlichkeit. Denn so wohltätig des Feuers und des Wassers Macht sein kann, diese Mächte bergen doch Gefahren für den Menschen, während man sich der Sittlichkeit nahen kann ohne jede Befürchtung vor Gefahren.[30]

## 35. Keinen Vortritt

Der Meister sprach: »Die Sittlichkeit ist jedes Menschen Pflicht. Hier darf man (sogar) dem Lehrer nicht den Vortritt lassen.«

Der Schüler soll bescheiden sein und in allen Dingen dem Lehrer den Vortritt lassen. Nur im Streben nach der Sittlichkeit muß jeder so rasch und so weit wie möglich zu kommen suchen ohne Rücksicht selbst auf den Lehrer.

## 36. Der Edle IX: Festigkeit

Der Meister sprach: »Der Edle ist beharrlich, aber nicht hartnäckig«.[31]

Es ist das Zeichen eines gereiften Menschen, daß er sich in seinem großen Streben nach höheren Zielen nicht durch kleinliche Rücksichten und pedantische Erwägungen aufhalten läßt.

## 37. Gewissenhafter Fürstendienst

Der Meister sprach: »Im Dienst des Fürsten soll man sein Werk wichtig nehmen und sein Einkommen hintansetzen«.[32]

## 38. Jenseits der Standesunterschiede

Der Meister sprach: »Beim Lehren gibt es keine Standesunterschiede.«

Die höhere Bildung ist etwas allgemein Menschliches. Ihr Gebiet ist jenseits der Schranken des Standes und der Herkunft, welche die Massen der Menschen voneinander scheiden.

## 39. Prinzipielle Übereinstimmung als Grundlage für gemeinsame Arbeit

Der Meister sprach: »Wenn man in den Grundsätzen nicht übereinstimmt, kann man einander keine Ratschläge geben.«

Ehe man einem andern einen guten Rat gibt oder einen solchen von andern erbittet, sollte man sich erst vergewissern, ob man in den Grundprinzipien, um die es sich handelt, einig ist. Wo diese Übereinstimmung fehlt, sind Ratschläge nur von Übel.

## 40. Deutlichkeit des Stils

Der Meister sprach: »Wenn man sich durch seine Rede verständlich macht, so ist der Zweck erreicht.«

Ein Gesandter bekommt von seiner Regierung[33] die Grundlinien seiner Instruktion mit. Seine Sache ist es, diesen Grundlinien je nach Umständen und Verhältnissen den rechten Ausdruck zu verschaffen, damit er die Zwecke seiner Regierung erreicht, ohne unnötige Umschweife zu machen und ohne durch zu große Kürze zu Mißverständnissen Anlaß zu geben.

### 41. Der Meister und der blinde Musiker

Der Musikmeister Miän machte einen Besuch. Als er vor die Stufen kam, sprach der Meister: »Hier sind Stufen.« Bei der Matte angelangt sprach der Meister: »Hier ist die Matte.« Als alle saßen, teilte es (ihm) der Meister mit und sprach: »Der und der ist hier, der und der ist da.«

Als der Musikmeister Miän hinausgegangen war, fragte Dsï Dschang und sprach: »Ist das die Art, wie man mit einem Musikmeister zu reden hat?« Der Meister sprach: »Ja, sicherlich muß man einem Musikmeister so behilflich sein«.[34]

# BUCH XVI · GI SCHÏ

Das Buch enthält 14 Abschnitte. Der letzte ist ein Zusatz über die Bezeichnung der Landesfürstin, der als solcher mit den Gesprächen des Kung nichts zu tun hat. Abschnitt 13 enthält ein Gespräch eines Jüngers mit Kungs Sohn, Be Yü, Abschnitt 12 eine vergleichende Beurteilung des Fürsten Ging von Tsi und der alten Heroen, Be I und Schu Tsi, die ebenfalls nicht als Wort des Meisters eingeführt ist, aber möglicherweise einmal in der Nähe von XII, 10 und 11 gestanden hat, wenn anders das in XII, 10 gänzlich unverständliche Zitat zu XVI, 12 gehört, wo ja ein Zitat fehlt. Auch der Umstand, daß in XII, 11 ebenfalls von Fürst Ging von Tsi die Rede ist, gibt zu denken. Die verbleibenden 11 Abschnitte unterscheiden sich von dem sonst üblichen Usus, die Worte Kungs mit »Der Meister sprach« einzuführen, indem sie durchweg die Einleitung haben »Meister Kung (Kung Dsï) sprach«. Abschnitt 1–3 enthält zum Teil länger ausgeführte Beurteilungen der Zeitumstände in Lu, die sich durch ihre Ausführlichkeit ziemlich stark von der konzisen Kürze, die sonst in den Lun Yü üblich ist, unterscheiden und gewissermaßen einen Übergang bilden zu den regelrecht komponierten Abhandlungen in Li Gi. Abschnitt 4–11 endlich enthalten eine Reihe von Aussprüchen, die sich spruchartig an die später so sehr in Aufnahme gekommene Gliederung durch die Zahl anschließen. Verschiedene Kommentare kommen zu der Annahme, daß es sich hier um eine Eingliederung eines Teils der Rezension der Lun Yü von Tsi handle, die traditionsgemäß die Einführung der Worte Kungs mit »Meister Kung sprach« durchgängig aufweist. Das würde einen bedeutungsvollen Aufschluß über das Alter jener Rezension gestatten; denn zweifellos entstammt die Hauptmasse des vorliegenden Buches einer späteren Traditionsschicht.

## 1. Ungerechter Feldzug

Das (Haupt des) Geschlechtes Gi war im Begriff, einen Strafzug gegen (die kleine Herrschaft) Dschuan Yü¹ zu unternehmen. Jan Yu und Gi Lu erschienen vor Meister Kung und sprachen: »Das (Haupt des) Geschlechtes Gi wird eine Unternehmung gegen Dschuan Yü ausführen.« Meister Kung sprach: »Kiu, bist nicht du es, der diesen Fehler macht? Dieses Dschuan Yü ist vor alters von den früheren Königen als Herr (der Opfer für den) Mongberg im Osten ernannt, es gehört also zu den Lehnsgebieten² und hat priesterliche Funktionen; was habt ihr damit zu tun, es zu bestrafen?« Jan Yu sprach: »Unser Herr wünscht es; wir zwei, die wir (seine) Diener sind, wünschen es beide nicht.« Meister Kung sprach: »Kiu, es gibt ein Wort von Dschou Jen³, das heißt: ›Wenn man seine Kraft entfalten kann, so trete man in die Reihen; wenn man es nicht kann, so halte man ein.‹ Wer den Gefährdeten nicht stützen kann und dem Gefallenen nicht aufhelfen: wie kann man den als Führer brauchen? Also sind deine Worte falsch. Wenn ein Tiger oder ein Nashorn aus dem Käfig bricht, wenn eine Schildkrötenschale oder ein Nephrit in dem Schrein beschädigt wird: wessen Fehler ist das?« Jan Yu sprach: »Nun ist aber Dschuan Yü stark und nahe bei Bi; wenn man es heute nicht nimmt, so wird es in künftigen Zeiten sicher den Söhnen und Enkeln Schmerzen bereiten.« Meister Kung sprach: »Kiu, der Edle haßt das, wenn man unterläßt zu sagen: ›ich wünsche das‹, und durchaus andere⁴ Worte gebraucht. Ich habe gehört, wer ein Reich oder ein Haus hat, braucht nicht besorgt zu sein, wenn es menschenleer ist, sondern er muß besorgt sein, wenn es nicht in Ordnung ist. Er braucht nicht besorgt zu sein, wenn es arm ist, sondern er muß besorgt sein, wenn es nicht in Ruhe ist. Denn wo Ordnung ist, da ist keine Armut, wo Eintracht ist, da ist keine Menschenleere, wo Ruhe ist, da ist kein Umsturz. Da nun dies so ist, so muß man, wenn die Menschen aus fernen Gegenden nicht gefügig sind, Kunst und Moral pflegen, um sie zum Kommen zu bewegen. Wenn man sie zum Kommen bewogen hat, so muß man ihnen Ruhe geben. Nun, Yu und Kiu, unterstützt ihr euren Herrn, aber die Menschen aus fernen Gegenden sind nicht gefügig, und er kann sie nicht zum Kommen bewegen. Im (eigenen) Land herrscht Zwiespalt, Ruin, Entfremdung und Unfrieden, und er kann es nicht bewahren. Dazuhin plant er, Schild und Speer zu erheben innerhalb des Staates. Ich fürchte, die Schmerzen der Enkel Gis werden nicht in Dschuan Yü sein, sondern in seinen eignen Mauern.«

## 2. Der Niedergang des Reichs

Meister Kung sprach: »Wenn der Erdkreis in Ordnung ist, so gehen Kultur und Kunst, Kriege und Strafzüge vom Himmelssohn aus. Ist der Erdkreis nicht in Ordnung, so gehen Kultur und Kunst, Kriege und Strafzüge von den Lehnsfürsten aus. Wenn sie von den Lehnsfürsten ausgehen, so dauert es selten länger als zehn Geschlechter, ehe sie (die Macht) verloren haben. Wenn sie von den Adelsgeschlechtern ausgehen, so dauert es selten länger als fünf Geschlechter, ehe sie (die Macht) verloren haben. Wenn die Dienstmannen die Herrschaft im Reich an sich reißen, so dauert es selten länger als drei Generationen, ehe sie sie verloren haben.

Wenn der Erdkreis in Ordnung ist, so ist die Leitung nicht in den Händen der Adelsgeschlechter. Wenn der Erdkreis in Ordnung ist, so gibt es unter den Massen des Volks kein Gerede«.[5]

## 3. Strafe der Usurpation

Meister Kung sprach: »Das Recht der Beamtenernennung wurde von dem Fürstenhaus genommen seit fünf Geschlechtern. Die Regierung ist auf die Adelsgeschlechter gekommen seit vier Geschlechtern. Deshalb sind der Nachkommen der drei Huan-Geschlechter[5] so wenige.«

### 4. Drei nützliche und drei schädliche Freunde

Meister Kung sprach: »Es gibt dreierlei Freunde, die von Nutzen sind, und dreierlei Freunde, die von Übel sind. Freundschaft mit Aufrichtigen, Freundschaft mit Beständigen, Freundschaft mit Erfahrenen ist von Nutzen. Freundschaft mit Speichelleckern Freundschaft mit Duckmäusern, Freundschaft mit Schwätzern ist von Übel«.[6]

### 5. Drei nützliche und drei schädliche Freuden

Meister Kung sprach: »Es gibt dreierlei Freuden, die von Nutzen sind, und dreierlei Freuden, die von Übel sind: Freude an der Selbstbeherrschung durch Kultur und Kunst, Freude am Reden über andrer Tüchtigkeit, Freude an vielen würdigen Freunden: das ist von Nutzen. Freude an Luxus, Freude am Umherstreichen, Freude an Schwelgerei: das ist von Übel.«

### 6. Drei Fehler im Verkehr mit Älteren

Meister Kung sprach: »Im Zusammensein mit einem (älteren) Herren gibt es drei Vergehen: Wenn er das Wort noch nicht an einen gerichtet hat, zu reden: das ist vorlaut[7]; wenn er das Wort an einen gerichtet hat, nicht zu reden: das ist versteckt; ehe man seine Miene beobachtet hat, zu reden: das ist blind.«

### 7. Dreierlei Vorsicht

Meister Kung sprach: »Der Edle hütet sich vor dreierlei. In der Jugend, wenn die Lebenskräfte noch nicht gefestigt sind, hütet er sich vor der Sinnlichkeit. Wenn er das Mannesalter erreicht, wo die Lebenskräfte in voller Stärke sind, hütet er sich vor der

Streitsucht. Wenn er das Greisenalter erreicht, wo die Lebenskräfte schwinden, hütet er sich vor dem Geiz.«

## 8. Dreierlei Ehrfurcht[8]

Meister Kung sprach: »Der Edle hat eine (heilige) Scheu vor
dreierlei: Er steht in Scheu vor dem Willen Gottes, er steht in
Scheu vor großen Männern, er steht in Scheu vor den Worten
der Heiligen (der Vorzeit). Der Gemeine kennt den Willen Gottes nicht und scheut sich nicht vor ihm, er ist frech gegen große Männer und verspottet die Worte der Heiligen.«

## 9. Vier Klassen des Wissens[9]

Meister Kung sprach: »Bei der Geburt schon Wissen zu haben,
das ist die höchste Stufe. Durch Lernen Wissen zu erwerben, das
ist die nächste Stufe. Schwierigkeiten haben und doch zu lernen, das ist die übernächste Stufe. Schwierigkeiten haben und
nicht lernen: das ist die unterste Stufe des gemeinen Volks.«

Die höchste Art des Wissens ist die intuitive Veranlagung, die ohne weiteres die Wahrheit erkennt. Die nächste Stufe ist: durch diskursive, denkende Verarbeitung des überlieferten Kulturerwerbes die Wahrheit zu erkennen. Noch eine Stufe tiefer stehen die, welche in ihrer Geistesstruktur sich behindert finden, aber durch großen Fleiß die Schranken ihrer
Begabung zu überwinden wissen. Hoffnungslos ist nur die Mensche
klasse, die Dummheit und Faulheit vereinigt.

## 10. Neunerlei Gedanken

Meister Kung sprach: »Der Edle hat neun Dinge, worauf er
denkt: Beim Sehen denkt er auf Klarheit, beim Hören denkt er

auf Deutlichkeit, in seinen Mienen denkt er auf Milde, in seinem Benehmen denkt er auf Würde, in seinen Worten denkt er auf Wahrheit, in seinen Geschäften denkt er auf Gewissenhaftigkeit, in seinen Zweifeln denkt er an das Fragen, im Zorn denkt er an die Schwierigkeit (der Folgen), angesichts des Empfangens denkt er auf Pflicht«.[10]


## 11. Prinzipien mit und ohne Vertreter

Meister Kung sprach: »Das Tüchtige ansehen, als könnte man es nicht erreichen, das Untüchtige ansehen, als tauche man (die Hand) in heißes Wasser[11]: Ich habe Leute dieser Art gesehen, ich habe Reden dieser Art gehört. ›Im Verborgenen bleiben, um sich auf sein Ziel vorzubereiten, uneigennützig handeln, um seine Grundsätze zu verbreiten‹: ich habe Reden dieser Art gehört, aber ich habe noch nicht Leute dieser Art gesehen.«


## 12. Urteil über historische Persönlichkeiten: Ging von Tsi[12] und Be I und Schu Tsi

Fürst Ging von Tsi hatte an Pferden tausend Viergespanne, aber am Tag seines Todes pries ihn das Volk nicht um einer einzigen guten Eigenschaft willen. Be I und Schu Tsi starben Hungers am Fuß des Schou-Yang-Berges, aber das Volk preist sie noch bis auf den heutigen Tag.

Das ist gerade, wie es heißt: (Hierher gehört vennutlich der Schluß von XII, 10:

»Wahrlich nicht um ihres Reichtums willen,
Einzig nur um ihrer Besonderheit willen«).

### 13. Des Meisters Verhältnis zu seinem Sohn

Tschen Kang[13] fragte den Be Yü und sprach: »Hast du als Sohn (des Meisters) auch noch Außergewöhnliches (von ihm) zu hören bekommen?« Er entgegnete und sprach: »Noch nie. Einmal stand er allein da, als ich (ehrerbietig) mit kleinen Schritten an der Halle vorübereilte. Da sprach er: ›Hast du die Lieder gelernt?‹ Ich erwiderte und sprach: ›Noch nicht.‹ (Da sprach er:) ›Wenn man die Lieder nicht lernt, so hat man nichts zu reden.‹ Da zog ich mich zurück und lernte die Lieder. An einem andern Tag stand er wieder allein da, als ich mit kleinen Schritten an der Halle vorübereilte. Da sprach er: ›Hast du die Riten gelernt?‹ Ich erwiderte und sprach: ›Noch nicht.‹ (Da sprach er:) ›Wenn man die Riten nicht lernt, hat man nichts zur (inneren) Festigung.‹ Da zog ich mich zurück und lernte die Riten. Was ich gehört habe, sind diese beiden (Belehrungen).« Tschen Kang zog sich zurück und sprach erfreut: »Ich habe nach einem gefragt und habe dreierlei bekommen. Ich habe über die Lieder etwas gehört, ich habe über die Riten etwas gehört; außerdem habe ich gehört, daß der Edle seinen Sohn in (ehrerbietiger) Entfernung hält.«

### 14. Bezeichnung der Landesfürstin[14]

Die Gattin eines Landesfürsten nennt der Fürst: »Gattin«. Sie selbst nennt sich: »Kleines Mädchen«. Die Leute des Landes nennen sie: »Gattin des Fürsten«, gegenüber von anderen Ländern nennen sie sie: »Unsere verlassene kleine Fürstin«. Die Leute anderer Länder nennen sie auch: »Gattin des Fürsten«.

# BUCH XVII · YANG HO

Dies Buch enthält einige Geschichten über die Möglichkeiten, die Kung geboten waren, in Dienste von Usurpatoren zu treten. Außerdem verschiedene Gespräche mit Schülern und aphoristische Aussprüche, die zum Teil ihre Parallelen in bisher Dagewesenem haben, zum Teil aber recht interessante Ergänzungen zum Bilde des Meisters geben. Ein Teil der Abschnitte ist ähnlich nach dem Prinzip der Zahl konstruiert wie die Hauptmasse des vorigen Buchs. Es verlohnte sich eine Untersuchung, ob wir für diese Abschnitte ebenfalls auf die Tsi-Rezension als Quelle zurückzugehen haben.

Der Platz dieses Buchs hinter dem vorhergehenden (»Gi Schï«) wird damit begründet, daß Yang Ho, mit dem es beginnt, in ähnlicher Weise sich gegenüber der Familie Gi als Usurpator erwiesen, wie diese an dem Fürsten. Das Buch enthält 26 Abschnitte.

## 1. Begegnung mit dem Usurpator Yang Ho [1]

Yang Ho wünschte den Meister Kung (bei sich) zu sehen. Meister Kung ging nicht, ihn zu sehen. Da sandte er dem Meister Kung ein Schwein. Meister Kung benutzte eine Zeit, da er ausgegangen war, um seinen Dankbesuch zu machen. Er begegnete ihm (aber) auf der Straße. Da redete er zu Meister Kung und sprach: »Komm, ich will mit dir sprechen«, und sprach: »Wer seinen Schatz im Busen birgt und sein Land (dadurch) in Verwirrung bringt: kann man den sittlich nennen?« (Meister Kung) sprach: »Man kann es nicht« – »Wer bedacht ist auf öffentliche Anstellung und doch immer die Gelegenheit versäumt, kann man den weise nennen?« (Meister Kung) sprach: »Man kann es nicht.« – »Tage und Monde eilen, die Jahre warten nicht auf uns.« – Meister Kung sprach: »Gut, ich werde ein Amt antreten.«

## 2. Natur und Kultur[2]

Der Meister sprach: »Von Natur stehen (die Menschen) einander nahe, durch Übung entfernen sie sich voneinander.«

Die Mehrzahl der Menschen ist ihrem Wesen nach ähnlich veranlagt, es gibt wohl quantitative Unterschiede der Begabung, aber die großen qualitativen Unterschiede, die sich im Laufe der Zeit bei den Menschen zeigen, sind Produkte der eigenen Tätigkeit. Was ein Mensch aus seinen Anlagen macht, ob er sie allseitig entwickelt oder brach liegen und verkümmern läßt, das gibt die entscheidenden Unterschiede zwischen den Menschen.

## 3. Unveränderlichkeit des Wesens

Der Meister sprach: »Nur die höchststehenden Weisen und die tiefststehenden Narren sind unveränderlich«.[3]

Diesem allgemeinen Gesetz, daß jeder Mensch einen gewissen Spielraum von Entwicklungsmöglichkeiten hat, die er ausnützen oder versäumen kann, sind nur zwei Menschenklassen entnommen: die großen, gottbegnadeten Genies, die intuitiv die Wahrheit erfassen und nach immanenter Notwendigkeit die Höhen ihres Wesens erreichen, und die beschränkten Massenmenschen, welche die Dumpfheit des tierischen Vegetierens noch nicht durchbrochen haben.

## 4. Kleine Zwecke, große Mittel (Huhn und Ochsenmesser)

Der Meister kam zur Stadt Wu und hörte die Klänge von Saitenspiel und Gesang. Der Meister war belustigt und sprach lächelnd: »Um ein Huhn zu töten, braucht es da ein Ochsenmesser?« Dsï Yu erwiderte und sprach: »Ich habe einst den Meister sagen hören: ›Der Edle, wenn er Bildung erwirbt, bekommt Liebe zu den Menschen; der Geringe, wenn er Bildung erwirbt, läßt sich leicht beherrschen.«« Der Meister sprach: »Meine Kinder, Yäns Worte sind richtig, meine vorigen Worte waren nur im Scherz gesprochen.«

## 5. Möglichkeit des Wirkens I: Gung-Schan Fu-Yau[5]

Gung-Schan-Fu-Jau hatte (die Stadt) Bi besetzt und berief (den Meister). Der Meister war geneigt zu gehen. Dsï Lu war (darüber) unwillig und sprach: »Wenn man kein Unterkommen findet, so stehe man (von der öffentlichen Wirksamkeit) ab, aber warum denn zu diesem Gung-Schan gehen!« Der Meister sprach: »Daß er grade mich beruft, wie sollte das zufällig sein? Wenn jemand mich braucht, kann ich dann nicht ein östliches Dschoureich gründen?«

## 6. Die fünf Vorbedingungen der Sittlichkeit[6]

Dsï Dschang fragte den Meister Kung nach (dem Wesen) der Sittlichkeit. Meister Kung sprach. »Auf dem ganzen Erdkreis fünf Dinge durchzuführen, das ist Sittlichkeit.« (Dsï Dschang sprach:) »Darf ich danach fragen?« (Meister Kung) sprach: »Würde, Weitherzigkeit, Wahrhaftigkeit, Eifer und Gütigkeit. Zeigt man Würde, so wird man nicht mißachtet; Weitherzigkeit: so gewinnt man die Menge; Wahrhaftigkeit: so vertrauen einem die Menschen; Eifer: so hat man Erfolg; Gütigkeit: so ist man fähig, die Menschen zu verwenden.«

Dsï Dschang fragte nach dem Wesen der sittlichen Vollkommenheit. Der Meister sprach: »Ein Fürst, der imstande ist, fünf Dinge auf Erden durchzuführen, dessen Regierung ist sittlich vollkommen.« Und als Dsï Dschang um nähere Ausführung bat, fuhr er fort: »Würde, Weitherzigkeit, Wahrhaftigkeit, Eifer und Gütigkeit sind diese fünf Eigenschaften, welche es dem Fürsten ermöglichen, ohne Gewaltmaßregeln ein solches

Regiment zu führen, daß sittliche Vollkommenheit auf Erden herrscht. Wahrt der Herrscher in seinem persönlichen Auftreten die Würde, so gibt es im Volk ganz von selbst keine Majestätsbeleidigungen. Durch Weitherzigkeit, die nicht in kleinlicher Weise bei Einzelheiten haften bleibt, gewinnt er die Herzen des Volks. Durch Wahrhaftigkeit und Zuverlässigkeit erwirbt er sich das Vertrauen der Menschen, durch Energie und Pflichttreue gelingt es ihm, wirkliche Werke zu vollenden, während die Gnade und Gütigkeit seines Wesens ihn in den Stand setzen, die freiwillige Mitwirkung seiner Untertanen bei allem zu finden, was er unternimmt.

### 7. Möglichkeit des Wirkens II: Bi Hi[7]

Bi Hi berief (den Meister). Der Meister war geneigt, hinzugehen. Dsï Lu sprach. »Einst habe ich vom Meister gehört: ›Wer in seinem persönlichen Betragen nicht gut ist, mit dem läßt sich der Edle nicht ein.‹ Bi Hi hat Dschung Mou im Aufruhr besetzt; wenn (nun) der Meister hingeht: was soll das?« Der Meister sprach: »Ja, ich habe das gesagt; aber heißt es nicht auch: ›Was wirklich fest ist, mag gerieben werden, ohne daß es abgenutzt wird‹? Heißt es nicht: ›Was wirklich weiß ist, kann auch in eine dunkle Flüssigkeit getaucht werden, ohne daß es schwarz wird‹? Wahrlich, bin ich denn ein Kürbis, den man nur aufhängen kann, aber nicht essen?«

### 8. Die sechs Worte und sechs Verdunkelungen[8]

Der Meister sprach: »Yu, hast du die sechs Worte und die sechs Verdunkelungen gehört?« (Dsï Lu) erwiderte und sprach: »Noch nicht.« (Der Meister sprach:) »Setze dich, ich werde sie dir sagen: Sittlichkeit lieben, ohne das Lernen zu lieben: diese Verdunkelung führt zur Torheit; Weisheit lieben, ohne das Lernen zu lieben: diese Verdunkelung führt zu Ziellosigkeit; Wahrhaftigkeit lieben, ohne das Lernen zu lieben: diese Verdunkelung führt zu Beschädigung[9]; die Geradheit lieben, ohne das Lernen zu lieben: diese Verdunkelung führt zu Grobheit; den Mut lieben, ohne das Lernen zu lieben: diese Verdunkelung führt zu Unordnung; die Festigkeit lieben, ohne das Lernen zu lieben: diese Verdunkelung führt zu Sonderlichkeit.«

### 9. Der Nutzen des Liederbuchs

Der Meister sprach: »Meine Kinder, warum lernt ihr nicht die Lieder? Die Lieder sind geeignet, um anzuregen; geeignet, um zu beobachten; geeignet, um zu vereinigen; geeignet, um den Groll zu wecken; in der Nähe dem Vater zu dienen, in der Ferne dem Fürsten zu dienen; man lernt (außerdem) viele Namen von Vögeln und Tieren, Kräutern und Bäumen kennen.«

Der Meister sprach: »Meine jungen Freunde, warum beschäftigt ihr euch nicht mit der Poesie? Die Poesie ist geeignet, die Phantasie anzuregen, sie hält uns das Leben in einem Spiegel zur Betrachtung vor und reinigt dadurch die Gefühle; sie erweckt soziale Gesinnungen, sie entfacht den Groll gegen Ungerechtigkeit und Falschheit, sie läßt gute Vorsätze zu sittlichem Handeln in Familie und Staat entstehen. Und außerdem erweitert sie unsere Kenntnis der ganzen organisierten Welt.«

### 10. Der Meister im Gespräch mit seinem Sohn über die Poesie[10]

Der Meister redete zu Be Yü und sprach: »Hast du schon (die Lieder im) Dschou Nan und Schau Nan betrieben? Ein Mensch, der nicht das Dschou Nan und Schau Nan treibt, ist der nicht, gleich als stünde er mit dem Gesicht gerade vor der Wand?«

## 11. Scheinkultur

Der Meister sprach: »›Riten‹ heißt es, ›Riten‹ heißt es: Wahrlich, heißt das denn Edelsteine und Seide? ›Musik‹ heißt es, ›Musik‹ heißt es: wahrlich, heißt das denn Glocken und Pauken?«

Jedermann hat heutzutage das Wort »Kultur«[11] im Munde. Aber bildet man sich denn ein, daß die Kultur einfach in der Pracht des Schmucks und der Kleidung besteht? Man interessiert sich allenthalben für die Musik; aber denkt man denn, das Wesen der Musik bestehe einfach in einer interessanten Instrumentation?

## 12. Wider die Hochtrabenden

Der Meister sprach: »Im Äußeren streng und innerlich schwach, (so einen kann man) vergleichen mit den niedrigen Menschen. Ist er nicht wie ein Dieb, der (durch die Wand) gräbt oder einsteigt?«

Es gibt eine Masse von Menschen, die, ohne inneren Halt zu besitzen, ein ernstes und strenges Wesen an den Tag legen. Das sind bemitleidenswerte Kreaturen; denn sie müssen wie ein nächtlicher Dieb jederzeit davor zittern, daß sie ertappt und entlarvt werden.

## 13. Wider die Heuchler

Der Meister sprach: »Jene ehrbaren Leute im Lande sind Räuber der Tugend.«

Es gibt eine Sorte von Frommen[12], die in der ganzen Gegend im Ruf von Guten und Gerechten stehen: diese Sorte ist es, welche jeden geistigen Wert im Keim erstickt.

### 14. Wider die Schwätzer

Der Meister sprach: »Auf der Straße hören und auf dem Wege reden ist die Preisgabe des Geistes«.[13]

Wer es über sich bringt, auf den öffentlichen Straßen und Plätzen die Weisheit zu verkündigen, die er auf der Gasse aufgelesen hat, der gibt damit jeden Anspruch auf geistigen Wert preis.

### 15. Wider die Streber

Der Meister sprach: »Jene Niederträchtigen! Wahrlich, kann man denn mit ihnen zusammen dem Fürsten dienen? Wenn sie es noch nicht erreicht haben, so leiden sie darunter, es zu erreichen; wenn sie es dann erreicht haben, so leiden sie darunter, es zu verlieren; wenn sie aber darunter leiden, daß sie es verlieren könnten, so gibt es nichts, zu was sie nicht fortschreiten würden.«

Da sind diese niederträchtigen Streber! Die machen es jedem anständigen Menschen unmöglich, gemeinsam mit ihnen einem Fürsten zu dienen. Solange sie noch unten auf der Leiter stehen, haben sie keinen andern Gedanken, als nach oben zu streben. Sind sie glücklich oben, so haben sie keinen andern Gedanken, als sich in ihrer Position zu behaupten. Und aus dieser Gesinnung heraus sind sie zu jeder Gemeinheit und jeder Kriecherei fähig.

### 16. Der Wechsel der Fehler im Lauf der Zeiten

Der Meister sprach: »Bei den Alten hatten die Leute drei Schwächen, die so heute wohl nicht mehr vorkommen: In alter Zeit waren die Schwärmer rücksichtslos, heute sind sie zügellos; in alter Zeit waren die Harten verschlossen, heute sind sie zänkisch und rechthaberisch; in alter Zeit waren die Toren gerade, heute sind sie verschlagen.«

Auch die Alten hatten ihre Fehler, und wir können wohl behaupten, daß manche dieser Fehler heutzutage überwunden sind. In alter Zeit pflegten sich exzentrische Schwärmer durch unbekümmerte Rücksichtslosigkeit auszuzeichnen. Heutzutage sind jene Leute jenseits von Gut und Böse. Auch im Altertum gab es harte Charaktere, die sich verschlossen und unzugänglich zeigten. Heutzutage streiten sich diese Leute in kleinlicher Rechthaberei herum. Auch das Altertum kannte Toren, die geradeheraus und ehrlich waren. Heutzutage ist die Dummheit mit verlogener Pfiffigkeit gepaart.

## 17. Der Schein trügt[14]

Der Meister sprach: »Glatte Worte und einschmeichelnde Mienen sind selten vereint mit Sittlichkeit.«

## 18. Das Glänzende und das Echte[15]

Der Meister sprach. »Ich hasse es, wie das Violett den Scharlach beeinträchtigt; ich hasse es, wie die Klänge von Dschong die Festlieder verwirren; ich hasse es, wie die scharfen Mäuler Staat und Familien umstürzen.«

Der Meister sprach: »Mir ist die Art zuwider, wie das grelle Violett das tiefe und satte Scharlachrot totschlägt. Mir ist die Art zuwider, wie die auf die Nerven wirkende moderne Musik den strengen Geist der alten und reinen Tonkunst stört. Ebenso ist mir die Art zuwider, wie zungenfertige Schwätzer mit ihren subjektiven Ansichten die festen und geheiligten Grundlagen von Staat und Gesellschaft untergraben.«

## 19. Wirken ohne Worte

Der Meister sprach: »Ich möchte lieber nichts reden.« Dsï Gung sprach: »Wenn der Meister nicht redet, was haben dann wir

Schüler aufzuzeichnen?« Der Meister sprach: »Wahrlich, redet etwa der Himmel? Die vier Zeiten gehen (ihren Gang), alle Dinge werden erzeugt. Wahrlich, redet etwa der Himmel?«

Der Meister sprach: »Was nützen alle Worte? Ich wollte, ich hätte es nicht nötig, so viel zu reden!« Der Jünger Dsï Gung äußerte besorgt: »Aber wenn der Meister nicht redet, wie können dann wir Schüler die Tradition fortführen?« Der Meister sprach: »Die Wahrheit zeigt sich wirksam durch feste und klare Lebensordnungen, die objektiv wirken wie die ewigen Ordnungen des Himmels. Diese Ordnungen sind wirksam; die Jahreszeiten gehen ihren Gang, und alle Geschöpfe leben und gedeihen in diesen Ordnungen, ohne daß der Himmel zu reden brauchte. Ebenso muß das moralische Leben der Menschen durch solche automatisch wirkenden Ordnungen, wie sie die heiligen Herrscher des Altertums geschaffen, geregelt und erzeugt werden. Mit bloßen Worten ist da nichts getan«.[16]

## 20. Abweisung eines Besuchers

Jü Be wünschte den Meister Kung zu sehen. Meister Kung lehnte es ab, weil er krank sei. Während aber der Bote zur Tür hinausging, nahm er die Laute und sang, damit er es hören sollte.[17]

## 21. Über die Trauerzeit

Dsai Wo[18] fragte über die dreijährige Trauerzeit (und sprach): »Ein Jahr ist schon genug. Wenn der Edle drei Jahre lang keine Riten befolgt, so verderben die Riten sicher. Wenn er drei Jahre lang keine Musik ausübt, so geht die Musik sicher zugrunde. Wenn das alte Korn zu Ende ist und das neue Korn sproßt, wenn man beim Feueranmachen die Holzarten[19] wechselt, dann mag es genug sein.« Der Meister sprach: »(Dann) wieder Reis zu essen und in Seide dich zu kleiden: könntest du dich dabei beruhigen?« (Jener) sprach: »Ja.« – »Nun, wenn du dich dabei beruhigen kannst, so magst du es tun. Was aber den Edlen anlangt, so ist er, während er in Trauer ist, nicht imstande, gutes Essen zu genießen; wenn er Musik hört, so erfreut sie ihn nicht; wenn er in Bequemlichkeit weilt, so fühlt er sich nicht wohl. Darum tut er solche Dinge nicht. Nun aber, kannst du dich dabei beruhigen, so magst du es tun.« Als Dsai Wo hinausgegangen war, sprach der Meister: »Yü ist doch lieblos! Ein Kind wird drei Jahre alt, ehe es die Arme von Vater und Mutter entbehren kann. Was die dreijährige Trauerzeit anlangt, so ist sie auf dem ganzen Erdkreis die durchgehende Trauerzeit. Hat denn Yü nicht jene drei Jahre lang die Liebe seiner Eltern erfahren?«

### 22. Wider das Nichtstun

Der Meister sprach: »Sich satt essen den ganzen Tag, ohne den Geist mit irgend etwas zu beschäftigen, wahrlich, das ist ein schwieriger Fall. Gibt es denn nicht wenigstens Schach und Dambrett[20]? Das zu treiben ist doch immer noch besser.«

### 23. Mut und Pflichtgefühl

Dsï Lu sprach: »Der Edle schätzt doch wohl den Mut am höchsten.« Der Meister sprach: »Der Edle setzt die Pflicht obenan. Wenn ein Vornehmer Mut besitzt ohne Pflichtgefühl, so wird er aufrührerisch. Wenn ein Geringer Mut besitzt ohne Pflichtgefühl so wird er ein Räuber«.[21]

### 24. Was der Edle haßt

Dsï Gung sprach: »Hat der Edle[22] auch (gegen jemand einen) Haß?« Der Meister sprach: »Er hat Haß. Er haßt die, welche der

Leute Übles verbreiten; er haßt die, welche in untergeordneter Stellung weilen und die Oberen verleumden; er haßt die Mutigen ohne Formen der Bildung; er haßt die, welche fest und waghalsig, aber beschränkt sind.« Er sprach: »Sï, hast du auch (Leute, die du) hassest?« (Dsï Gung sprach:) »Ich hasse die, welche spionieren und es für Weisheit ausgeben. Ich hasse die Unbescheidenen, die sich für mutig ausgeben, ich hasse die, welche (Geheimes) ausplaudern und es für Geradheit ausgeben.«

Dsï Gung fragte, ob der Edle auch hassen könne und dürfe. Der Meister erwiderte: »Gewiß gibt es Eigenschaften an den Menschen, die er haßt. Hassenswert vor allem sind die, welche anderer Leute Fehler ans Licht ziehen, hassenswert sind die, welche in untergeordneter Position ihren Vorgesetzten nicht geradezu ihre abweichende Meinung sagen, sondern hinterrücks über sie losziehen. Hassenswert sind die, welche rohe Stärke haben, die nicht durch Takt und Selbstbeherrschung im Zaum gehalten wird, hassenswert endlich sind die egoistischen und beschränkten Fanatiker.«

Als der Meister den Dsï Gung fragte, ob er auch Gegenstände des Hasses kenne, antwortete dieser: »Ich hasse die Schleicher, welche ihre erschlichenen Geheimnisse für Weisheit ausgeben, die Anmaßenden, welche sich für mutig halten, und die Indiskreten, welche sich für ehrlich ausgeben.«

## 25. Frauen und Knechte

Der Meister sprach: »Mit Weibern und Knechten ist doch am schwersten auszukommen! Tritt man ihnen nahe, so werden sie unbescheiden. Hält man sich fern, so werden sie unzufrieden.«

## 26. Grenze der Möglichkeiten

Der Meister sprach: »Wer mit 40 Jahren (unter seinen Nebenmenschen) verhaßt ist, der bleibt so bis zu Ende.«[23]

# BUCH XVIII · WE DSÏ

Dieses Buch, das nur aus 11 Abschnitten besteht, enthält eine historische Nachlese. Die Abschnitte 3–7 sind Anekdoten über die Mißerfolge und den Widerspruch, dem Kung während seines Lebens begegnet ist. Sie sind eingerahmt von Anekdoten über Mißerfolge bzw. Resignationen anderer bedeutender Männer aus der Vergangenheit, teils mit, teils ohne Bemerkungen Kungs über sie. Die drei letzten Paragraphen sind Zusätze, die als solche nichts mit den Lun Yü zu tun haben. Der ganze Stoff hat sehr viele Ähnlichkeit mit der erzählenden Quelle, die möglicherweise auf Tsi zurückgeht. Bezeichnend ist auch der fast durchgehende Gebrauch der Bezeichnung »Meister Kung«.

## 1. Die drei sittlichen Heroen der Yin-Dynastie

Der Herr von We zog sich (vom Hofe) zurück, der Herr von Gi wurde Sklave, Bi Gan machte (dem König Dschou Sin) Vorwürfe und wurde getötet. Meister Kung sprach: »Die Yin-Dynastie hatte drei (Männer von wahrer) Sittlichkeit«.[1]

## 2. Die Vaterlandsliebe Huis von Liu Hia

Hui von Liu Hia[2] war Oberrichter und wurde dreimal entlassen. Da sprach jemand zu ihm: »Meister, ist es noch nicht so weit, daß Ihr Euch besser zurückzöget?« Er sprach: »Wenn ich auf gradem Weg den Menschen dienen will, wohin sollte ich gehen, ohne dreimal entlassen zu werden? Wollte ich aber auf krummen Wegen den Menschen dienen, warum sollte ich es nötig haben, mein Vaterland zu verlassen?«

### 3. Im Staate Tsi

Der Fürst Ging[3] von Tsi (überlegte) die Behandlungsweise des Meisters Kung und sprach: »Ihn so behandeln wie das Haupt des Geschlechtes Gi kann ich nicht. Ich will ihm eine Stellung geben zwischen der des Hauptes der Gi und der des Hauptes der Mongfamilie.« Später aber sprach er: »Ich bin zu alt, ich kann mich seiner nicht mehr bedienen.« Meister Kung ging.

### 4. Des Meisters Rücktritt aus dem Amt in Lu

Die Leute von Tsi sandten (dem Fürsten von Lu als Geschenk eine Truppe von) weiblichen Musikanten. Freiherr Gi Huan nahm sie an. Drei Tage wurde kein Hof gehalten. Meister Kung ging.

### 5. Der Narr von Tschu

Der Sonderling von Tschu, Dsïa Yü[5], sang ein Lied und ging bei Meister Kung vorbei und sprach:

> »O Vogel Fong, o Vogel Fong,
> Wie sehr dein Glanz verblich!
> Doch was gescheh'n ist, ist gescheh'n,
> Nur künftig hüte dich!
> Gib auf, gib auf dein eitles Müh'n!
> Wer heut' dem Staate dienen will,
> Der stürzt nur in Gefahren sich!«

Meister Kung stieg herab und wünschte mit ihm zu reden, aber jener eilte fort und wich ihm aus. Es gelang ihm nicht, mit ihm zu reden.

## 6. Die Furt

Tschang Dsü und Giä Ni waren miteinander mit Feldarbeit beschäftigt. Meister Kung kam bei ihnen vorüber und ließ durch Dsï Lu fragen, (wo) die Furt (sei). Tschang Dsü[6] sprach: »Wer ist der, der dort im Wagen die Zügel hält?« Dsï Lu sprach: »Das ist Kung Kiu.« Da sprach jener: »Ist das der Kung Kiu aus Lu?« (Dsï Lu) sprach: »Ja, der ist es.« (Darauf) sprach (jener): »Der weiß (ja wohl) die Furt.« Darauf fragte er den Giä Ni. Giä Ni sprach: »Wer ist der Herr?« Er sprach: »Dschung Yu«[7]. Darauf jener: »Bist du ein Schüler des Kung Kiu aus Lu?« Er erwiderte: »Ja.« (Dann) sprach (Giä Ni): »Eine ungeheure Überschwemmung: so sieht es auf dem Erdkreis aus, und wer (ist da), es zu ändern? Und dabei einem Lehrer zu folgen, der sich nur von (einem) Fürsten (zum andern) zurückzieht! Wäre es nicht besser, einem Lehrer zu folgen, der sich von der Welt (überhaupt) zurückzieht?«[8] Darauf hackte er weiter, ohne (nochmals) innezuhalten. Dsï Lu ging, um es (dem Meister) anzusagen. Sein Meister seufzte tief und sprach: »Mit den Vögeln und Tieren des Feldes kann man (doch) nicht zusammen hausen; wenn ich nicht mit diesem Geschlecht von Menschen zusammensein will, mit wem soll ich (dann) zusammensein? Wenn der Erdkreis in Ordnung wäre, so wäre ich nicht nötig, ihn zu ändern.«

## 7. Dsï Lu und der Alte[9]

Dsï Lu folgte (dem Meister Kung) und blieb (auf dem Weg) zurück. Da begegnete er einem alten Manne, der an einem Stab einen Unkrautkorb über der Schulter trug. Dsï Lu fragte ihn und sprach: »Hat der Herr meinen Meister gesehen?« Der Alte sprach: »Deine vier Glieder sind nicht (zur Arbeit) beweglich, die fünf Kornarten kannst du nicht unterscheiden: wer ist dein Meister?« Er steckte seinen Stab in die Erde und jätete. Dsï Lu faltete die Hände (zum Gruß) und blieb aufrecht stehen. Da behielt er Dsï Lu über Nacht, schlachtete ein Huhn, machte einen Hirsebrei und gab es ihm zu essen. Auch stellte er ihm seine zwei Söhne vor. Am andern Tag ging Dsï Lu, um es (dem Meister) anzusagen. Der Meister sprach: »Das ist ein verborgener (Weiser).« Er sandte Dsï Lu, um ihn nochmals zu sehen. Als er hinkam, war (aber jener) weggegangen. Dsï Lu sprach[10]: »Sich von jedem Amte fern zu halten, ist wider die Pflicht. Die Schranken zwischen Alt und Jung darf man nicht verfallen lassen; nun erst die Pflichten zwischen Fürst und Diener: wie kann man die verfallen lassen? Wer (nur darauf) bedacht ist, sein eignes Leben rein zu halten, der bringt die großen menschlichen Beziehungen in Unordnung. Damit, daß der Edle ein Amt übenimmt, tut er seine Pflicht. Daß die Wahrheit (heutzutage) nicht durchdringt: das weiß er wohl.«

## 8. Die sich vor der Welt verbargen [11]

Die sich unter das Volk zurückgezogen haben, waren: Be I, Schu Tsi, Yü Dschung, I Yi, Dschu Dschang, Hui von Liu Hia, Schau Liän.

Der Meister sprach: »Die ihr Ziel nicht erniedrigten und ihre Person vor Schande bewahrten: das waren Be I und Schu Tsi. Man (kann) sagen von Hui von Liu Hia und von Schau Liän, daß sie ihre Ziele erniedrigten und ihre Person in Schande brachten. Doch trafen sie in ihren Worten das Vernünftige, in ihrem Wandel trafen sie das Wohlerwogene; so waren sie, nichts mehr! Von Yü Dschung und I Yi (kann man) sagen, daß sie in der Verborgenheit lebten und ihren Worten Lauf ließen; in ihrem persönlichen (Wandel) trafen sie die Reinheit, in ihrem Rückzug trafen sie das den Umständen Entsprechende. Ich nun bin verschieden davon, (für mich gibt es) nichts, (das unter allen Umständen) möglich, und nichts, (das unter allen Umständen) unmöglich wäre.«

## 9. Der Rückzug der Musiker von Lu[12]

Der Kapellmeister Dschï ging nach Tsi; der (Leiter der Musik beim) zweiten Mahl, Gan, ging nach Tschu; der beim dritten Mahl, Liau, ging nach Tsai; der beim vierten Mahl, Küe, ging nach Tsin; der Paukenmeister Fang Schu ging über den gelben Fluß; der Meister der Handpauke, Wu, ging über den Hanfluß; der Unterkapellmeister Yang und der Meister des Musiksteins, Siang, gingen über das Meer.

## 10. Der Rat des Fürsten Dschou an den Fürsten von Lu[13]

Der Fürst Dschou redete zu dem Fürsten von Lu und sprach: »Der Edle vernachlässigt nicht seine Nächsten; er gibt seinen Dienern keinen Anlaß zum Groll darüber, daß er sie nicht gebraucht; alte Vertraute verwirft er nicht ohne schwerwiegenden Grund; er verlangt nicht Vollkommenes von *einem* Menschen.«

## 11. Die vier Zwillingspaare der Dschou-Dynastie[14]

Dschou hatte acht Beamte: Be Da, Be Go, Dschung Du, Dschung Hu, Shu Ye, Shu Hia, Gi Sui, Gi Gua.

# BUCH XIX · DSÏ DSCHANG

Das XIX. Buch enthält 25 Abschnitte. Kein einziger direkter Ausspruch Kungs ist darin enthalten. Es führt ein in die Verhältnisse der Schulen, die sich von Kung nach seinem Tode abzweigten. Beginnend mit zwei Aussprüchen Dsï Dschangs, die ziemlich genaue Reminiszenzen aus früheren Äußerungen des Meisters sind, schildert es in Abschnitt 3 den Hergang einiger Schüler Dsï Hias zu Dsï Dschang, der ihnen gegenüber Kritik an Dsï Hia übt. Darauf folgen 10 Abschnitte mit Äußerungen Dsï Hias, die sich ebenfalls ziemlich enge an frühere Worte des Meisters anschließen und oft nur spezielle Anwendungen oder weitere Ausführungen derselben enthalten. Dazwischen einige Äußerungen Dsï Yus. Die letzte dieser Äußerungen enthält eine Kritik Dsï Dschangs, der offenbar in ziemlich starkem Widerspruch zu der Richtung in der Schule Kungs stand, die später die herrschende geworden ist. Die nächsten 3 Abschnitte enthalten Äußerungen Dsong Schens, des Hauptes dieser Schule, worauf noch 8 Abschnitte mit Gesprächen Dsï Gungs (Duan Mu Sï) folgen, die dazu dienen, das Mißverständnis zu beseitigen, das offenbar in der Öffentlichkeit bald nach Kungs Tod aufgekommen war, daß nämlich Dsï Gung noch über dem Meister stehe. Seine eigne Autorität wird dagegen ins Feld geführt. Im ganzen sind die Zustände, in die wir hier einen Einblick tun, nicht besonders erfreulich. Namentlich der Streit mit dem offenbar sehr gewandten Dsï Dschang ist bezeichnend. Möglicherweise ist das auch der Grund, warum er, der doch sonst eine Rolle unter Kungs Schülern gespielt hatte, bei der Aufzeichnung der »10 Philosophen« IX, 2 übergangen ist.

## 1. Das Ideal des Gebildeten[1] (Dsï Dschang)

Dsï Dschang sprach: »Der Gebildete, der angesichts der Gefahr sein Leben opfert, angesichts des Empfangens auf Pflicht denkt, beim Opfern auf Ehrerbietung denkt, bei den Totenbräuchen auf Trauer denkt: der mag wohl recht sein!«

## 2. Mangelnder Fortschritt (Dsï Dschang)

Dschang sprach: »Sein geistiges Wesen festhalten, ohne es zu erweitern, die Wahrheit glauben, ohne zuverlässig zu sein: kann ein solcher als einer gelten, der (die Wahrheit) hat, oder kann er als ein solcher gelten, der sie nicht hat?«[2]

Wer sein Pfund vergräbt, ohne damit zu wuchern, wer der Wahrheit zwar in seinem Intellekt zustimmt, aber ohne daß sie eine Macht in seinem Leben wird, ein solcher ist weder kalt noch warm.

## 3. Dsï Hias Jünger bei Dsï Dschang

Junger Dsï Hias befragten den Dsï Dschang über den Umgang (mit Menschen). Dsï Dschang sprach: »Was sagt Dsï Hia darüber?« Sie erwiderten: »Dsï Hia sprach: ›Mit denen, die es wert sind, Gemeinschaft haben, die, die es nicht wert sind, fernhalten‹.« Dsï Dschang sprach: »Verschieden davon ist, was ich gehört. Der Edle ehrt die Würdigen und erträgt alle; er rühmt die Tüchtigen und bemitleidet die Unfähigen. Bin ich ein würdiger Charakter, was sollte ich die andern Menschen nicht ertragen können; bin ich ein unwürdiger Charakter, so werden mich die andern von sich fernhalten. Was soll da das Fernhalten der andern?«[3]

## 4. Die Gefahr des Dilettantismus[4]

Dsï Hia sprach: »Auch die kleinen Liebhaberkünste haben sicher etwas, das sich sehen läßt. Aber wenn man sie zu weit treibt, ist Verwirrung zu befürchten. Darum betreibt sie der Edle nicht.«

## 5. Der rechte Philosoph

Dsï Hia sprach: »Wer täglich weiß, was ihm noch fehlt, und monatlich nicht vergißt, was er kann, der kann ein das Lernen Liebender genannt werden.«

Wer fortwährend sich klar darüber ist, was an seinem Wissen noch der Ergänzung bedarf, und demgemäß systematisch weiterarbeitet und darüber den erworbenen Besitz nicht vergißt, sondern sich immer von Zeit zu Zeit Rechnung darüber gibt, der hat die rechte Art des Studiums.

## 6. Bildung und Sittlichkeit

Dsï Hia sprach: »Ausgebreitete Kenntnisse erwerben und fest aufs Ziel gerichtet sein, ernstlich fragen und vom Nahen aus denken: Sittlichkeit liegt darin.«

Es gibt eine entschlossene, konsequente Art des Studiums, die Universalität erstrebt; was ihre Methoden anlangt, so benützt sie in gleicher Weise zu ihrer Aufklärung die Erfahrungen andrer wie auch das eigne Denken: eine solche Art der geistigen Arbeit ist eine vollwertige Äußerung wahrer Humanität.[5]

## 7. Das Gleichnis von den Handwerkern

Dsï Hia sprach: »Die hundert Handwerker bleiben in ihren Werkstätten, um ihre Arbeit zu vollenden; der Edle lernt, um seine Wahrheit zu erreichen.«

Der Handwerker arbeitet in seiner Werkstatt und bleibt sitzen an seiner Arbeit, und so wird ganz von selbst die Arbeit fertig. So ist es auch mit dem Studium des bedeutenden Menschen: er arbeitet voran, und in dieser Arbeit erreicht er schließlich ganz von selbst die Wahrheit.[6]

## 8. Die Fehler der Gemeinen

Dsï Hia sprach: »Die Fehler der Gemeinen haben sicher eine Verzierung.«

Ein niedrig denkender Mensch wird es stets verstehen, seine Fehler zu bemänteln.[7]

## 9. Die drei Verwandlungen des Edlen[8]

Dsï Hia sprach: »Dreimal verschieden erscheint der Edle. (Aus der Ferne) gesehen (erscheint er) streng. Naht man ihm, so ist er milde. Hört man seine Worte, so ist er unbeugsam.«

## 10. Der Wert des Vertrauens

Dsï Hia sprach: » Der Edle (erwirbt sich) das Vertrauen, dann erst bemüht er seine Untertanen; wenn sie noch kein Vertrauen haben, so halten sie das für Härte gegen sich. Er (erwirbt sich) das Vertrauen (seines Fürsten), dann erst macht er Vorhaltungen; wenn er noch nicht das Vertrauen (seines Fürsten) hat, so hält jener es für Beschuldigungen gegen sich.«

Das Vertrauen ist die Grundlage, auf der eine wahrhafte Wirksamkeit erst möglich wird. Daher wird der höhere Mensch es überall sich zu verdienen suchen, wo er mit Menschen zu tun hat. Hat er es mit Untergebenen zu tun, so erwirbt er sich erst ihr Vertrauen, ehe er ihnen Anstrengungen zumutet; denn wenn sie noch kein Vertrauen gefaßt haben und dennoch zu schwerer Arbeit herangezogen werden, so halten sie dieses Vorgehen nur für Härte. Ebenso sucht er im Verkehr mit seinem Fürsten erst dessen Vertrauen zu gewinnen, ehe er ihm Vorhaltungen macht; denn abgesehen von diesem gegenseitigen Vertrauensverhältnis wird der Fürst die Vorhaltungen nur als ungerechte Beschuldigungen empfinden und dadurch verletzt werden.[9]

## 11. Die Großen und die Kleinen

Dsï Hia sprach: »Die Menschen von großer Tugend übertreten nie die Grenzen. Leute von kleinerer Tugend mögen wohl einmal aus- und eingehen.«

Die Menschen sind verschieden in ihrem geistigen Wesen, und dem entsprechend darf man nicht dieselben Maßstäbe an alle anlegen. Männer von großer sittlicher Veranlagung halten sich ganz von selbst innerhalb der Schranken der Vollkommenheit. Bei kleineren Geistern kann es auch wohl vorkommen, daß sie diese Grenze einmal überschreiten und erst hinterher sich wieder zurechtfinden. Das mag denn in ihrem Falle geduldet werden.[10]

## 12. Dsï Yus Kritik und Dsï Hias Replik

Dsï Yu sprach: »Die Schüler Dsï Hias sind (wie) kleine Kinder: im Besprengen (des Fußbodens), Kehren, Gehorchen und Antworten, Eintreten und Hinausgehen: da sind sie zu brauchen. Aber wenn über den Nebensachen die Hauptsache vernachlässigt wird, was soll das heißen?«

Dsï Hia hörte es und sprach: »Ei, Yän Yu ist im Irrtum! An der Lehre des Edlen: was ist da wichtig, daß es gelehrt werden muß, und was ist unwichtig, daß es vernachlässigt werden kann? Sie mag verglichen werden mit den Gräsern und Bäumen, die je nach ihrer Art verschieden behandelt werden müssen. Die Lehre des Edlen: wie dürfte man die verwirren! Wer Anfang und Ende zugleich besitzt, das ist nur der Heilige!«[11]

## 13. Amt und Studium

Dsï Hia sprach: »Der Beamte, der Zeit übrig hat, möge lernen. Der Lernende, der Zeit übrig hat, möge ein Amt antreten.«[12]

## 14. Die Trauer

Dsï Yu sprach: »Bei den Totenbräuchen gehe man nicht weiter als bis zu wirklicher Herzenstrauer.«[13]

## 15. Dsï Yus Kritik an Dsï Dschang

Dsï Yu sprach: »Mein Freund (Dsï) Dschang kann (alle möglichen) schwierigen Dinge fertig bringen, aber sittlich (vollkommen) ist er noch nicht.«

## 16. Dsong Schens Kritik an Dsï Dschang

Meister Dsong sprach: »Großartig in seinem Auftreten ist (Dsï) Dschang, aber es ist schwer, in seiner Gesellschaft Sittlichkeit zu erstreben.«[14]

## 17. Die Entfaltung des Wesens in der Trauerzeit

Meister Dsong sprach: »Ich habe vom Meister gehört, wenn ein Mensch sein eignes Selbst noch nicht entfaltet habe, daß das sicher in der Trauerzeit geschehen werde.«[15]

## 18. Vorbildliche Pietät[16]

Meister Dsong sprach: »Ich habe vom Meister gehört: Die kindliche Gesinnung des Herren Mong Dschuang mag man in andern Dingen (zu erreichen) fähig sein. Aber daß er die Beamten seines Vaters und die Regierungsweise seines Vaters (nach dessen Tod) nicht veränderte, darin ist es schwerlich möglich (ihn) zu erreichen.«

## 19. Menschlichkeit gegen die Schuldigen

Das Oberhaupt des Geschlechts Mong hatte den Yang Fu zum Oberrichter gemacht. (Dieser) befragte den Meister Dsong. Meister Dsong sprach: »Daß die Oberen ihren Weg verloren und das Volk in der Irre geht, das dauert nun schon lange. Wenn du daher den Tatbestand (eines Verbrechens) erlangt hast, so sei traurig und mitleidsvoll und freue dich nicht darüber.«[17]

## 20. Die Gefahr der falschen Stellung

Dsï Gung sprach: »Die Schlechtigkeit Dschou (Sins)[18] war nicht so gar schlimm (wie man gewöhrlich von ihm denkt). Darum haßt es der Edle, in den Tiefen zu verweilen; denn alle Schlechtigkeiten des ganzen Erdkreises fallen sonst auf ihn.«

## 21. Die Fehler des Edlen

Dsï Gung sprach: »Die Fehler des Edlen sind wie die Verfinsterungen der Sonne oder des Mondes. Macht er einen Fehler, so sehen es die Menschen alle. Bessert er ihn, so sehen die Menschen alle wieder zu ihm empor.«[19]

## 22. Die Quellen von Kungs Bildung[20]

Gung Sun Tschau von We befragte den Dsï Gung und sprach: »Wie kam Dschung Ni (Kungs Gelehrtenname) zu seiner Bildung?« Dsï Gung sprach: »Der Pfad der Könige Wen und Wu ist noch nicht auf den Grund gesunken. Er ist noch vorhanden unter den Menschen. Bedeutende Männer wissen noch die Hauptsachen davon, unbedeutende Männer wissen noch die Nebensachen davon. Es gibt keinen Ort, wo der Pfad von Wen und Wu nicht mehr wäre. Wie hätte der Meister ihn da nicht kennenlernen sollen, und was brauchte er dazu einen einzelnen, bestimmten Lehrer?«

## 23. Die Hofmauer

Wu Schu[21] von dem Geschlechte Schu redete bei Hofe zu den Ministern und sprach: »Dsï Gung ist bedeutender als Dschung Ni.« Dsï-Fu Ging-Be sagte es Dsï Gung an. Dsï Gung sprach: »Es ist wie bei einem Gebäude und seiner Mauer. Meine Mauer reicht nur bis zur Schulterhöhe: man kann leicht darüber wegsehen und das Schöne des Hauses (erkennen). Des Meisters Mauer ist viele Klafter hoch. Wer nicht die Tür davon erreicht und hineingeht, der sieht nicht die Schönheiten des Ahnentempels und den Reichtum der hundert Beamten. Die aber seine Tür erreichen, das sind wohl wenige. Ist es darum nicht ganz in Ordnung, daß jener Herr so redet?«

## 24. Die Hügel und Sonne und Mond

Wu Schu von dem Geschlechte Schu schmälte auf Dschung Ni. Dsï Gung sprach: »Damit erreicht man nichts. Dschung Ni kann nicht geschmält werden. Andrer Menschen Bedeutung ist wie ein Hügel oder wie eine Anhöhe: man kann sie übersteigen. Dschung Ni ist wie Sonne und Mond: es wird nicht gelingen, über ihn hinwegzukommen. Wenn einer auch sich selbst von ihnen scheiden will: was schadet das Sonne und Mond? Man sieht daraus nur, daß er seine Fähigkeiten nicht kennt.«

## 25. Der Himmelsfürst

Tschen Dsï Kin[22] redete zu Dsï Gung und sprach: »Ihr seid zu gewissenhaft; wie sollte Dschung Ni bedeutender sein als Ihr?«

Dsï Gung sprach: »Unter Edlen genügt ein Wort, um als weise zu erscheinen, ein Wort, um als unweise zu erscheinen. Darum darf man in seinen Worten nicht unvorsichtig sein. Die Unerreichbarkeit des Meisters ist wie die Unmöglichkeit, auf Stufen zum Himmel emporzusteigen. Wenn der Meister ein Land (als Erbe) bekommen hätte, (so wäre es eingetroffen): ›Was er festsetzt[13], wird Gesetz, was er befiehlt, das geschieht; er gibt ihnen Frieden, und sie kommen herbei; was er bewegt, das ist im Einklang. Sein Leben ist herrlich, sein Tod schafft Trauer.‹ Wie wäre es möglich, ihn zu erreichen?«

# BUCH XX · YAU YÜO

Das XX. Buch enthält nur drei Abschnitte von sehr unterschiedlicher Länge. Der Zweck dieses Buches ist kein anderer als der, Kung einzureihen unter die Großen Heiligen der Vorzeit. Daher zur Einleitung die feierlichen Einsetzungsworte, die Yau gesprochen, als er die Herrschaft über den Erdkreis an seinen Nachfolger Schun übertrug, und die Schun gesprochen, als er sie an den großen Yü weitergab. Darauf das Gebet des Königs Tang, der den Tyrannen Giä, den letzten Fürsten der Hia-Dynastie, stürzte. Ferner eine Schilderung der Regierungsgrundsätze der Dschou-Dynastie, die ihrerseits wiederum die von Tang gegründete Schang- oder Yin-Dynastie ablöste. Die Worte zum Schluß erinnern ganz auffallend an das Gespräch Kungs mit Dsï Dschang über die Staatsregierung XVII, 6. Nun wird Kung selbst eingeführt mit seinen Prinzipien bezüglich der Regierung des Erdkreises, wieder in einem Gespräch mit Dsï Dschang, das mit jenem eben erwähnten formell verwandt ist. Es ist wohl das in den alten Lun Yü als überzählig genannte Buch »Dsï Dschang« mit diesem Abschnitt zu identifizieren. Den Schluß des ganzen Werks bildet ein kurzer Ausspruch des Meisters, der seine Grundsätze im allgemeinen zusammenfaßt.

## 1. Die Heiligen Fürsten der Vorzeit

Yau sprach: »Du, o Schun! Des Himmels Bestimmung der Zeiten kommt an deine Person. Halte treulich diese Mitte. Wenn die (Menschen innerhalb der) vier Meere in Bedrängnis und Mangel kommen, so wird des Himmels Lohn für ewig zu Ende sein.«

Schun gebrauchte auch (diese Worte), um Yü zu betrauen[1].

...[2] sprach: »Ich, dein Sohn Li, wage es, ein dunkelfarbenes Rind zu opfern; ich wage es, dir zu unterbreiten, o erhabener,

erhabener Herrscher Gott, daß ich dem Sünder nicht wagte zu verzeihen; deine Knechte, o Gott, will ich nicht verdunkeln, ihre Prüfung geschehe nach deinem Herzen, o Gott. Wenn ich selbst Sünde habe, so rechne sie nicht den zehntausend Gegenden zu; wenn die zehntausend Gegenden Sünde haben, so bleibe die Sünde auf meinem Leib.«

»Dschou hat großen Lohn:
Tüchtige Männer sind dieser Reichtum.
Obwohl Dschou Verwandte hat,
(Stehen sie ihm) nicht so (hoch) wie gute Menschen.
Wenn das Volk Fehler hat,
so mögen sie auf mich alleine kommen.«

...[3] Sie achteten sorgsam auf Waage und Maß, prüften Gesetze und Rechte, setzten entlassene Beamte wieder ein, und die Regierung der vier Himmelsgegenden nahm ihren Lauf. Sie brachten erloschene Staaten wieder zur Blüte, sie gaben abgebrochenen Geschlechtern Fortsetzung, sie zogen Leute ans Licht, die sich in Verborgenheit zurückgezogen hatten. Und alles Volk unter dem Himmel wandte (ihnen) sein Herz zu. Was sie besonders wichtig nahmen, war die Nahrung des Volks, Totenbräuche und Opfer. Sie waren weitherzig, so gewannen sie die Massen; sie waren Treu, so vertraute ihnen das Volk, sie waren eifrig, so hatten sie Erfolg; sie waren gerecht, so waren (alle) befriedigt.

Der alte Kaiser Yau sprach bei der Übergabe des Reichs an seinen Nachfolger Schun: »Du, o Schun! Die Zeit ist erfüllet, die vom Himmel bestimmte Herrschaft kommt an dich. Hüte treulich dieses Mittleramt. Wenn Bedrängnis und Mangel durch deine Schuld über das Volk auf Erden kommt, so wird die Herrschaft auf ewig von dir genommen werden.«

Dieselben Worte gebrauchte der Kaiser Schun, als er die Herrschaft auf seinen Nachfolger Yü übertrug.

Der Gründer der nächstfolgenden Dynastie, mit Namen Tang, betete nach der Bestrafung des Bösewichts Giä also zu Gott: »Ich, dein Sohn, unterwinde mich, mit einem schwarzen Rind vor dein Angesicht zu kommen, o hocherhabener Herrscher Gott, und dir zu unterbreiten, daß ich nicht wagte, dem Sünder zu verzeihen. Deine Knechte, o Gott, will ich nicht in der Dunkelheit lassen, ich will sie aussuchen nach deinem Herzen, o Gott. Wenn ich Sünde tue, so komme sie nicht über mein Volk; wenn aber mein Volk gesündigt hat, so bleibe die Sünde auf meinem Haupte.«

Der König Wu, nachdem er den Tyrannen Dschou Sin getötet hatte, sprach also:

»Groß ist der Lohn des Dschou-Geschlechts,
Tüchtige Männer sind sein Gut.
Mögen Verwandte zur Seite steh'n:
Tugend allein ist Ehren wert.
Fehler des Volkes allzumal
Räche an mir, dem Einen nur.«

Alle diese Heiligen auf dem Throne[4] hatten gewisse Grundsätze gemeinsam, nach denen sie den Erdkreis verwalteten: Sie wachten über den Handelsverkehr, daß Waage und Maß gerecht und gleich waren. Sie sorgten dafür, daß die Gesetze und staatlichen Einrichtungen den ewigen Ordnungen menschlichen Zusammenlebens entsprachen, sie sorgten dafür, daß Ämter, die in Abgang gekommen waren, wieder eingerichtet wurden: auf diese Weise erreichten sie es, daß allenthalben eine geordnete Regierung in Kraft war. Sie bemühten sich außerdem, das Lehnswesen in Ordnung zu halten: Lehnsstaaten, deren Herrscherhaus ausgestorben war, besetzten sie aufs neue. Sie trafen Veranstaltungen, daß die vornehmen Familien, die aus Mangel an männlichen Nachkommen ohne den ihnen zukommenden Opferdienst waren, durch Adoptionszuweisungen im Genuß ihrer Ahnenopfer blieben, damit auch im Jenseits jeder zu seinem Rechte kam. Sie verstanden es, weise und tüchtige Männer, die sich von der Welt abgewandt und ins Privatleben zurückgezogen hatten, wieder hervorzuziehen, so daß ihre Dienste der Allgemeinheit zugute kamen. Auf diese Weise erreichten sie es, daß das Volk ganz von selbst sich ihnen zuwandte, so daß sie ohne Gewalttätigkeit in den Besitz der Oberherrschaft gelangten. Sie wandten ihre Sorge dem Wohlstand des Volkes zu und dem Frieden der Abgeschiedenen durch Ordnung der Totenbräuche und Ahnenopfer. Sie zeigten sich wohlwollend und nachsichtig und gewannen dadurch die Herzen ihrer Untertanen. Sie waren in ihren Handlungen zuverlässig, so daß sie das Vertrauen des Volks gewannen; sie waren in ihren Unternehmungen eifrig und energisch, so daß sie dabei wirkliche Erfolge erreichten. Sie waren mit ihren Absichten auf das Wohl des Ganzen gerichtet, so daß jedermann zufrieden war.

## 2. Der rechte Herrscher

Dsï Dschang befragte den Meister Kung und sprach: »Wie muß man handeln, damit man imstande sei, (gut) zu regieren?« Der Meister sprach: »Achte die fünf schönen (Eigenschaften) hoch und beseitige die vier üblen, dann bist du imstande, (gut) zu regieren.« Dsï Dschang fragte: »Welche (Eigenschaften) heißen die fünf schönen?« Der Meister sprach: »Der Herrscher ist gnädig, ohne Aufwand zu machen; er bemüht (das Volk), ohne daß es murrt; er begehrt, ohne gierig zu sein; er ist erhaben, ohne hochmütig zu sein; er ist ehrfurchtgebietend, ohne heftig zu sein.«

Dsï Dschang fragte: »Was heißt das, gnädig sein, ohne Aufwand zu machen?« Der Meister sprach: »Wenn man die (natürlichen Quellen) des Reichtums der Untertanen benützt, um sie zu bereichern: ist das denn nicht Gnade ohne Aufwand? Wenn man vorsichtig auswählt, (womit man das Volk gerechter Weise) bemühen darf, und es dann (entsprechend) bemüht: wer wird da murren?[5] Wenn man Sittlichkeit begehrt und Sittlichkeit erreicht, wie wäre das gierig?[6] Wenn der Herrscher ohne Rücksicht, ob (er es mit) vielen oder wenigen, ohne Rücksicht, (ob er es mit) Großen oder Kleinen (zu tun hat), nicht wagt, (die Menschen) geringschätzig zu behandeln: ist das denn nicht erhaben, ohne hochmütig zu sein?[7] Wenn der Herrscher seine Kleidung und Kopfbedeckung ordnet, auf seine Mienen und Blicke achtet, daß er eine Hoheit (zeigt), so daß die Menschen, die ihn sehen, sich scheuen: ist das denn nicht ehrfurchtgebietend, ohne heftig zu sein?«[8]

Dsï Dschang sprach: »Welche (Eigenschaften) heißen die vier üblen?« Der Meister sprach: »Ohne (vorherige) Belehrung zu töten: das heißt Grausamkeit; ohne (vorherige) Warnung (die auferlegten Arbeiten) fertig sehen (zu wollen): das heißt Gewalttätigkeit; nachlässige Befehle erteilen und (doch) auf Einhaltung der Zeit (bei der Ausführung dringen): das heißt Unrecht; und schließlich: wenn man (Belohnungen) an (verdiente) Leute gewährt, bei ihrer Verteilung zu geizen: das heißt Kleinlichkeit.

### 3. Die Summe der Lehre

Der Meister sprach: »Wer nicht den Willen Gottes kennt, der kann kein Edler sein. Wer die Formen der Sitte nicht kennt, der kann nicht gefestigt sein. Wer die Rede nicht kennt, der kann nicht die Menschen kennen.«

Wer zu den auserwählten Menschen gehört, denen die Herrschaft über andre anvertraut werden kann, der muß vor allem den Willen Gottes kennen, von dem alles auf Erden abhängt, damit er in all seinem Tun und Lassen sich nach ihm richten kann. Er muß die Schönheit verstehen, deren Rhythmus das Leben beherrscht und durch die Ewigkeit der Form der Vergänglichkeit der Erscheinung Halt verleiht. Er muß die Rede kennen, den Ausdruck dessen, was im Menschen ist, damit er imstande ist, die Menschen zu verstehen und zu leiten.

# ANMERKUNGEN

## EINLEITUNG

1. Es ist nicht ausgeschlossen, daß die später ins höchste Altertum versetzten Gottwesen Fu Hi, Schen Nung und Nü Wa einfach Dubletten von Yau, Schun und Yü sind. Man beachte die große Flut hier und dort, die beide Male durch »Gung Gung« verschuldet ist.

2. Die sogenannten »100 Familiennamen« scheinen sich aus den alten Sippen entwickelt zu haben. Das chinesische Zeichen für »Familienname« (sing) hat noch heute das Klassenzeichen »Frau«. Doch ist die Einteilung in 100 wohl im Anschluß an die patriarchalische Familienbildung entstanden.

3. »Liä Dsï, Das wahre Buch vom quellenden Urgrund«.

## BUCH I · HÜO ERL

1. Das chinesische Wort »hsüo«, das gewöhnlich mit »lernen« übersetzt wird, ist im Munde Kungs zu verstehen als Studium der Prinzipien der richtigen Lebensführung im Hinblick auf ihre praktische Anwendung. Es ist die Aneignung des überlieferten Kulturerbes, die zur Ausbildung der Persönlichkeit notwendig ist. Rein theoretisches Wissen getrennt von ethischer Bedeutung gibt es für Kung nicht. (Vgl. Giles a. a. O. S. 53.) Die im Text erwähnten Stadien entsprechen dem eigenen Lebensgang des Meisters.

2. Yu Jo, ein direkter Schüler und Landsmann Kungs. Nur von ihm und dem Schüler Dsong Schen wird in den Lun Yü als »Meister« gesprochen. Vgl. Einleitung.

3. Das chinesische Wort »jen« ist eines der schwierigsten, aber auch wichtigsten. Es bezeichnet subjektiv Humanität im Sinn unserer klassischen Zeit, die Entfaltung dessen, was man sein muß, um Mensch im vollen Sinn heißen zu können. Man kann es oft fast mit der neutestamentlichen ἀγαπή gleichsetzen. Es ist im folgenden der Einheitlichkeit wegen fast durchweg mit »Sittlichkeit« übersetzt. Vgl. I, 3 u. o. Hier objektiv: Menschentum, soziale Ordnung, der Zustand allgemeiner Verbreitung der vollkommnen Gesinnung.

4. Vgl. Anm. 2.

5. Dem Kaiser des ganzen Reichs unterstanden zusammen 10 000 Kriegswagen. Je eine Stadt hatte einen

Kriegswagen zu stellen, ein Staat mit 1000 Kriegswagen hatte daher 1000 Städte und gehörte zu den größten Staaten in der damaligen Welt des Ostens.

6. Die Untertanen hatten Frondienste zu leisten für den Bau von Wällen, Wegen usw. Dabei sollte der Einzelne nicht länger als drei Tage herangezogen werden, und zwar zu einer Zeit, da die Arbeiten des Landbaus nicht beeinträchtigt wurden.

7. Außer den literarischen Studien kommen für eine vollkommene Bildung noch in Betracht die sechs »freien Künste«: Riten, Musik, Bogenschießen, Wagenlenken, Schreiben und Mathematik. Charakteristisch ist, wie Kung die moralische Ausbildung als allgemein notwendige Grundlage betont, während er die intellektuelle und ästhetische Bildung als fakultativ behandelt. Auch ein Beitrag zur Richtigstellung des Vorurteils, daß die konfuzianische Doktrin sich auf Heranziehung einer bloß formell geschulten Literatenkaste beschränke!

8. Dsï Hia ist die literarische Bezeichnung des Schülers Bu Schang, der im Verlauf des Buches noch häufig erwähnt wird.

9. Die gewöhnliche Übersetzung: »Wer seinen Geist von der Liebe zur weiblichen Schönheit abwendet und ebenso aufrichtig der Liebe zu den Würdigen zuwendet« (s. Legge a. a. O. S. 140), ist beeinflußt durch die Stelle Lun Yü Buch IX, 17 und grammatisch unmöglich. Eine andere Übersetzung ist: »Wer Würdigkeit wichtig und die Schönheit leicht nimmt.« Vgl. Mau Gi Ling.

10. Nach den chinesischen Kommentaren ist damit gemeint die Sorge für die Beerdigungsbräuche, und mit der »Nachfolge« der Dahingegangenen der regelrechte Vollzug der Ahnenopfer. Der zugrundeliegende Gedanke ist, daß eine wirkliche Kultur nur dadurch bestehen kann, daß sie ihre Wurzel im Erbe der Väter nicht preisgibt.

11. Vgl. XVI, 13; XIX, 25.

12. Vgl. Anm. 2. Zur Sache vgl. Dschung Yang I, 4.

13. Der Schlußsatz ist gänzlich unverständlich. Die Kommentare zeigen daher die größte Abweichung. Wir geben die herkömmliche Auslegung wieder.

14. Schï Ging, Buch I, 5, 1, bezieht sich dort auf König Wu. S. Übersetzung von V. v. Strauß: Schi-King, aus dem Chinesischen übersetzt und erläutert von V. von Strauß. Heidelberg 1880, S. 128.

15. Vorname des Dsï Gung. – Ein Kabinettstück aus dem Umgang Kungs mit seinen Schülern. Das Wort des Dsï Gung bezieht sich auf sein eigenes Leben: er war arm gewesen, ohne schmeichlerisch zu sein, und war reich geworden, ohne hochmütig zu sein. Dafür will er sich vom Meister eine gute Zensur holen. Der aber durchschaut ihn und hält ihm sofort ein höheres Ideal vor für weiteres Streben. Dsï Gung aber zeigt sich darin als des Meisters würdiger Schüler, daß er sofort auf dessen Gedanken eingeht und ihn mit einer Stelle aus der »Schrift« belegt. Darüber freut sich dann der Meister, und nun erteilt er ihm ein aufrichtiges Lob.

1. Das chinesische Wort de, das in der Regel mit »Tugend« übersetzt wird, hat in Wirklichkeit eine weit umfassendere Bedeutung. Die chinesischen Kommentare erklären es: Was die Wesen erhalten, um zu entstehen, zu leben, heißt »de«. Es schließt das ganze Wesen der Persönlichkeit und die Macht, die von einer Person ausgeht, mit ein. Zuweilen könnte man es am besten mit »Geist« oder »Leben« übersetzen. Vgl. Laotse, Das Buch vom SINN und LEBEN, wo es durchgehend mit LEBEN übersetzt ist.

2. D. h. des »Schï Ging«. Sachlich vgl. Matth. 22, 37–40.

3. Kung starb im Alter von 72 Jahren.

3a. Der letzte Satz ist in Mong Dsï III. A. 2 als Wort des Dsong Dsï zitiert.

4. Auch hier ein Beispiel für die Methode Kungs. Er sucht durch seine Antwort immer den Fragenden zum Denken anzuregen. Bei dem vornehmen Mong I ist ihm das nicht gelungen. Der zog sich mit der halbverstandenen Antwort zurück, ohne weiter zu fragen. So muß der Meister einen indirekten Weg gehen, indem er Frage und Antwort seinem Schüler Fan Tschï erzählt. Der geht auf seine Intention ein und fragt weiter, so daß der Meister seine Erklärung anbringen kann. Da Fan Tschï mit Mong I bekannt war, so war es sicher, daß die Antwort an ihre rechte Adresse kam. Vgl. übrigens den Ausspruch des Dsong I, 9. – Die kategorische, über alle Zufälligkeiten erhabene Forderung der Pietät liegt in dem Wort »i li«, »wie es sich ziemt«, aus-

gedrückt. Vgl. die Einleitung über diesen Punkt.

5. Nicht unerwähnt darf bleiben, daß eine alte und im chinesischen Wesen wohlbegründete Auffassung der Stelle dahin geht, daß zu übersetzen wäre: »Heutzutage sieht man die Erfüllung der Kindespflicht darin, daß man seine Eltern ernährt. Aber bis auf Hunde und Pferde herab können selbst die Haustiere zur Ernährung ihres Herrn beitragen. Wenn man den Eltern keine Ehrfurcht entgegenbringt, steht man in seinen Leistungen nicht höher als diese Haustiere.« Diese Erklärung würde die dem chinesischen Empfinden sogar als hypothetischer Vergleich anstößige Zusammenstellung der Eltern mit den Haustieren umgehen. Der japanische Kommentar Lun Yü Dschong, der sonst sehr vorurteilslos ist, zieht diese Version vor, während Ku Hung Ming sich für die im Text gegebene Übersetzung entscheidet.

6. Die Übersetzung mußte auch hier sich für die eine Richtung in der chinesischen Kommentarliteratur entscheiden. Der Ausdruck »sê nan«, »Der Gesichtsausdruck ist schwierig«, wird verschieden gedeutet. Es fragt sich, ob der Gesichtsausdruck der Eltern oder der der Kinder gemeint ist. Im letzten Falle ergibt sich der überwiegend angenommene Sinn, den wir oben gegeben, im ersteren bestände die Schwierigkeit im fortwährenden Achten auf die Mienen der Eltern, daß man immer ihren Stimmungen entgegenkommt. Die vier Abschnit-

te über Kindespflicht ergänzen sich gegenseitig und zeigen, wie Kung die herkömmlichen, mehr äußerlichen Moralforderungen zu vertiefen und zu verinnerlichen sucht.

7. Der Lieblingsjünger Kungs, der seine Ahnentafel im Konfuziustempel dem Meister zunächst hat.

8. Die herkömmliche Erklärung ist: Der höhere Mensch ist nicht spezialistisch einseitig, nur für eine bestimmte Verwendung geeignet, sondern hält sich den universalen Überblick offen, so daß er diese oder jene Beschäftigung ergreifen mag, je nach den Erfordernissen des Augenblicks. Obige Erklärung ist der Anregung des genannten japanischen Kommentars zu verdanken.

9. Dieser Abschnitt macht viele Mühe infolge der Interpunktion, nach der es wörtlich heißen müßte: »Erst seine Worte zu Taten machen und dann sich danach richten.« Alles wird glatt, wenn man die Interpunktion um zwei Zeichen zurücksetzt, wie oben geschehen.

10. Vgl. Kant: Erfahrung ohne Begriffe ist blind, Begriffe ohne Erfahrung sind leer.

11. Dieses schweigende Vorübergehen an gewissen Dingen, die man nicht angreifen darf ohne Nachteil, ist ein schöner Zug der geistigen Reinlichkeit des Meisters. Die Schüler haben ihn freilich darin nicht mehr verstanden; so kommt es, daß sie den Satz entweder so aufgefaßt: Man soll nicht verkehrte Lehren studieren, oder aber ganz des Gegenteil herausgebracht haben: Verkehrte Lehren anzugreifen tut ihnen Abbruch (ist also löblich!). Der erklä-

rende Zusatz über die Inkonsequenz der verkehrten Lehren und die Konsequenz der Wahrheit stammt aus den chinesischen Kommentaren.

12. Dschung Yu, literarische Bezeichnung für Dsï Lu, ist ebenfalls ein Jünger aus dem nächsten Kreise Kungs. Wenn man Yän Hui mit Johannes vergleichen kann, so könnte man Dsï Lu mit Petrus in Parallele stellen.

13. Die klare Scheidung zwischen Wissen und Nichtwissen ist ebenfalls ein Grundsatz der Reinlichkeit des Denkens, der als Motto über die ganze Arbeit unseres Kant gesetzt werden kann.

14. Wir haben das chinesische Wort »lu« mit Lebensstellung übersetzt, was am besten den Doppelsinn wiedergibt. Der Jünger strebt nach Anstellung. Der Meister führt ihn darauf, daß nicht das äußere Amt das Begehrenswerte ist, sondern die Unanfechtbarkeit der Lebenshaltung.

15. Vgl. XII, 22. Es liegt wohl ein Gleichnis vor von einem Tischler, der das krumme Holz durch das gerade zurechtpresst.

16. Im »Buch« (Schu Ging) Abschnitt IV, 21, 1 heißt die Stelle, die aus einer Belehnungsurkunde aus der Dschou-Dynastie ist, wörtlich übersetzt: »Der König sprach ungefähr: Tschun Tschen, du hast Tugend, Pietät und Ehrfurcht. Kindliche Ehrfurcht und Freundlichkeit gegen die Brüder kann ausgedehnt werden auf die Regierung, darum befehle ich dir, das Gebiet dieser östlichen Hauptstadt zu leiten. Beachte es!« Es liegt hier auch wieder ein freies und nicht genaues Zitat

aus den alten Schriften vor, wie in den Lun Yü zuweilen. Vielleicht lassen sich mit der Zeit noch sehr interessante Schlüsse aus diesen Zitaten auf die Textbeschaffenheit der chinesischen Klassiker ziehen. ·

17. Der japanische Kommentar, der die Stelle übrigens verschieden auffaßt, macht die sehr gute Bemerkung, daß der Unterschied zwischen Kung und Menzius, der ja so vielfach auf Kosten Kungs in Europa geschätzt wird, eben darin bestehe, daß letzterer auch Ungläubige zu überzeugen suche, was seinen Worten den Charakter des Advokatischen gebe, während der Meister selbst alles auf den Glauben gestellt und darum bei seinen Jüngern so großen Erfolg erzielt habe.

18. Um auf den in der Umschreibung gegebenen Sinn zu kommen, der auf den ersten Blick kaum in der wörtlichen Übersetzung zu erkennen ist, muß man die chinesischen Kommentatoren beiziehen. Auch hier wieder bewährt sich Kung, indem er die ganze Frage aus einer Frage der Mantik oder Astrologie zu einer Frage der geschichtsphilosophischen Betrachtung erhebt.

19. Auch diese Ergänzung des Textes, zu der übrigens der betreffende Abschnitt der Einleitung herangezogen werden kann, entstammt den chinesischen Kommentatoren.

## BUCH III · BA YI

1. Daß hier und sonst an manchen Stellen statt des einfachen »Der Meister sprach« der Name Kung genannt ist, läßt darauf schließen, daß der Passus mehr exoterischer Natur ist, sei es, daß Kung in Beziehung zu Fernstehenden (und zwar mit Höhergestellten) vorgeführt wird, sei es, daß die Stelle einer anderen Traditionsschicht entstammt.

2. Die Ode lautet in der Übersetzung von Strauß S. 483 (Schi-King, aus dem Chinesischen übersetzt und erläutert von Victor von Strauß. Heidelberg 1880) folgendermaßen:

Einträchtig sind sie hergekommen
Und nahten ehrerbietig schon;
Der Fürsten Beisein soll ihm frommen;
Voll Andacht ist der Himmelssohn.

»Da ich den großen Stier dir weihe,
Und sie beim Opfer nehmen teil,

Verklärter Vater, o verleihe
Mir, deinem treuen Sohne, Heil!

An Geist und Weisheit warst du Mann
Und warest Fürst in Krieg und Frieden;
Hast Ruh' dem hohen Himmel dann
Und deiner Nachkunft Glanz beschieden;

Warst meiner greisen Brau'n Berater,
Und reichlich segnetest du mich.
So ehr' ich dich, erhabner Vater,
Und ehre, würd'ge Mutter, dich.«

3. Die Antwort Kungs läßt erkennen, wie sehr er die Innerlichkeit des Gefühlslebens wichtig nimmt, sogar auf Kosten der äußeren Form. Dies geht so weit, daß man den chinesischen Kommentatoren sichtlich eine große Mühe anmerkt, die Stelle unterzubringen in dem Schema vom »goldenen Mittelweg«, das sich die Schule bald gemacht hat.

4. Unsre Übersetzung folgt der Erklä-

rung Dschu His. Vergleiche dazu die Art, wie Tacitus in seiner Germania den Römern einen Spiegel vorhält. Sprachlich fast noch näher liegt die Deutung: »Die Barbaren, obwohl sie Fürsten haben, kommen China trotz seiner Anarchie noch nicht gleich.«

5. Die obige Übersetzung ist nur ein Versuch, mit dem an sich kaum verständlichen Text zurechtzukommen. Korruption des Textes ist sehr wahrscheinlich. Der Taischan ist der berühmteste der in der alten Literatur Chinas erwähnten fünf Berge (Taischan in Schantung, Hongschan in Hunan, Huaschan in Schensi, Hongschan in Tschili und Sungschan in Honan). Es werden ihm seit ältester Zeit die höchsten Opfer, die nur der Kaiser vollziehen konnte, dargebracht. Er wird noch heute als Herr des Totenreiches allgemein verehrt.

6. Der vorliegende Abschnitt hat einen Anflug feinen Humors und zeigt, daß Kung keineswegs ein so pedantischer Bücherwurm war, wie er als Inbegriff aller grauen Theorie vor unserem Gemüte zu stehen pflegt. Aus diesem Ausspruch geht hervor, daß zu den Künsten, die der Gebildete üben muß, auch das Bogenschießen gehört. Körperliche Vorzüglichkeit muß Hand in Hand gehen mit der geistigen: das ist das Ideal des Edlen, das sich insofern mit dem griechischen Ideal berührt. Beim Bogenschießen war es in alter Zeit Sitte, daß von einer Tribüne aus geschossen wurde. Der Sieger hatte das Recht, den schlechteren Schützen ein Quantum Wein zuzudiktieren, das sie zur Strafe trinken mußten: ein Brauch, der in unserm modernen Studentenleben seine Parallele hat. Die Meinung dieses Ausspruchs ist, daß der Edle, während er in allen kleinlichen Streitereien den Rücken kehrt, im Bewußtsein des eigenen Werts, der durch keine Konkurrenz gehoben oder verringert wird, sich an den ritterlichen Übungen beteiligt, aber auch hier als Edler, indem er ganz selbstverständlich auch in diesen Dingen das Beste leistet und mit vollendeter Grazie den Gegner abführt.

7. Die Stelle ist ein wahres Kreuz für die Kommentatoren, Dschu Hi an der Spitze, der, um einen Sinn herauszubringen, schließlich den Wortlaut umdrehte und den »weißen Grund« zum »Auftragen der Farbe« als zuerst notwendig erscheinen läßt. Wieder andre reden von weißer Schminke, die auf das Gesicht der Schönen mit Gewinn aufgetragen werde usw. Was zunächst den Sinn der Stelle des Liedes anlangt, so wird alles klar, wenn man das Original zur Hand nimmt (Schï Ging I, V, III, 2., wo übrigens die letzte Zeile ausgefallen ist). Dort heißt es zum Beginn des Liedes, daß die Schöne über ihrem Prachtgewand ein einfaches Reisekleid getragen habe, so daß die »Schlichtheit als höchster Schmuck« keine Schwierigkeiten macht. Den Gedankenfortschritt des Gesprächs hoffen wir oben unter Festhaltung der grammatikalischen Unterlage richtig gegeben zu haben. Schang ist der Vorname des Dsï Hia.

8. Der vorliegende Abschnitt, der in seiner aus dem Zusammenhang ge-

rissenen Gestalt schwer verständlich
ist, wird deutlicher durch Beizie-
hung der Parallelstelle Dschung
Yung XXVIII: Der Meister sprach:
Ein Tor, der geneigt ist, sich auf sein
eignes Urteil zu verlassen; ein Mann
aus niederem Stande, der geneigt
ist, sich selbst Autorität anzumaßen,
ein Mann, der geboren ist in unseren Tagen und zurückkehrt zu den
Wegen des Altertums: solche Leute
bringen sich nur ins Unglück. Außer dem Reichsoberhaupt hat niemand ein Recht, die Riten zu ordnen, die Maße zu bestimmen, die
Schriftzeichen festzusetzen. Heutzutage haben im ganzen Reiche alle Wagen die gleichen Räder, alles
Geschriebene dieselben Zeichen,
alles Benehmen dieselben sittlichen
Gesetze. Wenn nun ein Mensch den
Thron innehat, aber nicht die nötige Kraft des Geistes besitzt, so soll
er es nicht wagen, Änderungen in
den Riten und in der Musik vorzunehmen. Ebenso wenn einer die
Kraft des Geistes hat, aber nicht die
höchste Autorität, so kann er es
auch nicht wagen, Änderungen in
den Riten und in der Musik vorzunehmen. Der Meister sprach: Wenn
ich über die Riten der Hia-Dynastie rede, so sind die [Nachkommen
dieser Dynastie im gegenwärtigen
Staate] Gi nicht imstande, meine
Worte zu bestätigen. Ich habe die
Riten der Yin-Dynastie studiert, die
noch heutzutage bei den Nachkommen dieser Dynastie in Sung in
Übung sind. Ich habe die Riten der
[gegenwärtigen] Dschou-Dynastie
studiert, die heute in Gebrauch
sind, und ich folge [den Formen]
der Dschou-Dynastie.

9. Der Text ist nicht ganz einwandfrei.
Wir haben zu seiner Rekonstruk-
tion die parallele Stelle in Dschung
Yung XIX, 6 und die alten Erklä-
rungen dazu herangezogen. Zur
Sache vergleiche die Entzückung
Fausts beim Anblick des Zeichens
des Makrokosmos:

Ich schau in diesen reinen Zügen
Die wirkende Natur vor meiner Seele ...
Wie alles sich zum Ganzen webt!
Eins in dem andern wirkt und lebt!
Wie Himmelskräfte auf und nieder steigen
Und sich die goldnen Eimer reichen!
Mit segenduftenden Schwingen
Vom Himmel durch die Erde dringen,
Harmonisch all das All durchklingen!

Für die antike Vorstellung ist die
Opferzeremonie mit ihren verschiedenen Handlungen das symbolische Abbild kosmischer Verhältnisse von unmittelbarer Realität.
Wer den geheimen Sinn dieser Handlungen versteht, hat eben damit den
Einblick in jene kosmischen Verhältnisse, der eine rechte Regierung
der Menschen ermöglicht.

10. Die Szene spielte sich wohl nach
dem Besuch Kungs bei der Fürstin
Nan Dsï von We ab, an dem ja auch
Dsï Lu Anstoß nahm (vgl. VI, 26).
Wang Sun Gia vermutete wohl, daß
Kung durch den Einfluß der Nan
Dsï ein Amt erhalten wollte, und
deutete ihm an, daß der Weg über
ihn, den Minister, korrekter sci. Der
»Geist des Hauses« deutet auf Nan
Dsï, der »Herdgeist« auf Wang Sun
Gia. Der Geist des Hauses, der sei-
nen Sitz in der Südwestecke des
Gebäudes hat, scheint eine Gottheit
zu sein, die in ältester Zeit verehrt
wurde und dem römischen Lar ent-

spricht, dessen Verehrung aber offenbar schon zu Kungs Zeit wesentlich zurückgegangen war. Der Herdgeist oder Küchengott, dessen Verehrung vielleicht auf Einflüsse des persischen Feuerdienstes zurückzuführen ist, ist noch heute eine der populärsten Gottheiten Chinas. Namentlich am 25. des letzten Monats, wenn er in den Himmel steigt und Bericht erstattet über die Hausbewohner, wird ihm eifrig geopfert und Honig auf die Lippen gestrichen, damit er nur Freundliches aussage. Der Weise schneidet aber alle die Beziehungen, die der Frager im Sinne hat, ab mit dem Hinweis auf die sittliche Verantwortung, die der Mensch dem höchsten Wesen gegenüber hat, vor der alle solche Spitzfindigkeiten in nichts zusammensinken. Die Szene ist zugleich einer der Höhepunkte in der Religionsgeschichte, wo die unmittelbaren Forderungen des Gewissens mit elementarer Gewalt hervorbrechen, und tritt in dieser Beziehung würdig dem Ausspruch des alttestamentlichen Propheten zur Seite (Micha 6, Vers 8): »Er hat dir gesagt, Mensch, was recht ist! Und was fordert Jahwe von dir, außer recht tun, Liebe üben und demütig wandeln vor deinem Gott?«

11. Dieser Abschnitt gehört, wie aus Dschung Yung hervorgeht, mit Abschn. 9 zusammen. Vgl. die dortige Anm.

12. Der Vorgang fällt in die Anfangszeit Kungs. Der »Mann von Dsou« ist Kungs Vater Schu Liang Ho, der in Dsou (Schantung) Beamter war.

13. Vgl. Anmerkung 1 zum vorliegenden Buch.

14. Das erste Lied im Schï Ging, nach Strauß' Übersetzung a. a. O. S. 65 bis 66 folgendermaßen lautend:

Ein Entenpaar ruft Wechsellaut,
Auf Stromes Insel hat's gebaut.
Still, sittsam ist die reine Maid,
Des hohen Fürsten würd'ge Braut.
Seerosen schwimmen mannigfalt,
Und links und rechts durchführt man sie.
Still, züchtig ist die reine Maid;
Wach und im Schlaf begehrt' er sie.
Und fand er nicht, die sein Begehr,
Wach und im Schlaf gedacht' er der,
Ach wie so sehr, ach wie so sehr!
Und wälzt' und wand sich hin und her.
Seerosen schwimmen mannigfalt,
Und links und rechts wir langen sie.
Still, sittsam ist die reine Maid,
Und Laut' und Harf' empfangen sie.
Seerosen schwimmen mannigfalt,
Und links und rechts wir pflücken sie.
Still, sittsam ist die reine Maid,
Und Glock' und Pauk' entzücken sie.

15. Das Wortspiel von »Zitterpappel« und »zittern« ist frei wiedergegeben. Im Chinesischen ist der Baum die Kastanie (»li«), welches Wort mit dem Zeichen für »li«, »Schrecken«, gleichklingt.

16. Der Fürst Ai von Lu erkundigte sich bei dem Schüler Tsai Wo über die alten Bräuche in betreff des Erdaltars. Der Schüler suchte in umständlicher Erklärung der verschiedenen von den verschiedenen Dynastien gepflanzten Bäume sein Licht leuchten zu lassen, wobei er bei dem Baum der Dschou-Dynastie noch eine Bemerkung machte, daß es auf die Einschüchterung des Volkes dabei abgesehen gewesen sei. Der tiefere Grund für den Tadel des Meisters, den dieser in die Wor-

te eines alten Zitats kleidet, ist wohl, daß es sich nicht nur um eine gleichgültige Torheit handelte, sondern das Wort vom »Zittern« des Volks eine sehr unerwünschte Folge auf den Fürsten haben konnte; denn alte Sagen von Einrichtungen an jenen Altären waren noch im Umlauf, wohl letzte Reste von früheren Menschenopfern: Vergangenheitsbilder, die besser nicht heraufbeschworen werden, sondern unerwähnt unter dem Schleier der Jahrhunderte verhüllt bleiben mögen. Vgl. übrigens Abschn. 9 und 14.

16aNach älteren Kommentaren: »Guan hat drei Hauptfrauen gehabt.«

17. I ist der Grenzplatz des Staates We, wohin sich Kung begab, als er infolge der Intrigen, die den Herrscher von Lu umsponnen hatten, sich aus seiner amtlichen Stellung zurückziehen mußte. Die Szene fällt in den Anfang der langen Wanderzeit Kungs.

18. Die Schau-Musik ist die Musik des Kaisers Schun, des halb sagenhaften Nachfolgers des Kaisers Yau aus dem chinesischen goldenen Zeitalter. Es ist dieselbe Musik, die Kung beim ersten Anhören so bewegte, daß er Essen und Trinken darüber vergaß (vgl. Buch VII, 13). Die Wu-Musik ist die Musik des Königs Wu, des energischen und kriegerischen Begründers der Dschou-Dynastie.

19. Wir haben mit dem japanischen Kommentar die Schönheit der Musik als Klangschönheit und die Güte als Vollkommenheit der technischen Struktur, nicht als moralische Güte gedeutet.

## BUCH IV · LI JEN

a Nach Mong Dsï II. a. 7 wäre zu übersetzen: »Die schönste Lebensstellung ist eine, durch die man am Gesamtwohl arbeitet. Töricht, wer ohne Not eine Lebensstellung ergreift, in der er nicht zum Wohl der Menschen wirken kann.«

1. Der Passus macht Übersetzungsschwierigkeiten; einmal ist der Ausdruck für »Irdisches«, eigentlich »Erde«, »Land«, in diesem Sinne so ungebräuchlich, daß Ku Hung Ming die Emendation »we«, »Stellung«, vorschlägt. Dann aber steht der zweite Satz: Der Edle liebt das »Strafgesetz«, in direktem Widerspruch zu Buch II, 3, wo das »Strafgesetz« als minderwertige Stufe der Regierung gegenüber der »Geistes-kraft«, dem »inneren Wert« gestellt ist. Der japanische Kommentar bietet die im Kleindruck gegebene Übersetzung, die durch die Übersetzung von »gündsï« mit »Fürst« und »siau jen« mit »niedres Volk« und die Art der logischen Verbindung einen guten Sinn herstellt; doch muß gesagt werden, daß im Lun Yü die obligate Gegenüberstellung von »gündsï« und »siau jen« gewöhnlich den Sinn von »edel« und »gemein« hat.

2. Dsong Schen war, nächst dem früh verstorbenen Lieblingsschüler Yän Hui, derjenige unter den Jüngern Kungs, der am meisten in des Meisters Lehre eingedrungen ist. Von Natur wenig begabt, hat er diesen

Mangel durch ehernen Fleiß und pietätvolle Anhänglichkeit auszugleichen gewußt. Er ist der Hauptfortsetzer der Lehre Kungs. Hier zeigt er ein tieferes Verständnis als die übrigen Jünger, indem er die Andeutung des Meisters sofort versteht.

3. »Treue gegen sich selbst« und »Gütigkeit gegen andre« ist die versuchte Wiedergabe der Begriffe »dschung« und »schu«. Wie unzureichend die Übersetzung mit »Loyalität« und »Gegenseitigkeit« ist, darüber vgl. L. Giles, The Sayings of Confucius, London 1907, S. 69, 118, 91 und Ku Hung Ming a. a. O. passim. In Wirklichkeit haben wir hier einfach den Kant'schen kategorischen Imperativ, sowohl nach seiner formalen Seite als sittliche Autonomie (»dschung«) als auch nach der praktischen Seite, daß jeder Mensch als Selbstzweck zu behandeln ist (»shu«), in die antike Ausdrucksweise übertragen, vor uns. Vgl. Kant, Met. d. Sitten. WW. IV, 227: »Handle so, daß du die Menschheit sowohl in deiner eignen Person als in der Person eines jeden andern jederzeit zugleich als Zweck, niemals bloß als Mittel brauchst.«

4. Die oben wiedergegebene Auffassung würde sich darauf beschränken, daß die Kinder den Eltern Vorhalte wegen Überlastung mit Arbeit machen. Eine andere Auffassung geht weiter: »Wenn man aber sieht, daß sie nicht gewillt sind, darauf zu hören, so soll man fortfahren, ehrerbietig zu sein, ohne sich von seinem Vorsatz abbringen zu lassen.« Interessant ist der freiere Standpunkt

Kungs gegenüber der späteren Orthodoxie der Schule, die einfach dekretiert: Es kommt überhaupt nicht vor, daß die Eltern im Unrecht wären (vgl. Das heilige Edikt des Kaisers Kang Hi, Kap. 1).

5. In diesem Punkte zeigt sich trotz aller anerkennenswerten Rücksicht doch eine gewisse Gebundenheit der jüngeren Generation an die vorangehende. Von wie weittragender Folge das sein kann, zeigt die Praxis. Auch der höchste und für den Staat notwendigste Beamte muß sich nicht nur beim Tode der Eltern 3 Jahre (oder wenigstens 27 Monate) aus der Öffentlichkeit zurückziehen, sondern auch zu Lebzeiten der Eltern immer ihnen zur Verfügung stehen. Daß die moderne Zeit auch hier Wandel schafft, zeigen die chinesischen Auslandskommissare und die Fälle, daß besonders wichtige Beamte durch kaiserlichen Befehl von der vorgeschriebenen Trauerzeit dispensiert werden.

6. Nach einem alten chinesischen Kommentar stammen die Abschnitte 15–24 aus der Schule des Dsong Dsï. Sie entsprechen ganz dem vorsichtigen, etwas ängstlichen Sinn dieses gewissenhaftesten aller Epigonen. Auf diese Weise gewinnt man zugleich einen Einblick in die Komposition des Werks, auch erklärt sich daraus die Wiederholung Abschn. 20. Später wurde im Anschluß an Abschn. 1 der entsprechende Abschn. 25 ans Ende des Buches gesetzt. Abschn. 26 ist späterer Zusatz aus der Schule Dsï Yus.

1. Von dem Schwiegersohn des Kung, Gung Ye Tschang, ist nicht viel mehr bekannt, als daß er arm, aber ehrbar war. Nan Yung, dem er die Tochter seines älteren Bruders (des frühzeitig verstorbenen Krüppels Kung Mong Pi) zur Frau gab, kommt auch an einer andern Stelle in den Lun Yü vor (Buch XI, 5), und zwar ebenfalls mit Beziehung auf seine Verheiratung. Er soll mit der in Lu so einflußreichen Familie Mong verwandt und sehr reich gewesen sein. Aus den beiden Verheiratungen geht gerade in ihrer Zusammenstellung hervor, daß Kung weder auf besondere Begabung (beide Männer spielen keine hervorragende Rolle im konfuzianischen Schülerkreis) noch auf äußere Glücksumstände (Gung Ye Tschang war im Gefängnis, Nan Yung in den besten Verhältnissen) entscheidenden Wert legte, sondern allein auf einen einfachen, soliden Charakter. Von Gung Ye Tschang geht übrigens eine sehr interessante Sage zur Begründung seiner unschuldigen Gefangenschaft, die sich in den älteren Kommentaren mit Vorbehalt wiedergegeben findet, während sie von den Sungkommentatoren unterdrückt ist. Gung Ye Tschang habe die Tiersprachen verstanden. Als er einst von dem Staate We nach Lu gewandert sei, habe er das Krächzen der Vögel gehört: Am klaren Bache gibts Menschenfleisch zu fressen, lasst uns hinfliegen! Kurz darauf sei er einer alten Frau begegnet, die weinte, weil ihr Sohn seit mehreren Tagen von Hause weg und sicher verunglückt sei, ohne daß sie seinen Leichnam finden könne. Gung Ye Tschang erzählte ihr, was er von den Vögeln gehört, und richtig fand sie an dem Bach den Leichnam Ihres Sohnes. Als sie die Geschichte dem Bürgermeister mitteilte, wurde der argwöhnisch, daß Gung Ye Tschang der Mörder sei, und ließ ihn ins Gefängnis setzen, um zu sehen, ob er wirklich die Vogelsprache verstehe. Siebzig Tage saß er im Gefängnis, da hörte er eines Tages die Vögel vor dem Fenster zwitschern und lachte. Der Gefängniswärter berichtete darüber an den Beamten, daß es in der Tat scheine, als verstehe der Gefangene die Vogelsprache; denn er habe gelacht, als er die Vögel zwitschern gehört. Nun mußte er erzählen. Er sagte: die Vögel haben sich benachrichtigt, daß ein Kornwagen umgefallen sei und der Ochse ein Horn abgebrochen habe. Sicher könne man nicht alles wieder aufsammeln und so bleibe für sie auch noch manches Körnlein übrig. Als man erfahren, daß es sich so verhielt, und er noch andre Proben seines Wissens abgelegt, sei er freigegeben worden. Vgl. hierzu die Siegfriedsage, die ein ganz ähnliches Motiv kennt.

2. Das Wesen dieses Mannes erhellt aus einer kleinen Geschichte, die sich über ihn findet: Er hatte die Verwaltung des Bezirks Schan Fu übertragen bekommen. Während seiner Amtsführung spielte er die Laute und blieb ruhig in seiner Wohnung; dennoch waren die Zustände in Ordnung. Nach ihm kam

ein anderer Schüler Kungs, namens Wu Ma Ki (vgl. VII, 30) an den Posten. Der ging an die Arbeit, wenn noch die Sterne am Himmel waren, und ging zurück, wenn die Sterne schon wieder leuchteten, und gönnte sich Tag und Nacht keine Ruhe, sondern war überall selbst auf dem Posten. Das Resultat seiner Amtsführung war dasselbe wie bei seinem Vorgänger: es gelang ihm auch eben nur, die Zustände in Ordnung zu halten. Da fragte er ihn nach der Ursache. Dsï Dsiän sprach: »Ich verlasse mich bei meiner Amtsführung auf tüchtige Menschen, du verläßt dich nur auf deine eigene Kraft. Sich nur auf eigene Kraft in allen Stücken verlassen zu müssen, ist mühsam. Menschen verständig auszuwählen, auf die man sich verlassen kann, erleichtert den Betrieb.« – Diese Fähigkeit zu regieren, ohne alle Vielgeschäftigkeit, nur dadurch, daß man die rechten Leute an den rechten Platz stellt, das sogenannte »Wu We«, ist ein Ideal, das schon in dem alten Herrscher Schun (zu Beginn der chinesischen Geschichte) von Kung bewundert wird. Vgl. VIII, 18, 20; XII, 22; XV, 4.

3. Nach einer in Gia Yü (Schulgespräche) überlieferten Tradition war Tsi-Diau Kai eben mit der Lektüre des Schu Ging (Buch der Urkunden) beschäftigt, und seine Antwort bezog sich auf die darin enthaltenen Lehren.

4. Eine Zurechtweisung des mutigen, zufahrenden Dsï Lu. Der Meister klagt über die Zustände im Reich und fügt bei: wenn man gute Zustände finden wolle, so müsse man sie schon im Meer, etwa auf den Inseln der Seligen suchen. Er sieht dabei seine Jünger an, und wie er vom Reisen, von Gefahr redet, da blitzt es wohl in den Augen Dsï Lus auf, und der Meister fügt lächelnd bei: Dsï Lu wäre wohl am ehesten imstande mitzugehen. Dsï Lu nimmt das für bare Münze, ist Feuer und Flamme über diese Anerkennung seiner Tapferkeit und will sofort mit. Da weist ihn der Meister darauf, wie sein Mut einmal wieder mit seinem Urteil durchgebrannt sei.

5. Diese Beurteilung der drei Schüler Dsï Lu (Dschung Yu), Jan Kiu, Dsï Hua (Gung Si Tschï) hat ihre Parallele in Buch XI, 25, wo die betreffenden ihres Herzens Wünsche sagen, die genau mit dem, was der Meister hier über ihre Verwendbarkeit aussagt, übereinstimmen. Der Abschnitt ist übrigens ein Beweis, wie sparsam Kung mit dem Prädikat »jen« (Sittlichkeit, moralische Güte) umgeht. Der Minister Mong gebraucht das Wort wohl mehr gedankenlos im Sinn von brauchbar. Kung weist diesen Gebrauch zurück, und indem er die Fähigkeiten der Schüler darlegt, lehnt er ab, etwas über die Stufe der Sittlichkeit, die sie erreicht haben, zu sagen.

6. Staat mit 1000 Kriegswagen ist ein Lehnsstaat erster Ordnung (etwa Lu).

7. Bezirk von 1000 Familien entspricht einer Leistung von 100 Kriegswagen, eine größere Grafschaft innerhalb eines Lehnsstaats (etwa der Bereich der Familien Gi, Mong, Schu Sun).

8. Festgewand.

9. Vgl. I, 15; V, 3, 11 usw. Auch hier ist die beabsichtigte Lehre an den begabten, aber von Einbildung nicht freien Schüler klar. Durch Vergleiche mit dem »unerreichbaren« Jünger Yän Hui, »den der Meister liebhatte«, soll Dsï Gung zum Bewußtsein seiner eignen Unzulänglichkeit kommen. Der Jünger besitzt Selbsterkenntnis genug, dies anzuerkennen, und der Meister tröstet ihn, indem er sich ebenfalls an natürlicher Auffassungsgabe als hinter Yän Hui zurückstehend bekennt. Wir folgen dabei dem Kommentator Bau aus der Hanzeit (50 n. Chr.). Die gewöhnliche Erklärung des letzten Passus: »Ich gebe dir zu, daß du ihm nicht gleichkommst«, hat in ihrer Ironie etwas Verletzendes und würde die Kritik Wang Tschungs in Lun Hêng (hrsg. v. A. Forge, London 1907, S. 398) einigermaßen rechtfertigen. (Über Yän Hui vgl. XI, 2, Anm.)

10. Wang Tschung a. a. O. beschäftigt sich auch mit dieser Stelle und findet den Tadel unverhältnismäßig. Der japanische Kommentar gibt einen guten Ausweg, indem er nachweist, daß es sich nicht um einfaches Schlafen bei Tag handelt, sondern um einen Aufenthalt im Schlafzimmer während der Studienzeit, der nach den Regeln des Altertums verpönt war. Das zweite »Der Meister sprach« wird von den meisten Kommentaren gestrichen, ist aber wohl eher ein Zeichen dafür, daß ein aus andrer Quelle stammender Ausspruch hierher versetzt wurde. Über Dsai Yü vgl. XI, 2, Anm.

11. Ein wenig bekannter Schüler.

12. Das, was der Meister an den Worten Dsï Gungs zu tadeln hat, ist die Art, wie er das Prinzip des kategorischen Imperativs in seiner negativen Form ausspricht: nicht als ethische Forderung, sondern als Beschreibung seines sittlichen Zustandes, daß er gar nicht das Verlangen habe, andere nicht als Selbstzweck zu behandeln. Er antizipiert eine Übereinstimmung von Pflicht und Neigung, die seinem sittlichen Zustand noch nicht entspricht. Über das Prinzip, das hier ausgesprochen ist, vergleiche auch Dschung Yung (Maß und Mitte) XIII, 3, wo es lautet: »Was du nicht liebst, daß dir angetan wird, das tue auch nicht andern an.« Also imperativischer Ausdruck! Die Erwägungen, die hier angestellt zu werden pflegen über das Zurückbleiben des negativen chinesischen Ideals hinter dem positiven christlichen, sind vollständig müßig, da die positive Seite in der Stelle in Dschung Yung unmittelbar im Zusammenhang als – wenn auch von Kung noch nicht erreichtes, so doch erstrebtes – Ideal bezeichnet wird. Vgl. auch XV, 23.

13. Der Ausspruch Dsï Gungs wird von den Kommentaren so aufgefaßt, daß es ein Ausdruck der Freude ist, nachdem es dem Dsï Gung einmal gelungen war, einen Einblick in die tieferen Lehren des Meisters, die er nicht jedem offenbarte, zu gewinnen. Worüber der Meister oft sprach, das waren die praktischen Berufsfragen. Die letzten Weltanschauungsprobleme waren Kung zu heilig, um viel darüber zu reden.

14. Man vergleiche zu dem, was Kung hier über seinen persönlichen

Freund, den Minister Gung Sun Dsï Tschan vom Staate Dschong sagt, die entsprechenden Abschnitte im Dso Dschuan (dem Kommentar zu den Frühlings- und Herbstannalen). In Dschong war die Sitte aufgekommen, daß die Leute sich in den Dorfschulen versammelten, um Regierungsangelegenheiten zu besprechen. Man machte Dsï Tschan Mitteilung davon, damit er dagegen einschreiten könne. Aber er weigerte sich und sagte: »Wenn die Leute morgens und abends sich das Vergnügen gönnen, in den Schulen sich zu versammeln, um die Vorzüge und Fehler der Regierung zu besprechen, so kann ich von ihren Reden nur lernen. Was sie gut finden, werde ich beibehalten; was sie schlecht finden, werde ich bessern.« Ein Zeichen für seine Gnade und Gerechtigkeit dem Volke gegenüber sind die Lieder, die über ihn in Umlauf waren. Er begann nämlich mit einer strengen Durchführung der öffentlichen Ordnung und einem neuen Steuersystem, wodurch er sich so unbeliebt machte, daß die Fuhrknechte auf den Straßen sangen: »Er raubt uns unsere Kleider, er nimmt uns unsere Felder; wer den Dsï Tschan umbringt, der hat mich auf seiner Seite.« Nach drei Jahren war die Stimmung so umgeschlagen, daß die Leute sangen: »Ich habe Kinder, Dsï Tschan lehrt sie; ich habe Felder, Dsï Tschan pflanzt sie; wenn Dsï Tschan stürbe, wer sollte sein Erbe sein?« – Es ist außerdem sein Verdienst, daß der kleine Staat Dschong zwischen den beiden großen und kriegerischen Nachbarstaaten Dsin und Tschu durch kluge

und zurückhaltende Politik sich aufrecht halten konnte. Vgl. XIV, 9, 10.

15. Wir folgen hier der älteren Lesart, die im zweiten Satz das Wort »jen«, »Menschen«, noch einmal hat. Die gegenwärtige, wie es scheint, weniger gute Lesart würde lauten: »Auch bei langem Verkehr bleibt er respektvoll.« Yän Ping Dschung, Minister im Staate Tsi, war ein politischer Gegner Kungs, dessen Anstellung er hintertrieben hat. Dennoch sollen die beiden in freundschaftlichen Beziehungen gelebt haben.

16. Der »weise« Dsang war in Lu ein angesehener hoher Beamter. Er hatte eine große Schildkröte, wie sie in alter Zeit zum Wahrsagen benützt wurden, und holte sie alle 3 Jahre hervor, um Orakel zu holen. Damit überschritt er jedoch seine Kompetenz; denn eine so große Schildkröte durften nur die Lehnsfürsten selbst halten, während sich die Beamten mit kleineren begnügen mußten. Manche Kommentare trennen hier und fahren fort: »sein Haus hatte geschnitzte Berge auf den Säulen und Schilfgrasdarstellungen auf den Dachbalken.« Auch das war ein Vorrecht des kaiserlichen Ahnentempels. Dieser Erklärung nach würde der Fehler des »weisen« Dsang in seiner Anmaßung liegen, und seine mangelnde Weisheit wäre Mangel an Kenntnis der Etikette. Dadurch würde der Abschnitt in enge Beziehung gesetzt zu dem über Guan Dschung III, 22. Andre sehen den Vorwurf in der abergläubischen Geheimniskrämerei mit der Schildkrötenschale.

Interessant ist übrigens, daß sich im Li Gi VIII 1, 19, 20, 23 Bemerkungen über Guan Dschung, Yän Ping Dschung und Dsang Wen Dschung finden, die Parallelen zu dem hier erwähnten bieten: Guan Dschung hatte geschliffene Opferschalen und (kaiserlich) rote Bänder an seiner Festmütze. Er hatte geschnitzte Berge auf den Säulen seines Hauses und Schilfgrasdarstellungen auf den Dachbalken. Ein Gebildeter nennt das übertrieben. Yän Ping Dschung opferte seinen Ahnen die Schulter eines Ferkels, nicht groß genug die Opferschale auszufüllen, und kam in gewaschenen Kleidern und abgetragenem Hut zu Hofe. Ein Gebildeter nennt das knickerig. Meister Kung sprach: »Was weiß Dsang Wen Dschung von der Etikette? Als Hia Fu Gi die Ordnung der fürstlichen Ahnentafeln beim Opfer störte, hat er ihn nicht daran gehindert. Er hat ferner dem Hausgeist ein Brandopfer gebracht. Nun ist aber der Hausgeist ein Geist, dem die alten Weiber opfern, ein bißchen Essen auf einem Teller, ein bißchen Wein in einer Flasche.« (Vgl. zu dem Hausgeist Lun Yü III, 13. Man begreift dann um so eher die schroffe Abweisung, die Kung dem Majordomus von We zuteil werden ließ, der ihn mit solchen Altweibergöttern belästigte.)

17. Der General Tsui, der im Staate Tsi einen überaus einflußreichen Posten hatte, verliebte sich in die Frau eines Vornehmen, die er heiratete. Doch fand der regierende Fürst Dschuang ebenfalls Gefallen an der Schönen und benutzte die Zeit der Abwesenheit Tsuis auf seinen Kriegszügen zu Besuchen bei dessen Frau. Der oben erwähnte Tschen Wen machte dem General Mitteilung davon, und dieser ermordete aus Rache seinen Fürsten und riß die Regierung an sich, indem er einen neuen Fürsten nach seiner Wahl ernannte. Yän Ping Dschung, der damals auch schon ein Amt in Tsi hatte, tat, als ob er verreiste, um nichts mit der Sache zu tun zu haben. In Wirklichkeit hielt er sich bei geschlossener Haustür zu Hause auf, bis das Wetter vorüber war. Tschen Wen verließ demonstrativ das Land. Auch der Staatsarchivar remonstrierte, indem er in die Annalen schrieb, Tsui habe seinen Fürsten ermordet. Tsui ließ ihn hinrichten. Ebenso seine zwei Brüder, die ihm im Amt folgten und die Behauptung aufrecht hielten. Erst als der dritte Bruder Energie genug hatte, die Behauptung der andern zu wiederholen, ließ Tsui die Sache passieren.

18. Ning Wu war ein Beamter im Staate We (660–635 v. Chr.). Solange der Staat in Ruhe war, zeigte er sich weise und verständig in Erfüllung seiner Pflichten. Später kamen die Unruhen über das Reich, die mit dem Hervortreten des Staates Dsin zusammenhingen. Der Herzog Wen von We wurde im Laufe dieser Unruhen vertrieben, und Ning Wu, anstatt sich »weise« fern vom Schuß zu halten, nahm ruhig den Vorwurf der Torheit auf sich und folgte seinem Fürsten ins Exil. Dort gelang es ihm, durch seine scheinbare Torheit sich und seinen Fürsten zu retten.

19. In Tschen kam Kung zur Überzeugung, daß seine Lehre in der Mitwelt keine allgemeine Anerkennung finden werde. Deshalb steigt in ihm die Sehnsucht auf nach seinen Jüngern. Zu ihnen will er wieder heim, um ihre guten Eigenschaften durch seine Anwesenheit zu vervollkommnen und so in ihnen einen Stamm von Getreuen heranzuziehen, die geeignet wären, seine Lehren dereinst auf die Nachwelt zu bringen.

20. Be I und Schu Tsi sind zwei Prinzen aus dem Ende der Yin-Dynastie. Als der Vater dem Jüngeren die Nachfolge auf dem Thron zugesagt hatte, weigerte sich dieser, seinen älteren Bruder zu verdrängen. Ebenso weigerte sich der ältere Bruder, das Recht des jüngeren zu verkürzen. Schließlich zogen sie sich beide in die Verborgenheit zurück und ließen das Reich dahinten. Als später König Wu, der Gründer der Dschou-Dynastie auftrat, wandten sie sich gegen ihn, und als er Sieger blieb, verhungerten sie freiwillig auf dem Schouyangberg, um das Brot der neuen Dynastie nicht essen zu müssen. Obwohl sie demnach auf der gegnerischen Seite der von Kung so hoch verehrten Dschou-Dynastie stehen, ist Kung über sie stets des Lobes voll.

21. We Schong Gau war vielleicht ebenso wie We Schong Mou (XIV, 34) ein Mann aus der Jugendbekanntschaft des Kung. Es ist hier wohl ein Scherzwort überliefert. Der Jemand, der den Essig entlehnte, war wohl Kung selbst, und der Vorwurf der Unehrlichkeit ist natürlich lange nicht so ernst gemeint, wie humorlose Kommentatoren im Detail ausführen (vgl. übrigens Anm. zu XVI, 8).

22. Es ist eine offene Frage, wer eigentlich Dso Kiu Ming ist. Die Frage wird um so komplizierter, als das bekannte Geschichtswerk Dso Dschuan, das etwa denselben Zeitpunkt umfaßt wie die von Kung revidierten »Frühlings- und Herbstannalen« und das von W. Grube, wenn auch wohl mit Unrecht, direkt für Kungs Werk erklärt wurde, denselben unbekannten Verfasser hat. Wenn der hier genannte Dso Kiu Ming und der Verfasser des Dso Dschuan dieselbe Person ist, so muß er wohl ein jüngerer Zeitgenosse Kungs sein. Andre behaupten, Dso Kiu Ming sei ein Lehrer der Vorzeit. Sachlich ist bemerkenswert die Abneigung Kungs gegen alle Heuchelei. Bei der Beurteilung des chinesischen Nationalcharakters ist es wichtig, auch solche Stellen zu berücksichtigen. Diese Art ist auch heute noch nicht ganz ausgestorben in China (vgl. I, 3).

23. Eines der berühmtesten Stücke der chinesischen Literatur (vgl. dazu die Parallele XI, 25). Von der Grundlage der Selbstlosigkeit bauen sich die Ideale der drei stufenweise höhersteigend auf. Bei Dsï Lu ist die Selbstlosigkeit auf äußere Gütergemeinschaft gerichtet. Bei Yän Hui geht die Freigebigkeit über in innere Bescheidenheit. Der Meister endlich läßt das eigene Ich ganz auf der Seite. Seine Gedanken gehen nur darauf, daß jeder Mensch die Behandlung finde, deren er bedarf: die Alten Ruhe, die Männer Freundschaft, die Kinder liebende Sorge. Über

Yän Hui und Gi Lu vgl. XI, 2, Anm.

24. Es ist interessant, wie hier ein Ausdruck, der in der christlichen Terminologie bis zur Sinnlosigkeit abgegriffen ist: die »Selbstanklage«, in grauem Altertum mit der vollen Frische eines Gleichnisses (es ist derselbe Ausdruck wie bei der gerichtlichen Klage gebraucht) sich losringt als ein erstes Aufblitzen einer Welt der Innerlichkeit und Reflexion (»Zwei Seelen wohnen, ach, in meiner Brust.«).

25. Das Fragewort ist zum zweiten Teil gezogen, weil auf diese Weise die grammatikalische Struktur klarer wird und auch der Sinn gewinnt. Die andre Version: »In jedem Dorf dürfte es Menschen geben, die an Treu und Glauben mir gleich sind; das einzige, was ich vor ihnen voraus habe, ist meine Liebe zum Lernen«, klingt bei aller Bescheidenheit doch etwas trivial. In unserem Sinn wäre das Wort etwa gesprochen zur Aufmunterung für die Jünger, daß sie nicht an der Möglichkeit des Erfolgs verzweifeln dürfen, da, was Kung selbst erreicht, auch jeder andre zu erreichen imstande sei.

## BUCH VI · YUNG YA

1. Vgl. Buch V, 4; Buch VI, 4.
2. Der Schüler Gung Si Tschï mit dem Beinamen Dsï Hua war von Natur etwas prachtliebend; vgl. V, 7. Jan Dsï ist der ebendort und öfters genannte Jan Kiu.
3. Yüan Sï mit dem Namen Hiän war bekannt wegen seines Strebens nach Wahrheit, verbunden mit großer Sorglosigkeit in Beziehung auf weltliche Vorteile.
4. Vgl.: »Der Arbeiter ist seines Lohnes wert.«
5. Vgl. Buch V, 4; VI, 1 zur Persönlichkeit des Dschung Gung. Hier haben wir auch den Schlüssel, warum Kung diesen Schüler (VI, 1) so besonders liebevoll und nachsichtig behandelt. – Zu dem Gleichnis sei bemerkt, daß z. Zt. der Dschou-Dynastie nur rote, fehlerfreie Rinder als Opfertiere zugelassen waren. Alles Fleckige galt als unrein.
6. Wir ziehen diese Übersetzung, nach der dieser Ausspruch eine Ermunterung für den Lieblingsjünger Yän Hui ist, der herkömmlichen vor, nach der es hieße: »Hui! Sein Herz wich drei Monate lang nicht ab von der Sittlichkeit; die übrigen haben sie etwa für einen Monat oder Tag erreicht, das ist alles.« – Ganz abgesehen, daß dieses pharisäische Rechnen mit Zeiten nicht im Geiste Kungs ist, so spricht auch die Form für unsere Auffassung. Die Anrede »Hui Ye« usw. findet sich häufig. Die Konstruktion von »Ki sin san yüo bu we jen« findet sich u. a. Buch I, 2 in unserem Sinn. Über Hui vgl. XI, 2, Anm.
7. Vgl. die ähnliche Szene in V, 7, wo Mong Wu sich ebenfalls über drei Schüler, Dsï Lu, Jan Kiu und Dsï Hua (statt wie hier Dsï Gung) erkundigt. Tatsächlich traten von den genannten später Dsï Lu und Jan Kiu in die Dienste der Gi-Familie

über (vgl. die Szene III, 6, wo Jan Kiu im Dienste der Gi-Familie sich befindet, ein Beweis zugleich, daß die Lun Yü rein aphoristisch, ohne historische Rücksichten angeordnet sind).

8. Der Jünger Min Dsï Kiän spielt in den Lun Yü an verschiedenen Stellen eine sehr bedeutende Rolle (vgl. namentlich Buch XI, 2, 12, 13, wo namentlich die Bezeichnung Meister Min auffällt), während sonst nicht viel von ihm bekannt ist. Seine Zurückhaltung erklärt sich daraus, daß er mit der Usurpatorenfamilie Gi nichts zu tun haben wollte. Daher diese überaus bestimmte Absage mit der Drohung, falls man ihn nicht in Ruhe lasse, außer Landes nach Tsi (der Wenfluß ist nördlich von Lu im Staate Tsi) zu gehen, um dem Einfluß der Familie Gi sich zu entziehen. Wie Kung selbst in der Sache gedacht hat, geht aus der Stelle XI, 24 hervor, wo er sich dem Dsï Lu gegenüber, der den Dsï Gau mit der Stelle betraut hatte, aufs schärfste aussprach. Bi ist das heutige »Fe Hien« in Schantung; das Zeichen wird ganz gleich geschrieben, aber die Aussprache der Literaten ist in den klassischen Schriften durchgängig »Mi« (oder korrekter »Bi«), nicht »Fe«.

9. Dies die plausibelste Erklärung. Andre Kommentatoren sehen eine gegenseitige Höflichkeitserweisung in dem Vorgang. Der Schüler habe das Bett an die Südwand rücken lassen, um seinen Meister mit dem Gesicht nach Süden sehen zu lassen, wie es bei fürstlichen Besuchen üblich war, eine Ehrung, die Kung dadurch vermieden habe, daß er das Zimmer gar nicht betreten habe, sondern durch das Fenster nach dem Kranken gesehen. Das sind denn doch zu viel Umstände angesichts des Todes! – Jan Be Niu gehört übrigens auch zu den 4 Schülern, die durch ihre moralische Qualität ausgezeichnet waren; außer ihm Yän Hui, Min Dsï Kiän, Dschung Gung (vgl. Buch XI, 2).

10. Das Charakteristische an dem Lieblingsjünger ist, daß in einer Lage, die andere gar nicht aushielten, er noch nicht einmal seine Freudigkeit verliert. Er hat in diesem Stück das Ideal erreicht, das Kung Buch I, 15 dem Dsï Gung vorhält.

11. Jan Kiu, einer der begabtesten Schüler, namentlich auf praktischem Gebiet (vgl. VI, 6), hat durch seine konnivente Moral doch häufig das Mißfallen des Meisters erregt; er war einer jener Realpolitiker, die im Ernstmachen mit moralischen Forderungen nur Utopismus erblicken. Der Meister gibt ihm hier die Antwort, die ihm gebührt. Vgl. über Jan Kiu XI, 2, Anm.

12. Vgl. über die besondere Art der Begabung Dsï Hias Buch XI, 2, wo er mit dem im folgenden Abschnitt genannten Dsï Yu (Yän Yän, nicht zu verwechseln mit Jan Kiu!) zusammen genannt ist.

13. Tan-Tai Miä-Ming soll von so ungünstigem Äußeren gewesen sein, daß Kung ihn nicht als Schüler aufnahm, weil er aus seiner Physiognomie auf moralische Minderwertigkeit schloß. Hier erkundigt er sich, ob Dsï Yu »Menschen« gefunden habe, wohl mit Rücksicht auf Tan-Tai. Kung hat später seinen physio-

gnomischen Mißgriff offen eingestanden.

14. Eine Szene aus den Kriegen, die zu Kungs Zeit tobten. Kung hat ein anerkennendes Wort für die stolze Bescheidenheit des Mong Dschï Fan, der dem Lob der Zuschauer durch diesen Streich entgehen wollte. Der alte Legge kann hier die Bemerkung nicht unterdrücken: »But where was his virtue in deviating from the truth? And how could Confucius commend him for doing so? These questions have never troubled the commentators …« Die Worte sind überaus bezeichnend für den Standpunkt Legges. Er hat übrigens mit dem letzten Satz nicht ganz recht. Ein chinesischer Kommentar beschäftigt sich mit der Frage und kommt auf die Auskunft, daß Mong die Wahrheit gesprochen habe und sein Pferd tatsächlich nicht gelaufen sei. So habe er nur unverdientes Lob abwenden wollen. Damit würde selbst wohl Rev. Legge sich haben einverstanden erklären können. Die Schlacht soll im 11. Jahr des Fürsten Ai stattgefunden haben gegen die Truppen des Staates Tsi.

15. Der Abschnitt bezieht sich auf das Beispiel des Fürsten Ling von We. Sowohl To als Dschau waren in seiner Umgebung. Zur Zeit, als einer der großen Fürstenkongresse stattfand (Dso Dschuan Ding Gung 4. Jahr), nahm der Fürst Ling auf Rat seines Ministers den Oberpriester To mit, »da es vermutlich komplizierte Verhandlungen geben werde, die To mit seiner Beredsamkeit am besten schlichten könne.« To brachte denn durch langwierige Reden

es auch zustande, daß seinem Herrn, der auf Kosten des Fürsten von Tsai benachteiligt werden sollte, der Vortritt vor jenem bewilligt wurde. – Dschau war ein durch seine Schönheit berühmter Prinz von Sung, der mit seiner Halbschwester, der berüchtigten Nan Dsï (vgl. Lun Yü VI, 26), in verbrecherischem Umgang stand. Als Nan Dsï den Fürsten Ling von We geheiratet hatte, setzte sie es durch, daß der Gemahl den schönen Prinzen an seinen Hof zog, mit dem sie ihren verbrecherisehen Verkehr fortsetzte. Der Kronprinz, der davon hörte, wollte darauf seine Mutter umbringen lassen. Sie entdeckte jedoch den Anschlag, und der Kronprinz wurde vertrieben (vgl. Dso Dschuan, 14. Jahr des Ding Gung).

16. Vgl. Schillers hierauf bezügliche Ausführungen z. B. »Über die ästhetische Erziehung des Menschen«, 13. Brief, Schluß, oder die Bemerkungen W. von Humboldts über Kultur der Sinnlichkeit, ästhetische Moral usw. (vgl. Wilh. v. Humboldt, Universalität, E. Diederichs 1907, S. 54, 60 usw.)

17. Wir haben im Anschluß an Han Yü die Korrektur des Zeichens »dschï«, »gerade«, in »de«, »Geisteskraft«, vorgenommen. Die Zeichen sind in der alten Schreibweise sehr ähnlich. Auf diese Weise gelang es, einen befriedigenden Sinn herzustellen. Die alte Übersetzung (Legge): »Der Mensch ist geboren für Aufrichtigkeit. Wenn ein Mensch seine Aufrichtigkeit verliert und doch lebt, so ist sein dem Tode Entkommen der Erfolg eines reinen Glückszufalls«, hat zuviel interne

Schwierigkeiten, als daß sie annehmbar wäre.

18. Bei dieser Stufe muß man unwillkürlich an den alten Goethe und seine naturwissenschaftlichen Studien denken.

19. Dieser Ausspruch gehört wohl mit zu den meistzitierten Worten Kungs. Fast immer sieht man darin einen Beweis für agnostische Ablehnung aller Beziehungen zu höheren Wesen. Daß dieser Gedanke in der atheistisch-skeptischen Richtung des späteren Konfuzianismus einen maßgebenden Einfluß hatte, läßt sich nicht leugnen, und seit diese Richtung orthodox wurde, hat sich diese Geistesverfassung – die sich mit dickstem Aberglauben übrigens sehr wohl verträgt – ganz allgemein ausgebreitet. Der Sinn Kungs liegt aber doch wohl mehr in der von uns angedeuteten Richtung, daß es sich für den Menschen geziemt, respektvoll Abstand zu halten von den höheren Mächten und alle familiäre Aufdringlichkeit zu vermeiden. – Bei dem Ausspruch über die Sittlichkeit ist beachtenswert, wie die Ausschaltung aller eudämonistischen Motive als Charakteristikum wahrer Sittlichkeit bezeichnet wird.

20. Vgl. hierzu die Abhandlung von Dr. O. Franke über die »Richtigstellung der Bezeichnungen.«

21. Der Abschnitt ist schwer verständlich. Auch scheint der Text nicht sicher festzustehen. Man merkt es, daß Dsai Wo offenbar der Gebrand-

markte unter den Schülern Kungs ist; man traute ihm offenbar, wie es scheint, nicht viel Gutes zu.

22. Dieser Besuch bei Nan Dsï fällt in die Zeit, als eben der Kronprinz von We vertrieben worden war, weil er, aufgebracht von Spottliedern, die er auf der Straße hatte singen hören, seine Mutter hatte töten lassen wollen (vgl. Buch VI, 14). Das mag wohl ein Grund mehr gewesen sein für Dsï Lus Mißvergnügen. Über die Unterredung selbst, der sich Kung anfangs zu entziehen suchte, aber ohne Erfolg, hat Ssï Ma Tsien eine idyllische Schilderung, nach der es bei der Audienz durchaus dezent zugegangen ist. Vgl. Einleitung, Kung in We. Seine Anstellung in We war übrigens nicht von langer Dauer.

23. »Von zwei ganz hohen Dingen: Maß und Mitte, redet man am besten nie. Einige wenige kennen ihre Kräfte und Anzeichen, aus den Mysterienpfaden innerer Erlebnisse und Umkehrungen: sie verehren in ihnen etwas Göttliches und scheuen das laute Wort. Alle übrigen hören kaum zu, wenn davon gesprochen wird, und wähnen, es handele sich um Langeweile und Mittelmäßigkeit: Jene etwa noch ausgenommen, welche einen anmahnenden Klang aus jenem Reich einmal vernommen, aber gegen ihn sich die Ohren verstopft haben. Die Erinnerung macht sie nun böse und aufgebracht.« Nietzsche, Menschliches, Allzumenschliches II, 230.

1. Wir haben hier eines der meistzitierten Worte des Kung, das gewöhnlich dazu verwendet wird, um Kung als Zeugen dafür anzurufen, daß er lediglich als Überlieferer des Alten in Betracht komme. Dennoch ist diese Deutung keineswegs unanfechtbar, da der Begriff »machen« eine ganz bestimmte Bedeutung hat, die wir oben zum Ausdruck zu bringen suchten: es heißt nämlich in diesem Zusammenhang eine selbsttätige Neugestaltung der staatlich-sozialen Ordnungen, der »Li« und der Musik. Diese Neugestaltung ist aber nach chinesischen Begriffen an ganz bestimmte Vorbedingungen geknüpft, wie u. a. aus der in der Anmerkung zu III, 9 zitierten Stelle aus Dschung Yung XXVIII, 2 hervorgeht. Die sozialethischen Gesetze für das Zusammenleben der Menschen können nämlich nur von einem Herrscher fortgebildet werden, der außerdem den Genius und die Begabung dazu hat. Ein Herrscher ohne diesen Genius darf nicht schöpferisch vorgehen, damit nichts Verkehrtes geschieht, das die von Gott bestimmte Harmonie stören könnte, aber ebenso hat selbst ein Genie, das aber nicht die äußere Autorität besitzt, nicht das Recht, Neuerungen zu planen, weil ohne die Macht, sie allgemein durchzuführen, nur Unordnung entstünde. Kung ist daher in diesem Ausspruch weit davon entfernt, sich als Epigonen zu bezeichnen. Er drückt nur die Resignation aus, daß es ihm nicht von Gott beschieden war, das, was in

ihm lebte, auszuführen. Daher auch sein ganzes Leben lang die Bemühungen, irgendwo einen Herrscher zu finden, der geneigt wäre, seine Lehren zu befolgen. Dies ist die Tragik des Kung. Man muß sich in diese orientalische Anschauungsweise versetzen, die keine Autorität rein sittlicher Art – wie etwa in der Geschichte des europäischen Mittelalters die Kirche – kennt, sondern in welcher Religion, Ethik und Staat ein ungetrenntes Ganzes bilden. Ebenso muß man beachten, daß die ganze chinesische Kultur eine einheitliche Weiterarbeit an den Kulturgrundlagen des Altertums bedeutet. Es gibt Zeiten des Rückgangs und der Blüte. Aber es ist kein Riß da in der Entwicklung des chinesischen Geistes. Daher darf man die Probleme, die das Auftreten Jesu der Menschheit gestellt, gar nicht als Maßstab an das Leben der orientalischen Kultur anlegen, wenn man nicht schiefe Anschauungen bekommen will.

2. Wer der »alte Pong« eigentlich ist, läßt sich nicht feststellen. Die einen sehen darin Lau Dsï, andere Pong Dsu, der 700–800 Jahre gelebt haben soll: der chinesische Methusalah. Wieder andre einen nicht näher bekannten Mann aus der Zeit der Yin-Dynastie.

3. Die letzten Worte sind sehr schwer. Dschu Hi erklärte den Abschnitt wieder für einen Ausdruck der Bescheidenheit Kungs: »das sind alles Dinge, die ich nicht kann.« Aber diese Anschauung widerspricht der ganzen Selbstbeurteilung Kungs

(vgl. z. B. Buch VII, 33). Gerade das sind die Dinge, die er für sich in Anspruch nimmt. Wir haben die Worte nach entsprechenden Parallelstellen übersetzt und glauben damit auch hier dem Sinne näher gekommen zu sein (vgl. Ma Shï Wen Tung Band II, VII, S. 19–21). Möglich ist auch die Deutung Dschongs: »Wen gibt es, der mit mir gemeinsam diese Richtung pflegt?«

4. Auch dieser Ausspruch ist von Dschu Hi als Ausdruck übermäßiger Bescheidenheit des Meisters gedeutet worden: »Ich betrübe mich, daß ich meine Anlagen nicht pflege … « usw., wobei dann, um direkten Widersinn zu vermeiden, das Wort »ich betrübe mich« in »ich bin besorgt, daß nicht« abgemildert wurde. Die Deutung kommt daher, daß die Stelle fälschlich in Analogie gesetzt ist mit dem Ausspruch des Dsong Schen Buch I, 4, statt mit dem Ausspruch des Meisters in Buch IX, 21, was um so mehr nahe liegt, als gerade Buch IX viele Parallelaussprüche zu Buch VII hat. Wir sind mit unsrer Auffassung den älteren Kommentatoren gefolgt.

5. Der Fürst Dschou, der Sohn des Königs Wen und Bruder des Königs Wu, gehört zu den Begründern der Dschou-Dynastie. Er wurde von seinem Bruder als Lehnsfürst des Staates Lu eingesetzt, daher die exempte Stellung, die der an sich kleine Staat auch später bewahrt hat. Er war für Kung das hochverehrte Vorbild, das ihm im Wachen und im Traum immer vor Augen stand. Vielleicht war gerade der Umstand, daß der Fürst Dschou, ohne selbst auf dem Thron zu sitzen, so großen

Einfluß ausüben konnte, ein Grund mehr für Kung, sich ihm verwandt zu fühlen. Im Alter, als er seine Hoffnungen allmählich zerrinnen sah, als er so resignierte Worte sprach wie das in Lun Yü VII, 1, da hörten auch die Träume vom Fürsten Dschou auf, daher hier diese Klage.

6. Das sind Grundsätze für die Verkündigung der Wahrheit, die sich bei allen wahrhaft Großen finden. Nur wer aus der Wahrheit ist, versteht die Stimme der Wahrheit. Leider ist dieser Grundsatz schon durch Menzius, der predigend umherreiste und andre Philosophenschulen durch logische Beweise zu überzeugen versuchte, außer Kurs gekommen. Vielleicht ist das gerade der Grund, warum Menzius den meisten Europäern so gut gefällt. Denn daß in Europa die still wirkende Kraft der Wahrheit nicht allgemein gilt, versteht sich in den Zeiten des Schulzwangs von selbst. Diese Kraft erfordert Zeit und Geduld.

7. Vgl. Buch VIII, 13.

8. Es handelt sich hier um Vorkommnisse im Leben, bei denen das körperliche Leben einer besonderen Aufmerksamkeit bedarf, damit es nicht durch Vernachlässigung unnötigen Gefahren ausgesetzt werde.

9. Die Schau-Musik war die zu Kungs Zeit in dem Staate Tsi noch bekannte alte chinesische Musik. Sie wird dem Kaiser Schun zugeschrieben. Über ihre Schönheit vgl. Buch III, 25. Der tiefe Eindruck, den Kung von ihr erhielt, zeigt uns deutlich, daß die Musik im chinesischen Altertum etwas ganz anderes

war als im heutigen China, wo sie eine recht untergeordnete Rolle spielt. Die – heute vollständig verloren gegangene – alte chinesische Musik gab eine Vermittlung des geistigen Wesens ihres Urhebers. So bringt die Schau-Musik das Wesen des alten Herrschers Schun dem Kung vor die Seele in unmittelbarem Verständnis. Der Abschnitt ist daher mit dem Träumen von dem Fürsten von Dschou verwandt.

10. Der Grund für diese indirekte Art zu fragen liegt in dem Umstand, daß gerade zu jener Zeit der Meister im Gebiet von We war. Eine direkte Kritik der Thronverhältnisse hätte daher den Gesetzen des Dekorums widersprochen. Daher mußte Dsï Gung eine Methode anwenden, die es dem Meister möglich machte, an der Hand eines historischen Vorfalls sein Urteil abzugeben. Was die Zustände in We anlangt, so vgl. zunächst die Anmerkung zu Buch VI, 14. Der Fürst Ling hatte, nachdem sein Sohn das Land verlassen, sterbend seinen Enkel als Fürsten eingesetzt. Nach seinem Tod kam der Vertriebene zurück und wollte die Regierung antreten, wurde aber von dem neuen Herrscher, seinem eignen Sohn, mit Waffengewalt ferngehalten. In die Wirren, die aus diesen Verhältnissen entsprangen, fällt der gegenwärtige Abschnitt. Über Be I und Schu Tsi, die vielgerühmten Helden, vgl. die Anmerkung zu Buch V, 22. Ihr Verhalten war gerade das Gegenteil von dem des Fürsten von We, und indem Kung es nicht nur billigte, sondern sogar bewunderte, sprach er sein Urteil über den Fürsten.

11. Vgl. dazu Abschn. 11. Die zugrundeliegende Auffassung ist, daß in ungeordneten Zeiten der Reichtum und die Anerkennung keineswegs dem Würdigen zuteil werden, wie das in normalen Zeiten der Fall ist. Das wahre Glück besteht aber auch gar nicht in diesen äußeren Dingen, sondern in der inneren Übereinstimmung mit dem Vernunftgesetz.

12. Im Text heißt es: »Wenn mir noch einige Jahre vergönnt wären, so würde ich (mit?) fünfzig das ›Buch der Wandlungen‹ studieren.« Nach den einen Kommentatoren ist dieser Ausspruch gegen Ende der vierziger Jahre getan, und sie ziehen als Beleg herbei die Stelle: »Mit 50 erkannte ich die Gesetze des Himmels« (Buch II, 4). Dschu Hi nimmt eine Korruption an, deren Verbesserung dem obigen Text zugrundeliegt. Das von Kung erwähnte »Buch der Wandlungen« I Ging ist wohl dasjenige chinesische Buch, das die ältesten Bestandteile enthält. Es ist eigentlich ein Buch der Wahrsagung. Die der Wahrsagung zugrunde liegenden Prinzipien beziehen sich auf die Einrichtung der Natur, den Zusammenhang und die Entwicklung der Angelegenheiten des Menschenlebens und das Verhältnis von Mensch und Welt. Es ist überaus schwer verständlich, und die Chinesen finden jede Wahrheit hineingeheimnißt. Kungs esoterische Lehren beruhen hauptsächlich auf seinen Prinzipien. Er hat es in seinem Alter so oft gelesen, daß der Einband dreimal erneuert werden mußte. Der eine der Anhänge des jetzt vorhandenen I Ging wird ihm zugeschrieben.

13. Auf Grund der Hankommentatoren, die das Zeichen »ya« = »dschong« setzen; gegen Dschu Hi, der erklärt: »die gewöhnlichen Gesprächsthemen des Meisters waren Lieder, Geschichte und Zeremonien.«

14. Schä lag im (südlichen) Staate Tschu, dessen Fürst den Königstitel usurpiert hatte, weshalb die Minister Fürsten hießen.

15. Dieser Abschnitt ist überaus charakteristisch für Kung. Seine Genialität liegt nicht in einem besonders glänzenden oder originalen Geistesleben, sondern in seiner moralischen Willensenergie und seinem Interesse an den Fragen des sozialen Zusammenlebens der Menschen. Diese Geistesstruktur stellt ihn in die Reihe der Männer wie unser Kant, dessen Genialität ja auch sozusagen latent war, da sie auf Gebieten zum Ausdruck kam, die man für gewöhnlich von genialischer Betätigung ausgenommen meint. Andrerseits zeigt der Satz aufs deutlichste, wie verkehrt es ist, Kung mit Jesus in irgendeine Parallele bringen zu wollen.

16. Dieses Vermeiden des Wunderbaren und Seltsamen entspringt bei Kung nicht einem kalten Skeptizismus. Aber diese Dinge lagen außer seinem Weg, der ein Weg der reinen Menschlichkeit war, die durch das hypnotische Hinstarren auf die Erscheinungen des Dämonischen nur verwirrt werden kann. Er ist hierin mit Goethe gleichgesinnt, der Faust mitten im unheimlichen Wirken dunkler Mächte das stolze Wort sprechen läßt:

Er wandle so den Erdentag entlang,
Wenn Geister spuken, geh' er seinen Gang.

Was den Text anlangt, so muß eine ähnliche Korrektur vorgenommen werden wie Jesaja 9, 6. Legge übersetzt noch im Anschluß an Dschu Hi: »Extraordinary things, feats of strength, disorder and spiritual beings.« Das ist aber nicht wahr: Über Kraftanstrengung redet der Meister sehr häufig (vgl. nur z. B. VI, 10; I, 6 u. a.). Revolution und staatliche Unordnung findet sich in seinem Geschichtswerk Tschun Tsiu beschrieben, und auch über geistige Wesen findet sich manche Äußerung. Das Ganze vereinfacht sich durch die oben vorgenommene Zusammenziehung der zwei Begriffspaare. Es findet sich übrigens auch bei einem chinesischen Kommentator unsere Auffassung vertreten.

17. Auch dieser kleine Zug ist charakteristisch für Kung. Zu Opferzwecken war es unter Umständen Pflicht, Tiere zu jagen, da ein selbstgejagtes Tier eine höhere Ehrerbietung bezeugt, als ein auf dem Markt gekauftes. In der Art, wie Kung jagte, kommt auch seine vornehme Gesinnung zum Ausdruck. Die Jagd hat es nicht auf Massenvertilgung des Wilds abgesehen; daher beim Fischen das Vermeiden der großen Stricknetze, die über den ganzen Fluß gespannt waren und alles fingen, was des Weges kam, und bei der Vogeljagd das Vermeiden des Abschießens wehrloser, brütender Vögel. Auch in diesen Kleinigkeiten zeigt sich eine Kultur des Geschmacks, die derselben Geistesrichtung entspringt wie das Verhalten in wichtigen Lebensfragen.

18. Der in Klammern stehende Passus ist aus den sonstigen Äußerungen

Kungs zum vorliegenden Thema ergänzt. Er ist insofern zum Verständnis notwendig, weil der Schlußsatz: »Dies ist die zweite Stufe der Weisheit«, einen derartigen Gedanken über die höchste Stufe implicite voraussetzt. Zur Sache vergleiche man die Anmerkungen zu VII, 1 und III, 9. Wir haben auch diese Stelle auf die öffentliche Regierungstätigkeit bezogen und nicht wie Bau Hiän auf literarische Produktion oder wie Dschu Hi auf die Handlungen im allgemeinen, da die Verwandtschaft mit Dschung Yung XXXVIII zu auffallend ist, als daß sie übersehen werden könnte. Vgl. II, 18.

19. Die regierende Familie von Wu war ebenso wie die von Lu direkt mit dem königlichen Hause der Dschou-Dynastie verwandt (vgl. VIII, 1, Anmerkung 1); beide hatten den Familiennamen Gi. Während man sonst bei der Ankunft der Braut den Familiennamen außer dem Namen des Staates, von dem sie kam, zu nennen pflegte in der öffentlichen Bekanntgabe an das Volk, hatte es der Fürst Dschau in diesem Fall für besser gehalten, den Familiennamen der Braut ganz zu unterdrücken und sie einfach als Prinzessin zu bezeichnen, da es in China bis auf den heutigen Tag als grober Verstoß gegen den Anstand gilt, wenn man eine Frau desselben Familiennamens heiratet. Dieses Vertuschungssystem des Fürsten hatte in den Nachbarstaaten wohl noch mehr Hohn herausgefordert. Daher der mephistophelische Spott, mit dem der Minister den Kung vor seinem eignen Jünger zu treffen sucht. Kung hatte

die irreführende Antwort zunächst gegeben, um sich seines Fürstenhauses anzunehmen und keinen Vorwurf auf den Fürsten Dschau kommen zu lassen. Bezeichnend ist, daß dieser Satz eingeleitet ist nicht mit dem gewöhnlichen »Der Meister sprach«, sondern mit dem Wort »Kung Dsï sprach«, was sonst bei Anekdoten steht, die aus andern Quellen stammen als den Überlieferungen der Jünger. – Schön ist der Zug, wie Kung den Vorwurf ohne Gegenwehr auf sich sitzen läßt; damit deckt er den Fürsten vor Verunglimpfung. Über den Schüler Wu Ma Ki vgl. Anm. zu V, 2.

20. Daß Kung sich ein Musikstück, das ihm gefiel, wiederholen ließ, ist ohne weiteres verständlich. Nach europäischen Begriffen weniger das Mitsingen. Es bedeutet ein Eindringen in den Geist des Stücks und eine Aneignung. Man darf nur nie vergessen, daß im antiken China die Musikstücke nicht so bequem in Noten aufgezeichnet waren wie heute, sondern die Musik pflanzte sich im wesentlichen durch persönliche Tradition weiter.

21. Der Passus ist nicht ganz leicht. Namentlich hat der japanische Kommentar durch eine leichte Konjektur einen Sinn herausgebracht, der von dem obigen, dem sonst ziemlich allgemein rezipierten, bedeutend abweicht. Der Meister sprach: »Es ist ein Sprichwort: ›Durch Anstrengung kann der Mensch es jedem gleichtun‹. Aber auf einem Punkt scheint diese Anstrengung zu versagen: Noch nie habe ich einen Menschen getroffen, der, wirklich ein Edler, imstande wäre, die Prin-

zipien durch sein persönliches Leben zu verwirklichen.«

22. Über den Jünger Gung Si Hua vergleiche V, 7.

23. Das Won Kungs ist nicht ganz eindeutig. Jedenfalls ist es so zu verstehen, daß Kung das Wortgeplapper der Gebetslitaneien ablehnt. Dsï Lu versteht die zart andeutende Zurechtweisung, die in der Frage liegt, nicht und bringt eine Belegstelle – unglückseligerweise dazu eine aus einer Totenlitanei – in der von Gebeten zu Göttern und Geistern die Rede ist. Kung zieht sich danach auf das »Betet ohne Unterlaß« des Paulus, d. h. die fortdauernde Beziehung zum höchsten Wesen, zurück. Gerade je fester er von seinem göttlichen Beruf und der speziellen göttlichen Vorsehung, die über seinem Leben waltete, überzeugt war (vgl. VII, 22), desto weniger versprach er sich von den Gebetslitaneien als äußerlichem Brauch.

24. Vgl. Buch III, 4.

## BUCH VIII · TAI BE

1. Während des Verfalls der Yin-Dynastie war im Westen des Reiches die Familie Gi immer mehr emporgekommen, so daß sie schließlich daran denken konnte, das Erbe der Vergangenheit anzutreten. Der in der Geschichte als Tai Wang bezeichnete Fürst hat zum erstenmal den Gedanken erwogen. Sein ältester Sohn und präsumptiver Nachfolger, der hier genannte Tai Be, war jedoch aus Gründen der Loyalität dagegen. Da er außerdem bemerkte, daß sein Vater sich mit dem Gedanken trug, seinen jüngeren Bruder als Nachfolger einzusetzen, damit dessen Sohn, der damals schon bedeutende Tschang (der nachmalige König Wen) später an die Regierung käme, da benützte er die Gelegenheit, ohne seinem Vater offen zu widersprechen, sich in aller Stille zu entfernen. Er ging südwärts und sammelte dort die barbarischen Stämme von Wu unter seiner Regierung zu einem blühenden Staatswesen. Seine Familie wurde später bei der Begründung der Dschou-Dynastie mit diesem Staate Wu belehnt. Das ist der Grund, warum das Herrscherhaus in Wu denselben Namen führte wie das Haus der Fürsten von Lu, die von dem Fürsten Dschou, dem Sohn Wen Wangs, abstammten und daher ebenfalls Gi hießen (vgl. VII, 30).

2. Zu dieser Umschreibung wurde die Parallelstelle Dschung Yung XX, 5 ff. beigezogen, durch die der innere Zusammenhang vollständig geklärt wird. Legge kommt auf die Vermutung, daß eine Äußerung Dsongs (s. die nächsten Abschn.) schon hier angehängt sei. Eine Verwandtschaft mit I, 9 ist ja wohl da.

3. Der Leib, der von den Eltern unversehrt überkommen ist, soll gewissenhaft geschont werden, damit er keinen Schaden nimmt. Das ist auch eine Forderung der Pietät. Der zugrunde liegende Gedanke ist das Verantwortlichkeitsgefühl dem Leib als einem anvertrauten Gut

gegenüber. Die Furcht der heutigen Chinesen vor aller körperlichen Verstümmelung, die sich besonders in der Abneigung gegen ärztliche Operationen oft zeigt, hat z.T. hierin ihren Grund, z.T. allerdings auch in der später gebildeten Vorstellung, daß der Mensch im Hades genau den Leib im Abbild hat, den er bei seinem Tode in Wirklichkeit hatte.

4. Der Sinn ist: Der Fürst hat sich nicht um Detailfragen zu kümmern, dafür sind Beamte mit Fachkenntnissen da. Seine Aufgabe ist, durch seine Person in allen ihren Äußerungen zu imponieren. Das verschafft ihm die Anerkennung. Vgl. was Kung über Yau und Schun sagt VIII, 1, 8, 19.

5. Eine elegische Erinnerung Dsong Schens an seinen Mitjünger, den früh verstorbenen Liebling des Meisters, Yän Hui. – Über Dsong Schen vgl. übrigens I, 4.

6. Dieses Beispiel eines uneigennützigen Erziehers eines jungen Fürsten, der seinem jungen Herrn die Treue wahrt, ist charakteristisch für das Ideal des Edlen, wie es sich in der konfuzianischen Schule ausgebildet hat. Diese junge Waise wird im Chinesischen als »6 Hand« hoch bezeichnet, was nach anderen Quellen, besonders Li Gi, 15 Jahre bedeutet. Der Großstaat ist ein Staat von 100 Li im Quadrat, nach unsern Begriffen nicht groß, da ein Li etwa einem halben Kilometer entspricht, nach Menzius V. Teil II, 6 das Territorium der Fürsten, während die Hausmacht des Kaisers durch ein Gebiet von 1000 Li repräsentiert wird. »Gegenüber von großen Dingen sich nichts rauben

lassen« ist wohl nach der wahrscheinlichsten Auslegung soviel wie »auch unter äußeren Schwierigkeiten seinem Entschluß treu bleiben«. Man beachte übrigens den stilistischen Unterschied dieser etwas elegischen, nicht unpoetischen Äußerungen Dsong Schens von den prägnanten Äußerungen Kungs selbst.

7. Vgl. den Satz Friedrichs des Großen: »Alles für das Volk, nichts durch das Volk.« Es ist kein bornierter Absolutismus, der dieser Anschauung zugrundeliegt, sondern einfach die Konstatierung eines Tatbestands. Daß Kung vor der Souveränität des Volks in ihrem tiefsten Sinn Respekt hatte, geht aus einem andern Ausspruch von ihm hervor: »Den Volkswillen soll man aufrichtig achten.« Der Volkswille ist aber nicht, was Herr A und Herr B sagt, sondern der Herrschende muß in innerer Fühlung mit der Volksseele stehen, um ihn instinktiv zu erkennen. Er liegt in dem Gebiet des Unbewußten. Eben deshalb kann durch einen starken Charakter dieses Unbewußte so beeinflußt werden, daß es das Richtige trifft, nicht aber ins Bewußtsein erhoben werden. Wo dagegen jeder einzelne ein Recht hat, entscheidend mitzureden, da gibt es nur Verwirrung. Diese Auffassung Kungs findet gegenwärtig bei der Reformpartei z.T. heftigen Widerspruch, und man kann in ihren Kreisen die schärfsten Urteile über ihn lesen.

8. Über den Fürsten Dschou vergleiche die Anmerkung zu VII, 5.

9. Kung An Guo erklärt das Wort »gu«, das hier nach Dschu Hi mit »Brot-Einkommen« wiedergegeben ist, als »Gut«. Dann würde es hei-

ßen: »Daß einer drei Jahre lernt, ohne das Gute zu erreichen, kommt
selten vor.« Die Deutung scheint
aber grammatikalisch gezwungen;
vollends die andre: »Daß einer drei
Jahre lernt, ohne es zu einer ein-
kömmlichen Stelle zu bringen,
kommt selten vor«, ist Kungs ganz
unwürdig.

10. Der Zusammenhang des Abschnitts
macht einige Schwierigkeit. Der japanische Kommentar sieht in den
zwei ersten Versen Zitate aus alter
Zeit. Legge bezweifelt die Echtheit
zum mindesten des Kontexts.

11. Wir bekennen, daß wir bei unsrer
mangelhaften Kenntnis der alten
chinesischen Musik nicht imstande
sind, zwischen den divergierenden
Kommentaren eine Entscheidung
zu treffen; wir haben »luan« mit
Dschu Hi als »volltönender Vers-
schluß« aufgefaßt, da es entschieden
ein technischer Ausdruck zu sein
scheint. Vgl. III, 23, wo der Kapellmeister von Kung Instruktionen erhält, und III, 20, wo die Musik zum
Guan-Dsü-Lied, dem ersten Stück
des Schï Ging, besprochen wird. Ku
Hung Ming nimmt das »shï«, »Anfang«, statt zu dem Kapellmeister
Dschï (= sein Amt antrat) zum folgenden und übersetzt: der Anfang
und Schluß des Liedes. Grammatikalisch schwer zurechtzulegen!

12. Die alten Herrscher, die an der
Spitze der chinesischen Kultur standen und ins Halbdunkel der Sage
gehüllt sind, heißen Yau, Schun und
Yü (vgl. VI, 28). Die noch unsiche-
rer bezeugten Herrscher aus der
grauesten Vorzeit Fu Hi, Schen
Nung, Huang Di und die zwischen
ihnen liegenden unbedeutenden

Namen beschäftigten sich der
Überlieferung nach mehr mit den
Grundlagen der Kultur: Jagd, Fisch-
fang, Haustiere, die ersten Anfänge
der Schrift und der sozialen Institu-
tionen der Familie (Übergang vom
Matriarchat zum Patriarchat?) unter
Fu Hi; Ackerbau, Pflug, Medizin-
pflanzen, Märkte unter Schen
Nung; kriegerische Ausrüstung,
Zeitrechnung, Anfänge der Musik
und Färberei (Malerei), Töpferei,
Wagen und Schiffe, Tempelbau,
Tauschmittel (Geld), Seidenzucht
unter Huang Di. Die für diese Peri-
oden, die den »kulturhistorischen
Entwicklungsstufen« der herbart-
schen Schule merkwürdig gut entsprechen, angesetzten Zeiten reichen von 2800 bis 2350. Natürlich
alles ganz unsicher.

Mit Yau (2353–2256!), Schun
(2256–2205) und Yü (2205–2197)
beginnen die Einrichtungen der
höheren Kultur. Und zwar hat Yau
in allem den Grund gelegt. Er ist
daher für Kung der unerreichte
Schöpfer der gesamten Kultur. Die
Übereinstimmung der sozialen
Ordnungen mit den Prinzipien des
Naturlaufs, der Weltvernunft, die für
die ganze chinesische Kultur charakteristisch ist, geht auf ihn zurück. Er hat die Ordnungen des
moralisch-ästhetischen und wirt-
schaftlichen Lebens geschaffen, die
von seinen beiden Nachfolgern
Schun und Yü, die beide unter ihm
zunächst Beamte waren, zur Ausführung kamen (vgl. den folgenden
Abschnitt). Er hat bei seinem Tod
das Reich nicht seinem Sohn hin-
terlassen, sondern »dem Würdigsten«, eben dem Schun, der es sei-

nerseits wieder an Yü übertrug. Erst Yü hat in seinem Sohn einen Nachfolger bekommen.

Der Sinn von Abschnitt 18 liegt nicht ganz eindeutig. Es kann heißen: »Schun und Yü kamen auf den Thron, ohne daß sie sich darum bemühten« oder »ohne daß sie ihr Herz daran hängten« oder »ohne daß sie etwas anderes zu tun hatten, als die von Yau überkommenen Prinzipien auszuführen.« Es ist in unserer Übersetzung versucht worden, sie diesen verschiedenen Erklärungsmöglichkeiten anzupassen.

13. Der Abschnitt ist in seiner jetzigen Gestalt vollständig unverständlich, so sehr, daß sogar Legge an Korruption des Textes denkt. Auch sprachliche Indizien sprechen dafür. Wir machen zu seiner Übersetzung folgende Konjektur. Die späteren Interpolationen setzen wir in eckige Klammern.

*1. Die Blüte der Zeiten von Yao und Schun*
Der Meister (Kung) sprach: »Genies sind schwer zu finden. Ist das nicht ein wahres Wort? Die Zeiten, da Yau und Schun sich die Hand reichten, sind eben dadurch (sc. durch das Zusammentreffen überragender Genies) so blühend.«
[1. Interpolation: Schun hatte 9 Minister, und der Erdkreis war in Ordnung.]
[2. Interpolation, aus »Dso Dschuan« zitiert: König Wu sprach: »Ich habe an tüchtigen Beamten zehn Männer.«]
[3. Interpolation, nachgestellt: Doch war eine Frau darunter, so daß es im ganzen nur neun Männer waren.]

*2. Die Tugend des Königs Wen*
(Der Meister sprach:) »Zwei Dritteile des Reiches hatte er, und er benützte (seine Autorität) nur dazu, um die (im Verfall

begriffene) Yin-Dynastie zu stützen: das ist die Tugend von Dschou (sc. König Wen, dem Begründer des Hauses Dschou). Von ihm kann man sagen, daß er die höchste Tugend erreicht hat.«

Auf diese Weise wird alles klar. Es ist auch verständlich, daß zu der Äußerung Kungs über Yau und Schun die Erklärung beigefügt wurde, daß Schun 5 Minister hatte. Daß ein Späterer die Äußerung des Königs Wu über seine 10 »Minister« dazubrachte, erklärt sich daraus, daß das doch noch mehr waren als Schuns fünf. Ein noch Späterer hat um der Akribie willen beigesetzt, daß Wu eigentlich nur 9 Männer von Bedeutung hatte, da unter den 10 genannten die Königin I Giang war, die die Hauptstadt verwaltete. Der zweite Abschnitt bezieht sich auf den Vater des Königs Wu, den König Wen; denn König Wu hat ja eben die Yin-Dynastie gestürzt, hat also nicht den Gipfel der Vollkommenheit wie sein Vater. Der letzte Satz stimmt wörtlich mit VIII, 1a.

14. Dieser Abschnitt verteidigt die große Einfachheit Yüs, der vom Pflug zum Thron aufgestiegen war. Es wird von ihm erzählt, daß er unter dem Essen sich oft zehnmal von Bittstellern unterbrechen ließ und daß er beim Waschen des Morgens dreimal sein Haar provisorisch aufstecken mußte, um Geschäfte zu erledigen. Ihm wird die Flußregulierung in der nordchinesischen Ebene zugeschrieben. Er zuerst hat dem gelben Fluß ein festes Bett gegeben, zurzeit als er sintflutartig alles überschwemmte. Während dieser Zeit kam er im Laufe von vielen Jahren dreimal an seinem Haus vor-

bei, ohne zum Hineingehen Zeit zu
finden. – Der Sinn unsres Abschnitts ist nun, daß Yü bei aller
persönlichen Sparsamkeit es nicht

an der Sorge für andre und für das
öffentliche Wohl habe fehlen lassen.
Er war sparsam gegen sich selbst,
aber freigebig gegen Götter.

## BUCH IX · DSÏ HAN

1. Das Scherzwort Kungs anläßlich
der Äußerung des Unbekannten,
der bei aller Größe Kungs spezielle
Taten und Talente vermißt, die sich
statistisch nachweisen lassen, zeigt
den Gegensatz der Standpunkte unter den Menschen, den auch Schiller im Auge hat in dem bekannten
Wort, daß edle Naturen mit dem
bezahlen, was sie sind, Gemeine mit
dem, was sie tun. Vgl. hierzu noch
Abschnitt 6 dieses Buches.
Die Künste des Wagenlenkens und
Bogenschießens gehörten zu den
ritterlichen Übungen der damaligen
Zeit, und zwar zu den vorbereiten-
den »trivialen« Kenntnissen.
Lionel Giles a. a. O. S. 87 übersetzt
die Einleitung: »Als der Meister
durch eine Seitenstraße kam, rief
ein Mann aus der Gegend.« Das ist
dem Wortlaut nach durchaus möglich, nur ist beinahe unglaublich,
daß keiner der chinesischen Kommentatoren auf diese frappant einfache Lösung gekommen wäre,
wenn nicht eine feste Tradition vor-
gelegen hätte.

2. Vgl. VII, 22. Dieser Vorfall in Kuang
wird vor den in VII, 22 erwähnten
gesetzt, unmittelbar, nachdem Kung
Lu verlassen hatte (vgl. zu der Auffassung seines Berufs die Äußerung
des Torwächters von I; III, 24). Der
Grund der Gefährdung des Meisters
war ein Mißverständnis. Die Be-

wohner von Kuang waren von dem
Usurpator Yang Hu (vgl. XVII, 1)
schwer bedrückt worden und san-
nen auf Rache. Kung glich diesem
im Gesicht und hatte zudem denselben Wagenlenker, weshalb er von
den Leuten mit ihrem Feind ver-
wechselt wurde und fünf Tage unter
großer Lebensgefahr gefangen gehalten wurde. – Über König Wen
vgl. VIII. 20.

3. Da Dsai ist der Titel des Premier-
ministers, wie er in den Staaten Wu
und Sung üblich war. Über den
Jünger Dsï Gung vgl. XI, 2. Er hat
das Gefühl, daß etwas an der Argumentation nicht richtig ist. Daher
nennt er die Talente des Meisters als
etwas zu seinem Genie hinzukom-
mendes. Die Übersetzung stützt
sich auf den japanischen Kommentar. Die traditionelle Erklärung heißt:
»Der Himmel hat ihm freigebig die
Annäherung an die Heiligkeit verliehen«, wodurch aber eine Un-
ebenheit entsteht zwischen »freigebig« und »Annäherung«. Unsere
Übersetzung ist in Übereinstimmung
mit VII, 1. Das am Schluß
beigefügte Zitat stammt von einem
sonst wenig bekannten Schüler Kin
Lau, gen. Dsï Kai.

4. Dieser Zusatz (»geheimes« Wissen)
geht auf den Kommentar Ho Yäns
zurück. Er ist hier akzeptiert, da er
dem ganzen Abschnitt erst Zusam-

menhang verleiht und sicher auf guter Tradition beruht.

5. Die Sage vom Vogel Fong, dem heiligen Wundervogel, geht zurück auf die Zeiten des Königs Schun, in dessen Halle er sich zeigte, und des Königs Wen, unter dem er auf dem Berge Gi gehört wurde. Das Zeichen aus dem Fluß geht wohl auf die heiligen Schildkröten, die geheime Zeichen auf dem Rücken trugen und unter den Königen Schun und Yü im gelben Fluß gesehen wurden. Was Kung mit diesen Anspielungen sagen will, ist aus der obigen Umschreibung ohne weiteres klar. Es ist von Legge eine ebenso kurzsichtige als übelwollende Bemerkung: »Confucius indorses these fables.«

6. Zu diesen Erfahrungen des Lieblingsjüngers Yän Yüan (= Yän Hui) vgl. die schillerschen Verse aus dem Gedicht »Der Pilgrim«:

Vor mir liegt's in weiter Leere,
Näher bin ich nicht dem Ziel.
Ach, kein Steg will dahin führen.
Ach, der Himmel über mir
Will die Erde nie berühren,
Und das Dort wird niemals Hier.

7. Über den tüchtigen, etwas zufahrenden Dsï Lu vgl. u. a. XI, 2, VII, 34 und IX, 26. Mit Rücksicht auf die hohe Stellung, die Kung zeitweise im Staate Lu innegehabt hatte, will Dsï Lu dem Meister die Ehre eines fürstlichen Begräbnisses zuteil werden lassen. Der Meister steht über diesen Dingen, die heute China mit einem dichten Netz von Aberglauben überzogen haben. Er legt keinen Wert auf leeren Pomp. Dennoch ist er dem Schicksal der äußeren Verherrlichung nicht entgangen, und je tiefer seine Lehre sank und verkümmert wurde in äußeren Formalismus, desto höher wurde er in den Himmel gehoben und mit Weihrauchduft beräuchert. So ging es, so geht es noch heute.

8. Über Dsï Gung vgl. XI, 2 und Anmerkung 3 des vorliegenden Buches. Er konnte es nicht mit ansehen, daß der Meister ohne Amt blieb, statt sich bei einem Fürsten der Zeit einen einflußreichen Posten zu besorgen und so seinen Lehren Erfolg zu verschaffen. Das legt er ihm im Gleichnis nahe. Der Meister antwortet im Gleichnis und erklärt seine Zurückhaltung. Das Wort, das mit Kaufmann übersetzt ist, wird auch mit »Preis« übersetzt. Der mehrfach genannte japanische Kommentar belegt aber die erste Bedeutung.

9. Die Barbaren des Ostens (I) sind in der Gegend des heutigen Ostschantung zu suchen. Es erübrigt sich, auf die Berichte über ihre verschiedenen Farben, von denen die Kommentatoren zu erzählen wissen, einzugeben. Der ganze Ausspruch Kungs ist einer jener Ausbrüche der Verzweiflung, daß er zur Tatenlosigkeit und Erfolglosigkeit in China verurteilt sei. Die kulturstolze Bemerkung des Ungenannten, daß mit China die Welt des möglichen Wohnens aufhöre, weist er mit weitem Blick für das Menschenwesen zurück. Die Menschennatur ist allenthalben so, daß sie dem Edeln sich beugt und ihm entsprechend sich umgestaltet. Vgl. V, 6 und III, 5, wo er eine sehr vorurteilslose Würdigung dieser Stämme gibt.

10. Kung kehrte im 11. Jahr des Fürsten Ai von seinen Wanderungen nach Lu zurück (vgl. V, 21). Es war in seinem 69. Lebensjahre, fünf Jahre vor seinem Tode. Hier ein kurzes Resumée über seine Tätigkeit auf musikalischem Gebiet. Die beiden Abteilungen »Festlieder« (Ya) und »Opfergesänge« (Sung) gehören zum heutigen Schï Ging (Liederbuch). Gewiß ist, daß die ca. 300 Stücke des heutigen Schï Ging auf Kung zurückgehen. Wie weit seine Tätigkeit in dessen Herstellung ging, ob sie sich auf sachgemäße Auswahl aus einem schon vorhandenen Sammelwerk beschränkte oder, was wahrscheinlicher ist, überhaupt die erste systematische Aufzeichnung des gesichteten Materials mündlicher Tradition war, läßt sich mangels der nötigen Quellen nicht sicher entscheiden.

11. Für die Übersetzung vgl. VII, 2. Dschu Hi kommt selbstverständlich auch hier mit seiner bekannten Verlegenheitsauskunft des Meisters Bescheidenheit. Es scheint auch den Übersetzern, die sich in solchen Fällen meist sklavisch an Dschu Hi halten unter Vernachlässigung der älteren Kommentatoren, entgangen zu sein, welche Geschmacklosigkeit es im Munde Kungs wäre, wenn er sich nicht einmal so viel Selbstbeherrschung zugestände, daß er sich vor ganz gewöhnlicher Betrunkenheit sicher fühlt.
Im vierten Glied (sich vom Wein nicht überkommen lassen) fehlt im Text der Ausdruck »bei Festen« der dem Ganzen erst die rechte Beleuchtung gibt. Schon der Rhythmus erfordert diese Konjektur

(nach außen – nach innen; bei Trauerfällen – bei Festen). Solche offenbaren Auslassungen finden sich ja auch sonst in den Lun Yü.
Was die beiden ersten Sätze anlangt, so vergleiche dazu I, 6.

12. Sï Ma Tsiän verlegt dieses Wort in die kurze Zeit des zweiten Aufenthalts in We, dessen Fürstin die berüchtigte Nan Dsï war (vgl. VI, 26). Man schien am Hof in We ein gewisses Interesse an seiner Anwesenheit zu haben und ihn festhalten zu wollen. Als er aber eines Tags zu einer Ausfahrt mitgenommen wurde, da fuhr der Fürst mit Nan Dsï voran, der Meister mußte im nächsten Wagen hinterherfahren. Der Meister soll dann die obige Bemerkung gemacht und das Land verlassen haben.

13. Schu Ging IV, 5, 9, im Abschnitt von den »Hunden von Lü«. Man muß die Stelle beiziehen, da der vorliegende Abschnitt wohl einfach eine Art Kommentar Kungs zu der Stelle ist. Sachlich kommt als Vergleich in Betracht die Stellung Jesu zu Pharisäern und Zöllnern. Ku Hung Ming bringt eine Stelle aus Wilhelm Meister bei, die aber nicht recht in den Zusammenhang hereinpaßt.

14. Legge zieht hier die Geschichte bei von Luthers Schullehrer Trebonius, der seine Schüler immer durch Hutabnehmen grüßte, weil solche darunter seien, aus denen Gott eines Tages Bürgermeister, Kanzler, Doktoren und Magister machen werde.
Der Zusatz Kungs von dem Fünfzigjährigen ist nicht ohne Humor. Die Scheu vor der Jugend ist übrigens in China bis auf den heutigen

Tag weit verbreitet, namentlich vor der studierenden Jugend. Das geht so weit, daß die studierende Jugend gegenwärtig das ganze öffentliche Leben in einer Weise terrorisiert, wie das, abgesehen von Rußland, in Europa ganz undenkbar ist.

15. Vgl. das Gleichnis Jesu von den beiden Brüdern, Matth. 21, 28–31.

16. Der Vers steht im Schï Ging I, III, 8, 4. Über Dsï Lu vgl. II, 17 u. a.

17. Die Verse stammen aus einem Lied, das im heute in China vorhandenen Schï Ging nicht steht. Wir haben uns in der Übersetzung an die alten Kommentatoren angeschlossen, die allerdings den Abschnitt allegorisch erklären und mit dem vorhergehenden zusammennehmen. Jedenfalls scheint der Sinn der Bemerkung Kungs etwas mit dem Abschnitt VII, 29 verwandt zu sein.

## BUCH X · HIANG DANG

1. Der fürstliche Ahnentempel war nicht nur für Opfer und gottesdienstliche Riten bestimmt. Vielmehr fand der Empfang fremder Gesandten und der feierliche diplomatische Verkehr im Tempel, vor dem Angesicht der Ahnen statt. Daher war Redegewandtheit nötig.

2. Es handelt sich hier um die regelmäßigen täglichen Audienzen. Vor Sonnenaufgang versammelten sich die Minister vor dem Tor. Die Bekannten fanden sich zusammen. Kung benahm sich frei und ohne Präsumption, da die offizielle Handlung noch nicht begonnen. Den herrschenden Adelsgeschlechtern, seinen Vorgesetzten, gegenüber benahm er sich seiner Stellung entsprechend. Bei Sonnenaufgang erschien der Fürst, um die Audienz zu eröffnen. Da verstummte das Gespräch. Die Beamten hatten zu huldigen. Wichtig ist dabei nach chinesischer Auffassung ebensosehr die Entfaltung der nötigen Ehrfurcht als die Fassung, die vor aller unschönen Hast oder Kriecherei bewahrt. Vgl. jedoch Anmerkung 4.

3. Bei den Staatsbesuchen der Fürsten wurde in China großes Zeremoniell beobachtet. Kam der Gast an, so hatte er 90 Schritte westlich vor dem Palasttore vom Wagen zu steigen und durch einen Kordon von Beamten sich mit dem ihn am Tor der Ahnenhalle erwartenden Wirt zu verständigen. Auf beiden Seiten wurden hierzu drei Stufen von Beamten ausgesucht, die, in bestimmten Abständen voneinander stehend, unter Verbeugungen nach rechts und links (beim Empfang und Weitergeben der Nachricht) die Verständigung der Fürsten vermittelten. Kung hätte seinem Amt entsprechend eigentlich nur den zweiten Rang der Gastempfänger einnehmen sollen. Er scheint jedoch wegen seiner Erfahrung auf diesem Gebiet zum wichtigen ersten Rang, der eigentlich den höchsten Adelsgeschlechtern zustand, berufen worden zu sein. Nachdem der Zweck des Besuchs auf diese Weise kund war, kam der eigentliche Empfang. Beim Abschied hatte der Wirt so lange am Tor zu warten,

bis der Gast sich nicht mehr umsah.
Vgl. Anm. 4.

4. Die freundschaftliche Übersendung
von Geschenken zwischen den Hö-
fen ging in drei Audienzen, die an
drei aufeinanderfolgenden Tagen
stattfanden, vor sich. Am ersten Tag
fand die offizielle Beglaubigung des
Gesandten durch Vorweisen des
fürstlichen Nephritzepters statt.
Am zweiten Tag die Überreichung
der Staatsgeschenke, und am dritten
Tag überreichte der Gesandte in
einer Privataudienz persönliche
Geschenke.

Die Abschnitte 1–5 gehören
sprachlich eng zusammen; sie entstammen wohl sicher derselben
Quelle. Diese Quelle ist nicht im
Kreis der Schüler zu suchen wegen
der Bezeichnung »Kung Dsï« an der
Spitze, während in der Schulüber-
lieferung immer nur »der Meister«
steht. Was die Kritik dieser Abschnitte anlangt, so fällt auf, daß in
allen gar nichts Individuelles von
Kung berichtet wird. Vielmehr ist
es eine peinlich genaue Übertragung der alten vorgeschriebenen
Riten auf seine Person. Es ist aber
auch eine Reihe innerer Bedenken
vorhanden.

a) Seine Heimat. Es läßt sich nicht
feststellen, ob damit die Gegend
von Küoli gemeint ist, die offiziell
diesen Namen trägt, da Kung dort
geboren ist, oder Küfu, wohin er
später gezogen ist. Die Zeit, in die
diese Bemerkung paßte, müßte daher entweder die Zeit vor seinem
22. Jahre sein, während welcher er
sich in Küoli aufhielt, oder aber die
von seinem 69. Jahr bis zu seinem
Tod, der mit 72 Jahren eintrat. Die

übrige Zeit seines Lebens verbrach-
te er auf Wanderungen außerhalb
seines Heimatstaates oder im Staatsdienst. In keine der genannten Zeiten paßt die Zusammenstellung von
Abschnitt 1 ihrer ganzen Färbung
nach so recht hinein.

b) In Abschnitt 3 findet sich die
schon erwähnte Schwierigkeit, daß
Kung die Rolle des obersten Gast-
empfängers bekleidet, die ihm seinem Rang nach gar nicht zukommt. Zudem ist im zweiten Satz
vorausgesetzt, daß er am mittleren
Platz steht, da er nach rechts und
links seine Verbeugungen macht.

c) Die Hauptschwierigkeit ist jedoch, daß Abschnitt 3 und 5 sich
auf Vorgänge beziehen, die nicht
stattgefunden haben. Dschu Hi hat
die Gewissenhaftigkeit, den Kommentar Dschaus zu zitieren: »Kung
Dsï war Beamter in Lu vom 9. bis
zum 13. Jahr des Fürsten Ding, wo
er nach Tsi ging. In dieser Zeit fand
durchaus kein fürstlicher Besuchs-
austausch statt, so daß zu vermuten
ist, daß die beiden Abschnitte ›Vom
Empfang der Gäste‹ und ›Wenn er
das Zepter trug‹ nur die gewöhnlichen Belehrungen Kungs über diese Zeremonien enthalten.« Nun hat
ja allerdings wenigstens eine Zusammenkunft der Fürsten von Lu
und Tsi in Gia Gu stattgefunden,
bei der Kung anwesend war und
die in den »Schulgesprächen« (Gia
Yü) sehr plastisch erzählt wird (vgl.
die biographische Einleitung). Aber
wir sehen da Kung in ganz andrer
Weise tätig: nicht als sklavisches
Modell der alten Bräuche, sondern
als überlegenen Staatsmann, der die
Staatszeremonien benützt, um die

Anschläge des Fürsten von Tsi zu hintertreiben.

Wir können aus diesen Gründen nicht umhin, die Abschnitte 1–5 als unhistorisch zu bezeichnen. Sie sind eine nachträgliche mechanische Übertragung des Kanons der Zeremonien auf das Leben Kungs. Das Bild Kungs verliert übrigens keineswegs durch Beseitigung dieser pedantischen Züge.

5. Auch dieser Kleiderparagraph scheint eine einfache Übertragung der zur Zeit Kungs üblichen Gebräuche für die höheren Beamten (dies hier nach den Hankommentaren der Sinn von »der Edle« auf seine Person zu sein. Was die Farben anlangt, so gibt es in China 5 Grundfarben: Dunkelblau, Karminrot (Purpur), Weiß, Schwarz, Gelb. Die Mischfarben (zweiten Rangs) sind: Blau mit Gelb: Grün; Karmin mit Weiß: Ziegelrot; Weiß mit Blau: Kobaltblau; Schwarz mit Karmin: Violett; Gelb mit Schwarz: Dunkelbraun. Die oben genannte Farbe Blaurot ist Blau mit einem rötlichen Schimmer, Schwarzrot ist dreimal in Rot und zweimal in Schwarz gefärbt. Der Kleiderausputz ist der Kragen und die Säume der Ärmel. Die Farben wurden vermieden nach einigen Kommentatoren, weil beim Fasten bzw. Trauern getragen. Gelbrot und Violett sind als Aschfarben nicht einwandfrei (vgl. XVII, 18). Außerdem nach Dschu Hi hauptsächlich von Frauen und Kindern getragen. Die Sommerkleider sind aus Puerariafasern, ähnlich dem heutigen Grasleinen, sehr durchsichtig, oft gazeartig. Nach älteren Kommentaren war es

beim Ausgehen überhaupt üblich, ein Oberkleid anzuziehen. Dschu Hi verändert den Sinn: Unter der dünnen Kleidung trug er eine Weste, damit man den Körper nicht durchsah. Bei den amtlichen Kleidern mußte Pelz und Stoff in der Farbe harmonieren. Dunkelbraun mit schwarzem Lammpelz wurde bei kaiserlichen Audienzen getragen; Weiß mit dem Pelz des weißlichen Rehkalbs bei Landestrauer und gewissen Opfern; Gelb mit Fuchs bei Staatsvisiten. Die häusliche Kleidung war auf Wärme und Bequemlichkeit eingerichtet, da es in China keine Ofenheizung gibt. Der rechte Ärmel etwas kürzer, um die Arbeit nicht zu hindern. Für das Nachthemd haben die späteren Kommentatoren keinen Sinn mehr. Kung An Guo macht Bettlaken daraus, andere Fastenkleider. – Nephritgegenstände, deren Klang musikalisch wirkte, trug man stets am Gürtel. Nur bei Trauerfällen war alles, was an Musik usw. erinnerte, verpönt. Über die Vorstellung bei Hof am Neumond vgl. III, 17. Die Audienz war längst vor Kungs Zeit abgeschafft worden, und wenn er auch die Reste des Brauchs zu erhalten wünschte als Zeichen vergangener Zeit, so ist doch nicht anzunehmen, daß er durch monatliche Demonstrationen die Audienzen gewaltsam wieder einführen wollte. Da Weiß die Trauerfarbe in China ist, ist es bei Kondolationsbesuchen taktvoll, auch in Pelz und Kopfbedeckung nicht von der Trauerfarbe abzuweichen; daher kein (schwarzer) Lammpelz und kein dunkler Hut.

6. Das Fasten ist die dem Opfer vorangehende Reinigung. Um den Göttern zu begegnen, muß man rein sein, rein in der Speise und rein im äußeren Leibesleben. Kung An Guo bezieht die oben erwähnten linnenen Kleider auf die Kleidung beim Reinigungsbade. Das Fasten war nicht Enthaltung von sämtlicher Nahrung, sondern nur von Alkohol und »unreiner« Nahrung. Dschu Hi nimmt den Abschnitt aus dem letzten Paragraphen über die Nachtkleidung hier herein. Die Hankommentare nehmen den ersten Satz des vorliegenden Paragraphen zum vorherigen, den zweiten zum folgenden. Vgl. Matth. 6, 16 bis 18.

7. Auch hier haben wir eine Reihe Speiseregeln, wie sie für die gebildeten Stände zu Kungs Zeit allgemein üblich waren und vorzugsweise die Hygiene der Ernährung zum Ziel hatten. Gerade hierin ist in China ein großer Rückgang eingetreten, da diese Regeln so ziemlich Punkt für Punkt mißachtet werden. Die meisten der Regeln bedürfen für Europäer keiner weiteren Erklärung. Was das Opferfleisch bei den fürstlichen Opfern anlangt, so bekam jeder Teilnehmer ein Stück zugewiesen, das aus Ehrfurcht vor den Göttern nicht liegen gelassen werden durfte. Der darauf folgende Satz wird gewöhnlich von Privatopfern verstanden, bei denen das Fleisch so viel war, daß es nicht an einem Tag aufgegessen werden konnte. Auch hier war aus Rücksicht auf die Geister möglichste Eile not. (Der japanische Kommentar sieht in diesem Satz einen in den Text verschleppten Kommentar.)

Vgl. hierzu die jüdischen Opferriten. Beim Essen keine wissenschaftlichen Erörterungen: vgl. dazu Kant (bei A. Hoffmann, I. Kant, S. 213). Das Speiseopfer vor jeder Mahlzeit entspricht dem christlichen Tischgebet. Ein paar Reiskörner werden gespendet zum dankbaren Gedenken an die Begründer des Ackerbaus.

8. Nach Dschu Hi und anderen ist der Sinn: Da der Meister in allen Dingen Ordnung liebte, so ließ er auch in kleinen Dingen keine Unordnung zu. Die alten Kommentare beziehen die Korrektheit auf die Beschaffenheit der Matte, deren Schichten nach dem Rang abgestuft waren. Der japanische Kommentar bezieht es, um Kung von Pedanterie freizusprechen, unter Hinweis auf Abschn. 13 ebenso wie den ganzen Abschn. 8 auf die Fastenzeit.

9. Die Alten, wörtlich: »die Stabträger«. Nach der Sitte trug man mit 50 Jahren einen Stab als Stütze zu Hause, mit 60 in der Öffentlichkeit, mit 70 bei Hofe usw.; hier sind also die 60jährigen gemeint. Sie hatten den Vortritt.

10. Der Reinigungsumzug zur Vertreibung der Pestgeister fand dreimal im Jahre statt; der zur Winterzeit wurde vom Volk als Mummenschanz betrieben. Man zog in Bärenfellen und mit Speeren unter Gebrumm umher, um die Pestgeister zu schrecken. Dieser Umzug ist hier gemeint. Der Grund für Kungs Verhalten wird verschieden gedeutet. Nach den Hankommentaren stellte er sich vor der Ahnenhalle auf, um die Ahnengeister vor Un-

fug zu schützen. Nach den Späteren suchte er auch die zum Narrenzug ausgeartete alte Sitte noch zu ehren und empfing das Volk mit größter Feierlichkeit.

11. Es war sonst für Beamte nicht üblich, mit dem Ausland zu verkehren. Kung machte eine Ausnahme. Seine Höflichkeit gegen den Boten war eine Ehrung für den, dem die Botschaft galt. Freiherr Kang ist der auch sonst (vgl. II, 20; VI, 6) genannte Minister Gi Kang von Lu. Es war nicht Sitte, Medizin als Geschenk zu schicken, da die Geschenke aus Höflichkeit beim Empfang gekostet werden mußten und die Medizinen häufig giftig waren. Kung nimmt das Geschenk an und gibt die Erklärung, warum er es nicht kostet, so daß er nicht als unhöflich erscheint.

12. Der einzige Abschnitt des Buchs, in dem der Ausdruck »der Meister« vorkommt, während im Vorangehenden wenigstens Kungs Selbstbezeichnung Kiu (oben mit »ich« wiedergegeben) erscheint. Beide scheinen zuverlässige Erinnerung zu enthalten.

13. Wie sich aus Abschn. 11, Anm., ergibt, war es Sitte, die übersandten Speisen sofort zu kosten, auch wenn sie nicht zur Zeit des Essens ankamen. Rohes Fleisch ließ man kochen und brachte es den Ahnen dar, um die Gabe dadurch zu ehren. Das gekochte Fleisch konnte nicht den Ahnen dargebracht werden, weil es möglicherweise schon den fürstlichen Ahnen geopfert war. Lebende Tiere wurden gefüttert, wohl weniger aus Menschlichkeit, wie Dschu Hi meint, als um sie bis zur

Zeit der wichtigen Opfer aufzubewahren. An der fürstlichen Tafel wäre es taktlos gewesen, das fürstliche Tischgebet (siehe Abschn. 8), das sonst jeder für sich vollzog, nicht als für alle geleistet anzuerkennen. Das Kosten der Speisen war Aufgabe der Diener. Durch das Kosten der Speisen brachte man zum Ausdruck, daß man nicht wage, sich als Gast zu fühlen. Die Lage des Kranken bei einem fürstlichen Besuch mußte so sein, daß der Fürst mit dem Gesicht nach Süden sehen konnte, wenn er nach dem Kranken sah (vgl. die eine mögliche Erklärung von VI, 8, Anm.).

14. Wiederholung eines Teils von III, 15.

15. Die Freunde ohne Angehörigen, für deren Begräbnis Kung sorgte, waren aus andern Staaten, da in seiner Heimat in China jeder jemand hat, der für sein Begräbnis aufkommt. Die Verbeugung vor dem von Freunden gesandten Opferfleisch galt nicht der Gabe, deren Größe auf Kung eben keinen Eindruck macht, sondern den Geistern, von deren Opfer es ein Teil war.

16. Der erste Satz heißt wörtlich: »Im Schlaf(zimmer?) nicht Leichnam.« Die traditionelle Deutung ist die im Text gegebene. Andre erklären: »In seinem Schlafzimmer saß er nicht starr und steif wie ein Toter.« Die Ausdrucksweise ist jedenfalls merkwürdig. Der Abschnitt über das zeremonielle Verhalten gegen Freunde, Beamte und Blinde (Musiker?) ist aus IX, 9 frei wiederholt. »Auch wenn er ihnen oft begegnete«: so nach den chinesischen Kommentaren; wörtlich: »im Hauskleid«, was Legge und Ku Hung Ming akzep-

tieren, Couvreur übersetzt: »quamvis in loco non publico«. – Die Ehrerbietung gegen die Leidtragenden vom Wagen aus ist nur ein Spezialfall der ebengenannten. Die Volkszählungslisten mit den Namen der Bewohner des Reichs waren ehrwürdig selbst für den Fürsten, denn sein Gottesgnadentum offenbarte sich durch die Zuneigung der Herzen des Volks. Ein tiefer Respekt vor dem Volk als solchem ist daher Grundzug der chinesischen Staatsidee. – In dem Donner und Sturmwind hörte man »die Stimme des Herrn«, daher geziemte sich Ehrfurcht. Vgl. Psalm 29.

17. Die Fasanenhenne ist das Kreuz aller Erklärer und Übersetzer. Die chinesischen Kommentare nehmen Korruption des Textes an, und man wird sich dabei beruhigen müssen. Die Verse am Anfang sollen ähnlich wie die im letzten Abschnitt des vorigen Buchs aus einem apokryphen Stück der Lieder stammen.

18. Die Szene im Wald gleichsam als Erklärung zu dem Zitat: Ein Seufzer Kungs, daß die Vögel unter dem Himmel ihre Zeit finden, zu der sie sich niederlassen können, nachdem sie umhergeflattert, während er ruhelos umhergetrieben werde. Dsï Lu würde das mißverstanden haben und (nach den Hankommentaren) den Vogel als zeitgemäßes Wild gefangen und zubereitet haben. Aber der Meister hatte keinen Appetit zu dieser Speise. Er beroch sie ein paarmal und erhob sich. Eine andere Erklärung wäre, daß Dsï Lu auf die Fasanenhenne zugegangen wäre, diese dreimal mit den Flügeln geschlagen und sich erhoben habe. Der rätselhafte Paragraph ist ein würdiger Schluß des rätselhaften Buches, das im ganzen und einzelnen dem Kritiker so manche ungelöste Frage darbietet.

## BUCH XI · SIAN DSIN

1. Es ist fraglich, welche Zeiten mit der »alten« und der »neuen« Zeit gemeint sind. Die Hankommentare nehmen die »alte« Zeit als die Zeit der Uranfänge der chinesischen Kultur und die »neue« Zeit als die der drei ersten Dynastien. Das ist wahrscheinlich falsch, da Kung sich wiederholt auf den Boden der Kultur der Dschouzeit als der höchsten stellt (vgl. III, 14). Vielmehr ist die »alte« Zeit die schöpferische Periode der Dschou-Dynastie und die »neue« Zeit die Gegenwart Kungs, da die Masse äußerer Pracht den Geist der Kultur zu ersticken drohte (vgl. V, 17 und die Bräuche der drei Adelsgeschlechter in Lu; Buch III u. a.). Worin Kung die Wurzel der Kultur sieht, spricht er ja oft ganz deutlich aus (vgl. III, 4).

2. Die Anspielung auf Tschen und Tsai bezieht sich auf ein Erlebnis aus Kungs Wanderzeit. Etwa in seinem 62. Lebensjahre war Kung mit seinen Jüngern aus dem Staate Tschen in den Staat Tsai gewandert. Die Beamten von Tschen, die fürchteten, er werde sich in den großen südlichen Staat Tschu bege-

ben und dessen König bei seinen Unternehmungen gegen Tschen unterstützen, ließen ihn militärisch gefangen setzen, bei welcher Gelegenheit der Meister und seine Schüler sieben Tage lang von Nahrungszufuhr abgeschnitten waren. (Vgl. XV, 1, wo von dem hier genannten Ereignis die Rede ist, und VII, 30, wo aus dem Benehmen des Ministers von Tschen aufs deutlichste dessen feindliche Abneigung spricht.)

Die an diesen Ausspruch sich anschließende Aufzählung der zehn »Philosophen« und vier »Fakultäten« ist natürlich kein Ausspruch Kungs, sondern ein Kommentar zu der vorgegangenen Äußerung. Warum Dsong Schen fehlt, bleibt unaufgeklärt (wenn man nicht die Herkunft des Buchs aus anderer Quelle als Grund annehmen will). Die genannten Jünger sind:

1. Yän Hui (literarischer Name: Dsï Yüan) aus dem Staate Lu; der Lieblingsjünger, der in den ärmlichsten Verhältnissen sich dennoch fröhlich zeigte. Er war 30 Jahre jünger als Kung und wurde in früher Jugend sein Schüler; mit 29 Jahren soll sein Haar weiß geworden sein, mit 32 Jahren starb er.

2. Min Sun (literarischer Name: Dsï Kiän) aus Lu, 15 Jahre jünger als Kung (nach Gia Yü 50 Jahre jünger). Besonders durch seine Pietät ausgezeichnet. Aus seiner Jugend wird erzählt, daß er eine Stiefmutter hatte, welche ihn ihren beiden eigenen Söhnen gegenüber stets zurücksetzte. Im Winter habe sie seine Kleider nur mit Schilf, statt mit Watte, gefüttert. Einst hatte er im

kältesten Wetter seinen Vater im Wagen zu führen. Vor Frost erstarrt, ließ er die Zügel fallen. Sein Vater, der Nachlässigkeit vermutete, schlug mit dem Stock nach ihm. Da platzten die Nähte seines dürftigen Gewandes, und die Schilfblüten stoben heraus. Dadurch kam der Vater hinter die Grausamkeit der Stiefmutter und wollte sie in seinem gerechten Zorn verstoßen. Der kleine Sohn aber legte Fürbitte ein mit den Worten: »Wenn die Mutter dableibt, hat nur ein Kind Frost zu dulden, wenn sie weg ist, sind wir alle drei verlassen.« Durch diese rührende Fürbitte bewegt, wurde selbst die Stiefmutter bekehrt und benahm sich von da ab freundlich auch gegen ihr Stiefkind. Diese Geschichte ist als eines der 24 Beispiele kindlicher Pietät in ganz China bekannt. Das Grab des Min Dsï Kiän ist bei Tsinanfu. Bemerkenswert ist, daß er nie mit dem Vornamen genannt wird, sondern − auch in des Meisters Mund! − mit seinem literarischen Namen oder (XI, 12) sogar Meister An, was sonst nur noch bei Dsong Schen und Yu Jo vorkommt, die auffallenderweise beide hier fehlen.

3. Jan Gong (Be Niu) aus Lu, 7 Jahre jünger als Kung. Als Kung Minister in Lu wurde, bestimmte er Be Niu zu seinem Nachfolger als Beamter von Dschung Du. Er starb an einer aussatzartigen Krankheit, während der Meister ihn besuchte. Vgl. VI, 8.

4. Jan Yung (Dschung Gung), Verwandter von Nr. 3, 29 Jahre jünger als Kung. Sein Vater war wegen seiner Schlechtigkeit berüchtigt, aber

der Meister ließ es den Sohn nicht entgelten.

5. Dsai Yü (Dsï Wo) aus Lu. Er hatte eine scharfe Zunge. Während der Reisezeit tritt er besonders hervor bei der Begegnung des Meisters mit dem König von Tschu (unmittelbar nach dem Mißgeschick in Tschen). Der König von Tschu wollte dem an ihn abgesandten Dsai Wo einen elfenbeingeschmückten Wagen für den Meister mitgeben. Das lehnte Dsai Wo ab mit der Begründung, der Meister sehne sich nach nichts anderem, als Tugend und Recht zu Ehren zu bringen. Wenn er einen Fürsten fände, der dazu geneigt wäre, würde er selbst zu Fuß gern kommen und brauche keinen solch kostbaren Wagen. – Als Kung dann mit dem König von Tschu bekannt geworden war, wollte dieser ihn anstellen. Doch scheiterte die Anstellung an der Remonstration des Ministers von Tschu, Dsï Si, der auf die Gefahr hinwies, einem Mann mit so vorzüglichen Jüngern zur Seite, wie Kung sie habe, eine Macht anzuvertrauen, durch die er sich zum Herrn des ganzen Reiches machen könnte. Unter den Schülern, die am königlichen Hof nicht ihresgleichen haben, wird neben Dsï Gung, Yän Hui, Dsï Lu als vierter Dsai Wo genannt, ein Beweis, daß er einen gewissen Eindruck auf Außenstehende machte. In den Lun Yü kommt er ziemlich schlecht weg und erscheint da sozusagen als enfant terrible der konfuzianischen Schule. Er hatte später in Tsi eine Anstellung, wobei er sich jedoch in nutzlose Sachen einließ, die zur Ausrottung seiner Verwandtschaft führten.

6. Duan Mu Tsï (Dsï Gung) aus dem Staate We. Ebenfalls nicht durch innere Qualitäten hervorragend, doch bekannt durch seine schönen Worte. Er trauerte nach dem Tode des Meisters noch drei Jahre länger als die übrigen Schüler an seinem Grabe. Die übrigen Schüler wollten ihn nach des Meisters Tod zum Haupt der Schule machen, was er allerdings bescheiden ablehnte, ebenso wie auch andere Vorschläge von fremden Fürsten, die für ihn zum Teil recht schmeichelhaft waren. Von Hause aus arm, gelangte er durch kommerzielle Unternehmungen zu großem Reichtum. Er war überaus begabt und von rascher Auffassung.

7. Jan Kiu (Dsï Yu), verwandt mit Be Niu und Dschung Gung (Nr. 3 und 4) und etwa ebenso alt wie der letztere. Er war bekannt wegen seiner Gewandtheit und seiner ausgebreiteten Kenntnisse. Er war später Beamter im Dienst der Familie Gi von Lu, während welcher Zeit der Meister manches an ihm auszusetzen hatte. Seinem Einfluß ist die Zurückberufung Kungs in seinen Heimatstaat zuzuschreiben.

8. Dschung Yu (Dsï Lu oder Gi Lu) aus Lu, neun Jahre jünger als Kung. Er ist bekannt wegen seiner Energie, die oft an Ungezügeltheit streifte. Seine ganze Art tritt uns entgegen in der Geschichte seiner ersten Begegnung mit Kung. Kung fragte ihn, was er am meisten liebe. »Mein langes Schwert«, war die Antwort. Kung erwiderte, wenn er zu seiner Befähigung noch die Resultate des Studiums hinzufügen würde, so würde er sich sehr ver-

vollkommnen können. »Was kann mir das Lernen nützen?« fragte Dsi Lu. »Dort der Bambus ist gerade und nie gebogen worden. Man kann ihn abschneiden und sogar eine Nashornhaut damit durchbohren.« »Ja, aber wenn man ihn mit einer stählernen Spitze und mit Federn versieht, wird er dann nicht noch tiefer eindringen?« Darauf verneigte sich Dsï Lu und bat, als Schüler angenommen zu werden. Er war gleichzeitig mit Jan Kiu im Dienst der Familie Gi. Später, als der Meister in We die Anstellung abgelehnt hatte, weil der Sohn den Thron gegen seinen eignen Vater innehatte (vgl. Lun Yü XIII, 3), da blieb Dsï Lu in We zurück, während Kung auf Jan Kius Veranlassung nach seiner Heimat ehrenvoll zurückberufen wurde. Dsï Lu behielt auch den jungen Dsï Gau in amtlicher Stellung in seiner Nähe. Kung war mit der ganzen Sache nicht recht einverstanden (vgl. XI, 24), da er die Dsï Lu drohenden Gefahren voraussah (vgl. XI, 12). Es kam auch so, wie Kung es gefürchtet. Eine Revolution brach in We aus. Dsï Gau zog sich rechtzeitig zurück, aber Dsï Lu wollte seinen Herrn nicht verlassen, und als die Sache zum offenen Kampf kam, fand er im Getümmel seinen Tod. Der Meister weinte sich die Augen wund, daß er auch diesen Schüler noch überleben mußte. Im selben Jahre noch starb auch Kung.

9. Yän Yän (Dsï Yu, nicht zu verwechseln mit Nr. 7). Er war 45 Jahre jünger als Kung und stammte aus dem Staate Wu im Süden, der damals nicht zu China gehörte. Der Meister drückte sich bei seiner Ankunft sehr erfreut darüber aus, daß seine Lehre den Weg nach Süden finde. Als er Beamter von Wu Tschong war, reformierte er die Bevölkerung durch Musik und Zeremonien, wofür ihn der Meister lobte.

10. Bu Schang (Dsï Hia). Er war 45 Jahre jünger als Kung und vermutlich aus dem Staate We. Er erreichte ein sehr hohes Alter und zeichnete sich aus durch seine Belesenheit und Genauigkeit in den äußeren Formen. Er gründete nach des Meisters Tod eine Schule in seinem Heimatstaat, die mit der Schule des (hier nicht genannten) Dsï Dschang in beständiger Fehde lebte (vgl. Buch XIX). Er war ohne größere Gesichtspunkte nur auf das Detail gerichtet.

3. Auffallend ist, wie schon bemerkt, die Bezeichnung Min Dsï Kiän im Munde des Meisters, der sonst von seinen Jüngern nur mit ihrem Rufnamen spricht. Der japanische Kommentar sucht die Sache so zurechtzulegen, daß Kung hier einen allgemein gehörten Ausspruch der Leute über den Jünger zitiere und hinzufüge, daß dieses Lob nicht unverdient sei, da es mit den Äußerungen seiner Familienmitglieder nur übereinstimme. Die Auskunft ist immerhin erwägenswert, wenn auch im allgemeinen der betreffende Kommentar viel zu viel mit Zitaten operiert. Über die Pietät Min Dsï Kiäns vergleiche die letzte Anmerkung.

4. Über Nan Yung vgl. V, 1, wo ebenfalls seine Verheiratung erwähnt wird. Das Lied vom weißen Zep-

terstein steht Schï Ging III; 3; 2, 5.
Die Zeilen heißen:

»Ein Flecken in einem weißen Nephrit-
zepter kann weggeschliffen werden;
Einen Flecken in der Rede kann man
nicht beseitigen.«

Die Beherzigung dieser Worte ist
ein Zeichen für die vorsichtige Zurückhaltung Nan Yungs.

5. Eine Wiederholung aus VI, 2, wo
dieselbe Frage dem Fürsten Ai gegenüber noch ausführlicher beant-
wortet ist.

6. Yän Lu ist der Vater von Yän Hui
(Yän Yüan) und war ebenfalls
Kungs Schüler. Da die Familie zu
arm war, um einen Doppelsarg, wie
er zu einem Begräbnis ersten Rangs
gehörte, kaufen zu können, stellt er
das obige Ansinnen an Kung. Kung
war prinzipiell gegen jeden Beerdi-
gungsluxus (vgl. IX, 11, und XI,
10), deshalb auch diese Ablehnung.
Eine historische Schwierigkeit ergibt sich daraus, daß nach Gia Yü
und Schï Gi Yän Hui einige Jahre
vor Kungs Sohn Li starb. Lun Yü
verdient jedoch den Vorzug.

7. Eine Bestätigung für Kung, daß seine Lehre nicht nach der Art der alten heiligen Könige sich werde
durchsetzen lassen. Der Himmel hat
ihn nicht zum Herrscher bestimmt.

8. Vgl. Anmerkung 6.

9. Über Gi Lu oder Dsï Lu vgl. Anmerkung zu Abschnitt 2.

10. Eine der meistzitierten Stellen, aus
der für gewöhnlich skeptische Zurückhaltung Kungs gegen alle religiösen Fragen erschlossen wird. Mit
Unrecht. Es handelt sich nur um
die unbedingt nötige wissenschaftliche Reinlichkeit, damit nicht tran-

szendente Spekulationen das Gebiet
der Wissenschaft beeinflussen. Interessant ist auch die Verschiebung der
Fragestellung vom intellektuellen
aufs moralische Gebiet.

11. Über die Einzelnen vgl. Anmerkung 2, wo auch der Beleg zu finden ist, daß Kung mit seiner Vor-
aussage des gewaltsamen Todes von
Dsï Lu Recht behalten hat.

12. Das »lange Schatzhaus« kommt in
Dso Dschuan als Wohnung des Fürsten Dschau vor. Der Zusammenhang ist nicht ganz klar. Nach den
Kommentaren soll die Berechtigung der Äußerung Min Dsï Kiäns,
die an sich keineswegs nach profun-
der Weisheit klingt, darin liegen,
daß er eine Belästigung des Volkes
durch Frondienste vermieden wissen wollte.

13. Nach den Gia Yü war das Lautenspiel Dsï Lus mit kriegerischem
Geist erfüllt, es offenbarte eine Lust
zu töten, die Kung verletzte. Den
alten Berichten nach muß die alte
chinesische Musik sehr genau die
Seelenzustände ausgedrückt haben,
und Kung hatte ein besonderes Verständnis für ihre Deutung. – Als die
andern Jünger den Dsï Lu aber diesen Tadel empfinden ließen, nimmt
sich Kung seiner an und erkennt
seine überragende Begabung und
seine Kenntnisse, denen nur die
letzte harmonische Vollendung fehle, an.

14. Schï = Duan Sun (Dsï Dschang);
Schang ist Bu Schang (Dsï Hia),
die, wie aus Buch XIX hervorgeht,
nach Kungs Tode in Schulfehden
lebten (vgl. Anmerkung 2). Hier
werden sie beide verurteilt.

15. Über Jan Kiu vgl. Anmerkung 2.

Die Bemerkung war nicht so schlimm gemeint. War es doch Jan Kiu gewesen, der Kungs Rückberufung nach Lu durchgesetzt hatte. Die Lektion galt weit mehr dem Freiherrn Gi als seinen Beamten (vgl. auch XI, 23). Dschou Gung hier nicht gleich dem bekannten Bruder König Wus, sondern allgemein = die kaiserlichen Vasallen (im Unterschied zu deren Beamten).

16. Diese Aussprüche über die Jünger klingen sehr hart, fast mehr wie lieblose Äußerungen der Mitschüler oder deren Nachfolger, als wie Urteile des Meisters. Bezeichnenderweise fehlt auch das: »Der Meister sprach«, das die Hankommentare dadurch ergänzen wollen, daß sie den Satz mit dem folgenden zusammennehmen, wodurch das »Der Meister sprach« in ähnlicher Weise in die Mitte käme wie in Abschn. 16. Zum Ausgleich muß man jedenfalls solche Äußerungen wie IV, 6 heranziehen. – Tschai ist Gau Dsï Gau, der Abschn. 24 genannt ist, ebenso wie in Anmerkung 2 unter Dsï Lu. Man erzählt von ihm, daß er um seinen verstorbenen Vater drei Jahre lang Blut geweint habe, daß er keinem Insekt etwas zu Leide getan habe und so gewissenhaft gewesen sei, daß er auch selbst auf der Flucht vor Räubern keinen Seitenweg eingeschlagen habe, u. dgl. mehr. Solche Dinge machen allerdings das obige Urteil verständlich. Schen ist der bekannte Dsong Schen, der fleißige und gewissenhafte, aber unbegabte Überlieferer der Lehren Kungs. Schï ist der Anm. 2 wenigstens erwähnte, Abschn. 15 und 19 vorkommende

Dsï Dschang. Yu endlich ist der tapfere Dsï Lu. Im allgemeinen sind die Urteile durchaus richtig, wenn auch in ihrer Isolierung nicht gerade liebevoll.

17. Der Abschnitt ist nicht leicht zu erklären. Die Kommentare weichen stark voneinander ab. Der Grundton der Beurteilung scheint ein ähnlicher zu sein wie in Schillers »Teilung der Erde«. Hier der hochgesinnte Idealist, der in die tiefsten Wahrheiten eindringt, aber äußerlich zu den Armen – auch geistlich Armen – gehört, und dort der Mann des praktischen Erfolgs, der sich in der Welt einzurichten versteht.

18. Der »gute Mensch«, nach dessen Prinzipien Dsï Dschang fragt, ist, wie aus VII, 25 u. a. hervorgeht, ein festgeprägter, sozusagen technischer Begriff, nicht in der vagen Bedeutung von moralisch gut schlechthin oder »gutveranlagt, aber ohne Wissen«, wie Dschu Hi will, sondern unserem »Talent« im Gegensatz zu »Genie« am ehesten entsprechend, wie ja auch aus den Ausführungen im Text klar wird. Daraus ergibt sich auch, daß man den Ausdruck: »Er hat die inneren Gemächer nicht betreten«, nach Analogie von Abschn. 14 als Unvollkommenheit auffassen muß, nicht, wie es von manchen Übersetzern geschieht, = er hält sich frei von aller Parteisucht. Die alten Kommentare nehmen den folgenden Abschnitt in die Definition des »guten Menschen« mit herein und erklären: »Ein solcher ist in seinen Worten ehrlich und wahr, in seinem Handeln ein Edler, in sei-

nem Benehmen korrekt.« Dabei wird die Frageform als Bescheidenheit ausgelegt. Diese Erklärung ist gezwungen. Eine andere Übersetzung von Abschnitt 20 ist: »Wenn über einen nur anerkennend und billigend geurteilt wird: ist das dann ein Edler oder einer, der sein Äußeres geschickt zu meistern versteht?«

19. Über die Situation in Kuang vgl. IX, 5. Yän Hui war wohl zurückgeblieben, um dem Meister den Rükken zu decken, und hatte offenbar dabei in großer Gefahr gestanden, wie aus Kungs besorgten Worten beim Wiedersehen hervorgeht. In überaus zarter Weise verhüllt Yän Hui seine Verdienste in einen Ausdruck der kindlichen Anhänglichkeit an den geliebten Meister. Er lenkt bescheiden die Aufmerksamkeit von sich ab. Eine Bestätigung der Gesinnung, die er V, 25 ausgesprochen hat.

20. Gi Dsï Jan war der Sohn des Hauptes der in Lu beinahe allmächtigen Familie Gi. Kung weist hier die versuchte Annäherung dieses skrupellosen und ehrgeizigen Menschen zurück, indem er sich zugleich ziemlich schroff über die beiden Jünger ausdrückt, die im Dienst der Familie standen. (Man beachte die geringschätzige Einleitung und die Wendung: ein Staatsmann dient seinem Fürsten – die beiden standen ja nicht im Dienst des Fürsten, sondern in Privatdiensten.) Der Schlußsatz, daß die beiden sich an einem Vater- oder Fürstenmord trotz allem nicht beteiligen werden, ist zugleich eine Warnung an den Menschen, der sich in der Tat mit solchen Plänen trug.

21. Dieses Wort fällt ziemlich in dieselbe Zeit wie das letzte. Es zeigt Kung ebenfalls in ziemlich gereizter Stimmung, namentlich als ihm Dsï Lu mit dem bildenden Einfluß der Praxis kommt. Über Dsï Gau vgl. Abschn. 17. Er war damals noch jung und unerfahren und ohne die für einen so verantwortungsvollen Posten nötige Reife. Vgl. Buch VI, Anm. 8.

22. Dieses Schlußstück des 11. Buches gehört zu den literarisch wertvollsten und lebensvollsten Stücken des ganzen Werkes. Ein Vergleich mit ähnlichen Stücken wie V, 25, wo Dsï Lu und Jan Yu ihres Herzens Wünsche aussprechen, oder VI, 6, wo im Gespräch mit dem Freiherrn Gi der Meister die hier erwähnten Neigungen der drei Jünger als ihre besonderen Begabungen bezeichnet, zeigt den großen Unterschied in der Kompositionsweise innerhalb der Lun Yü. Schon im Stil zeigt sich ein enormer Abstand. Gegenüber der oft unbeholfen archaischen Ausdrucksweise andrer Stücke findet sich hier ein fein abgewogener Stil und eine dramatische Gruppierung, die an manche Stellen platonischer Dialoge erinnert. Namentlich die an böcklinsche Frühlingsbilder gemahnende Phantasie Dsong Sis ist hervorragend. – Die einzelnen Personen des Gesprächs sind alle an anderen Orten schon erschienen, außer Dsong Si (Diän), welcher der Vater Dsong Schens war.

1. Ku Hung Ming a. a. O. bemerkt treffend: »Der erste Teil ist die Selbstverleugnung Goethes:

Und solang du das nicht hast,
Dieses Stirb und Werde,
Bist du nur ein trüber Gast
Auf der dunkeln Erde.

Der zweite Teil ist das gebietende Ideal der Kunst (li) der Griechen und Italiener, das, wie Goethe sagt, in sich selbst Religion ist.« Wir geben den Begriff oben mit Schönheit wieder, was dem Sinn hier am nächsten kommt. Legge erklärt: »It is not here ceremonies. Chu Hi defines it: the specific divisions and graces of heavenly principle or reasons.« Was er sich darunter denkt, bleibt sein Geheimnis.

2. Über Dschung Gung vgl. XI, 2. Die mit dem vorigen Abschnitt gleichartige Antwort des Schülers geht wohl auf den Redaktor zurück, der durch diese Gemeinsamkeit die beiden Abschnitte als zusammengehörig bezeichnen wollte: Im Abschn. 1 die Sittlichkeit als Schönheit der Persönlichkeit, hier als moralische Beziehung zu anderen Menschen.– Ehrfurcht und Liebe sind hier als die Grundgesinnung der Sittlichkeit bezeichnet. Daß die Liebe hier den negativen Ausdruck findet, darf nicht irre führen. Das ist eine Eigentümlichkeit der chinesischen Sprachstruktur im allgemeinen, die häufig die absolute Bejahung durch doppelte Verneinung ausdrückt. Der Sinn des Satzes ist einfach der, daß der Nächste als ein dem eignen Selbst

gleichgeordneter Selbstzweck zu behandeln ist. Er ist daher himmelweit verschieden von dem utilitarischen »Was du nicht willst, das man dir tu', das füg' auch keinem andern zu.«

3. Sï Ma Niu, der in den Lun Yü nur in diesen drei aufeinander folgenden Abschnitten vorkommt, war ein Eingeborner des Sungstaates, der gerne und viel redete. Er war in beständiger Aufregung wegen seines Bruders Huan Thi (vgl. VII, 22), der Kung aufs äußerste feindlich gesinnt war und dem zu entgehen Sï Ma Niu sich zur Lebensaufgabe gemacht hatte. Dieser Persönlichkeit sind denn die Belehrungen des Meisters über Sittlichkeit und höheres Menschentum angepaßt.

4. Diese psychologisch feine und großartige Auffassung erinnert an das schleiermachersche Wort am Schluß des I. Monologs: »Beginne darum schon jetzt dein ewiges Leben in steter Selbstbetrachtung; sorge nicht um das, was kommen wird, weine nicht um das, was vergeht: aber sorge, dich selbst nicht zu verlieren, und weine, wenn du dahintreibst im Strome der Zeit, ohne den Himmel in dir zu tragen.«

5. Dieser Abschnitt ist überaus interessant, da er beweist, daß auch auf dem Boden des Konfuzianismus Ansatzpunkte vorhanden sind für das Verständnis jener höheren Gemeinschaft unter den Menschen, welche umfassender ist als die Bande der Bluts- und Familiengemein-

schaft. – Über den Grund zu Sï Ma Niu s Klage vgl. Anm. 3. Über Dsï Hia siehe Anm. zu XI, 2. – Die vier Meere sind nach antikchinesischer Auffassung die Grenzen der Welt, entsprechend dem hellenischen ὠκέανος.

6. Der Ausdruck (wörtlich: »mit der Haut empfangen«) wird verschieden gedeutet. Nach den einen sind es überraschende Behauptungen, die wie eine Hautwunde schmerzen und daher das Urteil trüben, nach andern ist das allnächtliche Ansammeln des Schmutzes auf der Haut der Vergleichspunkt. Korruption des Textes scheint nicht ausgeschlossen. Möglicherweise schließt sich die Frage des Jüngers an eine Stelle aus dem Schu Ging an; das würde den Zusatz mit »weitblikkend« erklären.

7. Über Duan Mu Tsï (Dsï Gung) vergleiche Anmerkung zu XI, 2, Nr. 6.

8. Die Antinomie von »Ding an sich und Erscheinung« hat in den verschiedensten Formen das chinesische Denken beschäftigt, namentlich in der praktischen Ausprägung zwischen Naturanlage und Charakter, wobei die konfuzianische Anschauung im allgemeinen die ist, daß der gebildete Charakter die zeitlich spätere Vollendung der Naturanlage ist. Der Ausspruch Dsï Gungs hier leugnet den Unterschied von Kern und Schale schlechthin (vgl. auf anderm Gebiet Goethes Gedichte: Allerdings und Ultimatum, Gott und Welt, drittletztes und vorletztes Stück). Außer auf dem praktischen Gebiet kommt die Antinomie auch zum Austrag auf begrifflich-logischem Gebiet.

Die Kämpfe zwischen Nominalisten und Realisten haben ihr getreues Widerspiel im alten China (vgl. Franke, Über die chinesische Lehre von den Bezeichnungen, Leiden 1906, wo viel wertvolles Material zu dieser Frage zusammengestellt worden ist). Vgl. VI, 16.

9. Yu Jo ist der Jünger, der in Buch I, 2, 12, 13 als »Meister Yu« eingeführt ist. Fürst Ai von Lu regierte von 494–468. In seinem 12. und 13. Jahr waren Heuschreckenplagen und auswärtige Kriege, was wohl zu der oben erwähnten Teuerung Anlaß gab.

10. Die Übersetzung der Stelle macht ziemliche Schwierigkeiten. Die erste Hälfte ist ja ohne weiteres klar durch den Vergleich mit I, 8. Die Überwindung der Unklarheiten fassen wir entsprechend der Parallelstelle XII, 21 als Freiheit von der Beeinflussung blinder Triebe auf. Auf einen ähnlichen Gedanken kommt schließlich auch die sehr freie Übersetzung Ku Hung Mings hinaus, während der japanische Kommentar erklärt: Wenn man einen liebt, so soll man konsequent nur sein Leben wünschen. Wenn man einen haßt, so soll man konsequent nur seinen Tod wünschen. In dieser Konsequenz sich irre machen lassen und einem Menschen bald das Leben, bald den Tod wünschen, das ist Unklarheit. Diese Konsequenz der Leidenschaft ist sehr japanisch, ob aber im Sinne Kungs, das mag billig bezweifelt werden.

11. Es war im letzten Jahre des Fürsten Dschau, der von Lu vertrieben nach dem Nachbarstaat Tsi flüchtete, als Kung in seinem 35. Lebensjahr

(516 v. Chr.) nach Tsi sich begab. Damals war Tsi äußerlich noch in voller Blüte, aber innerlich unter derselben sozialen Unordnung leidend wie Lu. Ein Minister namens Tschen hatte die gesamte Gewalt usurpiert. Daher die Zustimmung des alten Fürsten zu den Worten Kungs und die versteckte Klage über seine Not. Nicht lange nachher wurde er von eben jenem Tschen ermordet, ein evidenter Beweis für Kungs Scharfblick. Vgl. XVI, 12.

12. Diese Einleitung stammt aus den alten Kommentaren. Dschu Hi faßt die Stelle so auf, das Dsï Lu imstande gewesen sei, »mit einem halben Wort« einen Prozeß zu schlichten, weil beide Parteien ihm so vertrauten, daß er nicht fertig zu sprechen brauchte, um ihre Zustimmung zu haben. – Die Promptheit Dsï Lus gegebenen Versprechungen gegenüber ist ein Zusatz der Redaktoren zur Illustration des Gesagten.

13. Das hier gebrauchte Wort »sung« bedeutet »Zivilprozeß« während im letzten Abschnitt der Ausdruck »yü« = »Strafsache« gebraucht wurde.

14. Über Dsï Dschang vergleiche die Anmerkung zu XI, 2. Dschu Hi bemerkt sehr fein zu der Stelle: »Das Ende sei wie der Anfang, das Äußere sei wie das Innere.«

15. Gi Kang ist der schon oft genannte Minister von Lu, der seine Macht durch Usurpation zuungunsten seines Neffen erworben hatte. Kung läßt an Deutlichkeit nichts zu wünschen übrig in seinen Antworten.

16. Die herkömmliche Erklärung: »Wenn du nicht habgierig wärst« … wäre nicht nur eine Plumpheit, die

im Gespräch mit einem Minister für Kung schlechthin ausgeschlossen ist, sondern wie aus dem nächsten Abschnitt hervorgeht, ist diese Übersetzung (»habgierig sein« statt »wünschen«) auch grammatisch unzulässig.

17. Was Kung in den Abschnitten 17 bis 19 dem Minister Gi Kang ausführt über die Macht des geistigen Wesens der Herrschenden, ist zwar polemisch gewandt, da er in der Persönlichkeit des Usurpators, der zudem seinen eigenen Neffen um seine Stellung betrogen, den Hauptgrund für die Unordnung im Staate sieht. Daher auch der sarkastische Humor in Abschnitt 18. Aber trotz dieser polemischen Form haben wir es mit genuinen Gedanken der konfuzianischen Staatslehre zu tun. Diese Gedanken von der überragenden Macht der Persönlichkeit haben einen bestechenden Reiz, wie sie denn auch z. B. bei Emerson wiederkehren. Im großen betrachtet, haben sie auch eine unbedingte Wahrheit, obwohl sich durch das Zusammenwirken und noch häufiger Gegeneinanderwirken der vielerlei Einflüsse übermächtiger Persönlichkeiten das Bild im Lauf der Geschichte nur zu häufig trübt. Merkwürdigerweise kommt in China bis auf den heutigen Tag dieses Verhältnis zwischen Herrscher und Volk noch ungetrübter zum Ausdruck als anderswo. – Was Kung speziell über die Vermeidbarkeit der Todesstrafe sagt, ist sicher wahr. Wie sich dazu die Geschichte aus seiner Amtstätigkeit verhält, nach der er ohne Prozeß einen einflußreichen Intriganten, namens Shau, hinrich-

ten ließ, um dadurch Ruhe zu bekommen (vgl. Gia Yü), bleibt fraglich. Faber macht in seinem Artikel über Konfuzianismus (Chicago Religious Congress) dem Kung den Vorwurf der Inkonsequenz. Wir sind eher geneigt, die Stelle in Gia Yü, das ohnehin viel zweifelhaftes Material enthält, für unhistorisch zu halten.

18. Dsï Dschang, der in seinen Aspirationen ziemlich äußerlicher Art war (vgl. II, 18), erhält hier wieder einmal eine recht deutliche Belehrung. Charakteristisch ist, wie hier [ganz ähnlich wie in II, 18] der Begriff des Gutes, das Dsï Dschang erstrebt, von Grund aus umgewandelt wird. Hier wie dort der Doppelsinn in dem neu gewonnenen Begriff; hier das »Durchdringen«, das ebensowohl das Durchsetzen der eigenen Ziele als die durchdringende Erkenntnis und die daraus erwachsende geistige Bedeutung bezeichnen kann (vgl. dazu auch 1, 16).

19. Über Fan Tschï vgl. II, 5; VI, 20. Die letztere Stelle namentlich hat in ihrem Thema und dessen Beantwortung viele Verwandtschaft mit diesem und dem folgenden Abschnitt, was textkritisch vielleicht

von Bedeutung ist, zumal da sich auch sonst noch Parallelstellen zu Buch VI im XI. und XII. Buch finden, die möglicherweise zusammengehören. Ähnlich wie wir in XI, 25 eine Einbeziehung der äußeren Umgebung haben, so auch hier. Der heilige Hain beim Regenaltar ist derselbe, von dem Dsong Si dort schwärmt.

20. Schun ist der schon mehrfach genannte Nachfolger des Kaisers Yau. Gau Yau ist sein hervorragendster Minister außer Yü, der ihm später nachfolgte. Tang ist der Begründer der Schang-Dynastie, welche die von Yü begründete Hia-Dynastie ablöste. Der Minister I Yin nimmt als Kurator des jungen Nachfolgers von Tang, seines Enkels Tai Gia, eine ähnliche Stellung ein wie später nach der Begründung der Dschou-Dynastie der Bruder König Wus, Dschou Gung. Auch hier wieder eine der frappanten Parallelen beim Anfang der beiden Dynastien Schang und Dschou; auf die Ähnlichkeit des Charakters der zwei Tyrannen, welche den Abschluß der beiden vorangehenden Dynastien bilden, wurde schon oben hingewiesen.

## BUCH XIII · DSÏ LU

1. Das Wort »lau« geben Legge und die meisten Kommentatoren mit »Anstrengung« wieder, wodurch die Übersetzung unnötig erschwert wird. Im vierten Ton heißt »lau« »ermutigen«, »belohnen«, was vorzüglich in den Zusammenhang paßt; vgl. Mong Dsï III, A, 4, 8.

2. Über Dschung Gung vgl. XI, 2, Anmerkung, und besonders VI, 4, dessen Schluß wörtlich mit dem vorliegenden Abschnitt übereinstimmt, wenn auch dort die Beziehungen ganz andere sind.

3. Diese Episode fällt ins Jahr 484 oder 485 v. Chr., als der Meister im

Begriff war, nach langen Wanderungen in seinen Heimatstaat zurückzukehren. In We, wo Dsï Lu inzwischen Anstellung gefunden hatte, hätte sich ihm vor Torschluß noch Gelegenheit zu öffentlicher Wirksamkeit geboten. (Über Dsï Lus Anstellung in We und sein Ende daselbst vgl. Anmerkung zu XI, 2.) Der Meister ist aber von den dortigen Verhältnissen, die den sozialen Grundforderungen strikt widersprachen, so wenig erbaut, daß er eine Revision aller Verhältnisse von Grund auf als die einzige Bedingung wirklicher Reform erkennt. Über die Verhältnisse in We vgl. die Anmerkungen zu VI, 14 und VII, 14. Der Kronprinz Kuai Wai hatte sich infolge eines mißglückten Mordversuchs auf die Fürstin Nan Dsï genötigt gesehen, nach Sung zu fliehen. Nach dem Tode des alten Fürsten Ling wurde durch Nan Dsï der Sohn des Kuai Wai, namens Dscho, als Fürst eingesetzt, der die Sohnesopfer für seinen Großvater Ling darbrachte, während sein Vater Kuai Wai mit Waffengewalt von dem Versuch, die Herrschaft an sich zu reißen, abgehalten und als Feind des Landes bezeichnet wurde. Dies die Verwirrung der Bezeichnungen, die ein Vertuschen der wirklichen Verhältnisse zur beständigen Notwendigkeit machte und dadurch den Staat in Unordnung stürzte. Wir haben oben in der Umschreibung diese wirkliche Meinung Kungs (vgl. auch XII, 11) vielleicht noch etwas deutlicher zum Ausdruck gebracht, als unmittelbar in den Worten liegt. Denn als große Aufgabe der Regie-

rung war auch prinzipiell in jenen Zeiten die Ordnung der geistigen Begriffswelt anerkannt, vgl. XX, 3 und namentlich die wichtige Stelle Dschung Yung XXVIII, 2, wo die Ordnung der (schriftlich fixierten) Begriffe zu den Hauptaufgaben eines berufenen Herrschers gerechnet wird (vgl. die Übersetzung dieser Stelle in der Anmerkung zu Lun Yü III, 9). Diese »Richtigstellung der Begriffe«, ein philosophischer terminus technicus des chinesischen Altertums, hat viel Diskussion unter den Kommentatoren hervorgerufen. Die ganze Materie ist erschöpfend behandelt in dem schon mehrfach zitierten Aufsatz von O. Franke über die chinesische Lehre von den Bezeichnungen.

4. Gegenüber Fan Tschï, der vom Meister über volkswirtschaftliche Spezialkenntnisse Auskunft haben wollte, um dadurch seinem Amt besser vorstehen zu können, betont dieser: Die dilettantische Beschäftigung mit solchen Fachfragen führt zu nichts. Darin kommt man doch nie dem nächsten besten Bauern gleich. Als Fan Tschï stutzig wird und weggeht, da läßt er ihm in seiner Weise indirekt die Lehre zukommen, daß zum Gedeihen eines Landes nichts weiter erforderlich sei, als daß Regent und Volk wirkliche Fühlung miteinander haben. Diese Fühlung wird aber erreicht dadurch, daß das Regierende die großen Grundsätze der sozialen Ordnung hochhält. Für die Spezialfragen der Lebensführung sorgt die Bevölkerung dann schon von selbst. Bemerkenswert ist es, daß unter den Philosophenschulen des chinesi-

schen Altertums auch eine agrarische Richtung war, die unter Berufung auf den alten, sagenhaften Akkerbau-Kaiser Schen Nung die Agrikultur als Grundlage der Staatswissenschaft proklamierte. Es ist sehr wohl möglich, daß die schroffe Ablehnung Fan Tschïs weniger diesem selbst gilt als jener ganzen Philosophenrichtung. Auch sonst finden wir in den Lun Yü im Verborgenen Auseinandersetzungen mit anderen Zeitphilosophien. Vgl. XX, 3.

5. Vgl. dazu Buch II, 2, wo die moralische Quintessenz des Liederbuches genannt ist. Hier wird auf den Wert dieser Sammlung von »Volksliedern und Chorälen« für die Menschenkenntnis und darausfolgende Gewandtheit des Benehmens in allen Lebenslagen hingewiesen. Wissen, nicht angewandt, ist tot.

6. Allgemeiner Ausdruck der Wahrheit, die in Buch XII, 18, 19, unter persönlicher Beziehung auf den Minister Gi, ausgesprochen ist. Es ist das eine der Grundlehren der konfuzianischen Staatstheorie.

7. Der Begründer des Staates Lu war der bekannte Dschou Gung, der Bruder des ersten Königs der Dschou-Dynastie, Wu. Das Fürstentum We wurde einem andern Bruder, Kang Shu, übertragen. Dieses brüderliche Verhältnis der Fürsten ist für Kung ein Bild für die Übereinstimmung in ursprünglicher Blüte und späterem Verfall, der sich in beiden Staaten zeigte.

8. Der Passus hat einige Schwierigkeit. Dschu Hi sieht darin eine erhabene Geringschätzung des Besitzes.

9. Über Jan Yu oder Jan Kiu vgl. Anm. zu XI, 2. Interessant ist die Vergleichung dieser Stelle mit XII, 7. Während dort die Wichtigkeit der Ziele ins Auge gefaßt wurde und dabei das geistige Band zwischen Fürst und Volk als das wichtigste festgehalten wird, handelt es sich hier um die empirische Reihenfolge der volkswirtschaftlichen Maßregeln. Es ist ein Zeichen der Besonnenheit Kungs, daß er die materiellen Vorbedingungen der höheren Kulturverbreitung vorangehen läßt. Ganz ähnlich, wie im Vater Unser die Bitte ums tägliche Brot allen Bitten um geistige Güter vorangeht.

10. Dieser Ausspruch muß ebenfalls mit VII, 1 und ähnlichen zusammengehalten werden. Es ist das Bedauern dessen, der die Kraft in sich fühlt, die Nöte der Zeit zu bessern, ohne die Gelegenheit zum aktiven Eingreifen zu finden.

11. Abschnitt 11 und 12 behandeln wieder den Unterschied in der Wirksamkeit eines Talents, das – außerhalb der Tradition und ohne Fühlung mit den göttlichen Ordnungen der Vergangenheit – immerhin einige äußere Erfolge zu erreichen vermag, und dem berufenen Genius, der wirklich erlösend wirken kann. Vgl. das in der Anm. zu VII, 25 Gesagte.

12. Vergleiche hierzu die »messianischen Weissagungen« des Alten Testaments. Der ganzen Antike steht der von Gott berufene Fürst als Hoffnung vor Augen, wenn die Welt zum Guten kommen soll.

13. Vgl. Abschn. 6 des vorliegenden Buchs. Auch hier ist dasselbe Wort,

das dort mit »recht« übersetzt ist,
nur verbal gebraucht. Am besten
würde es mit »richten« und das »bei
der Regierung tätig sein«, mit
»Richter sein« übersetzt, wenn
nicht beide Worte im Neudeut-
schen eine zu spezifizierte Bedeutung gewonnen hätten.

14. Auffallend ist hier die Bezeichnung
»Meister Jan«. Gemeint ist Jan Kiu
(XI, 2, Anm.), der im Dienst der Familie Gi stand. Kung sucht mit dieser sarkastischen Bemerkung die
Verletztheit darüber zu verdecken,
daß er, obwohl zurückgerufen, wenn
seinen Heimatsstaat, bei den aktiven
Regierungsmaßregeln auffallend
vernachlässigt wurde.

15. Fürst Ding von Lu regierte von 509
bis 495, vgl. III, 19. Er ist der Fürst,
in dessen Regierungszeit Kungs öffentliche Anstellung in Lu fällt. Der
vorliegende Abschnitt sollte dem
Fürsten das Gewissen schärfen.

16. Die Furcht vor Übervölkerung, die
heute so manchem Soziologen zu
schaffen macht, ist der klassischen
Zeit in China vollständig fremd. Es
gehörte zu den wichtigsten Regierungsmaßregeln, durch Heranziehung einer ausreichenden Bevölkerung die Produktivkraft der Lan-
desgebiete zu steigern (vgl. Abschn.
4 und 9). Man kann übrigens ganz
durchgängig beobachten, daß eine
in aufsteigender Linie sich bewe-
gende Kultur niemals durch Übervölkerung zu leiden hat. Es finden
sich im entscheidenden Augenblick
immer Mittel und Wege, neue Nah-
rungsquellen zu erschließen. Man
vergleiche die Entwicklung Deutsch-
lands in den letzten Jahrzehnten.
Schließlich ist noch kein Staat an

Übervölkerung zugrunde gegangen, wohl aber am Gegenteil. Über
den »Fürsten« von Schä vgl. VII, 18.

17. Das Wort ist natürlich in erster Linie für Dsï Hias penible und kleinliche Art bestimmt (vgl. XI, 2,
Anm.). Doch geht es über den historischen Anlaß hinaus und gibt
Gesichtspunkte für eine groß-
gedachte Regierungsweise überhaupt. – Gü Fu war ein Platz im
Westen des Staates Lu.

18. Eine überaus interessante Auseinandersetzung, die für das Verständnis
des konfuzianischen Geistes von
besonderem Wert ist; denn ein großer Teil der abfälligen Urteile und
der Verkennung, welche sich China
besonders von englischen und ame-
rikanischen Missionaren gefallen
lassen muß, kommt von der abstrakten Auffassung der Ehrlichkeit
à tout prix her, die als Maßstab an
alle Äußerungen des moralischen
Lebens gelegt wird. Nun ist Ehrlichkeit eine Tugend, die auch von
Kung überaus hochgeschätzt wird,
aber für das Verhältnis von Vater
und Sohn ist sie nicht das konstitu-
ierende Moment. Hier tritt die Pietät an erste Stelle, die das Verhalten
bestimmt. In diesem Punkt steht
Kung übrigens genau auf demselben Standpunkt wie Plato in dem
Dialog Euthyphron, wie Martin
(W. A. P. Martin, The Lore of Cat-
hay, New York 1901, S. 106 ff.) sehr
richtig nachweist. An dieser Stelle
vergleiche man auch die weitere
Ausführung darüber, wie nach
Menzius die Kollision der Pflichten
zwischen Ehrlichkeit und Pietät dadurch zu schlichten ist, daß der
Sohn unter Anerkennung des Rechts

sich zu dessen Sühne für den Vater aufzuopfern hat. Dieser Begriff der unbedingten Treue ist in dem germanischen Verhältnis zwischen Herrn und Mannen auch zum Ausdruck gekommen. Er ist überhaupt die Grundlage für eine sozialgegliederte Gesellschaftsordnung. Wieviel Doktrinarismus in den Vorwürfen steckt, die z. B. auch Legge aus diesem Anlaß Kungs Auffassung macht, geht daraus hervor, daß ja selbst im europäischen Rechtsleben die nahen Verwandten das Zeugnis gegen ihre Angehörigen verweigern können, ohne daß es jemand anstößig finden würde.

19. Dreimal hat Fan Tschï nach dem Wesen der Sittlichkeit gefragt: VI, 20; XII, 2 und hier. Die chinesischen Kommentatoren halten die vorliegende Stelle für die zeitlich früheste, VI, 20 für die zweite und XII, 21 für die letzte. Es fragt sich, ob mit Recht und ob überhaupt eine Möglichkeit für solche Anordnungen, die natürlich nur systematischen Erwägungen entspringen, vorhanden ist. Sachlich ist außerdem heranzuziehen die Antwort an Dschung Gung XII, 2.

20. »Hartköpfige Pedanten«, wörtlich: »klirrend wie Steine«, und beschränkte Menschen: »Männer des Scheffels und des Eimers«. Scheffel und Eimer sind Werkzeuge zum Messen der Abgaben. Der mit »Eimer« übersetzte Ausdruck bedeutet ein Bambusgefäß, das einen Scheffel (Dou) und 2 Schong enthält. Zu vergleichen ist II, 12. Gemeint ist ebensowohl die rein äußerliche Routine als hier auch noch besonders das Rufsammeln von Privatge-

winn. Über Dsï Gung vgl. XI, 2, Anmerkung.

21. Man wird durch diesen Abschnitt an V, 21 erinnert, wo Kung im Staate Tschen nach Hause verlangt, um seine enthusiastischen Schüler auf den rechten Weg zu bringen. Die Leute der ersten, vollkommenen Art finden ihre Verkörperung in Yän Hui. Offenbar ist daher dieser Abschnitt nach dessen Tod gesprochen. Leute vom cholerischen Typ sind Dsï Lu und seinesgleichen, Leute des vorsichtig zurückhaltenden phlegmatischen Typs Dsong Schen und die ihm ähnlichen.

22. Dieser Passus scheint in Unordnung zu sein. Er besteht aus zwei verschiedenen Teilen, die nur durch das gemeinsame Thema verbunden sind. Der erste berichtet eine zustimmende Bemerkung Kungs über ein südchinesisches Sprichwort. Dieses Wort selbst wird verschieden erklärt. Dschu Hi versteht es so, daß die Unbeständigen sich nicht einmal zu Zauberern und Ärzten eignen. Die Mehrzahl der übrigen Kommentatoren verstehen es passiv, daß für einen Unbeständigen der Zauber und die Medizin nicht anwendbar seien, weil seine Unbeständigkeit keinen Anhaltspunkt dafür biete. Der zweite Passus zitiert eine Stelle aus dem I Ging mit einer völlig dunkeln, auch von Dschu Hi aufgegebenen Bemerkung Kungs. Ku Hung Ming macht einen neuen Versuch, durch andere Auffassung des Worts für prophezeien, wahrsagen: »sich anmaßen«, den Sinn herauszubekommen: »Darum ist es besser, sich gar nicht erst Tugend (Geist) anzumaßen.« Unsere

Übersetzung ist ungefähr in der Richtung von Legge und Couvreur.

23. Was Ku Hung Ming zu VII, 37 zitiert, wo von Kungs persönlichem Auftreten die Rede ist, paßt recht gut auch hierher:

Beseligend war ihre Nähe,
Und alle Herzen wurden weit;
Doch eine Würde, eine Höhe
Entfernte die Vertraulichkeit.
(Vgl. Schiller, D. Mädch. a. d. Fremde.)

24. Dieser Abschnitt sowie die beiden folgenden stehen in einem gewissen Zusammenhang mit Abschn. 23. Zum vorliegenden Passus ist zu vergleichen XV, 27, wo Kung sich über denselben Gegenstand ausspricht. Vgl. auch X, 20, Anm.

25. Die Sungkommentatoren sowie Legge trennen die Eigenschaften. »Die Festen, die Ausdauernden, die Einfachen, die Vorsichtigen sind der Sittlichkeit nahe.« Sehr richtig macht der japanische Kommentator darauf aufmerksam, daß diese Worte in Analogie zu I, 3 verstanden werden müssen, wo die gegenteilige Gemütsverfassung angegeben ist und wo auch vier Ausdrücke zur Charakterisierung eines Gesamtzustandes verwandt werden. Vgl. übrigens IV, 22, 24.

26. Dieser Abschnitt behandelt dasselbe Thema wie Abschnitt 20. Die Antwort hier ist ganz entschieden auf Dsï Lu und sein fahriges und wohl nicht immer feines Wesen zugeschnitten. Interessant ist der Ausdruck »Schï«, der mit »Gebildeter« übersetzt wurde. Die geistige Aristokratie ist in China ohne weiteres auch an der staatlichen Leitung der Gesellschaft beteiligt, darum kann dieser Ausdruck ebensowohl den Gebildeten, den »gentleman« bedeuten, als den Staatsmann und Beamten. Die Schenschï (Gürtel tragende Gebildete) sind die hervorragende Klasse der literarisch gebildeten Gentry, die noch heute in China den entscheidenden Einfluß ausübt.

27. Mit sieben Jahren ist wohl gemeint, daß immerhin eine längere moralische Erziehung nötig ist, ehe der Zusammenhalt und die Disziplin in einem Volk erreicht ist, die für einen Krieg unerläßliche Vorbedingungen sind. Vgl. Abschnitte 10, 11, 12 des gegenwärtigen Buchs.

## BUCH XIV · HIÄN WEN

1. Dschu Hi und nach ihm die europäischen Übersetzer fassen die Stelle so auf, daß es hieße: »Ist ein Land in Ordnung, dann nur an das Einkommen zu denken unter Vernachlässigung der sachlichen Pflichten: das ist Schande. Ist ein Land nicht in Ordnung, dann an Einkommen überhaupt noch denken zu wollen und um des Einkommens willen in amtlicher Stellung zu bleiben: das ist auch Schande.« Damit wird aber der Ausdruck »Einkommen«, der allein im Texte steht, zu sehr gepreßt. In der oben gebotenen Übersetzung schließen wir uns der alten Erklärung Kung An Guos an. Im übrigen läßt sich die ganze Sache

einfach erklären, wenn man nach Analogie von VIII, 13, 3 in der ersten Zeile ein »nicht« sich ausgefallen denkt. Dann hieße es: »In einem wohlgeordneten Lande kein Einkommen zu haben, oder in einem ungeordneten Lande Einkommen zu haben: das ist Schande.« Ein solcher Textdefekt erklärt sich nicht nur aus dem sprachlichen Bild des Satzes ohne weiteres, sondern wird besonders dadurch nahegelegt, daß im folgenden Abschnitt zum Anfang sicher einige Wörter ausgefallen sind. Im übrigen vergleiche man VI, 3, wo Yüan Hiän vom Meister wegen Ablehnung des Gehalts korrigiert wird.

2. Zu Beginn des Abschnitts fehlt, wie schon erwähnt, eine einführende Bemerkung. Die einen Kommentatoren nehmen den Abschnitt mit dem vorangehenden zusammen. Dschu Hi sieht darin eine Frage Yüan Hiäns. Der letzteren Auffassung widerspricht jedoch, daß der erste Satz nicht in Frageform, sondern in Aussageform steht, und daß Kung auf eine Frage nach dem Wesen der Sittlichkeit (eine solche sehen die Sungkommentatoren in dem Satz) nicht mit einem einfachen »ich weiß nicht« geantwortet hätte. Wir müssen in dem Satz wohl den Lehrsatz eines asketisch gerichteten Philosophen der Zeit sehen. Das stimmt dazu, daß auch in Abschnitt 36 eine Auseinandersetzung mit taoistischen Lehren vorliegt.

3. Es ist noch heute eine bezeichnende Sitte in China, daß man bei der Geburt eines Knaben einen Bogen über der Tür aufhängt, mit dem man vier Pfeile nach allen Him-

melsgegenden abschießt als Symbol für das Hinaustreten des Knaben ins Leben. Vgl. auch XIII, 20. Dschu Hi denkt hier an etwas ähnliches wie I, 14. Das ist aber nicht berechtigt. Dort ist vom »Edlen« die Rede, hier (wie in XIII, 20) von einem Angehörigen der leitenden Kreise. Zudem müßte man den Sinn »Bequemlichkeit der Wohnung lieben« in das Wort »bleiben«, »wohnen« erst hineinlesen. Richtiges Auseinanderhalten der verschiedenen Stellen ist oft ebenso wichtig wie richtiges Heranziehen der verwandten.

4. Wir haben es hier mit einer Regel besonnener Lebensklugheit zu tun, die sich allenthalben bewährt.

5. Legge bemerkt hier in der Anmerkung sehr richtig: »A translator is puzzled to render ›jen dschê‹ (unsere Übersetzung: »der Sittliche«) differently from ›yu de dschê‹ (unsere Übersetzung: »wer Geist hat«).« Selbstverständlich ist das nicht leicht, wenn man »de« immer mit »Tugend« und »jen« immer mit »Menschentugend, Wohlwollen« übersetzt. Ganz abgesehen davon, daß man dann auch nicht versteht, was Tugend mit Worten zu tun hat, weshalb Legge so schön übersetzt: »The virtuous will be sure to speak correctly.« Wer ist nun hier der Philister?

6. Die Persönlichkeit Nan Gung Gos ist nicht sicher zu identifizieren. Nach Kung An Guo ist er ein vornehmer Beamter von Lu, nach Dschu Hi wäre er identisch mit Nan Yung (V, 1), der übrigens auch aus den herrschenden Kreisen in Lu stammte. Der Text hier spricht eher für einen Kung übergeordneten

Beamten als für seinen Schüler und Schwiegerneffen. I (Hou I) war Minister zurzeit der Hia-Dynastie unter dem Kaiser Tai Kang 2188 v. Chr. Da der Kaiser sich um die Regierung nicht kümmerte und stets auf der Jagd war, benutzte Hou I die Gelegenheit, ihm die Rückkehr abzuschneiden und selbst die Zügel der Regierung in die Hand zu nehmen, wenn er auch der Form nach einen Bruder des vertriebenen Kaisers auf den Thron erhob (2159). Dessen Sohn Di Siang, der 2146 den Thron bestieg, hat er jedoch wieder vertrieben und die Macht usurpiert, bis er von seinem Minister Han Dscho – wie es heißt, aus Eifersucht wegen seiner Gewandtheit im Bogenschießen – getötet wurde. Sein Leichnam wurde gekocht und seinem eignen Sohne vorgesetzt, der jedoch den Tod dieser schrecklichen Mahlzeit vorzog. Han Dscho nahm darauf die Witwe Is zur Frau. Ein Sohn ihrer Ehe war dann der ebenfalls im Text genannte Au, der wegen seiner großen Körperkraft berühmt war, mit der er sogar ein bei fallender Flut auf dem Lande sitzengebliebenes Schiff ins Wasser zurückschieben konnte. Er ermordete auf Veranlassung seines Vaters den Kaiser Siang (diese Tat wird von manchen Hou I zugeschrieben). Nach 40 Jahren wurde er jedoch zusammen mit seinem Bruder von einem nachgeborenen Sohn des ermordeten Kaisers Siang, namens Shau Kang, hingerichtet, als dieser die Herrschaft an das rechtmäßige Kaiserhaus der Hiafamilie zurückbrachte (2079 v. Chr.). Die historische Zuverlässigkeit all dieser

Angaben ist natürlich zweifelhaft. Es spielt sehr viel rein sagenhafter Stoff in jenen Zeiten mit, der noch nicht kritisch gesichtet ist. Über Yü den Großen vgl. die Anmerkungen zu VIII, 18 und 21. Yü hat die berühmte erste Regulation des Hoangho nach harter, neunjähriger Arbeit durchgeführt. Die Sage geht, daß er bei dieser Arbeit persönliche Mühsal so wenig gescheut habe, daß er sich dabei die Haare von den Beinen gescheuert und kein einziges Mal sein Haus betreten habe, obwohl er im Vorbeigehen zuweilen die Stimme seines während dieser Zeit geborenen ersten Söhnchens hörte. Später wurde er der Nachfolger des Kaisers Schun und Begründer der Hia-Dynastie (2205 v. Chr.). Unter seiner Regierung wurde die Bereitung des Weins erfunden, von I Di (nicht zu verwechseln mit dem oben erwähnten I). Der Kaiser kostete das Getränk und lobte es, verbannte aber den Erfinder und verbot den Gebrauch des Getränkes, weil er voraussah, daß es in künftigen Zeitaltern ein Fluch für die Menschheit werden würde. Der Anklang dieser Sagen an die biblischen Geschichten von Noah veranlaßte seinerzeit die Jesuiten, Yü mit diesem zu identifizieren. Dsï oder Hou Dsï ist eigentlich ein Amtstitel des Ackerbauministers unter Schun 2255 v. Chr. Sein Inhaber hieß Ki (d. h. »Der Weggeworfene«). Aus diesem Namen bildete sich eine Legende über seinen Ursprung, die bei Ssï Ma Tsiän erzählt ist. Die Prinzessin Giang Yüan trat auf einem Spaziergang in die Fußstapfen eines Riesen, worauf sie ein Kind gebar, das sie aber aussetzte. Verschiedene Male von seiner Mutter ausgesetzt, wurde es ebensooft auf wunderbare Weise gerettet, bis sich seine Mutter seiner annahm und ihm den Namen Ki, der Weggeworfene, gab. Schon von früher Jugend an zeigte er Begabung und Neigung zum Anbau von Feldfrüchten. Schließlich wurde er von Schun mit der Verwaltung des Ackerbaus im ganzen Reiche betraut. Auf ihn führt die Dschou-Dynastie ihren Ursprung zurück, so daß also wenigstens nach einem Jahrtausend seine Nachkommen das Reich erbten, was von Nan Gung Go ohne weiteres nach antiker Weise so ausgedrückt ist, daß er das Reich bekam. Die Parallelen zu diesen Geschichten der westlichen Mythologie liegen auf der Hand.

7. Die späteren Kommentatoren erklären den Sinn: »Wer sein Kind lieb hat, der züchtiget es, wer als Beamter treu ist, der belehrt seinen Fürsten.« Es bleibt jedoch fraglich, ob »lau« hier diesen Sinn hat und nicht den eben gegebenen; grammatikalisch möglich ist schließlich beides. Nur scheint die Koordination der beiden Sätze unrichtig zu sein, wie aus dem »wie« (»yen«) im zweiten hervorgeht. Der erste ist vielmehr nur die Voraussetzung für den zweiten.

8. Der Premierminister des Staates Dschong war Dsï Tschan, der die Regierung mit hervorragendem Geschick leitete, indem er jeden an seinem Platz zu verwenden wußte. Sein Name war Gung Sun Kiau. Er war bekanntlich ein persönlicher Freund Kungs. Vgl. den folgenden Abschnitt sowie die Anmerkung zu V, 15, wo sich Genaueres über ihn findet. Die in Betracht kommenden Schriftstücke waren nach den Kommentatoren der Wortlaut der Regierungserlasse, Bündnisse, Zusammenkünfte.

9. Über Dsï Tschan vgl. Anm. 8. Wer Dsï Si eigentlich ist, steht nicht fest. Wahrscheinlich ist, daß er ebenfalls ein Beamter von Dschong war wie Dsï Tschan. Ein gleichnamiger Beamter kommt aber auch im Staate Tschu vor, der sich durch seine Uneigennützigkeit auszeichnete, wenn er auch der Anstellung Kungs entgegengetreten ist, worauf andre Kommentatoren die Ablehnung einer Antwort von seiten Kungs zurückführen. Über Guan Dschung, den bekannten Kanzler von Tsi (den »Bismarck der Zeit«, wie Ku Hung Ming sagt), vgl. III, 22, ferner Abschnitt 17 und 18 dieses Buches. Vielleicht ist Dsï Si identisch mit Dong Si. Vgl. Liä Dsï IV, 11.

10. Vgl. den ähnlichen Ausspruch I, 15. Der japanische Kommentator nimmt diesen Satz mit dem vorigen zusammen und erklärt: »Es durch seine Regierungsweise zu erreichen, daß die Armen nicht murren, ist viel schwerer, als es zu erreichen, daß die Reichen nicht hochmütig werden.« Auf diese Weise enthielte der Satz eine Wertung der Tätigkeit Guan Dschungs. Die Sache würde mehr einleuchten, wenn nicht auf Grund davon auch I, 15 entsprechend erklärt werden müßte.

11. Kung stellte gerade den Mong Gung Tscho moralisch am höchsten von allen Staatsmännern in Lu, wie

er denn überhaupt mit der Familie Mong am besten stand unter den drei Adelsgeschlechtern seines Heimatlands. Was er hier sagt über seine amtliche Befähigung, bezieht sich auf sein ruhiges Temperament. Dschau und We waren große Adelsgeschlechter im Staate Dsin, deren Macht als solche weit größer war als die der Miniaturstaaten Tong und Siä.

12. Wie schon aus der Erklärung oben ersichtlich ist, ist der Text nicht in Ordnung. Nachdem die erste Erklärung mit einem »der Meister sprach« eingeleitet ist, steht vor der zweiten – besseren – Erklärung noch einmal »er sprach«. Das könnte nach dem in den Lun Yü üblichen Brauch nur heißen: »Dsï Lu sprach«, was aber sachlich unmöglich ist. Eine andere Auskunft wäre, eine weitere Frage Dsï Lus als ausgefallen anzunehmen. Alles löst sich aber viel glatter, wenn man das »der Meister« vor die zweite Erklärung setzt. Die erste Erklärung ist im Munde Kungs schon deshalb nicht wohl möglich, weil sie den Jünger Jan Kiu auf gleiche Stufe mit den Berühmtheiten der damaligen Zeit stellt, was Kung schon aus pädagogischen Rücksichten im Jüngerkreis nicht getan haben wird. Die Steigerung zwischen der ersten und der zweiten Definition kommt auch viel besser heraus, wenn die erste von Dsï Lu und nur die zweite von Kung gegeben wird. – Dsang Wu Dschung, der der Generation vor Kung angehörte, hatte sich einen sehr guten Namen gemacht, so daß er noch zu Kungs Zeit im Volk als Genie bekannt war. Nach Dso Tschuan hat er seine Weisheit namentlich darin gezeigt, daß er rechtzeitig den drohenden Verfall des Staates Tsi, wo er vom Fürsten eine Anstellung erhalten sollte, erkannte und diese Anstellung zu vermeiden suchte. Kung stellte ihn übrigens nicht übermäßig hoch (vgl. Abschnitt 15). Er war der Enkel des Dsang Wen Dsï, V, 17. Gung Tscho ist der im letzten Abschnitt genannte Mong Gung Tscho. Dschuang von Biän (dem Geburtsort Dsï Lus) war wegen seines Muts berühmt. Er soll einmal zwei Tiger getroffen haben, die eben ein Rind verzehrten. Sofort wollte er darauf los. Sein Begleiter riet ihm aber, erst zu warten, bis sie über die Beute gegenseitig in Streit geraten und der eine den andern kampfunfähig gemacht hätte. Das tat er denn auch und tötete dann den übrig gebliebenen Tiger. Vielleicht bezieht sich hierauf die Bemerkung VII, 10. Als der Staat Tsi einst Lu überfallen wollte, fürchtete man den Dschuang und kehrte vor Biän wieder um. Über Jan Kiu vgl. Anm. zu XI, 2.

13. Dsang Wu Dschung (vgl. Abschn. 13) hatte, da er mit der Familie Mong in Feindschaft lebte, den Staat Lu und sein dortiges Lehen, die Stadt Fang, verlassen müssen und war in den Staat Dschu geflohen. Da er jedoch Familienhaupt war und ohne ihn die Ahnenopfer unterblieben, so kehrte er zurück, besetzte seine Stadt Fang und sandte an den Fürsten die Bitte, einen Nachfolger für ihn einzusetzen. »Dann werde er nicht wagen, gewaltsam den Platz festzuhalten, sondern gutwillig gehen.« Kung hat wohl Recht über ihn.

14. In Tsi (Nordschantung) waren im Jahre 686 Unruhen ausgebrochen, nachdem der Fürst Siang von einem Verwandten ermordet worden war. Die beiden Söhne des Ermordeten flohen nach verschiedenen Nachbarstaaten. Der eine, Giu, floh mit zwei Getreuen, Schau Hu und Guan Dschung, nach Lu, der andere, Siau Be, nach Gü. Nachdem der Mörder hingerichtet war, suchten beide Söhne sich der Herrschaft in Tsi zu bemächtigen, doch gelang es Siau Be, seinem Bruder zuvorzukommen und als Fürst Huan die Regierung anzutreten. In der Macht befestigt, stellte er an den Nachbarstaat Lu das Ansinnen, seinen Bruder Giu zu töten und dessen zwei Minister Schau Hu und Guan Dschung auszuliefern. Schau Hu zerschmetterte sich darauf den Kopf, um mit seinen Herrn gemeinsam zu sterben, während Guan Dschung in die Dienste des Fürsten Huan von Tsi überging und sich als überaus tüchtiger Beamter erwies. Er legte Bergwerke an, um Edelmetalle zu gewinnen, und verdunstete Meerwasser zur Gewinnung von Salz. Politisch und diplomatisch war er überaus geschickt, so daß es ihm gelang, dem Fürstentum Tsi die Hegemonie im Reiche zu verschaffen, was für die Gesamtheit von größtem Wert war, da die Zentralregierung gerade in jener Zeit arg darnieder lag. Auf verschiedenen Fürstenzusammenkünften faßte er die Kräfte des Reichs zusammen, ohne doch den Kaiser zu stürzen. Vielmehr wurden dessen Abgesandte in allen Ehren aufgenommen. Diese starke Hand war um so nötiger, als schon damals von den Nomadenstämmen des Nordens fortwährende Invasionen drohten, die unter der Hegemonie des Staates Tsi mehrfach siegreich abgewiesen wurden. Nach dem Tode Guan Dschungs beförderte der Fürst Huau seinen Leibkoch (gegen des sterbenden Guan Dschungs Rat) zum Kanzler, worauf Uneinigkeit im Land ausbrach und die Hegemonie verloren ging. Nach des Fürsten Huans Tod stritten sich seine 5 Söhne um den Thron, so daß der faulende Leichnam des Vaters 67 Tage lang unbeerdigt auf dem Totenbette liegen blieb. Huan von Tsi war der erste der 5 Fürsten, die im Laufe des 7. Jahrhunderts die Hegemonie im Reiche errangen († 643). Fürst Wen von Dsin hatte ebenfalls eine Zeitlang die Führung des Reichs. Auch er hatte in seiner Jugend fliehen müssen vor den Nachstellungen einer Nebenfrau seines Vaters. Und zwar zog er sich mit seinen Getreuen, seinem späteren Minister Dschau Tsui und dem berühmten Giä Dschï Tui, in die Gebiete der nördlichen Barbaren zurück. Auf diesen Wanderungen soll er zeitweise so in Not gekommen sein, daß Giä Dschï Tui sich selbst ein Stück Fleisch aus dem Schenkel herausschnitt, um damit den Hunger seines Gebieters zu stillen. Später heiratete er die Tochter eines Nomadenhäuptlings, worauf er nach 19 Jahren wieder in seine Heimat zurückkehrte. Es gelang ihm, den Usurpator zu töten und den Thron zu besteigen. Bei den Belohnungen an seine Getreuen wurde Giä Dschï Tui vergessen, der

sich daraufhin mit seiner Mutter in ein einsames Waldgebirge zurückzog. Zu spät wurde der Fürst an ihn erinnert. Giä Dschï Tui weigerte sich, an den Hof zurückzukehren. Der Sage nach soll darauf der Fürst befohlen haben, den Wald anzuzünden, um ihn dadurch zu nötigen, herauszukommen, bereit, ihn, wenn er käme, mit Gnaden zu überschütten. Aber Giä Dschï Tui zog den Tod in den Flammen vor. Dies ist die Legende, die mit dem Frühlingsfest Tsing Ming, bei dem an einem Tage kein Feuer angemacht wird, verbunden ist. – Als Wen von Dsin die Hegemonie errungen hatte, handhabte er sie wesentlich anders als noch Huan von Tsi. Er rückte plötzlich mit dem vereinigten Heer der verbündeten Staaten in die Nähe der Hauptstadt und berief den Kaiser zu dem abzuhaltenden Fürstenkongreß, wie er sich denn auch sonst dem schwachen Repräsentanten der Zentralmacht gegenüber ziemlich anmaßend benahm. Dieses Verhalten im Unterschied zu dem oben erwähnten des Fürsten Huan von Tsi ist es wohl, das Kung zu dem Urteil über die beiden veranlaßt hat.

15. Über Guan Dschungs Persönlichkeit vgl. Anm. 14. Daß Kung übrigens bei aller Hochschätzung seiner staatsmännischen Leistungen doch persönlich an ihm manches auszusetzen hatte, geht aus der Stelle III, 22 hervor, die eine strenge Kritik seiner persönlichen Lebenshaltung enthält. Vgl. Liä Dsï VI, 3.

16. Das Haar ungebunden, in Zöpfe geflochten zu tragen, war nach Li Gi III, III, 14 die Sitte der östlichen I-Barbaren und der westlichen Jung-Barbaren, welch letztere damals das Reich bedrohten, ebenso wie die links zugeknöpfte Kleidung. Die heutige Tracht ist in China erst seit der Herrschaft der Mandschu-Dynastie eingeführt. Der alte chinesische Rock wurde auf der Brust schräg übereinander geschlagen und das Haar in einem Knoten aufgebunden getragen, wie man es noch heute an den taoistischen Mönchen sehen kann.

17. Über Gung Schu Wen Dsï vgl. Abschn. 14. Nach seinem Tode erhielt er wegen der Dienste, die er während einer Hungersnot und während einer gefährlichen Revolte geleistet hatte, sowie wegen der verdienstvollen Art, durch die er den Staat We emporgebracht hatte, die Titel: »Hui, Dschong, Wen Dsï, d. h. der Gütige, Reine, Vollendete (Weise).« Vgl. Li Gi II, II, II, 13.

18. Der Fürst Ling von We war der Gemahl der berüchtigten Nan Dsï (vgl. VI, 26). Er regierte von 533 bis 492. Trotz seines zuchtlosen Wandels geht sein Reich nicht zugrunde, weil er hervorragend tüchtige Beamte hat. Dschung Schu Yü ist identisch mit Kung Wen Dsï V, 14, der durch seinen weiten Blick im Verkehr mit Menschen ausgezeichnet war, der ihn von allem Hochmut frei machte. Der Priester To mit seiner Redegabe kam VI, 14 schon vor. Die vorliegende Stelle spricht das dort ohne Nennung des Namens Gesagte mit Beziehung auf den Fürsten Ling nur deutlicher aus (zugleich ein Beweis, daß unsere Auffassung jener Stelle, die von Legge wesentlich abweicht, die ein-

zig mögliche ist). Wang Sun Gia, der tatkräftige, aber ehrgeizige Majordomus des Staates We, hat III, 13 von Kung eine kräftige Zurechtweisung erhalten. Dennoch erkennt Kung hier seine Vorzüge unbefangen an. Gi Kang war das Haupt des Adelsgeschlechtes Gi in Lu.

19. Die Auffassung Ku Hung Mings, der in diesem Satz ein psychologisches Merkmal für Menschenbeobachtung sieht, ist sowohl sachlich als grammatikalisch richtiger als die von Legge, nach dem der Satz einfach zur moralischen Platitüde wird.

20. Der Vorfall fiel ins Jahr 481, zwei Jahre vor Kungs Tod. Kungs Meinung war, daß man nicht dulden dürfe, daß im Nachbarstaat eine solche Untat vorkomme, um nicht die öffentliche Moral zu gefährden. Darum remonstriert er auf solenne Weise (Baden und Fasten war vor heiligen Handlungen üblich). Der Fürst Ai aber, machtlos in den Händen der 3 Adelsgeschlechter (Gi, Mong und Schu), wagt nicht einzugreifen und verweist ihn an diese. Überaus taktvoll ist Kungs Mißbilligung darüber ausgedrückt. Daß er bei den Adelsgeschlechtern, die dieselben Tendenzen hatten wie der Fürstenmörder im Nachbarstaat, kein Gehör finden werde, war ihm von Anfang an klar. Dennoch geht er hin. Zu seiner Äußerung hinterher vgl. »Dixi et animam salvavi.« In den chinesischen Geschichtswerk Dso Tschuan ist übrigens eine Bemerkung von großer politischer Weisheit dem Kung in den Mund gelegt. Er betont daselbst, daß der Usurpator in Tsi höchstens auf die

Hälfte der dortigen Kräfte rechnen könne; greife man ihn an mit der ganzen Kraft des Staates Lu und mit der Hälfte des Staates Tsi, die königstreu geblieben, so könne man mit Sicherheit auf seine Überwältigung rechnen. Ein solches Vorgehen des Fürsten von Lu würde ihm sicher die Hegemonie im ganzen Reich verschafft haben. Dadurch wäre aber die Hoffnung auf Besserung der Gesamtzustände, die Kung bis an sein Lebensende gehegt hat, ihrer Verwirklichung näher gerückt. Daher auch die tiefe Enttäuschung, als sein Rat nicht befolgt wird. Diese Darstellung ist überaus beachtenswert, trotz der abstrakt moralischen Bedenken gewisser chinesischer Kommentatoren. Kung war kein Theoretiker, alle seine politischen Maßnahmen zeugen von großer und freier Staatsweisheit. – Die Lesart: »Sage es den zwei, drei Freiherrn«, ist höchstwahrscheinlich unrichtig.

21. Diese Mannhaftigkeit und Wahrheit im Dienst des Fürsten findet sich in verschiedenen hervorragenden Gestalten der chinesischen Geschichte. Die chinesische Moral schreibt vor: den Fehlern des Fürsten gegenüber kein Verdecken, sondern Widerstehen, um ihn so davon abzubringen.

22. Gü Be Yü war ein hoher Beamter in We, bei dem Kung während seines dortigen Aufenthalts Gastfreundschaft genossen hatte und der ihm eng befreundet war. Nach Kungs Rückkehr in seine Heimat Lu sandte er ihm durch einen Boten Grüße. Kung heißt den Boten sitzen, um in der Person des Boten den Freund zu ehren. Er freut sich

von Herzen über den Ernst der Selbstbetrachtung, die aus der Nachricht des Boten spricht. Die Worte »Dieser Bote!« sind Ausdruck dieser sinnenden Freude. Die Kritik Weng Tschungs in Lun Hong (a. a. O.) scheint daher durchaus deplaziert.

23. Wiederholung von VIII, 14.

24. Dieser Ausspruch ist beinahe wörtliches Zitat aus dem I Ging. In den Hankommentaren ist der Abschn. 6 mit dem vorigen in einen zusammengefaßt.

25. Wir sind in der Übersetzung der durch eine alte Ausgabe sowie auch durch den Kommentar Hing beglaubigten Textgestaltung gefolgt (statt »erl« lies »dji«). Dschu His Text gibt keinen befriedigenden Sinn (vgl. Huang Tsing Ging Giä Bd. 12, 43).

26. Der Hauptbestandteil dieses Abschnitts ist eine umgestellte Wiederholung von IX, 28. Zusatz hier ist die Einleitung – die übrigens grammatikalisch die größten Schwierigkeiten macht – sowie der Ausspruch Dsï Gungs. Dschu Hi faßt den Ausspruch als Erwiderung an den Meister: »Der Meister redet selbst von sich so bescheiden, in Wahrheit hat er diese drei Stücke längst erreicht.« Richtiger ist wohl, den Zusatz (mit Lun Yü Bi Giä) als Authentizitätsvermerk mit Rücksicht auf die Nachwelt aufzufassen und zugleich als Angabe, daß das Wort durch Dsï Gung überliefert ist.

27. Sï ist bekanntlich der Rufname Dsï Gungs (vgl. Anm. zu XII, 2). Auch hier ist der Text an verschiedenen Stellen unsicher. Eine andere Tradition hat eine Textgestalt, nach der es ein Lob für Dsï Gung wäre: »Sï ist mir in diesem Stück überlegen, ich habe dazu keine Zeit.« Man zieht dann auch wohl den Schluß des vorigen Abschnitts zu diesem. Die in der Übersetzung gegebene Auffassung scheint jedoch den Vorzug zu verdienen.

28. Hier wieder die alte Klage Kungs, die den Schmerz seines Lebens bildet (vgl. I, 1, 16; IV, 14; XV, 18), daß die Welt aus den Fugen ist und niemand ihn kennt, der Hilfe hätte. Das »Nicht kümmere ich mich« ist nur das Ideal, nach dem er strebt. Möglicherweise ist auch hier nach der Analogie der übrigen Stellen zu übersetzen: »Nicht darüber bekümmere man sich, daß die Welt uns nicht kennt, sondern darüber, daß man nicht die nötigen Fähigkeiten besitzt.«

29. Über We Schong Mou ist nichts Zuverlässiges überliefert. Er war wohl in Kungs Heimat eine angesehene Persönlichkeit, wohl einer von denen, die sich vor der Welt in Resignation zurückgezogen hatten. Das geht aus der Art seiner Anrede, wobei er den Rufnamen Kungs gebraucht, hervor. Der Gebrauch des Rufnamens stand nur dem Alter zu. Auch die ehrerbietige Art Kungs in seiner Antwort läßt darauf schließen. Im folgenden werden noch mehrere solche Begegnungen erzählt.

30. Das Roß Gi war eines der berühmten 8 Rosse des Königs Mu Wang (1000 v. Chr.), mit denen er die Erde durchreiste und die Königin des Westens Si Mu Wang besuchte. Selbstverständlich ist alles legendarisch.

31. Dieser viel kolportierte Satz muß gewöhnlich dazu herhalten, um die konfuzianische Ethik der christlichen gegenüber herunterzusetzen. Das beruht natürlich auf Mißverständnis des Sachverhalts. Es handelt sich vielmehr in diesem Abschnitt um eine Auseinandersetzung der konfuzianischen Lebensauffassung mit der taoistischen. Vgl. dazu »Laotse, Das Buch vom Sinn und Leben« S. 54:

Zu den Guten bin ich gut,
und zu den Nichtguten bin ich auch gut;
denn das LEBEN ist die Güte.«

Was dort mit »Leben« übersetzt wird, ist eben das Wort »De« (hier mit »Güte« wiedergegeben). Kung ist in seinem ganzen Denken politisch orientiert und prüft jede Maxime auf ihre politische Verwendbarkeit. Von diesem Standpunkt aus ist Kungs Auffassung ebenso berechtigt wie die moderne Forderung: »Gerechtigkeit, nicht Wohltätigkeit.« Daß dies der Zusammenhang ist, ergibt sich aus Li Gi XXIX, 11 f. Der Meister sprach: »Durch Güte Güte vergelten, so haben die Untertanen ein Ziel gegenseitiger Anfeuerung. Durch Übel Übles vergelten, so haben die Untertanen eine Schranke, durch die sie in ihrer Pflicht gehalten werden ...« Der Meister sprach: »Durch Güte Übles vergelten, so erweitert man die persönliche Sittlichkeit ...« Hier haben wir also alles beisammen, und es ergibt sich, daß der Grundsatz, Böses mit Güte zu vergelten, als Grundsatz persönlicher Sittlichkeit voll anerkannt ist, während er im staatlichen Leben

dem Grundsatz der ausgleichenden Gerechtigkeit unterzuordnen ist. Bemerkenswert ist übrigens, daß die Ausdrücke für Güte (»de«) und Unrecht (»yüan«) nicht den in den Lun Yü sonst üblichen Sinn haben, also schon daraus sich ergibt, daß die Fragestellung nicht von Kung ausgeht. Außerdem ist zu beachten, daß das Wort Geradheit (»dschi«) in der alten Schrift genau gleich geschrieben wird wie Güte (»dê«), nur ohne das Herz.

32. Die nächstfolgenden Abschnitte behandeln die Leiden des Meisters und seine Stellung dazu: Ergebung in den Willen Gottes. Sie gehören mit zu den ergreifendsten Stücken des ganzen Werkes.

31. Eine Episode aus den Intrigen im Staate Lu. Dsï Lu war bekanntlich eine Zeitlang angestellt bei der Familie Gi. Seine Verleumdung durch eine hochstehende Persönlichkeit [Gung Be heißt wörtlich Fürstenoheim] mußte natürlich auf das Schicksal der Lehre Kungs großen Einfluß haben. Aber er weiß sie in guten Händen. Vgl. VII, 22; IX, 5.

34. Die meisten Kommentare wissen nichts Rechtes mit diesem Ausspruch anzufangen. Einige nehmen ihn mit dem vorangehenden zusammen und erklären: sieben Männer gab es, die dies getan haben (d. h. sich von der Welt zurückgezogen). Abgesehen davon, daß dann sofort die Schwierigkeit entsteht, wer die sieben waren – man sucht sie aus den folgenden Abschnitten und ähnlichen an anderen Stellen mühsam zusammen –, so hindert auch eine lexikalische Erwägung an dieser Übersetzung. Wir müssen

zum Vergleich VIII, 1 heranziehen, wo Kung eben von sich resigniert aussagt, daß er nicht zu den »Machern« gehöre, sondern daß es ihm nur bestimmt sei, das Erbe der Vergangenheit auf die Nachwelt zu bringen. Die sieben Kulturschöpfer sind wohl 1. Yau (vgl. VI, 28; VIII, 19; XX, 1). 2. Schun (vgl. VI, 28; VIII, 18, 20; XII, 22). 3. Yü (vgl. VIII, 18, 21; XIV, 6; XX, 1). 4. Tang (vgl. XII, 22; XX, I). 5. König Wen (vgl. VIII, 20; IX, 5). 6. König Wu (vgl. VIII, 20; XIX, 22). 7. Dschou Gung (vgl. VII, 30).

35. Der Türmer, der »morgens das Tor öffnet«, ist einer jener Eremiten, die der Welt abgesagt, im Verborgenen lebten. Das »Steintor« ist wohl zwischen Lu und Tsi im Bezirk des heutigen Tsinanfu.

36. Der Musikstein ist eines der acht musikalischen Instrumente. Er besteht aus winkelförmigen, an der Ecke aufgehängten dünnen Nephritstücken, die beim Schlagen einen hellen Klang von sich geben. Bei dieser Musik (wie überhaupt bei der chinesischen Musik) ist es hauptsächlich der Rhythmus, der die Stimmungen ausdrückt. Über den mit »hartnäckiges Gebimmel« übersetzten Ausdruck vgl. XIII, 20, Anmerkung. Die Stelle aus dem Schï Ging wird verschieden übersetzt. Unsere Erklärung, die mit Legge überein kommt, beruht auf Huang Tsing Ging Giä Du Biän Bd. 71, S. 11.

37. Die Trauer um den Vater dauert nach chinesischer Sitte drei Jahre lang (vgl. I, 11). Gegenwärtig ist diese Zeit auf 27 Monate ermäßigt. Die allgemeine Landestrauer für

den Kaiser Kuang Hsü, † 1908, wurde auf 27 Tage festgesetzt, während die Amtsstellen 100 Tage zu trauern hatten. Der junge Kaiser soll nach dem Traueredikt die volle Zeit der Trauer auf sich nehmen, was bei seiner großen Jugend, die seine Beteiligung an Staatsgeschäften eo ipso ausschließt, ohne weiteres möglich ist. – Die zitierte Stelle steht Schu Ging IV, VIII, I, 1, wo übrigens, wie gewöhnlich bei solchen Zitaten, der Text verschiedene Abweichungen zeigt.

38. Vergleiche zum Schlußsatz VI, 28.

39. Man muß solche wirklichen Szenen aus dem Aufenthalte Kungs in seiner Heimat mit jenen trocknen Tiraden des X. Buchs zusammenstellen, um zu erkennen, daß Kung auch einmal einen kräftigen Scherz machen konnte. Er war mit dem alten Yüan Jang von früher her bekannt und hatte sich der Familie in aufopfernder Weise angenommen. In Li Gi II, I, I, 18 wird erzählt, wie er beim Tod der Mutter des Genannten für einen Sarg aufkam. Yüan Jang wußte nichts Besseres zu tun, als mit einem Brette des Sargs den Takt zu schlagen zu einem Gassenhauer, den er sang. Kung ignorierte die Taktlosigkeit und zog sich zurück. Seine Jünger waren entsetzt und legten es ihm nahe, mit dem Menschen zu brechen. Aber Kung lehnte es ab, indem er darauf hinwies, daß man seine alten Bekanntschaften nicht im Stiche lassen dürfe. – Auch dieser Abschnitt ist nicht so schlimm gemeint.

40. Küo ist nach manchen die Heimat Kungs, wo er gelebt und gelehrt hat. – Nach Li Gi will es der An-

stand, daß Knaben sich nebenhin setzen, nicht auf die eigentlichen Sitzplätze, die nur für die Erwachsenen reserviert sind. Ebenso müssen sie, wenn sie mit Älteren zusammen auf der Straße gehen, sich etwas hinter ihnen zurückhalten. In beiden Fällen hat es der Junge an der nötigen Bescheidenheit fehlen lassen, daher Kung ihn durchschaut,

daß es ihm nicht darum zu tun ist, etwas Wirkliches zu erreichen, sondern nur möglichst bald für erwachsen zu gelten. – Der Ausdruck »Su Tschong« = »es rasch zu etwas bringen«, »rasch fertig werden« wird auch für die modernen »Schnellbleichen« westlicher Wissenschaft in China angewandt.

## BUCH XV · WE LING GUNG

1. Die Erklärung dieser Ablehnung ergibt sich von selbst daraus, daß es Kung immer zuwider war, mit Detailfragen sich dilettantisch zu beschäftigen (vgl. XIII, 4; VIII, 14), und ferner daraus, daß die Umstände in We nicht so waren, daß es für ihn möglich war, sich Gehör zu verschaffen. Über den Fürsten Ling, den Gemahl der berüchtigten Nan Dsï, vgl. XIV, 20 und die dort angegebenen Stellen.
Der Vorfall in Tschen (vgl. XI, 2) war nicht unmittelbar nach der Abreise aus We. Man nimmt daher an, daß dieser Absatz ursprünglich einen eignen Abschnitt gebildet habe und zu Beginn das Wort »Der Meister« weggefallen sei. Ein sachlicher Zusammenhang mit dem Ereignis in We besteht nicht. In Tschen waren schwere Unruhen, unter denen Kung und die Seinen zu leiden hatten.
2. Man vergleiche IV, 15 und ferner IX, 2, 6. Namentlich in IX, 6 spricht sich Kung über die Detailkenntnisse eigentlich mehr humorvoll aus. Die Unterschiede, die Dschu Hi zwischen praktischem

Grundprinzip IV, 15 und theoretischem Grundpiinzip XV, 2 macht, bedürfen keiner näheren Erwägung.
3. Der Satz muß zusammengestellt werden mit Sätzen wie IX, 5 und ähnlichen. Er zeigt die Quelle des unerschütterlichen Vertrauens, das Kung in allen Schwierigkeiten zeigt. Man verbaut sich das Verständnis, wenn man mit Legge übersetzt: »These who know virtue are few«.
4. Dieses »Nichtstun« (»Wu We«) spielt auch in der taoistischen Philosophie eine große Rolle. Der Sinn ist der, daß, wie der Himmel ohne irgend eine sinnfällige Äußerung die ganze Welt in ihrem regelmäßigen Gang erhält nur durch die stille Wirksamkeit des ewigen Gesetzes der Vernunft (»Tao«), so auch der Mensch, der zum Herrscher berufen ist, nur durch die geistige Schwerkraft seines Wesens alles in Ordnung halte. Kung stimmt in diesem Punkt vollkommen mit Lao Dsï überein. Warum gerade Schun (vgl. XII, 22; VIII, 20) hier besonders genannt ist, das ist, weil dieser das Glück hatte, in der Mitte zwischen zwei heiligen

Herrschern zu stehen, so daß er für alle Werke seine Beamten hatte und ihm nichts zu tun übrig blieb als sein Wesen zu vervollkommnen, um der Welt den Frieden zu geben (vgl. II, 1 u. a.; XIV, 45; VIII, 18). – »Das Gesicht nach Süden«, vgl. VI, 1.

5. Das Gleichnis ist von einem Wagen genommen, wie aus der zweiten Hälfte unzweifelhaft hervorgeht. Zwei Textänderungen nach Lun Yü Bi Giä und dem japanischen Kommentar sind notwendig. Statt »tsan« (Giles 11548), »raten« oder »Dreiheit«, ist »tsan« (Giles 11556), »Zweigespann«, eingesetzt, ferner statt »i« (Giles 5355), »sich lehnen«, ist »i« (Giles 5360), »Seiten eines Kriegswagens«, eingesetzt. Auf diese Weise wird das Gleichnis durchsichtiger; namentlich da es sich um »Vorwärtskommen« handelt, ist das Bild eines Wagens sehr naheliegend. Vgl. das ähnliche Bild II, 22, wo auch an dem Bild des Wagens der Glaube (die Wahrhaftigkeit) als Mittel des Vorankommens deutlich gemacht wird. Sachlich kommt noch in Betracht das ähnliche Gespräch mit Dsï Dschang XII, 20.

6. Das Urteil bezieht sich auf zwei hervorragende Staatsmänner von We, den Historiker Yü (Schï Tsiu) und den Minister Ga Be Yü, der, wie aus XIV, 26 hervorgeht, ein persönlicher Freund Kungs war. Pflicht des Chronisten war unbestechliche Geradheit, unbekümmert um die Zustände. Diese Pflicht hat Dsï Yü noch über seinen Tod hinaus geübt. Zu seinen Lebzeiten hatte er vergebens versucht, den Fürsten von We dazu zu bringen, daß er seinen unwürdigen Minister Mi Dsï Hia entlasse und Gü Be Yü an seine Stelle berufe. So beschloß er, noch im Tode zu remonstrieren, und befahl, als er seinen Tod nahe fühlte, seinem Sohn, seinen Leichnam ohne die üblichen Ehrungen zu lassen und dem Fürsten, wenn er seinen Kondolationsbesuch mache, den Grund zu sagen. Der Fürst erkundigte sich richtig danach, und der Umstand machte solchen Eindruck auf ihn, daß er in der Tat den gewünschten Ministerwechsel vornahm (vgl. Couvreur a. a. O. S. 240). Zu dem Verhalten Gü Be Yüs vgl. VII, 10 und Horaz, Carminum III, 29: »mea virtute me involvo.«

7. Vgl. »Ihr sollt eure Perlen nicht vor die Säue werfen.«

8. Vgl. IV, 5. Die alten Kommentare machen auf das Beispiel von Bi Gan zur Zeit der Yin-Dynastie aufmerksam, der sich das Herz herausschneiden ließ, ohne von seinen Prinzipien abzuweichen (vgl. XVIII, 1). Die entsprechenden Stellen aus den Evangelien sind ebenfalls hier heranzuziehen: Matth. 16, 24–26.

9. Bemerkenswert ist, daß Yän Yüan nur nach der Regierung eines Einzelstaates fragt, während Kung in Anpassung an seine Gaben, die die der andern Jünger übertrafen, mit den Grundsätzen für die Beherrschung des ganzen Erdkreises antwortet. Hier bekommen wir auch einen Einblick, wie sich Kung die Kulturschöpfung gedacht hatte, für den Fall, daß er auf den Thron gekommen wäre. Nach manchen Kommentaren waren diese Sitten nach Dschou Gung in Lu schon tatsächlich eingeführt, es würde sich

also dann nur um eine Erneuerung gehandelt haben. Die Hia-Dynastie (2205–1766 v. Chr.) begann das Jahr mit dem Frühling, wie es heute noch in China üblich ist (2 Monate nach der Sonnenwende). Die Yin-Dynastie regierte von 1766–1122 v. Chr. Die Dschou-Dynastie von 1122 bis 249 v. Chr. Über die Schau-Musik vgl. III, 25. Über die Dschong-Musik siehe Schï Ging I, 7.

10. Der erste Satz wie V, 26. Der Rest Wiederholung von IX, 17. Über den Anlaß dieses Worts siehe die dortige Anmerkung.

11. Über Dsang Wen Dschung, einen einflußreichen Beamten des Staates Lu, vgl. V, 17. Hui mit Namen Dschen Hu war Präfekt der Stadt Liu Hia. Dsang Wen hat ihm aus Neid keine Stellung verschafft. Daher der scharfe Tadel Kungs. (Sein Benehmen ist gerade entgegengesetzt dem Benehmen des Gung Schu Wen von We; siehe XIV, 19.) Vergleiche übrigens das in der Anmerkung zu XVIII, 2 Gesagte.

12. Eine andere Wendung (nach Kung An Guo) ist: »Wer seine eigenen Fehler strenge tadelt und die der andern milde, der bleibt frei von Groll.« Doch scheint die im Text gegebene Wendung grammatikalisch näher zu liegen. Vgl. Abschn. 20.

13. Vgl. VII, 8.

14. Das Wort »Hui« (»Schlauheit«) ist in der Lu Ausgabe der Lun Yü gedruckt als »hui« (»Gnade«). Zur Sache vergleiche man das Gleichnis Jesu vom reichen Kornbauer.

15. Der landläufige Text hat zu Beginn der Sätze noch einmal ein: »Der Edle«, das aber den Zusammenhang

stört und in mehreren alten Handschriften fehlt (vgl. Lun Yü Kün Giä Hui Piän S. 105).

16. Vgl. XIV, 32. Der Ausdruck ist hier übrigens, wie aus der Übersetzung ersichtlich ist, verschieden von dort.

17. Es handelt sich hier selbstverständlich nicht um Ruhmsucht, sondern um das Verlangen, wirklich etwas zu leisten, damit man nicht umsonst gelebt hat. Vgl. IX, 22.

18. Vgl. Abschn. 14; XIV, 25.

19. Vgl. II, 14 und VII, 30.

20. Vgl. XIV, 5, wo der Grundsatz ausgesprochen ist, dessen praktische Anwendung wir hier vor uns haben. Vgl. ferner V, 9, wo Kung ausspricht, durch welche Erfahrung er zu diesem Grundsatz gekommen ist.

21. Vergl. dazu die Stelle V, 11, wo Dsï Gung diese Maxime als seine eigene ausspricht und Kung ihn zurechtweist, weil er diese Stufe noch nicht erreicht habe. Jener Vorfall muß also später sein als der hier berichtete, vielleicht eine Folge dieser Belehrung. Über die Sympathie (»schu«) als Grundprinzip der konfuzianischen Ethik und ihr Verhältnis zur kantschen praktischen Form des kategorischen Imperativs vgl. IV, 15 mit der betreffenden Anmerkung. Im kantschen Sprachgebrauch ist das Wort »Schu« etwa mit »praktische Liebe« zu übersetzen im Gegensatz zu der »pathologischen«.

22. Die drei Dynastien sind Hia, Yin, Dschou. Über deren Regierungszeiten vgl. Anmerkung 9. Sachlich wäre heranzuziehen, was in XIV, 36 und der dazu gehörigen Anmerkung über »Vergeltung« gesagt ist. Ganz klar ist der Text übrigens nicht. Möglich, daß auch dieser Ab-

schnitt (vgl. den folgenden) textlich etwas gelitten hat.

23. Dieser Satz ist schlechthin unverständlich. Alle Versuche mancher Kommentatoren, einen Sinn hineinzuinterpretieren, müssen als mißlungen gelten. Am ehrlichsten ist der Kommentator Hu, der die Unklarheit offen zugibt. Der japanische Kommentar nimmt an, daß der Text verstümmelt war, was in einem alten Manuskript durch die Glosse »Lücke im Text« angedeutet war, welche Glosse dann später sich in den Text selbst einschlich und alles noch mehr verwirrte.

24. Die großartige Gesinnung, die dem seltnen Mann ein seltenes Vertrauen darbringt, ist eine Grundmaxime der konfuzianischen Staatsräson. Vgl. XIII, 2, 25, wo auch gegen die Kleinlichkeit geredet wird. Hier wird diese Kleinlichkeit als Hauptfeind aller großen Leistungen bezeichnet. Kung hat in seinem Leben oft genug unter diesem Feinde zu leiden gehabt.

25. Vgl. XIII, 24.

26. Auch dieser Satz gehört zu den von christlicher Seite sehr umstrittenen (vgl. Legge a. a. O. S. 302). Natürlich; denn die christliche Kirche hat sich in weiten Kreisen noch nicht von dem Vorurteil losgemacht, daß das Bekennen und Annehmen der christlichen Lehre erlösend wirke. Daß das nicht Jesu Anschauung war, dafür vgl. Matth. 7, 21. Eigentlich kann man sich vom christlichen Standpunkt aus mit Kungs Wort sehr wohl befreunden; denn das Geheimnis des Christentums ist es doch: »Das Wort ward Fleisch«. Die abstrakte Wahrheit hat noch

keinem Menschen geholfen.

27. Dieser Satz muß verstanden werden aus der Zeit Kungs heraus. Das Denken war namentlich in den sogenannten taoistischen Kreisen auf spekulative Abwege geraten, die es Kung als wünschenswert erscheinen lassen mußten, objektive Normen zu haben, an welche sich die denkende Erfassung der Wahrheit anschließen kann, wie die Schlingpflanze an ein Gerüst. Diese Normen fand er in der Kontinuität des Kulturzusammenhangs, wie er im Lauf der Generationen geschaffen worden war. Wer diesen festen Halt in der Überlieferung nicht hat, der mag ein Talent, ein tüchtiger Mensch sein, aber er gehört nicht zu den Berufenen, und seine Wirkungsmöglichkeiten sind beschränkt (vgl. zu diesem Zusammenhang II, 15; XIII, 11; VII, 25, 27).

28. Vgl. XII, 7; IV, 5; VIII, 5, sowie zur Sache: Matth. 6, 19–21; 31–33.

29. Vgl. dazu »Pegasus im Joch« von Schiller oder das »Märchen vom falschen Prinzen« von Hauff.

30. Wir haben oben die meistbeglaubigte Erklärung wiedergegeben. Doch scheint es uns keineswegs ausgeschlossen, daß dieser Satz ebenso wie der nächste einen ironisch-humoristischen Anstrich hat: »Die Menschen hüten sich vor der Sittlichkeit noch mehr als vor Feuer und Wasser; denn ich habe es schon erlebt, daß manche ins Feuer oder Wasser gefallen sind und darin umgekommen. Aber daß einer in die Sittlichkeit gefallen und darin umgekommen wäre, das ist mir noch nie passiert.« Auf diese Weise erklärt sich auch der gewagte Ausdruck: in

die Sittlichkeit treten (oder fallen) besser.

31. Vgl. XIV, 28 und ebenso den Eid, zu dem Kung von einer fanatischen Volksmenge gezwungen wurde, nicht von Pu nach We zu gehen, und den er nachher ohne Bedenken als ungültig betrachtet und übertreten hat.

32. Vgl. VI, 20.

33. Diese Erklärung findet sich in verschiedenen alten Kommentaren und läßt sich durch manche Beispiele belegen. Immerhin ist es nicht ausgeschlossen, daß der zunächstliegende Wortsinn, wie er in der wörtlichen Übersetzung gegeben ist, ausreicht. Zu der im Kleindruck gegebenen Auffassung würden XIII, 5; XIII, 20 heranzuziehen sein.

34. Die Musiker waren zu jener Zeit alle Blinde, daher die rücksichtsvolle Art, mit der die Kung ihm alles mitteilt, um ihm jede Verlegenheit zu ersparen.

## BUCH XVI · GI SCHÏ

1. Dschuan Yü war ein kleiner, aber selbständiger Lehnsstaat der Dschou-Dynastie, der mit den Opfern für den Geist des Mongberges betraut war. Er lag in dem Gebiet des Staates Lu, in der Nähe der Stadt Bi, die dem Geschlecht Gi gehörte. Bi ist das heutige Fe Hiän, Dschuan Yü in der Nähe des heutigen Mong Yin Hiän im Bezirk Itschoufu, Südschantung. Sachlich ist zu bemerken, daß nach den »Annalen« (vgl. Sï Ma Tsiän a. a. O. 352 f., 385) Dsï Lu und Jan Kiu nicht gleichzeitig im Dienst der Familie Gi standen. Legge sucht die Tradition zu harmonisieren, indem er annimmt, daß Dsï Lu mit Kung zusammen aus We nach Lu zurückgekehrt und zum zweitenmal in den Dienst der Familie Gi getreten sei, und setzt den Vorgang in das Jahr 483 oder 482. Das ist jedoch unmöglich. In der Einleitung a. a. O. S. 85 sagt Legge selbst, daß Dsï Lu (und Dsï Gau) in amtlicher Stellung in We zurückgeblieben sei, wo er bekanntlich kurze Zeit vor Kungs Tod 479 in einem Aufruhr ums Leben kam. Aus Stellen wie XIII, 14 geht ja auch deutlich hervor, daß nur Jan Kiu im Dienst der Familie Gi war. Ja selbst im vorliegenden Abschnitt richtet sich Kung nur an Jan Kiu, woraus sich ergibt, daß die Tradition sehr sicher ist in diesem Stück.

2. Der gegenwärtige Text hat: »es gehört zu den Gebieten des Staates (d. i. Lu)«. Wir rezipieren die Emendation des Huang Tsing Ging Giä a. a. O. S. 150, da sie den Tatsachen entspricht und der Textfehler um so leichter erklärlich ist, als in der alten Schrift die Zeichen für Staat (»bang«) und belehnen (»fong«) identisch sind. Der Sinn ist: wie kann sich ein Geschlecht von Dienstmannen herausnehmen, einen kaiserlichen Lehnsstaat zu bestrafen? Dies Recht steht nur dem Kaiser zu, nicht einmal dem Fürsten von Lu.

3. Dschou Jen ist ein guter Geschichtsschreiber aus alter Zeit

4. Das Wort (»gong«) ändern, das im rezipierten Text fehlt, hat noch Kung An Guo gelesen.

5. Wir haben hier prinzipielle Ausführungen, wie sie sich an die realen Zustände zur Zeit Kungs anschließen. Nachdem seit längerer Zeit die Kaiser ihre Macht an die Fürsten verloren hatten, und nun sogar seit 4–5 Generationen die Adelsgeschlechter die Herren waren, waren diese eben in der Gefahr, von widerspenstigen Dienstmannen wie Yang Ho (vgl. XVII, 1) ihrer Macht beraubt zu werden.
Die drei Huan-Geschlechter in Abschn. 3 sind eben die drei in Lu herrschenden Familien Mong, Gi, Schu, die ja alle ihren Ursprung auf den Fürsten Huan zurückführten.

6. In diesem Abschnitt finden sich ebenso wie in der ganzen Umgebung eine Reihe von Textvarianten, die, an sich von untergeordneter Bedeutung, ein Beweis dafür sind, daß die Tradition hier lange etwas schwankend geblieben ist. Wir haben uns an die wahrscheinlichsten Lesarten gehalten. Die Einzelheiten finden sich im Lun Yü Dschu Schu Giä Ging von Ho Yän und Hing Bing.

7. Die Lu-Ausgabe muß einen Ausspruch enthalten haben, der mit dem ersten Satz des vorliegenden Abschnittes ziemlich übereinstimmt: »Wer redet, ehe das Wort an ihn gerichtet ist, der ist ungebildet.« Offenbar enthält daher die Tsi-Rezension der Lun Yü auch genuines Material, nur die systematische Zusammenfassung verwandter Aussprüche ist Werk des Redakteurs. Immerhin kommt ersichtlich der Redaktionsarbeit ein weit größerer Anteil zu als bei dem sonstigen Stoff, der in den Lun Yü vorliegt. – Ausdrücklich wird bemerkt, daß die Regeln nur im Verkehr mit Eltern und Lehrern gelten, nicht dem Fürsten gegenüber.

8. Der Wille Gottes oder die »Verordnungen des Himmels« ist die Summe der in der Welt vorhandenen Offenbarungen der moralischen Weltregierung. Die »großen Männer« sind die Propheten, deren Geist mit dem geheimnisvollen Urgrund des Weltalls Berührung hat. Die »Worte der Heiligen« sind die hinterlassenen Zeugnisse der Vergangenheit – »Mose und die Propheten«, wie man bei den Juden zu sagen pflegte.

9. Zu den hier aufgezählten vier Stufen vgl. VII, 19, wo Kung sich zu der hier als zweite Klasse aufgeführten Stufe rechnet. Eine ähnliche Stelle steht in Dschung Yung XX, 9: »Ob man bei Geburt die Kenntnis hat oder durch Lernen die Kenntnis erwirbt oder durch (Überwindung von) Schwierigkeiten die Kenntnis erringt: wenn man nur die Kenntnis erreicht, so kommt alles auf Eines hinaus.« Jene Stelle in Dschung Yung, obwohl sie in anderem Zusammenhang steht, ist sicher mit Beziehung auf unsre Stelle verfaßt.

10. Die einzelnen Sätze sind früher meist in anderem Zusammenhang oder alleinstehend schon vorgekommen, man vergleiche z. B. XII, 21; II, 18; XIV, 13 usw. Die Vergleichung mit derartigen Szenen aus dem Leben gibt ein Beispiel für die kompendiöse Zusammenfassung verschiedener Aussprüche Kungs

unter gemeinsamen Stichworten, wie sie in dem vorliegenden Komplex vorliegt.

11. Man darf diesen Satz nicht zusammenwerfen mit IV, 6. Dort handelt es sich um die vollkommene Sittlichkeit, hier um praktische Lebensklugheit; daß das »Tüchtige« nicht sehr hoch steht, geht ja aus der zweiten Hälfte hervor.

12. Über Fürst Ging vergleiche XII, 11, über Be I und Schu Tsi V, 22. Außerdem siehe die Einleitung zu Buch XVI zu diesem Passus.

13. Tschen Kang ist identisch mit Dsï Kin von I, 10. Bemerkenswert ist, daß er hier wie dort sich bei andern über den Meister erkundigt. Be Yü (»Erstgeborner Fisch«) oder Li (»Karpfen«) ist der Sohn Kungs, der diesen Namen zu Ehren eines bei seiner Geburt dem Meister vom Landesfürsten übersandten Karpfens bekommen hat. Vgl. XI, 7. Zum alten chinesischen Brauch gehörte es, daß der Vater seinen Sohn nicht selbst unterrichtete, weil er leicht entweder zu streng oder zu nachgiebig sei. Kung scheint diesem Brauch gefolgt zu sein; wenigstens dürfte sich aus diesem Vorfall ergeben, daß er nicht mit Regelmäßigkeit die Studien seines Sohnes überwacht hat, vielmehr sich auf gelegentliche Bemerkungen beschränkte. – Nach chinesischer Auffassung soll innerhalb der Familienbeziehungen keine Intimität herrschen, weil dadurch die strikte väterliche Autorität gefährdet wird. Die Familie ist der Ort für die Entfaltung der Ehrfurcht. Das Gemüt findet seine Rechte in der Freundschaft. Über die Lieder und Riten und die Wichtigkeit, die Kung ihnen beilegte, vergleiche VII, 17; XX, 3.

14. Der Abschnitt ist gänzlich außerhalb der Sphäre der Lun Yü. Er findet sich in Li Gi I, II, II, 19 und ist vermutlich durch irgend ein Versehen hier in den Text eingedrungen, obwohl er sich auch in den alten Manuskripten findet.

## BUCH XVII · YANG HO

1. Eine praktische Illustration von XIV, 4. Yang Ho war der oberste Hausbeamte der Familie Gi, der die Herrschaft an sich gerissen hatte und durch Anstellung Kungs sein Ansehen stärken wollte. Als Kung auf seine Aufforderung, ihn zu besuchen, nicht einging, machte er ihm ein Geschenk, das nach den Regeln der Höflichkeit von seiten Kungs einen Dankesbesuch erforderte. Kung sucht auch hierbei der Begegnung auszuweichen. Unglücklicherweise begegnet er dem Usurpator auf dem Weg. Seine Weisheit besteht nun darin, daß er widerspruchslos die Tiraden des Usurpators über sich ergehen läßt und nur mit einem »Zu Befehl« antwortet, ohne natürlich in seine Dienste einzutreten. Ein anderes Benehmen wäre für ihn eine Lebensgefahr gewesen.

2. Abschn. 2 und 3 sind in den älteren Ausgaben zusammengefaßt. Diese Ausführungen sind im Munde

Kungs keine spekulativen Äußerungen über die Wesensnatur des Menschen, ebenso wie ihm die späteren Schulfragen, ob der Mensch von Natur gut, indifferent oder schlecht sei, die zu Menzius' Zeit soviel Staub aufgewirbelt haben, vollständig fern sind. Sie sind imperativisch gemeint: weil dem Menschen im allgemeinen solche Möglichkeiten in die Hand gegeben sind, hat er die Pflicht, sie auszunützen. Satz 2 steht zu Anfang der chinesischen Fibel, des »San Dsï Ging.«

3. Die tiefstehenden Narren, das »Volk«, das man nur leiten kann, ohne ihm Verständnis beizubringen (VIII, 9), sind die vierte Klasse von XVI, 9.

4. Die Stadt Wu war unter der Verwaltung Dsï Yus (Yän Yän). Es war die Heimatstadt Tan Tiä Miä Mings. Vgl. VI, 12. Dsï Yu war in den Formen sehr bewandert und hat diese Kenntnisse offenbar sehr eifrig angewandt, daher der Scherz des Meisters.

5. Gung-Schan Fu-Yau war ein Helfershelfer von Yang Ho (s. Abschn. 1), mit dem zusammen es ihm gelungen war, das Haupt der Familie Gi gefangen zu setzen und die Stadt Bi, mit deren Verwaltung er betraut war, durch einen Handstreich zu nehmen (über die Stadt Bi vgl. XVI, 1): Ähnlich wie Yang Ho dachte auch er daran, Kung zu verwenden. Offenbar war Kung einen Augenblick geneigt, die Einladung anzunehmen, weil er sich zutraute, die Verhältnisse in Ordnung zu bringen, d. h. unter Beseitigung der Adelsgeschlechter die Regierung wieder in legitime Hände zu bringen und im Osten Chinas Zustände zu schaffen, die hinter der Blütezeit

der Dschou-Dynastie nicht zurückständen. Dsï Lu hat keinen Sinn dafür. Er sieht nur, was vor Augen ist. Daher sein Widerspruch. Kung ging übrigens schließlich doch nicht hin, so wenig wie zu Bi Hi (Abschn. 7). Die Schwierigkeiten waren offenbar doch zu groß. [Die Worte Dsï Lus lauten wörtlich übersetzt: (Wenn) Nicht (ein Platz zum) gehen (da ist), so aufhören! Warum durchaus das (= zu) Gung Schan gehen?]

6. Der Abschnitt gehört seiner ganzen Komposition nach zu XVI, 4–10, also zur Tsi-Rezension. Man beachte auch die Einleitung: »Meister Kung sprach«. Hierher gehört ferner XX, 2.

7. Bi Hi war (in ähnlicher Weise wie Yang Ho und Gung Schan im Staate Lu) ein rebellischer Hausbeamter des Adelsgeschlechtes Dschau im Staate Dsin (vgl. XIV, 12), der, gestützt auf die Stadt Dschung Mou, sich gegen den Herrn aufgeworfen hatte. Vgl. zu diesem Abschnitt die parallele Erzählung Abschn. 5. – Auch hier war übrigens das Resultat dasselbe: Kung ging schließlich nicht hin. Von den zitierten Sprichwörtern ist das erste ohne weiteres verständlich. Auch das zweite macht keine Schwierigkeiten, wenn man nur nicht gerade an Kleiderstoffe denkt. Der Kürbis wird auch verschieden erklärt, einige identifizieren ihn mit einem Sternbild, aber dazu paßt des Aufhängen nicht so recht. Das Wort bedeutet auch nicht »bittere Gurke«, sondern »Kürbis«.

8. Auch dieser Abschnitt gehört wohl mit Abschnitt 6 usw. zusammen. Eine Parallelstelle dazu haben wir in VIII, 2, wo wenigstens zwei der hier

erwähnten Eigenschaften vorkommen, nur daß dort statt »lernen« die
»Formen« als notwendige Ergänzung bezeichnet werden. Sachlich
kommt es auf dasselbe hinaus. Bezeichnend ist die novellistische Ein-
kleidung in die Form eines Gesprächs mit Dsï Lu, welche Form zu
Beginn des »Hiau Ging« ebenfalls
imitiert wird (dort als Gespräch mit
Dsong Dsï).

9. Wörtlich: »Dieb«, »Räuber«; gemeint ist rücksichtslose Konsequenz,
die das eigne und andrer Leben
schädigt. Die Kommentare erwäh-
nen als Beispiel einen gewissen We
Schong Gau, der eine Verabredung
mit einem Mädchen hatte, sich unter einer Brücke zu treffen. Als er
am Stelldichein wartete, kam ein
plötzlicher Regen, der das leere
Flußbett zum Strom machte. Aber
We starb lieber in den Fluten, als
von seiner Abmachung zu weichen.
(Über das Verhältnis dieses Mannes
zu dem in V, 23 genannten lassen
sich nur Vermutungen aufstellen.)

10. Vergleiche hierzu den Parallelab-
schnitt XVI, 13. Dschou Nan und
Schau Nan sind die beiden ersten
Kapitel des »Schï Ging«.

11. Es ist beachtenswert, daß dieses
Wort nicht im modernen Europa,
sondern im antiken China gesprochen wurde.

12. Vgl. Matth. 23, 27.

13. Vgl. Matth. 7, 6.

14. Eine wörtliche Wiederholung von
I, 3. Nach manchen Kommentaren
fehlte sie in alten Ausgaben an dieser Stelle. Möglich, daß der Satz
wegen seiner Verwandtschaft mit
den vorangehenden hier nochmals
eingesetzt wurde.

15. Über die Farben und ihre Wirkungen vgl. Anm. zu X, 6. Was die Lieder von Dschong und die Schwätzer anlangt, so hat sich Kung dem
Yän Hui gegenüber schon über sie
ausgesprochen. Vgl. XV, 10. Über
die »Festlieder«, einen Teil des Schï
Ging, vgl. das Nähere in der Anm.
zu IX, 14. Nach einem alten Kommentar war Violett zu Kungs Zeit
Modefarbe.

16. Es ist natürlich ein Irrtum von Legge, wenn er Kung vorwirft, daß er
sich dem Himmel hier gleichstelle.
Der Gedanke ist jenes wirkungsvol-
le »Nichtstun«, wie es z. B. an
Schun gerühmt wird (vgl. XV, 4),
die »objektive« Wirksamkeit gegenüber dem bloßen Lehren und
Überliefern: der alte Schmerz des
Kung, die Tragik, unter der sein Leben litt. Der Schülerstandpunkt Dsï
Gungs erinnert beinahe an die Stelle in Faust: »Denn was man schwarz
auf weiß besitzt, kann man getrost
nach Hause tragen.« – Möglicherweise sind die Abschn. 11–19 ein
zusammenhängender Abschnitt.

17. Warum Kung den Jü Be nicht sehen wollte, ist nicht klar; ebensowenig ist etwas Näheres über Jü Be
bekannt, außer daß er aus dem
Staate Lu war. Die Absicht der Ablehnung sollte möglichst deutlich
gemacht werden: daher der Gesang,
um keinen Zweifel übrigzulassen,
was es mit dem »Kranksein« auf sich
habe. Bemerkenswert für die Quelle
ist auch hier die Bezeichnung
»Meister Kung«.

18. Auch dieser Abschnitt enthält einen
scharfen Tadel für Dsai Wo (Yü),
wie eigentlich alle Stellen, wo er
auftritt, vgl. III, 21; V, 9; VI, 24 (da-

gegen XI, 2). Seinen logischen Argumenten gegenüber appelliert Kung an das natürliche Gefühl.

19. Im alten China wurde das Feuer durch Reiben verschiedener Hölzer erzeugt, die mit den 4 Jahreszeiten wechselten. Das alte Feuer wurde jedesmal ausgelöscht, wenn das neue Feuer erzeugt war, daher wörtlich: »wenn man beim Feuerbohren das Feuer wechselt«. Nicht unerwähnt soll bleiben, daß manche Kommentatoren aus dieser Stelle folgern, daß zu jener Zeit nur einmal jährlich das Feuer erneuert worden sei. Die Sache ist jedoch für den Zusammenhang irrelevant.

20. Das Bo-Spiel ist dem Dambrett ähnlich. Es wird mit 12 Steinen auf jeder Seite gespielt. Das I-Spiel ist das alte chinesische Schach, ähnlich dem Belagerungsspiel oder Halma. Es wurde mit 360 Steinen gespielt. Das moderne chinesische Schach, das mit dem europäischen viele Ähnlichkeit hat, ist nach China wohl über Indien gekommen im 6. Jahrhundert unserer Zeitrechnung.

21. Eine Warnung an den mutigen Dsï Lu. Diese Betonung des Pflichtgedankens als des obersten hat Kung mit Kant gemein. Vergleiche die Einleitung über diese Frage.

22. Der »Edle«: von manchen Kommentatoren wird angenommen, daß sich diese Frage auf Kung persönlich beziehe.

23. Vgl. IX, 22, wo ebenfalls das »Schwabenalter« als die Zeit angegeben ist, wo es sich entscheiden muß, ob etwas und was in einem Menschen steckt.

## BUCH XVIII · WE DSÏ

1. Der letzte Fürst der Yin-Dynastie, welche der Dschou-Dynastie unmittelbar voranging, war Dschou Sin (1154–1122). Er wird als grausamer Tyrann der schlimmsten Sorte geschildert, ganz analog dem letzten König der Hia-Dynastie, Giä. Die Ähnlichkeiten gehen so weit, daß eine historische Dublette sehr nahe liegt. Der obengenannte »Herr« von We war ein älterer Halbbruder des Tyrannen, der sich von dem Hof und seinem sittenlosen Treiben zurückzog, da er den kommenden Ruin voraussah und seine Person retten wollte, damit jemand übrigbleibe, der die Opfer für die Vorfahren vollziehen könne. Der Herr von Gi war ebenso wie der bekannte Bi Gan ein Oheim des Herrschers. Er hatte dem Herrscher Vorstellungen wegen seines sittenlosen Wandels gemacht und war von ihm gefangen gesetzt worden. Nur dadurch, daß er Verrücktheit fingierte, entging er dem Tod, da nach einer Überlieferung Dschou Sin ihn als eine Art von Hofnarren benutzt habe. Andere Überlieferungen führen seine Einkerkerung auf einen dauernden Verdacht des Fürsten zurück, der seiner Verrücktheit nicht ganz traute. (Interessant ist das Hamletmotiv, das sich übrigens auch in der Geschichte Davids findet.) Als König Wu den Tyrannen Dschou Sin bestraft hatte, ließ er den Gefangenen

frei und übertrug ihm nach einer Tradition die nur unter chinesischer Suzeränität stehende Herrschaft über Korea. Li Gan wurde auf seine Vorwürfe hin grausam hingerichtet, indem ihm auf Befehl des Kaisers das Herz aus dem Leib gerissen worden sei, um zu sehen, »ob ein Heiliger wirklich sieben Öffnungen im Herzen habe«. Er wird gegenwärtig als Gott des Reichtums in China verehrt.

2. Über Hui von Liu Hia vgl. XV, 13 und in diesem Buch Abschn. 8. Bei Menzius wird er ebenfalls als hervorragender Mann des Altertums erwähnt. Der Kommentar Hu vermutet, daß am Schluß ein Satz fehle, der Kungs Urteil über ihn enthielt. Von anderer Seite wurde versucht, die Schwierigkeit dadurch zu lösen, daß der Abschnitt mit XV, 13 zusammengefaßt wird. Die Erklärung wäre dann diese: Dsang Wen Dschung war auf die Bedeutung des Hui von Liu Hia aufmerksam gemacht worden, so daß er ihn nicht ignorieren konnte. Deshalb gab er ihm die untergeordnete und überaus schwierige Stellung eines Oberrichters, wodurch er bei den Prozessen fortwährend in Konflikt mit den Häuptern der mächtigen Familien kommen mußte. Als er an diesen Schwierigkeiten das erstemal scheiterte, hoffte Dsang ihn endgültig los zu sein. Aber durch die Volksgunst getragen, wurde er noch zweimal mit dem Amt betraut, um beide Male an der Kollision mit den herrschenden Familien zu scheitern. Da habe ihm Dsang einen Boten geschickt, um ihm das Gehen nahezulegen, worauf die oben erwähnte

Antwort erfolgt sei. Kungs Urteil über die Sache läge dann in XV, 13.

3. Über den alten Ging vom Staate Tsi und seine Unterhaltung mit Kung vgl. XII, 11. Kungs Urteil über ihn siehe XVI, 12. Es würde sich um das Jahr 517 handeln, wo Kung infolge der Unruhen in Lu nach Tsi gegangen war. Die Divergenz der beiden Äußerungen, die Kung zum Gehen veranlaßte, wird den Machinationen Yän Yings zugeschrieben.

4. Die Szene fällt in die Zeit der kurzen amtlichen Wirksamkeit Kungs als Staatsminister von Lu. Der Erfolg Kungs hatte den Nachbarstaat Tsi eifersüchtig gemacht, daher das Geschenk von weiblichen Musikanten (nach anderen Quellen auch Pferden usw.). Der Erfolg war denn auch der gewünschte. Drei Tage lang blieben der Fürst und seine Großen den Staatsgeschäften fern. Kung war entrüstet – ging aber nicht. Wie aus andren Quellen (Menzius u. a.) hervorgeht, ist der Rücktritt Kungs erst im folgenden Frühjahr erfolgt, als er bei der Verteilung des fürstlichen Opferfleischs aufs gröblichste vernachlässigt worden war. Ein sachlicher Zusammenhang der beiden Ereignisse ist jedoch kaum zu bezweifeln, so daß die obige Bemerkung: »Kung Dsï ging« vom pragmatischen Standpunkt aus immerhin Recht behielte.

5. Dsïä Yü (wörtlich: »der den Wagen empfängt«) ist nach den zuverlässigsten Kommentaren der Name des ›Sonderlings‹ im Staate Tschu. Andre fassen es: »Der Narr von Tschu ging dem Wagen (Kungs) entgegen.« Wahrscheinlich ist die Begeg-

nung bei dem Hause, in dem Kung während seines Aufenthalts in Tschu wohnte. Kung erkannte sofort, daß er es mit einem verborgenen Weisen zu tun habe, der ähnlich wie der Herr von Gi (Abschnitt 1) seine Weisheit unter dem Mantel der Torheit verbarg. Der Zug Kungs zu dem halb barbarischen König von Tschu (im Süden), auf dem ihm so viele Unannehmlichkeiten passiert sind (vgl. XV, 1, 2), ist wohl ein Verzweiflungsakt gewesen, daher die Mahnung des Narren nicht ohne Berechtigung. In diese Zeit (490 v. Chr.) fallen auch die Begegnungen mit dem »Fürsten« von Schä (XII, 18; XIII, 18), der ja ein Beamter des Staates Tschu war. Kung erreichte in Tschu nichts, da der Kanzler gegen ihn war. Bemerkenswert ist, daß dieselben Worte, die Kung dem Dsai Wo gegenüber zugeschrieben werden (III, 21): »Bei Taten, die ihren Lauf genommen haben, ist es umsonst, zu mahnen, so wollen wir, was vorüber ist, nicht tadeln«, hier beinahe wörtlich im Munde des Narren wiederkehren. (Im Text frei übersetzt: »Was gescheh'n ist, ist geschehen«, wörtlich: »Was vorüber ist, soll man nicht mahnen.« Es handelt sich offenbar um ein altes Sprichwort. – Die Geschichten, die sich auf den Aufenthalt in Tschu beziehen, entstammen offenbar derselben Quelle. Vgl. Dschuang Dsï IV, 8. – Die Worte des Narren erinnern sehr an die Unterredung, die Kung Dsï mit seinem älteren Zeitgenossen Lao Dsï gehabt haben soll, die (nach dem Berichte bei Ssï Ma Tsiän) folgendermaßen verlief. Kung Dsï ging nach Dschou, um Lao Dsï nach den Bräuchen zu fragen. Lao Dsï sprach: »Wovon der Herr spricht, diese Männer samt all ihren Gebeinen sind längst vermodert; nur ihre Worte sind in den Ohren. Wenn der Weise seine Zeit findet, dann steigt er, findet er nicht seine Zeit, dann läßt er das Unkraut sich häufen und geht. Ich habe gehört, ein kluger Kaufmann verberge seine Vorräte wie nicht vorhanden; der Weise von vollendeter Tugend erscheine äußerlich wie unwissend. – Weg mit des Herrn Hochmut und vielen Begierden, auswendigem Schein und ausschweifenden Plänen! Das alles nützt dem Herrn nichts. Das ist es, was ich dem Herrn zu sagen habe, und damit gut.« – Kung Dsï ging fort, redete mit seinen Schülern und sprach: »Vögel, ich weiß, die können fliegen; Fische, ich weiß, die können schwimmen; Tiere, ich weiß, die können laufen. Die laufenden können umgarnt werden, die schwimmenden können geangelt werden, die fliegenden können geschossen werden. Komm ich zum Drachen, so weiß ich nicht, wie er sich erhebt auf Wind und Wolken und aufsteigt zum Himmel. Heute sah ich Lao Dsï: ist er nicht wie der Drache?«

6. Die Namen der beiden Verborgenen, die hier Kungs Bemühungen verlachen, sind nicht überliefert. Die im Text stehenden Bezeichnungen (»Tschang Dsü« = »der lange Ruhende«; »Giä Ni« = »der feste Untergetauchte«) sind symbolische Bezeichnungen.

7. Dschung Yu ist bekanntlich der Name Dsï Lus. Vgl. XI, 2, Anm.

8. Vgl. XIV, 39. Die Abschnitte in jener Gegend gehören mit den hier stehenden sachlich zusammen.

9. Über das Zurückbleiben Dsï Lus vgl. XI, 22, wo Yän Hui in ähnlicher Weise zurückbleibt. – Die fünf Kornarten sind: Reis, Hirse, klebrige Hirse, Weizen, Bohnen; sonst werden auch sechs und mehr Kornarten genannt.

10. Manche Handschriften sollen angeblich die Worte »zu den Söhnen« enthalten. Dem Sinne nach ist jedenfalls gemeint, daß Dsï Lu seinen Auftrag, dem sich der Alte wohl rechtzeitig entzogen hatte, bei dessen Söhnen anbringt. Die Argumentation geht davon aus, daß der Alte die Familienbeziehungen hochhielt. Wenn man das tut, so darf man um so weniger die staatlichen Beziehungen vernachlässigen, wie es durch solche Verborgenheit geschieht. Man hat in diesem Stück einfach seine Pflicht zu tun, unbekümmert um den Erfolg.

11. Über Be I und Schu Tsi, die Heroen aus der Zeit des Wechsels der Yin- und Dschou-Dynastie, vgl. V, 22; VII, 14; XVI, 12. Yü Dschung wird vielfach mit Wu Dschung (Dschung Yung) identifiziert, der, ein Bruder des Tai Be, mit diesem zusammen zu den Südbarbaren sich zurückzog, um das Reich dem Vater König Wens, Gi Li, zu überlassen. Vgl. VIII, 1. Sicher ist diese Identifikation aber nicht. Über I Yi ist vollends nichts bekannt; manche Kommentatoren bezweifeln, ob es überhaupt ein Name ist, oder ob es eventuell übersetzt werden muß: »Yü Dschung, der sich (unter) die Barbaren zurückzog.« Diese Über-setzung macht übrigens grammatische Schwierigkeiten. Dschu Dschang ist nicht zu identifizieren. Nur in Sün Dsï kommt eine Stelle vor, wo er mit Kung verglichen wird. Bemerkenswert ist, daß er von Kung in seinem Urteil nicht erwähnt wird. Hui von Liu Hia ist mehrfach erwähnt; XV, 13; XVIII, 2, 8. Schau Liän ist der Überlieferung nach kein Angehöriger des damaligen China, sondern gehörte zu den Ostbarbaren (aus dem heutigen Ostschantung), war aber sehr vertraut mit den Kulturformen Chinas (vgl. Li Gi XVIII, 3, 14). – Der ganze Abschnitt ist übrigens nicht leicht zu verstehen.

12. Über den Kapellmeister Dschï vgl. VIII, 15, wo von seiner Tätigkeit die Rede ist. Über die übrigen Musiker ist nichts bekannt. Der Abschnitt ist ein Bericht, wie nach Kungs Weggang die Musiker, die unter ihm mit der rechten Art, Musik zu machen, bekannt geworden waren (III, 23), das Land verließen, um nicht Zeugen des Verfalls der Kultur sein zu müssen.

13. Der Fürst Dschou, Bruder des Königs Wu, war mit dem Fürstentum Lu belehnt; da er jedoch für den minderjährigen Tschong die Reichsregierung zu führen hatte, setzte er seinen Sohn Be Kin als Fürst von Lu ein, von dem die späteren Fürsten von Lu abstammten. Im Schu Ging kommt die hier erwähnte Stelle nicht vor. Im Schï Ging wird zwar die Einsetzung Be Kins erwähnt, doch ohne diese Ermahnungen. Zu den einzelnen Aussprüchen finden sich jedoch konfuzianische Parallelen; vgl. Dschung Yung

XX, 12; Lun Yü VIII, 2; XIII, 25.
Über den Fürsten Dschou vgl. VII, 5.

14. Was dieser Satz hier zu tun hat, ist
unklar. Es sollen vier Zwillingsbrü-
derpaare, Söhne derselben Mutter,

gewesen sein. In der Geschichte
wird nur von Be Go (Nan Gung
Go, nicht zu verwechseln mit dem
in den Lun Yü erwähnten) berichtet.

## BUCH XIX · DSÏ DSCHANG

1. Wiederholungen von XIV, 13; XVI,
10 (vgl. III, 26). – Dsï Dschang fragte seinerseits den Meister nach dem
»Gebildeten« in XII, 20.

2. Dschu His Auffassung ist: »Das Sein
oder Nichtsein eines solchen ist be-
deutungslos.«

3. Zur ersten Hälfte vgl. I, 8; XVI, 4.
Zur zweiten Hälfte I, 6; II, 20.

4. Dschu Hi sieht in den »kleinen
Wahrheiten« den Acker- und Gartenbau u. dgl., wie Fan Tschï es lernen will. Wohl mit Unrecht.

5. Humanität ist hier im klassischen
Sinn genommen, wie er sich z. B.
bei Humboldt findet. Der Ausdruck
»vom Nahen aus denken« erinnert
an VI, 28, wo als Charakteristikum
wahrer Sittlichkeit bezeichnet ist,
daß man von sich aus Schlüsse auf
die Wünsche und Abneigungen der
andern ziehen könne. Über die
grammatikalische Form des Schluß-
satzes vgl. VII, 15; XIII, 18.

6. Eine andre Erklärung des Gleichnisses ist, daß die Handwerker in
besonderen Vierteln zusammen-
wohnen, und so durch die ganze
Umgebung ihre Geschicklichkeit
gefördert wird. Doch scheint die im
Text gegebene Erklärung besser eine Anwendung zuzulassen.

7. Vgl. dazu XIX, 21 über die Fehler
der Edlen.

8. Vgl. dazu die Bemerkungen über

das Äußere Kungs VII, 37 u. a.

9. Vgl. XX, 3, 9; XVII, 6; XIV, 23.

10. Vgl. II. 4; XIII, 25. – Dschu Hi faßt
die Stelle übrigens anders auf: »Wer
in großen Haupttugenden sich keine Übertretungen zuschulden
kommen läßt, der mag sich in kleineren Tugenden einige Freiheit gestatten.« Das ist jedoch in striktem
Gegensatz zu Dsï Hias Wesen. Vgl.
Abschnitt 12.

11. Yän Yän oder Dsï Yu vgl. XI, 2;
XVII, 4 und vorher II, 7; VI, 12. Er
war mehr auf die großen Lehren
der Riten und Musik gerichtet und
hatte daher keinen Sinn für die penible Art Dsï Hias, die er verlacht.
Die Antwort Dsï Hias, mit der er
sich rechtfertigt, leidet keineswegs
an übergroßer Klarheit. Die chinesischen Kommentatoren haben
schon alle möglichen Erklärungen
versucht, ohne daß jedoch eine
durchaus befriedigen würde. Der
Sinn ist wohl der: Schließlich ist alles richtig und man muß sich bei
der Stufe der Belehrung an das
Schülermaterial anpassen. Alles auf
einmal kann nur das Genie.

12. Der Sinn ist, daß die tüchtigsten
Beamten für das Studium reif seien
und die tüchtigsten Gelehrten für
die Amtsführung.

13. Vgl. den Ausspruch Dsï Dschangs
Abschn. 1. Dsï Yu spricht gegen

übertriebene Äußerungen der
Trauer, wie sie sich z. B. Dsï Hia
hatte zu schulden kommen lassen,
der beim Tode seines Sohnes sich
blind geweint hatte.

14. Die beiden Kritiken, von denen die
zweite noch die schärfere ist, lassen
an Deutlichkeit nichts zu wünschen
übrig. Sie geben einen Einblick in
die Zwistigkeiten der Schule.

15. Die Idee ist ähnlich wie in I, 11.
Der Vollzug der Trauerbräuche ist
so wichtig, daß dabei sicher alles ans
Licht kommt, was an Gutem im
Menschen schlummert.

16. Das nicht Abweichen von des Vaters
Art während der dreijährigen Trauerzeit gehört zu den besonderen
Anforderungen der Pietät. Mong
Dschuang gehört zu der bekannten
Mongfamilie in Lu. Ho Yän bemerkt noch, obwohl unter den
Hausbeamten seines Vaters sich un-
taugliche befunden hätten, habe er
dennoch innerhalb der Trauerzeit
keine Änderungen vorgenommen.
Darin bestehe sein Hauptverdienst.
Bezeichnend ist, wie Dsong Schen
die Aussprüche über kindliche Ehrfurcht offenbar besonders gut im
Gedächtnis behielt. Die Sage
schreibt ihm wohl mit Rücksicht
auf diese Gesinnung die Autorschaft
des »Hiau Ging« (Klassikers der
Pietät) zu.

17. Dieses Prinzip stimmt ganz mit dem
Geschichtchen überein, das von der
amtlichen Wirksamkeit Kungs erzählt wird. Als einst ein Vater seinen
Sohn anklagte, habe er sie beide ins
Gefängnis gesteckt, ohne ein Urteil
zu sprechen, bis der Vater von sich
aus die Klage zurückgezogen habe.
Als er darüber befragt worden sei,

habe er geantwortet, man könne
nicht das gemeine Volk dafür bestrafen, daß die Regierenden es so
lange an Ordnung der öffentlichen
Verhältnisse hätten fehlen lassen.

18. Über Dschou Sin, den letzten Fürsten der Yin-Dynastie, vgl. XVIII, 1,
Anm.

19. Vgl. VII, 30, wo Kung sich glücklich preist, daß seine Fehler nicht
verborgen bleiben.

20. Über Gung Sun Tschau von We ist
wenig bekannt. Dsï Gung ist be-
kanntlich selbst aus dem Staate We.
Der Meister ist hier bei seinem –
unter Gleichgestellten üblichen –
Gelehrtennamen Dschung Ni ge-
nannt. »Dschung« = »der Zweitge-
borne« (der Erstgeborne war der
Krüppel Mong Pi). »Ni« ist ein
Berg, dem seine Mutter vor seiner
Geburt geopfert haben soll. Über
Wen und Wu vgl. VIII, 20; IX, 5.

21. Wu Schu stammt aus der Familie
Schu, einer der drei großen Famili-
en in Lu. Dsï-Fu Ging-Be (vgl.
XIV, 33) wird in Dso Dschuan sehr
gerühmt; er scheint in einem gewissen Zusammenhang mit der Schule
Kungs gestanden zu haben.

22. Tschen Dsï Kin wird I, 10 und
XVI, 13 erwähnt. Das erste Mal
ebenfalls im Gespräch mit Dsï
Gung, das zweite Mal im Gespräch
mit Kungs Sohn Be Yü. Beide Male
erkundigt er sich hinten herum
über den Meister. In direktem Gespräch mit Kung begegnen wir ihm
nicht. Er spielt eine etwas zweifelhafte Rolle unter den Jüngern.

23. Diese Worte sind höchst wahrscheinlich ein Zitat (vgl. VI, 28) aus
alter Zeit, entweder zum Ruhm eines alten Fürsten gedichtet oder ei-

ne Art »messianischer Weissagung«. Die Anwendung auf Kung bezeichnet den Anfang seiner Verherrlichung, wie sie in Dschung Yung dann weitergeführt wurde. Auf dieser Entwicklungslinie liegt das kaiserliche Dekret von 1907, das dem Kung die höchsten göttlichen Ehren zuerkennt.

## BUCH XX · YAU YÜO

1. Die Abschnitte über die alten heiligen Herrscher sind religionsgeschichtlich von größtem Interesse, da sie die hohe Stufe der altchinesischen Religionsauffassung zeigen. Der Text hat einzelne Parallelen im Schu Ging, doch weicht er in vielen Stücken ab. Wir haben es hier ebenso wie XVII, 10 u. a. mit neben der Schu-Ging-Tradition hergehenden Überlieferungen zu tun. Die Beschaffenheit des Textes ist sehr unvollkommen. Er macht die größten Schwierigkeiten. Zur Erklärung im einzelnen sei hier die traditionelle chinesische Auffassung jener Zeiten rekapituliert: Der alte Kaiser Yau ist der erste dieser Heiligen, der bei der Nachfolge keine Rücksicht auf seinen unwürdigen Sohn nahm, sondern den Thron an seinen Minister und Schwiegersohn Schun, den Würdigsten, noch bei Lebzeiten übergab. Dasselbe tat Schun in seinem Alter. Er gab ebenfalls unter Übergehung seines eigenen unwürdigen Sohnes die Zügel des Reiches an den schon mehrfach genannten Yü weiter. Erst von da ab trat an die Stelle der Auswahl des Würdigsten die Erbfolge. Die Dynastie des Yü war die sogenannte Hia-Dynastie, 2205–1766 v. Chr. Die Dynastie endigte mit dem Tyrannen Giä, der, als das Maß seiner Schuld voll war, von Tang, dem dritten unter den heiligen Herrschern, bei Ming Tiau in Schansi geschlagen und entthront wurde. Das Gebet, das dieser bei seiner Thronbesteigung sprach, erinnert ganz an alttestamentliche Stücke. – Die von ihm gegründete Dynastie war die Schang- oder Yin-Dynastie von 1766 bis 1122 v. Chr. Auch diese Dynastie endigte mit einem Blutmenschen, dem Tyrannen Dschou Sin. Dieser Tyrann wurde dann von Wu Wang, dem Sohn Wen Wangs, um Thron und Leben gebracht. Wu Wang begründete dann die sogenannte Dschou-Dynastie, die am längsten von allen chinesischen Dynastien regierte, nämlich von 1122 bis 249 v. Chr. Ihm zur Seite stand sein noch berühmterer Bruder, der Fürst Dschou (Dschou Gung), von dem der Staat Lu seine Existenz ableitete. Seit jenen Zeiten gab es keine Heiligen auf dem Thron mehr. Nach chinesischer Tradition ist Kung Dsï der ungekrönte Nachfolger der Heiligen auf dem Thron (vgl. die Legende von seiner Geburt, nach der ein Kilin ihm die Weissagung überliefert habe: »Sohn der Wasserklarheit, nach dem Verfall der Dschou-Dynastie wird dir das Reich gehören als ungekröntem König«).

2. Hier fehlt die Bezeichnung. Unzweifelhaft ist Tang gemeint, wie aus dem Vornamen Li hervorgeht.

3. Auch hier fehlt die Einleitung. Ho Yän bezieht es auf das Gebet Wu Wangs nach Bestrafung des Dschou Sin. Es ist ein strophenartiger Bau, wohl Rest eines alten Lieds.

4. Wir machen hier mit den älteren Kommentaren einen weiteren Abschnitt und fassen das Folgende als zusammenfassende Schilderung der Regierungsart der alten Herrscher auf, nicht nur als auf die Dschou-Dynastie sich beziehend, wenn es auch klar ist, daß die Farben für dieses Bild hauptsächlich den Zeiten zu Beginn der Dschou-Dynastie entnommen sind. Daß es sich um ein allgemeines Ideal der guten Regierung überhaupt dabei handelt, das ergibt sich aus dem Vergleich mit XVII, 6 sowie mit dem XX. Kapitel von Dschung Yung, wo Kung die Maximen einer guten Regierung entwickelt.

5. Vgl. XIX, 10.

6. Vgl. VII, 14. Eine andere Auslegung ist: »Wenn er sittliche Menschen zu seinem Dienst begehrt« ...

7. Vgl. XIII, 26.

8. Vgl. VII, 37. Dieser ganze Abschnitt ist ganz nach Art der rätselartigen Zahlensprüche, wie sie sich auch im Alten Testament finden, abgefaßt.

# BENUTZTE LITERATUR

Selbstverständlich sehe ich davon ab, alle gelegentlich für einzelne Stellen mit benützten Werke aufzuführen, da das zu weit führen würde. Vielmehr beschränke ich mich auf die fortlaufend gebrauchten.

## 1. CHINESISCH

SÏ SHU HUI GIÄ. Ausführliche Erklärungen der »Vier Bücher« aus der Schule Dschu His. 10 Bände 1800.

SUNG BEN SCHÏ SAN GING DSCHU SCHU. Band 20: Lun Yü. Enthält hauptsächlich die Kommentare der Sung-Dynastie vor Dschu Hi, besonders Ho Yän und Hing Bing.

GU GING GIÄ. Band 21: Lun Yü I Schu, Band 22: Lun Yü Bi Giä. Enthält die alten Kommentare aus der Hanzeit.

HUANG TSING GING GIÄ. Ein Sammelwerk großen Stils, das unter der gegenwärtigen Dynastie von Yüan Yüan herausgegeben wurde und eine Menge altes Material enthält.

HIANG DANG GÜ GIÄ. 4 Bände. Kommentar zum 10. Buch.

KUN HÜO GI WEN. Über schwierige Stellen in den verschiedenen Klassikern.

SÏ SCHU DSCHÏ YÜ SCHU. Prolegomena über die »Vier Bücher« und Erklärungen einzelner Stellen vom Standpunkt Dschu His aus.

SÏ SCHU GIÄ I DI GIN. A Commentary on the Four Books adapted to Modern Times. H. Woods D. D. 1908.

LUN YÜ DSCHONG. Von einem Japaner (Butsu Sorai), sehr eigenartig und selbständig in der Auffassung.

WU GING TU LU. Illustrationen zu den Klassikern. Ebenfalls in Japan erschienen.

## 2. ENGLISCH

JAMES LEGGE, The Chinese Classics. 7 Bände. Vol. I: Confucian Analects, the Great Learning and the Doctrine of the Mean. 2. Aufl., Oxford 1893. Noch immer das umfassendste und solideste Werk, das wir über den Gegenstand haben, trotzdem es gänzlich im Bann Dschu His befangen ist und die Übersetzung oft hölzern und ungenießbar ist.

KU HUNG MING, The Discourses and Sayings of Confucius. Shanghai

1898. Eine Übersetzung für weitere Kreise in glänzendem Englisch, was um so mehr zu schätzen ist, als der Verfasser Chinese ist. Er ist in chinesischer und europäischer Literatur vorzüglich bewandert und bietet in seiner Übersetzung sprachlich weit Besseres als der Engländer Legge, allerdings ohne dessen gelehrten Apparat.

LIONEL GILES. Eine tüchtige, wenn auch nur bruchstückhafte Übersetzung, die den Versuch macht, die Lun Yü aus den hölzernen Schranken Legges zu befreien.

## 3. FRANZÖSISCH UND LATEINISCH

L. COUVREUR, S. J., Les Quatre livres avec un commentaire abrégé en Chinois une double traduction en français et en latin et un vocabulaire des lettres et des noms propres. Ho Kien Fou 1895. Steht sprachlich und sachlich etwa auf dem Standpunkt Legges. Die Übersetzung ist häufig ohne den Urtext unverständlich.

## 4. DEUTSCH

WILHELM SCHOTT, Werke des tschinesischen Weisen Kung Fu Dsü und seiner Schüler. Erster Teil. Lün-Yü. I: Halle 1826, II: Berlin 1832. Als erster Versuch historisch interessant. Die Übersetzung ist, wie bei den mangelhaften Hilfsmitteln nur zu verständlich, durchaus mangelhaft.

DR. WILHELM GRUBE, Geschichte der chinesischen Literatur, Leipzig 1902, sowie die grubeschen Arbeiten in der »Kultur der Gegenwart« und im »Religionsgeschichtlichen Lesebuch«.

O. FRANKE, Über die chinesische Lehre von den Bezeichnungen. Leyden 1906. Eine Abhandlung über Lun Yü XIII, 3 und dessen historische Zusammenhänge.

E. FABER, Quellen zu Confucius. Hongkong 1873.

E. FABER, Lehrbegriff des Confucius. (Die beiden letzteren Werke liegen auch in englischer Übersetzung vor.)

DR. G. MISCH, Von den Gestaltungen der Persönlichkeit in »Weltanschauung«. Reichl u. Co., Berlin 1911.

A. BORNEMANN, Konfuzius. Berlin-Schöneberg 1913.

# NAMENREGISTER

Die Namen in Klammern sind nach der wadeschen Transkription wiedergegeben. Die römischen Ziffern geben das Buch und die arabischen
nach dem Bruchstrich den Abschnitt an.

**A**

AI, Ehrentitel des Fürsten Dsiang
(Chiang) vom Staate Lu, regierte
494–468 v. Chr. II/19; III/21; VI/2;
XII/9; XIV/22.

AU, ein wegen seiner stärke bekannter
held aus der Hia-Dynastie. XIV/6.

**B**

BE (Po), eine Adelsfamilie aus dem
Staate Tsi, aus dem Besitz der Stadt
Biän durch den Minister Guan
Dschung vertrieben. XIV/10.

BE GO und BE DA (Puo Kuo und Po
Ta), zwei Beamte zu Beginn der
Dschou-Dynastie. XVIII/11.

BE I (Po I), ein berühmter Prinz aus
Ende der Schang- oder Yin-Dynastie, der mit seinem Bruder Schu
Tsi zusammen freiwillig den Hun-
gertod starb, als die Dschou-Dynastie ans Ruder kam. V/22, Anm. 20;
VII/14; XVI/12; XVIII/8.

BE NIU (Po Niu), literarischer Name
des Jan Gong (Jan Be Niu). An einer aussatzartigen Krankheit ver-
storbener Jünger Kungs. VI/8;
XI/2.

BE YÜ (Po Yü), literarischer Name des
Kung Li. Sohn des Meisters. XI/7;
XVI/13; XVII/10.

BI (Pi), Stadt in Lu, die Hauptfestung
der Familie Gi. VI/7, Anm. 8;
XI/24; XVI/1; XVII/5.

BI GAN (Pi Kan), Verwandter des Tyrannen Dschou Sin aus der Yin-
Dynastie. XVIII/1, Anm. 1.

BI HI, rebellischer Hausbeamter des
Geschlechtes Dschau von Dsin.
XVII/7.

BI SCHEN, ein Minister des Staates
Dschong. XIV/9.

BIÄN (Pien), Stadt in Lu, Geburtsstadt
des Jüngers Dsï Lu und des alten
Heroen Dschung. XIV/13, Anm. 12.

BIÄN (Pien), Stadt in Tsi. XIV/10.

BU SCHANG, siehe Dsï Hia.

**D**

DA HIANG (Ta Hsiang), Dorf. IX/2.

DIÄN, siehe Dsong Si.

DING (Fing), Ehrentitel des Fürsten
Sung von Lu 509–495 v. Chr.
III/19; XIII/15, Anm. 11.

DSAI WO (Tsai Wo) = Dsai Yü, literarischer Name Dsï Wo, Jünger Kungs,
»enfant terrible« der Schule. III/21;
V/9; VI/24; XI/2, Anm. 2;
XVII/21.

DSANG WEN (Tsang Wen), hoher Beamter von Lu. V/17, Anm. 16;
XV/15.

DSANG WU DSCHUNG (Tsang Wu
Chung), hoher Beamter von Lu
XIV/13, Anm. 12; XIV/15,
Anm. 15.

DSCHANG, siehe Dsï Dschang.

DSCHAU (Chao), eines der Adelsgeschlechter des Staates Dsin.
XIV/12.

DSCHAU (Chao), ein Prinz von Sung,
der wegen seiner Schönheit berühmt war. VI/14.

DSCHÏ (Chih), Kapellmeister im Staate
Lu. VIII/15; XVIII/9.

DSCHONG (Chêng), ein Lehensstaat,
dessen Musik als ausschweifend
galt. XV/10; XVII/18.

DSCHOU (Chou), die dritte Dynastie
des alten China, 1122–249 v. Chr.
II/23; III/14, 21; VIII/20; XV/10;
XVII/5; XVIII/11; XX/1.

DSCHOU GUNG (Chou Kung), der
Fürst von Dschou, Bruder des Kö-
nigs Wu, des Gründers der Dschou-
Dynastie. VII/5, Anm. 5; VIII/11;
XI/16, siehe jedoch Anm. 15;
XVIII/10, Anm. 13.

DSCHOU JEN (Chou Jen), ein Geschichtsschreiber aus alter Zeit.
XVI/1.

DSCHOU NAN (Chou Nan), Titel des
ersten Buches des Schï Ging.
XVII/10.

DSCHOU SIN (Chou Hsin), der letzte
tyrannische Fürst aus der Yin-Dynastie. XVIII/1, Anm. 1; XIX/20.

DSCHU DSCHANG (Chu Chang), ein
Eremit aus dem Staate Tschu.
XVIII/8, Anm. 11.

DSCHUAN (Chuan), ein Beamter unter
Gung Schu Wen, dem Kanzler von
We. XIV/19.

DSCHUAN YÜ (Chuan Yü), ein kleiner
Lehensstaat inmitten des Staates Lu.
XVI/1, Anm. 1.

DSCHUANG (Chuang) von Biän, ein
wegen seiner Tapferkeit berühmter
Held. XIV/13, Anm. 12.

DSCHUNG DU (Chung Tu) und
DSCHUNG HU (Chung Hu), zwei Be-
amte aus der Dschou-Dynastie.
XVIII/11, Anm. 14.

DSCHUNG GUNG, siehe Jan Yung.

DSCHUNG MOU (Chung Mou), eine
Stadt in Dsin. XVII/7.

DSCHUNG NI (Chung Ni), der literarische Name Kungs, s. a. Kiu.
XIX/22, 23, 25.

DSCHUNG SCHU YÜ, siehe Kung Wen,
XIV/20.

DSCHUNG YU, siehe Dsï Lu.

DSÏ (Tsï) oder HOU DSÏ, Ackerbaumi-
nister unter den alten Herrschern
Yau und Schun. XIV/6, Anm. 6.

DSÏ DSCHANG (Tsï Chang) = Duan
Sun, Vorname Schï, literarische Be-
zeichnung Dsï Dschang, ein ziem-
lich häufig genannter Schüler.
II/18, 23; V/18; XI/2, Anm. 2;
XI/15, 17, 19; XII/6, 10, 14, 20,
Anm. 18; XIV/13; XV/5, 41;
XVII/6; XIX/Einleitung, 1, 3, 15,
16; XX/2.

DSÏ DSIÄN (Tsï Chien) = Mi Bu Tsi
(literarische Bezeichnung Dsï
Dsiän), Schüler Kungs. V/2, Anm. 2.

DSÏ FU GING (Tsï Fu Ching), Beamter
von Lu. XIV/38; XIX/23.

DSÏ GAU (Tsï Kao) = Gau Tschai (literarische Bezeichnung Dsï Gau), ein
jüngerer Schüler Kungs. XI/2,
Anm. 2 zu Dschung Yu; XI/17,
Anm. 12; XI/24, Anm. 21.

DSÏ GUNG (Tsï Kung) = Duan Mu Tsï
oder Sï (literarische Bezeichnung
Dsï Gung), einer der meistgenann-
ten Schüler, der wegen seines im-
ponierenden Äußeren von manchen zeitweise sogar über den Mei-

ster selbst gestellt wurde. I/10, 15,
Anm. 15; II/13; II/17; V/3, 8,
Anm. 9, 11, 12, Anm. 13, 14; VI/6,
28; VII/14; IX/6, 12, Anm. 8; XI/2,
Anm. 2 Nr. 6, 12, 15, 18; XII/7, 8,
23; XIII/20, 24; XIV/18, 30, 51, 37;
XV/2, 9, 23; XVII/19, 24; XIX/20,
21, 22, Anm. 20, 25, 24
und 25.

Dsï HIA (Tsï Hsia), Geschlechtsname
Be, Rufname Schang, literarische
Bezeichnung Dsï Hia, ein ziemlich
häufig genannter Jünger und Schul-
haupt nach Kungs Tode. I/7; II/8;
III/8; VI/11; XI/2, Anm. 2; XI/15;
XII/5, 22; XIII/17, Anm. 17;
XIX/3–13.

Dsï HUA (Tsï Hua), siehe Gung Si
Hua.

Dsï KIN, siehe Tschen Kang. I/10.

Dsï LU (Tsï Lu) = Dschung Yu, (litera-
rische Bezeichnung Dsï Lu), der
durch seine Kühnheit, aber auch
zufahrendes Wesen bekannte Jünger
Kungs, der »Petrus« der Schule.
Auch Gi Lu genannt. II/17; V/6,
Anm., 7, 13, 25; VI/6, 26; VII/10,
18, 34; IX/11, Anm. 7, 26; X/18;
XI/2, Anm. 2 Nr. 8, 11, 12, 14,
Anm. 13, 17, 21, 23, 24, 25; XII/12;
XIII/1, 3, Anm. 3, 28; XIV/17, 23,
38, Anm. 33, 41, 45; XV/1, 3;
XVI/1; XVII/5, 7, 8, 23;
XVIII/6, 7.

Dsï SI (Tsï Hsi), XIV/10.

Dsï SANG BE Dsï (Tsï Sang Po Tsï), eine nur einmal genannte Persönlichkeit. VI/1.

Dsï TSCHANG (Tsï Ch'ang) = Gung Su
Kiau (literarische Bezeichnung Dsï
Tschang), der Kanzler des Lehens-
staates Dschong, persönlicher
Freund Kungs. V/15, Anm. 14;
XIV/9, Anm. 8, 10.

Dsï WEN (Tsï Wen), Kanzler des Staates
Tschu im Süden. V/18.

Dsï YU, siehe Yu.

Dsï YU (Tsï Yu) = Yän Yän (literarische
Bezeichnung Dsï Yu, gemischte Be-
zeichnung Yän Yu), ein Jünger
Kungs; nicht zu verwechseln mit
Jan Yu (literarische Bezeichnung
Dsï Yu). II/7; IV/26; VI/12; XI/2,
Anm. 2 Nr. 9; XVII/4, Anm. 4;
XIX/12, Anm. 11, 14, 15.

Dsï YÜ (Tsï Yü), ein Minister im Lehensstaat Dschong. XIV/9.

DsïÄ YÜ, der Narr von Tschu.
XVIII/5.

DSIN (Chin), Name eines Lehensstaates, der zeitweise die Hegemonie
hatte. XIV/16.

DSO KIU MING (Tso Chiu Ming), eine
Persönlichkeit des chinesischen Altertums, die nicht genau zu identifizieren ist. V/24, Anm. 22.

DSONG SCHEN (Tsêng Shen), literari-
sche Bezeichnung Dsï Yu, in der
Regel als Meister Dsong bezeich-
net, einer der Hauptjünger Kungs.
I/4, 9; IV/15; VIII/5, 4, 5, 7; XI/2,
Anm. 2; XI/17, Anm. 16; XII/24;
XIV/28, 16, 19).

DSONG SI (Tsêng Hsi), mit Rufnamen
Diän, Vater des Jüngers Dsong
Schen. XI/25, Anm. 22.

DSOU, der Mann von –, Bezeichnung
für Kungs Vater. III/15.

DUNG LI (Tung Li), Name des Platzes,
wo der Kanzler Dsï Tschan von
Dschong wohnte = Ostdorf. XIV/9.

**F**

FAN TSCHÏ (Fan Ch'ih), literarischer
Name des Fan Su; ein Jünger. II/5;
VI/20; XII/21, 22; XIII/4, 19.

FANG, Name einer Stadt im Fürstentum Lu. XIV/15.

FANG SCHU, ein Musiker aus dem Fürstentum Lu. XVIII/9.

FONG, sagenhafter Göttervogel. IX/8; XVIII/5.

# G

GAN (Kan), Name eines Musikers aus dem Staate Lu. XVIII/9.

GAU DSUNG (Kao Tsung), Ehrentitel des alten Kaisers Wu Ding 1324 bis 1264 v. Chr. XIV/45.

GAU YAU (Kao Yao), Justizminister des Kaisers Schun. XII/22.

GI (Chi) oder Gi Sun, das bedeutendste der im Staate Lu herrschenden Adelsgeschlechter. III/1, 6; VI/7; XI/16; XIII/2; XIV/38; XVI/1; XVIII/3.
Die einzelnen Häuser sind:
GI HUAN oder GI SI, XVIII/4;
GI KANG, II/20; VI/6; XI/6; XII/17, Anm. 15; XII/18, 19; XIV/20, 38; XVI/1;
GI DSÏ JAN, XI/25, Anm.

GI (Chi), Herr von –, Verwandter des Tyrannen Dschou Sin. XVIII/1.

GI (Chi), ein kleiner Staat, in dem die Nachkommen der Hia-Dynastie regierten. III/9.

GI DSÏ TSCHONG (Chi Tsï Ch'êng), ein Beamter von We. XII/8.

GI LU, siehe Dsï Lu.

GI SUI (Chi Sui) und GI GUA (Chi Kua), zwei Beamte aus der Dschou-Dynastie. XVIII/11.

GI WEN (Chi Wen), Ehrentitel eines Gliedes der Gi-Familie, ein hervorragender Beamter in Lu. V/19.

GIÄ NI (Chieh Ni) ein Eremit im Staate Tschu. XVIII/6, Anm. 6.

GIÄN (Chien), Fürst im Staate Tsi. XIV/22, Anm. 20.

GING (Ching), Fürst des Staates Tsi zu Kungs Zeit. XII/11; XVI/12; XVIII/3.

GING (Ching), ein Prinz des Staates We. XIII/8.

GIU (Chiu), Bruder des Fürsten Huan von Tsi, der von diesem letzteren getötet wurde. XIV/17, 18; vgl. Anm. 14 (347 f.) zu XIV/16.

GÜ BE YÜ (Chü Po Yü) oder GÜ YUAN, ein hoher Beamter des Staates We. XIV/26, Anm. 22; XV/6, Anm. 6.

GÜ FU (Chü Fu), eine kleine Stadt an der Westgrenze von Lu. XIII/17, Anm. 17.

GUAN DSCHUNG (Kuan Chung), Name: I-Wu, Kanzler des Fürsten Huan von Tsi, dem er zur Hegemonie verhalf. III/22; XIV/10, 17, 18.

GUNG BE LIAU (Kung Po Liao), ein Verwandter des Fürstenhauses von Lu, der ein Gegner Kungs war. XIV/38.

GUNG MING GIA (Kung Ming Chia), ein Beamter des Fürstentums We. XIV/14.

GUNG-SCHAN FU-JAU (Kung-Shan Fu-Jao), ein Rebell. XVIII/5.

GUNG SCHU (Kung Shu), eine große Adelsfamilie im Fürstentum We. Ihr gehört an:

GUNG-SCHU WEN. XIV/14, 19, und

GUNG-SCHU TSCHAU, siehe Gung-Sun Tschau.

GUNG SI HUA (Kung Hsi Hua) oder DSÏ HUA, literarische Bezeichnung des Jüngers Gung Si Tschï. V/7; VI, 3; VII/33; XI/21, 25.

GUNG SUN KIAU, siehe Dsï Tschan.

GUNG SUN TSCHAU (Kung Sun Ch'ao), Mann aus We. XIX/22.

GUNG TSCHO, siehe Mong Gung Tscho.

GUNG YE TSCHANG (Kung Ye Ch'ang), Schwiegersohn Kungs. V/1.

# H

HAN, ein großer Fluß in China, früher
Grenze des Reichs. XVIII/9.

HIA (Hsia), Name der ältesten regulä-
ren Dynastie, von Yü begründet.
II/23; III/9, 21; XV/10.

HIÄN (Hsien), Vorname des Schülers
Yüan Sï. XIV/1; VI/3, Anm. 3.

HU HIANG, eine berüchtigte Gegend.
VII/28.

HUAN, Fürst des Staates Tsi, 684–643
v. Chr. XIV/16, Anm. 14, 17, 18.

HUAN, eine Bezeichnung der drei
Adelsgeschlechter von Lu. XVI/3,
Anm. 5.

HUAN TUI, ein dem Kung feindlich ge-
sinnter hoher Beamter des Staates
Sung. VII/22.

HUI, siehe Yän Hui.

HUI von LIU HU, ein bedeutender Beamter von Lu. XV/13, Anm. 11;
XVIII/2, 8.

# I

I, ein kleiner Grenzort zwischen Lu
und We. III/24.

I, ein sagenhafter Bogenschütze der
Vorzeit. XIV/6, Anm. 6.

I YI, ein von der Welt zurückgezogen
Lebender. XVIII/8, Anm. 11.

I YIN, ein berühmter Minister des
Tang, des Begründers der zweiten
Dynastie (Schang). XII/22.

# J

JAN BE NIU, siehe Be Niu.

JAN GANG, siehe Be Niu.

JAN KIU (Jan Ch'iu), literarischer Na-
me Dsï Yu, gewöhnlich Jan Yu ge-
nannt (nicht zu verwechseln mit
Dsï Yu = Yän Yän), einer der be-
rühmtesten Jünger, der lange im
Dienste der Familie Gi in Lu stand.
III/6; V/7; VI/3, 6, 10, Anm. 11;
VII/14; XI/2, Anm. 2; XI/12, 16,
21, 23, 25; XIII/9, 14; XIV/13;
XVI/1; XVII/4.

JAN YU, siehe Jan Kiu.

JAN YUNG (literarische Bezeichnung
Dschung Gung), ein Jünger. V/4;
VI/1, 4; XI/2, Anm. 2; XII/2; [*]
XIII/2.

JU BE, ein Mann aus Lu, dessen Besuch
Kung ablehnte. XVII/20, Anm. 17.

# K

KANG, Freiherr, siehe Gi Kang. X/11.

KIU (Ch'iu), Vorname des Kung, mit
dem er sich selbst bezeichnet, von
der chinesischen Literatur in der
Aussprache vermieden; sie setzen
dafür »Mu«, ein Gewisser, ein.
XIV/34; XVIII6.

KIU, siehe Jan Kiu.

KUANG (K'uang), ein Platz, wo Kung in
Lebensgefahr geriet. IX/5; XI/22.

KUNG WEN DSÏ (K'ung Wen Tsï), Ehrentitel des Gung Schu Dsï Yu, eines Beamten des Staates We. V/14;
XIV/20.

KÜO (Ch'üeh), Name eines Dorfes,
vermutlich die Heimat Kungs.
XIV/47, Anm. 40.

KÜO (Ch'üeh), ein Musiker von Lu.
XVIII/9.

# L

LAU (Lao), Geschlechtsname Kin, literarische Bezeichnung Dsï Kai, ein
Jünger. XI/6.

LI, siehe Tang.

LI, siehe Be Yü (Sohn Kungs).

LIAU (Liao), ein Musiker in Lu.
XVIII/9.

LIN FANG, ein Mann aus Lu, vermutlich ein Jünger. III/4, 6.

LING, Fürst des Staates We 533–492
v. Chr. XIV/20, Anm. 18; XV/1.

Lu, der Heimatstaat Kungs. II/5; III/23; V/2; VI/22; IX/14; XI/13; XIII/7, Anm. 7; XIV/15; XVIII/4; 6, 10, Anm. 13.

## M

MIÄN (Mien), ein Kapellmeister in Lu. XV/41.

MIN DSÏ KIÄN (Min Tsï Ch'ien), auch Meister Min genannt, ein Jünger. VI/7, Anm. 8; XI/2, Anm. 2, 4, 12, 13.

MONG (Mêng), ein Berg im heutigen Schantung. XVI/1.

MONG (Mêng), eines der drei herrschenden Adelsgeschlechter in Lu, das dem Rang und Alter seines Stammherrn nach zweite Huan. XVIII/3; XIX/19.

MONG DSCHÏ FAN (Mêng Chih Fan), ein wegen seiner Tapferkeit berühmter Held von Lu. VI/13.

MONG DSCHUANG (Mêng Chuang), Haupt der Familie Mong von Lu vor der Zeit Kungs. XIX/18, 19.

MONG GING (Mêng Ching), Ehrentitel des Mong Sun Giä, des Enkels von Mong I. VIII/4.

MONG GUNG TSCHE (Mêng Kung Ch'o), ein Haupt der Mong-Familie in Lu, einer der besten Männer der drei Adelsgeschlechter. XIV/12, 13.

MONG I (Mêng I), Ehrentitel des Mong Sun Ho Gi, Haupt der Mong-Familie in Lu z. Z. Kungs. II/5, Anm. 3a.

MONG SUN (Mêng Sun), siehe Mong I.

MONG WU (Mêng Wu), Sohn des Mong I. II/6; V/7.

## N

Nan Dsï (Nan Tsï), eine berüchtigte Fürstin von We, Frau des Fürsten Ling, Schwester des Prinzen

Dschau von Sung. VI/26, Anm. 15 zu VI, 14.

NAN GUNG GO (Nan Kung Ko), wird mit Nan Yung identifiziert. XIV/6.

NAN YUNG, ein Jünger, Schwiegersohn des älteren Bruders Kungs. V/1, Anm. 1; XI/5.

NING WU, ein Beamter im Staate We. V/20, Anm. 18.

## P

PONG (Pêng), eine nicht zu identifizierende Gestalt des Altertums. VII/1, Anm. 1.

## S

SCHÄ (Shê), ein Bezirk des »Königreichs« Tschu. VII/18, Anm. 14; XIII/16, 18.

SCHANG (Shang), siehe Dsï Hia. III/8; XI/15.

SCHAU (Shao), Name der Musik des alten Herrschers Schun. III/25, Anm. 18; VII/13, Anm. 9.

SCHAU HU (Shao Hu), Minister des Bruders des Fürsten Huan von Tsi, der mit seinem Herrn in den Tod ging. XIV/17.

SCHAU LIÄN (Shao Lien), ein Weiser, der sich vor der Welt verbarg. XVIII/8, Anm. 11.

SCHAU NAN, eine Abteilung des Liederbuchs. XVII/10.

SCHEN, siehe Dsong Schen.

SCHEN TSCHANG (Shen Ch'ang), literarische Bezeichnung Dsï Dschou, ein Jünger. V/10.

SCHÏ, siehe Dsï Dschang. XI/15, 17.

SCHÏ MEN (Shih Men) = Steintor, ein Paß zwischen Lu und Tsi. XIV/41.

SCHÏ SCHU (Shih Shu), mit Namen Yu Gu, ein Beamter des Staates Dschong. XIV/9.

Schou Yang (Shou Yang), Berg in Schansi. XVI/12.

Schu Hia (Shu Hsia) und Schu Yä (Shu Yeh), zwei Brüder aus der Dschou-Dynastie. XVIII/11.

Schu Sun Wu Schu (Shu Sun Wu Shu), ein Haupt der Schu-Sun-Familie, eines der drei herrschenden Adelsgeschlechter in Lu. XIX/23, Anm. 21, 24.

Schu Tsi (Shu Ch'i), Bruder des Be I, ein edler Prinz aus dem Ende der zweiten Dynastie. V/22, Anm. 20; VII/14; XVI/12; XVIII/8.

Schun (Shun), ein Herrscher des goldenen Zeitalters, der Nachfolger Yaus. VI/28; VIII/18, Anm. 12, 20; XII/22, Anm. 19; XIV/45; XV/4; XX/1, Anm. 1.

Sï oder Tsï, siehe Dsï Gung.

Sï Ma Niu (Ssu Ma Niu), ein Jünger. XII/3, 4, Anm. 4, 5.

Siä (Hsieh), ein kleiner Lehensstaat, XIV/12.

Siang (Hsiang), ein Musiker im Staate Lu. XVIII/9.

Sung, ein kleiner Lehensstaat, in dem die Nachkommen der Yin-Dynastie regierten. III/9; VI/14, Anm. 15.

## T

Tai Be (T'ai Po), ein Verwandter des Begründers der Dschou-Dynastie. VIII/1, Anm. 1.

Taischan, ein Berg im heutigen Schantung, der berühmteste der heiligen Berge Chinas. III/6, Anm. 5.

Tan Tai Miä Ming (T'an T'ai Mieh Ming), literarische Bezeichnung Dsï Yu, ein Jünger. VI/12, Anm. 13.

Tang (T'ang), der dynastische Titel des alten Herrschers Yau. Siehe Yau.

Tang (T'ang), mit dem Vornamen Li, ist der Begründer der zweiten Dyna-

stie (Schang). XII/22; XX/1, Anm. 2.

To (T'o), ein Beamter des Staates We, wegen seiner Beredsamkeit bekannt. VI/14, Anm. 15; XIV/20.

Tong (Têng), ein kleiner Lehensstaat. XIV/12.

Tsai (Ts'ai), ein Lehensstaat, durch den Kung bei seinen Wanderungen kam. XI/2; XVIII/9.

Tschai, siehe Dsï Gau.

Tschang Dsü (Ch'ang Chü), ein Eremit im Staate Tschu. XVIII/6.

Tschen (Ch'en), ein Lehensstaat im Süden. V/21; VII/30; XI/2; XV/1.

Tschen Kang (Ch'en K'ang), literarischer Name Dsï Kin, ein Jünger Kungs. 1/10; XVI/13; XIX/25.

Tschen Tschong (Ch'en Ch'eng), Minister im Staate Tsi. XIV/22.

Tschen Wen (Ch'en Wen), Beamter in Tsi. V/18.

Tschï, siehe Gung Si Hua.

Tschu (Ch'u), ein ursprünglicher Lehensstaat im Süden, der sich zu Kungs Zeit aber schon ziemlich selbständig gemacht hatte. V/18; XVIII/5, Anm. 5; XVIII/9.

Tschui, siehe Dsï Gau.

Tsi (Ch'i), der nördliche Nachbarstaat von Lu. V/8; VI/3, 22; VIII/13; XIV/10, 22; XVI/12; XVIII/3, 4, 9.

Tsi-Diau Kai (Ch'i-Tiao K'ai), aus Lu, Schüler Kungs. V/5, Anm. 3.

Tsin (Ch'in), ein Lehensstaat, dem später der berühmte Schï Huang Ti entstammte. XVIII/9.

Tsui (Ts'ui), ein hoher Beamter des Staates Tsi. V/18.

## W

Wang-Sun Gia, ein hoher Beamter von We. III/13, Anm. 10; XIV/20, Anm. 18.

WE (Wei), ein Lehensstaat, in dem sich Kung häufig aufhielt und aus dem mehrere Jünger entstammten. VII/14, Anm. 10; IX/14; XIII/3, 7, Anm. 7, 8, 9, XIV/20, 42; XV/1, Anm. 1; XIX/22.

WE, ein kleiner Staat im heutigen Schansi. XVIII/1.

WE, Name eines der im Staate Dsin regierenden Adelsgeschlechter. XIV/12.

WE SCHONG GAU (Wei Shêng Kao), wegen Wahrheitsliebe bekannt. V/23, Anm. 21.

WE SCHONG MOU (Wei Schêng Mou), ein alter Bekannter Kungs. XIV/34, Anm. 29.

WEN, Fürst von Dsin. XIV/16.

WEN, Ahn der Dschou-Dynastie. VIII/20, Anm. 13; IX/5; XIX/22.

WEN, ein Fluß zwischen Tsi und Lu. VI, 7, Anm. 8.

WU, Musik des Königs Wu der dritten Dynastie. III/25.

WU, ein Musiker von Lu. XVIII/9.

WU, Name eines Lehensstaates, in dem ein Zweig der fürstlichen Familie von Lu regierte. VII/50.

WU MA KI (Wu Ma Ch'i), ein Jünger. VII/50.

WU SCHU (Wu Shu), Mitglied der Schu-Familie in Lu. XIX/23, 24.

WU TSCHONG (Wu Ch'êng), eine Stadt in Lu. VI/12; XVII/4, Anm. 4.

Wu Wang, der erste König der dritten oder Dschou-Dynastie. VIII/20, Anm. 13; XIX/22.

## Y

YÄN HUI (Yen Hui), literarischer Name Dsï Yüan, gemischte Bezeich-

nung Yän Yuan, der Lieblingsjünger Kungs. II/9, Anm. 7; V/8, 25 ; VI/2, 5, 9; VII/10; VIII/5; IX/10, 19, 20; XI/2, 3, 6, Anm. 6, 7, 8, 9, 10, 18, 22; XII/1; XV 10.

Yän Lu (Yen Lu), der Vater des Jüngers Yän Hui. XI/7, Anm. 6.

YÄN PING DSCHUNG (Yen P'ing Chung), Minister im Staate Tsi zur Zeit Kungs. V/16.

Yang, ein Musiker von Lu. XVIII/9.

YANG FU, ein Jünger von Dsong Schen. XIX/19.

YANG HO, der Hausminister der Familie Gi in Lu. XVII/1, Anm. 1.

YAU (Yao), der älteste von Kung erwähnte Herrscher Chinas. VI/28; VIII/19, 20, Anm. 13; XIV/45; XX/1, Anm. 1.

YIN-DYNASTIE, die dritte Dynastie (= Schang-Dynastie). II/23; III/9, Anm. 8, 21; VIII/20; XV/10; XVIII/1, Anm. 1.

Yu, siehe Dsï Lu.

YU JO (literarische Bezeichnung Dsï Yu, auch Meister Yu genannt), ein Jünger. I/2, 12, 13; XII/9, Anm. 9.

Yü, siehe Dsai Wo.

Yü, der dritte Herrscher des goldenen Zeitalters. VIII/18, Anm. 12, 21; XIV/6; XX/1, Anm. 1.

Yü (literarische Bezeichnung Dsï Yü), Geschichtsschreiber des Staates We. XV/6, Anm. 6.

Yü oder Yu Yü, siehe Schun.

Yü DSCHUNG (Yü Chung), Bruder des Tai Be. XVIII/8, Anm. 11.

YÜAN JANG, ein alter Freund Kungs. XIV/46, Anm. 39.

YÜAN Sï, siehe Hiän. VI/3.

YUNG, siehe Jan Yung. V/4; VI/1.

# SACHREGISTER

**A**

Achtung (Ging) I/5; II/7, 20;
III/26; IV/18; V/15, 16; VI/1,
20; XII/5; XIII/4, 19; XV/32;
XVI/10; XIX/1
Ahnenkult I/9; II/5, 24; III/12
Armut und Reichtum I/15; IV/5;
V/3; VI/3; VII/11, 15; VIII/13;
XI/16; XII/5; XIII/8, 9;
XIV/11; XV/31
Äußeres, Betragen, Mienen (Sche)
I/3, 7; II/8; V/18, 24; VIII/4;
IX/17; XII/20; XIV/39; XV/12;
XVI/10; XVII/12, 17

**B**

Barbaren III/5; IX/13; XIII/19;
XV/5
Beamter (Tschen) III/19; V/5;
VIII/20; IX/11; XI/23,24;
XII/11; XIII/2, 15; XIV/43;
XVIII/10; XIX/13
Betragen s. Äußeres
Böses (Wo) IV/4; V/22; XII/16,
21; XVII/24; XIX/20
Brüderlichkeit s. Pietät

**D**

Denken (Sï) II/15; IV/17; V/19;
IX/3; XIV/13, 28; XV/11, 30;
XVI/10; XIX/1, 6

**E**

Edler (Gün dsï) I/1, 2, 8, 14; II/12,
13, 14; III/7, 24; IV/5, 10, 11, 16,
24, 25; V/2, 3, 15; VI/3, 11, 16,
24, 25; VII/25, 32, 36; VIII, 6;
IX/13; XI/20; XII/4, 5, 8, 16, 24;
XIII/3, 23, 25, 26; XIV/6, 7, 24,
28, 29, 30, 45; XV/1, 6, 17, 18,
19, 20, 21, 22, 31, 36; XVI, 6, 7,
8, 10; XVII, 4, 23, 24; XVIII, 10;
XIX, 7, 9, 10, 12, 21 XX, 3
Ernst (Gung) V/15; VII/37; XII/5;
XIII/19; XVI/10

**E**

Fehler I/8; II/18; IV/7; V/22, 26;
VII/16, 30; IX/24; XI/15;
XII/15, 21; XIII/2; XIV/26;
XV/29; XIX/7, 21
Formen s. Regeln
Freundschaft, Freunde I/1, 4, 7, 8;
IV/26; V/16, 25; IX/24; XII/23,
24; XIII/28; XV/9; XVI/4, 5;
XIX/3, 15
Fröhlichkeit (Lo) I/1, 15; VI/9, 18,
21; VII/15, 18; XI/12; XVI/5
Fürst (Gün), Fürstendienst I/7;
III/5, 18, 19, 22; IV/26; V/15;
X/3; XI/23; XII/9, 11, 19;
XIII/15, 20; XIV/15, 23; XV/37;
XVII/15

**G**

Gebildeter (Schï) IV/9; VI/11;
VIII/7; XIII/20, 28; XIV/3;
XV/8, 9; XIX/I
Geist, Art (De) I/9; II/1 (Kraft des
Wesens), 3; IV/11 (innerer Wert),
25; VI/27 (menschliche Naturanlage); VII/3, 6, 22; VIII/1 (Tugend), 20; IX/17; XI/2; XII/10,
11 (Talente), 19 (Wesen), 21;

XIII/22; XIV/5, 6, 35 (Rasse), 36
(Güte); XV/3 (Macht des Gei-
stes), 12 (Tugend), 26 (geistiger
Wert); XVI/12 (gute Eigenschaf-
ten); XVII, 13 (Tugend), 14
(Geist); XIX/2 (geistiges
Wesen), 11
Geister (Gui)  II/24; VI/20; VIII/21
(Gott); X/16 (Donnerschlag und
heftiger Sturm); XI/11
Geradheit (Dschï)  II/19; V/23;
VI/17;VIII/2, 16; XII/20, 22;
XIII/18; XIV/36; XV/6; XVI/4;
XVII/8
Gerechtigkeit (I)  s. Pflicht
Gesetz des Himmels (Tiän ming)
II/4;VI/19; XI/18; XII/5;
XIV/38; XVI/8; XX/3
Gewinn  s. Lohn
Glaube  s. Treu und Glauben
Götter (Schen)  III/6, 12, 13; VI/4
(Berg und Flüsse), 20 (ehren und
fernhalten); VII/20 (Dämme-
rung), 34 (Götter und Erdgei-
ster); VIII/21 (Gott); IX/8 (Phö-
nix und Flußschildkröte); XVI/1
(Mong-Berg); XVIII/5 (Vogel
Phönix)
Gut (Schan)  II/20; VII/3, 21, 25, 27;
VIII/4; XI/19; XII/21, 23;
XIII/11, 15, 22, 24, 29 (ein tüch-
tiger Mensch); XV/32; XVI/5
(Tüchtigkeit), 11; XIX/20
(Schlechtigkeit, bu schan)
Gütigkeit (Schu)  s. Treu und Glau-
ben

**H**
Harmonie (Ho)  I/12; III/23
Heilig (Schong)  VI/28; VII/25
(Gottmensch), 33 (Genialität);
IX/6 (Genie); XVI/8; XIX/23,
24; XX/1
Himmel  III/13, 24; V/12 (Tin

Dau);VI/8 (Be Nius Krankheit),
19 (Schang, höchste Dinge), 26;
VII/22 (Gott); VIII/19; IX/5, 11;
XI/8 (Gott); XII/5; XIV/37;
XVII/19

**I**
Irrlehren  II/16

**K**
Kennen  s. Wissen
Klarheit (Ming)  XII/6; XVI/10
König (Wang)  XIII/12
Krankheit und Tod  II/6; IV/8; VI/2,
8;VIII/3, 4, 7, 13; IX/5, 11, 21;
X/13, 15; XI/6, 7, 8, 9, 10, 11,
12, 22; XII/5 (Tod und Leben),
7, 10; XIV/6, 17, 18; XV/8
(Tod), 34; XVI/12; XVII/20
Krieg  VII/10; IX/25; XII/7;
XIII/29, 30; XV/1 XVI/1, 2
Kultur, Kunst (Wen)  I/6; III/9, 14;
V/12, 14, 17, 19, 21; VI/16
(Form und Gehalt, Wen Dschï),
25 (Literatur); VII/24 (Kunst), 32
(literarische Ausbildung); VIII/19
(Lebensordnung) IX/5 (Kultur);
XI/2 (ästhetisch tätig); XII/8, 15
(Literatur), 24 (Kunst); XIV/13
(Geschicklichkeit), 19 (vollendet,
weise); XV/17 (Literatur)
Künste  III/7 (Bogenschießen), 16;
VII/6 (Kunst), 26 (Fischfang und
Jagd); VIII/4; IX/2 (Wagenlen-
ken, Bogenschießen), 6 (Talente);
XIII/4 (Ackerbau und Garten-
bau), 22 (Zauber- und Heil-
kunst); XIV/6 (Bogenschießen)

**L**
Leben  s. Natur
Lehren  II/11, 20; VII/1, 2, 7, 8, 21,
24, 33; XIII/9, 29, 30; XIV/8;
XV/35, 38

Lernen (hüo), Üben (si)  I/1, 4, 6, 7,
   8, 14; II/4, 9, 11 (wen), 15; V/13,
   14, 27; VI/2; VII/2, 3, 16, 33;
   VIII/5, 12, 17; IX/2, 10, 18, 19,
   20, 29; XI/2, 6, 24; XII/15;
   XIII/4; XIV/25; XV/2, 30, 31;
   XVI/9, 13; XVII/2, 4, 8; XIX/6,
   13, 22
Lernen (hau)  I/14; IV/3 (Men-
   schen), 6 (Sittlichkeit); V/6
   (Mut), 14, 27 (lernen); VI//2, 18
   (lernen); VII/1 (das Altertum lie-
   ben), 10, 11 (Neigung), 19 (das
   Altertum); VIII/10, 13; XI/6;
   XIII/20, 24; XIV/44; XV/27;
   XVII/8; XIX/5
Liebe (Ai)  I/5, 6; III/17; XII/10;
   XIII/4; XIV/8; XVII/4
Liebe (Jen)  s. Sittlichkeit
Lohn, Gewinn (Li)  IV/2, 12, 16;
   VI/20; IX/1; XIII/17;
   XIV/13

### M

Machen, betätigen, schaffen (dso)
   VII/1, 22; XIV/40
Menschenkenntnis  s. Wissen
Menschentum (Jen)  s. Sittlichkeit
Mienen  s. Äußeres
Musik  III/3, 20, 23, 25; VII/9, 13,
   31; VIII/8, 15; IX/14; XI/1, 14,
   25; XIII/3; XIV/13, 42; XV/10;
   XVI/2, 5; XVII/4, 11, 18, 20;
   XVIII/4, 9
Mut (Jung)  II/24; V/6; VIII/2, 10;
   IX/28; XI/25; XIV/5, 13, 30;
   XVII/8, 23, 24

### N

Nahrung  XII/7
Namen (Ming)  IV/5; VIII/19;
   IX/2; XII/20; XIII/3 (Richtig-
   stellung der Begriffe); XV/19
Natur (Sing)  V/12; XVII/2

Natur (Schong)  VI/17; VII/19;
   XI/11; XV/8; XVI/9

### O

Opfer und Tempel  III/1, 2, 6, 10,
   11, 12, 13, 15, 17, 21; V/3, 17;
   VI/4, 23; VII/34; VIII/4; X/10,
   14; XI/24, 25; XII/2, 21;
   XIV/20; XV/1; XVI/1;
   XIX/1, 22

### P

Person (Schen)  I/74 (selbst), 7;
   IV/6; XIII/13; XVIII/8
Pflicht, Gerechtigkeit (I)  I/13;
   II/24; IV/10, 16; V/15; VI/20;
   VII/3, 15; XII/10, 20; XIII/4;
   XIV/13; XV/16, 17; XVI/10, 11;
   XVII/23; XIX/1, 18
Pietät und Brüderlichkeit (Hiau Ti)
   I/2, 6, 7, 11; II/4, 5, 6, 7, 8, 20,
   21; IV/18 (Vorstellungen), 19
   (Reisen), 20, 21 (Alter); VIII/21;
   IX/15; XI/4; XIII/18, 20

### P

Regeln, Formen (Li)  I/12, 13, 15;
   II/3, 5/23; III/3, 4, 8, 9, 15, 17,
   19, 22, 26; IV/13; VII/17, 30;
   VIII/2, 8; IX/3, 10; X/1; XI/25;
   XII/1, 5, 15; XIII/3, 4; XIV/13,
   44; XV/17, 32; XVI/2, 5, 13;
   XVII/11, 24; XX/3 (Formen)
Regierung  I/5, 10; II/1, 3, 19, 20,
   21; III/11; IV/13; V/7, 18; VI/1,
   6, 7, 12; VIII/14; XI/2, 25;
   XII/7, 9, 11, 13, 14, 17, 18, 19;
   XIII/1, 2, 3, 5, 6, 7, 13, 14, 15, 16,
   17, 20; XIV/9, 27; XV/4, 10;
   XVII/5, 7; XIX/18; XX/2
Reich, das (Tiën hia)  III/11; VIII/1,
   13, 18, 20; XII/5; XIII/4, 20;
   XIV/6, 18; XVI/2; XIX/20
Reichtum  s. Armut und Reichtum

**S**

Selbstprüfung I/4, 8, 14; IV/17;
V/26;VII/21; IX/23, 24; XII/4;
XV/29; XIX/5, 21

Sittlichkeit, Liebe, Menschentum
(Jen) I/2, 3, 6; III/3; IV/1, 2, 3,
4, 5, 6, 7;V/4, 7, 18; VI/5, 20, 21,
24, 28; VII/6, 14, 29, 33; VIII/2,
7, 10; IX/1, 28; XII/1, 2, 3, 20,
22, 24; XIII/19, 27; XIV/2, 5, 7,
17, 18, 30; XV/8, 32, 34, 35;
XVII/1, 6, 8, 17; XVIII/1;
XIX/6, 15, 16

Strafe (Hing fa) II/3; IV/11;V/1;
XIII/3


**T**

Tat s. Wort und Tat

Tempel s. Opfer

Tod s. Krankheit und Tod

Trauer (Sang) I/4; III/4, 26; VII/9;
IX/9, 15; X/16; XIV/43;
XVII/21; XIX/1, 14, 17

Treu und Glauben (Dschung Sin)
I/4, 5, 6, 7, 8; II/20, 22; III/19;
IV/15;V/11, 18, 25, 27; VI/28;
VII/1, 24;VIII/4, 13, 16; IX/24;
XII/7, 10, 12, 14; XIII/4, 19, 20;
XIV/8, 13; XV/5, 17, 23;
XVI/10; XVII/8; XIX/10


**Ü**

Üben (si) s. Lernen


**V**

Verkennung I/1, 16; IV/14; XI/25;
XIV/32, 37, 41, 42; XV/18;
XVIII/5, 6, 7; XIX/23

Volk I/5, 11, 3, 19, 20; V/15; VI/1,
20, 27, 28; VIII/1, 2, 9, 19;
XI/24, 25; XII/2, 7, 9, 19;
XIII/4, 29, 30; XIV/18, 44, 45;
XV/32, 34; XVI/2, 9, 12;
XVII/16; XIX/19


**W**

Weg (Dau) I/2, 11, 12, 14 (Grundsätze); III/24 (Wort Gottes);
IV/5, 8, 9 (Wahrheit), 15 (Lehre),
20; V/1, 6, 12, 20; VI/6, 10, 15,
22; VIII/4, 7, 13; IX/26, 29;
XI/19; XIII/25; XIV/1, 20, 30,
38; XV/6, 24, 28, 31, 39; XVI/2,
11; XVII/4, 14; XIX/2, 4, 7, 12,
19, 22

Werk (Tschong gung) VIII/19;
XIV/13 (Tschong jen)

Wille, Ziele (Dschï) I/11; IV/4, 9,
18;V/25; VII/6; IX/1, 25; XV/8;
XVI/11; XVIII/8; XIX/6

Wissen (Dschï) I/16; II/10, 11, 17,
23; IV/1, 2, 14, 21; V/8, 20;
VI/18, 20, 21; VII/2, 19, 27;
VIII/9; IX/7, 22, 25, 28; XII/22;
XIII/2; XIV/30, 37; XV/3, 32,
33; XVI/9; XVII/1, 3, 8; XX/3

Wort und Tat II/13, 18; IV/12, 22,
24;V/9, 13; VII/10, 23, 24, 32;
XI/21; XII/3; XIV/4, 21, 29;
XV/5

Würdige (Hiän) I/7; IV/17; VI/9;
VII/14; XI/15; XIII/2 (Charak-
ter und Talent); XIV/31, 33, 39;
XV/9, 13; XVI/5; XVII/22;
XIX/22


**Z**

Ziele s. Wille

Zuneigung, Anschluß (Tsin) I/6, 13;
VIII/2; XVIII/10

Zweifel (Huo) II/4, 18; V/5; IX/28;
XII/10, 21; XVI/10